CE1

LECTURE PIANO

Sandrine Monnier-Murariu
Géraldine Ma[illegible]

Guide pédagogique

- Choix didactiques
- Fiches de préparation
- Ressources pour la classe

ressources numériques

RETZ

Cet ouvrage suit l'orthographe recommandée
par les rectifications de 1990 et les aprogrammes scolaires.

ISBN : 978-2-7256-3979-6

Direction éditoriale : Celine Lorcher
Édition : Charlotte Aussedat, Marine Estève
Création maquette : Anne-Danielle Naname, Laurine Caucat
Mise en page : STDI
Corrections : Christel Demaris
Photos : © iStock (sauf mention contraire)
Réalisation du CD : Studit
Dépôt légal : aout 2020 – N° de projet : 10307874
Imprimé en février 2025 sur les presses de l'imprimerie Sepec Numérique
contact@editions-retz.com
N° d'impression : N06801250201

SOMMAIRE

- **Préambule** 4

PRÉSENTATION DE LA MÉTHODE LECTURE PIANO 5

- **Le dispositif en un clin d'œil** 5
- **Des choix didactiques et pédagogiques assumés** 6
- **Les spécificités de la méthode** 8
  – Le renforcement du code 8
  – La différenciation 9
  – La fluence 10
- **Les outils de la méthode** 11
  – Le manuel de lecture 11
  – Le piano 13
  – Le fichier de différenciation 13
  – Les panneaux référents 17
- **La programmation** 17

FICHES DE PRÉPARATION 21

Fiches de préparation du manuel 21

- **Période 1** 21
- **Période 2** 54
- **Période 3** 84
- **Période 4** 110
- **Période 5** 141

Fiches de préparation du fichier de différentiation 174

- **Séquence type sur les révisions** 174
- **Séquence type sur les confusions** 177
- **Séquence type sur les doubles consonnes** 181
- **Séquence type sur les sons et leurs graphies** 184
- **Séquence type sur les lettres ou graphies et leurs valeurs sonores** 186
- **Séquence sur les lettres difficiles** 188

Fiches de préparation de séances particulières 191

- **Séances de fluence** 191
- **Séances de dictée** 195

Présentation des ressources numériques 199

PRÉAMBULE

Nous nous rejoignons enfin sur cette nouvelle méthode « Lecture piano » pour le CE1 ! Cette aventure est pour nous la concrétisation de plusieurs années de complicité. Notre histoire est celle d'une belle amitié qui s'est forgée en 2009 lorsque, pour la première fois, nous avons partagé la même classe et fait du **coenseignement**. Nous avions les mêmes objectifs : **aider les élèves en difficulté** et **trouver tous les moyens possibles pour les guider vers la réussite**. La différenciation, le travail en ateliers, les projets porteurs et l'esprit d'équipe nous guidaient. Nous avions ce besoin d'animer nos séances, de créer une ambiance positive, de valoriser les élèves en les complimentant, de trouver une place pour chacun d'eux dans le groupe, de les faire adhérer aux règles de vie communes en tenant compte de leurs rythmes, de leurs différences, de leurs ressemblances et de leurs capacités. Par la suite, nos affectations nous ont parfois éloignées, mais il est toujours resté cette envie de travailler ensemble, d'échanger et de construire de nouveaux outils pour être plus efficaces dans nos pratiques. Nous avions et avons toujours cette certitude que le travail d'équipe est de loin le plus constructif pour permettre à une classe de progresser et à chaque élève de s'épanouir. Le **regard croisé** des enseignant·es permet à l'élève d'être perçu dans sa globalité, de mettre en valeur ses réelles capacités, que bien souvent il/elle ne soupçonne pas, et de le/la rendre fier·ère de ses progrès.

Il est important d'avoir à l'esprit qu'il/elle se construit, qu'au CE1, l'enfant n'a que 7 ans, c'est un être en devenir, avec toutes les attentes et les angoisses qui font le monde de l'enfance. Il/Elle doit pouvoir avoir le temps et les moyens d'acquérir durablement chacun des apprentissages qui lui sont proposés.

N'oublions pas non plus que, pour progresser en lecture, l'enfant doit acquérir des **compétences** tant d'un point de vue **intellectuel** que d'un point de vue **psychomoteur** : compréhension du langage, aptitude à l'analyse et à la synthèse, mais aussi latéralisation, motricité fine et surtout conscience phonologique. De nombreux élèves apprennent à lire, mais il reste encore quelques élèves qui « n'y arrivent toujours pas »... et pour lesquels l'école a du mal à remplir son contrat. Pour ceux et celles-là, nous constatons une perte de confiance et d'estime de soi et une envie d'apprendre qui s'amenuise au fil du temps. Sans aucunement délaisser les élèves lecteurs et lectrices, c'est sur ces enfants que notre intérêt se porte.

L'apprentissage de la lecture, nous le savons, est un sujet qui suscite bien des passions, tant dans le milieu enseignant que dans le milieu familial. Quand l'élève arrive au CE1, il doit être « entré dans la lecture », et acquérir de nouveaux savoirs disciplinaires. L'élève se trouve constamment confronté à la lecture ; les documents affluent, se multiplient, se complexifient, se diversifient, mettant à l'épreuve le jeune lecteur. S'il n'est pas capable de lire de manière fluide, le sentiment de découragement peut être un véritable frein à sa scolarité. L'enfant se retrouve très vite en difficulté et perd confiance en lui.

« Lecture piano CE1 » s'est construit dans la continuité du manuel de CP. Le **piano**, outil d'apprentissage ludique, a fait ses preuves. Nous avons donc décidé de le garder pour donner à ceux qui le connaissaient déjà et pour qui il est encore utile un sentiment de sécurité, et pour offrir à tous ceux qui en ont besoin un étayage efficace et sympathique. Notre objectif est de **donner le gout de la lecture à tous les élèves**, en leur permettant d'atteindre **une fluidité** de lecture suffisante pour entrer dans la **compréhension explicite** (et parfois implicite) des textes proposés.

« Lecture piano CE1 » est une méthode à la fois syllabique et phonologique dans laquelle le décodage est la base de l'enseignement de la lecture. L'envie de lire est nécessaire et la fluidité en lecture doit être valorisante pour accéder à tous les apprentissages et se construire dans un monde où l'élève se projette pour devenir « grand·e ». Savoir lire, c'est savoir comprendre ; et pour comprendre, il faut savoir décoder, l'un ne va pas sans l'autre.

En travaillant avec un groupe d'enseignantes dites « testeuses », nous avons pu entendre, comprendre et répondre à leurs attentes. Elles demandaient notamment des textes variés et un manuel qui intègre la fluence. Nous avons fait le choix de consacrer du temps à l'apprentissage du **code**, de proposer **des activités très régulières de fluence**, et de travailler la **compréhension de textes variés**, adaptés aux élèves de CE1, sans entrer dans l'étude de la langue. L'étude de la langue aborde au CE1 les premières notions de grammaire, d'orthographe et de lexique. Nous sommes convaincues de l'importance de les dissocier de l'apprentissage de la lecture pour une raison qui nous est très personnellement évidente : quand on lit, on doit prendre du plaisir et on doit comprendre ce que l'on lit. Si les textes de lecture sont aussi utilisés pour des activités sur la nature des mots, leurs fonctions, l'analyse orthographique et la conjugaison, le plaisir de lire peut disparaitre...

Le piano est le lien entre la méthode « Lecture piano CP » et la méthode « Lecture piano CE1 ». Il reste un outil de manipulation très ludique pour les élèves, au début du CE1 pour tous les élèves, et tout au long de l'année pour ceux qui en ressentent le besoin. Le piano présente la lecture orale comme une musique. Lire, c'est chanter ! Sur un piano, on joue des notes, des accords, des lignes mélodiques... Quand on est musicien·ne, on fait des gammes pour automatiser sa technique. Il en est de même pour la lecture.

Présentation de la méthode Lecture piano

Le dispositif en un clin d'œil

Le manuel de lecture

Chacune des cinq périodes s'organise autour de l'apprentissage graphophonologique. Après trois séquences de révision des sons et graphèmes vus au CP, pour une reprise en douceur, le manuel reprend l'ensemble des phonèmes et des graphèmes en variant les types d'entrée et en prenant en compte leur complexité. Sont donc abordés : les confusions fréquentes (visuelles et/ou auditives), les lettres doubles, les sons et leurs différentes graphies (des plus simples au plus complexes), ainsi que les lettres qui « changent de son » selon les lettres qui les entourent (*a*, *e*, *h*…).

Il propose des activités de fluence.

Il tient compte de l'hétérogénéité des classes en proposant trois niveaux de lecture.

Il aborde des types de textes très divers.

Le piano

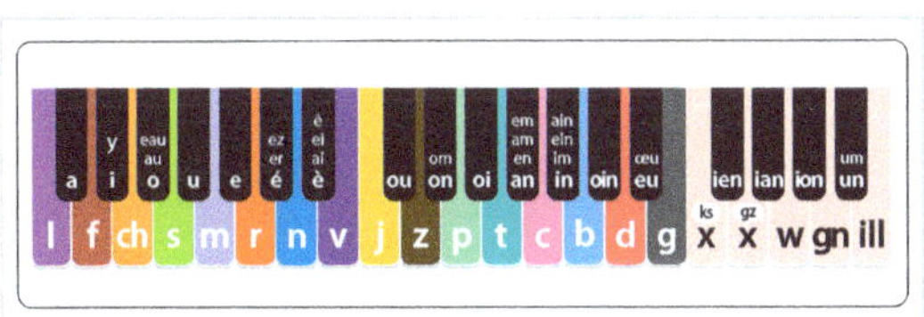

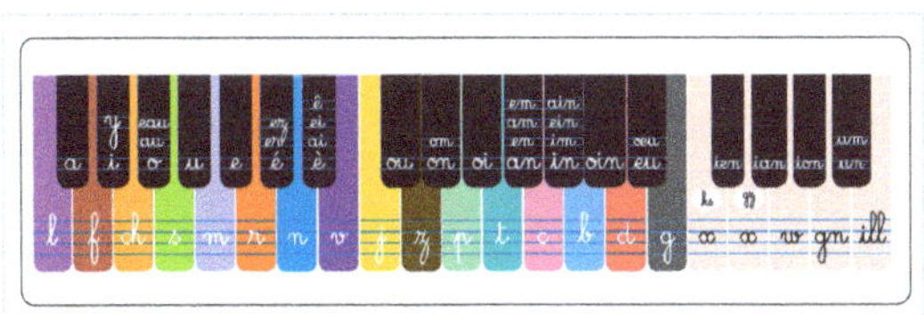

Le « piano », encarté dans le manuel, comme aide à la lecture et à l'écriture (sons et graphies simples et complexes, en écriture scripte et cursive). En annexes, un piano pour la lecture des consonnes doubles est disponible.

Une version collective en grand format (à afficher) est proposée dans le CD-Rom et sur le site compagnon.

Le fichier de différenciation

Ce fichier photocopiable, complémentaire au manuel dont il suit la progression, prolonge le travail différencié en permettant le réinvestissement des notions essentielles : travail systématique sur la phonologie, le décodage et l'encodage, la discrimination visuelle, le renforcement de la lecture (fluence, lecture oralisée).

Les activités sont récurrentes mais elles évoluent au fil des périodes afin de favoriser progressivement l'autonomie des élèves.

Les panneaux référents

Pour l'affichage en classe, ils sont destinés à la découverte et à la mémorisation des lettres et des graphèmes, à la mémorisation des valeurs sonores des lettres et au repérage des confusions possibles. Le CD-Rom propose des panneaux référents du CP encore utiles au CE1, ainsi qu'une vingtaine de nouveaux panneaux.

Le guide pédagogique avec CD-Rom (et/ou téléchargement)

Ce guide pédagogique a pour vocation d'aider l'enseignant·e à s'approprier la méthode. Il présente la progression annuelle et propose des fiches de préparation pour mener les séquences du manuel et utiliser le Fichier de différenciation, mais aussi des propositions de prolongements. De nombreuses ressources complémentaires sont fournies dans le CD-Rom (ou en téléchargement) : affichages, outils pour la fluence, matériel pour la mise en œuvre des séances, etc. (voir présentation des ressources numériques p. 199).

Des **dictées**, programmées sur toute l'année, sont également proposées (voir leur descriptif p. 197 de ce guide).

Les ressources disponibles sur le CD ou en téléchargement sont signalées par ce pictogramme :

Le site compagnon (@)

Le dispositif comprend aussi un site compagnon *lecture-piano.editions-retz.com* qui propose de nombreuses ressources périphériques pour les utilisateurs de la méthode.

Les ressources disponibles sur ce site sont signalées, dans les fiches de préparation, par ce logo : www

Les albums de lecture

Avec deux niveaux de lecture, ils suivent la progression du manuel, pour susciter le plaisir de lire dès la première période *(à paraitre en 2021)*.

Des choix didactiques et pédagogiques assumés

Nos choix pédagogiques

Il était nécessaire, pour nous, de permettre à tous les élèves d'entrer dans la lecture. Il n'est pas question de dire ici qu'une méthode peut être meilleure qu'une autre. Pour nous, inévitablement, c'est l'enseignant·e qui donne la pertinence à la méthode qu'il/elle choisit à partir du moment où il/elle la conduit avec conviction et qu'il/elle se l'approprie. Cependant, nos expériences personnelles auprès de jeunes enfants non lecteurs ou allophones nous ont amenées à constater que l'apprentissage du code était essentiel pour apprendre à déchiffrer plus rapidement et pour finalement accéder au sens.

Après une année de CP, l'élève devrait savoir lire… Le CE1 est une année déterminante pour faire des élèves de bons lecteurs. Il faut que chaque enfant puisse s'installer dans la lecture, avec plaisir, envie et en favorisant ses préférences d'apprentissage. La méthode « Lecture piano CE1 », en abordant différents types de textes adaptés aux élèves de CE1, en s'attachant à la compréhension explicite des textes proposés, en travaillant la différenciation et en s'appuyant sur la fluence de lecture, permet d'entrer dans la lecture plus facilement.

La place du piano n'a plus une importance capitale au CE1, d'ailleurs de nombreux élèves n'en auront pas besoin. Cependant, nous constatons que certains d'entre eux ne lisent pas quand ils arrivent au CE1. Cet instrument ludique permet de donner aux élèves les plus en difficulté l'envie d'apprendre. En effet, lorsque l'élève utilise le piano, il est en situation de plaisir. Il apprend en jouant, il combine et peu à peu découvre ses capacités à lire des syllabes, des mots en les « chantant ». Il passe aussi de la lecture à l'écriture de manière naturelle et évidente : « Je lis donc j'écris ! »

L'important est d'avoir à l'esprit que chaque enfant avance à son rythme. Avec la méthode « Lecture piano », il assimile progressivement des graphèmes et des phonèmes sans jamais être mis en difficulté. Grâce aux textes très progressifs et différents niveaux de lecture proposés, il constate de lui-même ses progrès en accédant à un niveau de difficulté supérieure. L'important est de toujours garder à l'esprit les progrès de chaque élève en fonction de ses compétences.

Une méthode centrée sur l'apprentissage du code

Aujourd'hui on sait, grâce aux études et recherches nationales et internationales, qu'il existe un lien étroit entre le déchiffrage et la compréhension. La nécessité de travailler le code n'est plus contestée et les préconisations ministérielles orientent très clairement vers les méthodes à caractère syllabique qui dispensent un enseignement plus rigoureux en ce sens.

« Lecture piano CE1 », dans le prolongement de la méthode « Lecture piano CP », est une méthode syllabique qui n'a pas la prétention de couvrir l'intégralité des champs en matière d'apprentissage de la lecture et de la langue. Elle privilégie l'étude du code et sa maitrise, car celle-ci constitue une condition indispensable pour parvenir à l'automatisation de l'identification des mots et à une fluidité en lecture. La méthode accorde une grande place aux « gammes » qui font travailler le code graphophonologique et la combinatoire, aux activités d'encodage et de dictées afin de favoriser la mémorisation des CGP (correspondances graphèmes/phonèmes) et la mise en mémoire orthographique des mots.

Elle ne pénalise pas les élèves en difficulté langagière, les textes sont à leur portée. Les textes proposés par la méthode sont variés, simples et progressifs, et correspondent aux intérêts d'enfants de 7/8 ans sans les décourager face à l'obstacle d'un trop grand nombre de mots inconnus. Il s'agit bien, ici, d'aller au-delà de ces gammes et de se rendre compte que la finalité de la lecture est avant tout la compréhension et non le déchiffrage.

« Lecture piano » ne prétend pas couvrir le champ de l'étude de la langue. Pour cette étude, il reviendra à l'enseignant·e de développer les compétences de ses élèves à partir de situations et/ou d'outils spécifiques.

Une méthode qui fait progresser en lecture fluide

Tout au long de l'année, les élèves sont confrontés, en situation de lecture autonome, à la compréhension de textes dont la complexité augmente progressivement.

Ainsi, en CE1 dans le domaine de la lecture à voix haute, la progressivité porte sur la longueur des supports proposés, sur la variété des genres de textes et sur les modalités de lecture à voix haute (individuellement ou à plusieurs). Dans des séances spécifiques, il s'agit de développer la vitesse et la fluidité, mais aussi l'expressivité de la lecture.

Au terme des trois années qui constituent désormais ce cycle, les élèves doivent avoir acquis une première autonomie dans la lecture de textes variés, adaptés à leur âge. La pratique de ces textes les conduit à élargir le champ de leurs connaissances, à accroitre les références et les modèles pour écrire, à multiplier les objets de curiosité ou d'intérêt, à affiner leur pensée.

La prise en compte des programmes 2018

Selon le Bulletin officiel n° 30 du 26-7-2018 :

« Apprendre à l'école, c'est interroger le monde. C'est aussi acquérir des langages spécifiques, acquisitions pour lesquelles le simple fait de grandir ne suffit pas. Le cycle 2 couvre la période du CP au CE2, offrant ainsi la durée et la cohérence nécessaires pour des apprentissages progressifs et exigeants. Au cycle 2, tous les enseignements interrogent le monde. La maîtrise des langages, et notamment de la langue française, est centrale. »

« Au cycle 2, la langue française constitue l'objet d'apprentissage central. Les constructions de l'automatisation et du sens constituent deux dimensions nécessaires à la maîtrise de la langue. La maîtrise de l'ensemble des correspondances graphèmes-phonèmes, qui va des lettres ou groupes de lettres vers les sons et réciproquement, est un enjeu essentiel de l'apprentissage du français. La lecture fluide, qui doit être acquise au CP, est la condition indispensable à la bonne compréhension des textes. Le travail de lecture est constamment mené en lien avec l'écriture et progressivement avec le vocabulaire, la grammaire et l'orthographe La langue est un outil au service de tous les apprentissages. La polyvalence des professeurs permet de favoriser les croisements entre les domaines d'enseignement, avec des retours réguliers sur les apprentissages fondamentaux. Elle permet d'élaborer des projets où les élèves s'emparent de la langue française comme outil de communication, d'abord à l'oral puis à l'écrit, avec de véritables destinataires, en rendant compte de visites, d'expériences, de recherches. »

Attendus de fin de cycle 2 (programmes MEN, novembre 2018) en ce qui concerne la lecture

– Identifier des mots rapidement : décoder aisément des mots inconnus réguliers, reconnaitre des mots fréquents et des mots irréguliers mémorisés.
– Lire et comprendre des textes variés, adaptés à la maturité et à la culture scolaire des élèves.
– Lire à voix haute avec fluidité, après préparation, un texte d'une demi-page (1 400 à 1 500 signes) ; participer à une lecture dialoguée après préparation.
– Lire au moins cinq à dix œuvres en classe par an.

Connaissances et compétences travaillées

- Identifier des mots de manière de plus en plus aisée :
  – Savoir discriminer de manière auditive et savoir analyser les constituants des mots (conscience phonologique).
  – Savoir discriminer de manière visuelle et connaitre le nom des lettres ainsi que le son qu'elles produisent.
  – Établir les correspondances graphophonologiques ; combinatoire (produire des syllabes simples et complexes).
  – Mémoriser les composantes du code.
  – Mémoriser des mots fréquents (notamment en situation scolaire) et irréguliers.
- Comprendre un texte et contrôler sa compréhension :
  – Savoir mobiliser la compétence de décodage.
  – Mettre en œuvre (de manière guidée, puis autonome) une démarche explicite pour découvrir et comprendre un texte.
  – Savoir parcourir le texte de manière rigoureuse.
  – Être capable de faire des inférences.
  – Savoir mettre en relation sa lecture avec les éléments de sa propre culture.
  – Savoir mobiliser ses expériences antérieures de lecture (lien avec les lectures personnelles, les expériences vécues) et des connaissances qui en sont issues (sur des univers, des personnages-types).
  – Savoir mobiliser des champs lexicaux portant sur l'univers évoqué par les textes.
  – Savoir contrôler sa compréhension.
  – Savoir justifier son interprétation ou ses réponses, s'appuyer sur le texte et sur les autres connaissances mobilisées.
  – Être capable de formuler ses difficultés, d'esquisser une analyse de leurs motifs, de demander de l'aide.
  – Maintenir une attitude active et réflexive, une vigilance relative à l'objectif (compréhension, buts de la lecture).
- Pratiquer différentes formes de lecture :
  – Savoir lire en visant différents objectifs : lire pour réaliser quelque chose ; lire pour découvrir ou valider des informations ; lire une histoire pour la comprendre et la raconter à son tour ; lire pour enrichir son vocabulaire ; lire pour le plaisir de lire.
- Lire à voix haute :
  – Savoir décoder et comprendre un texte.
  – Identifier les marques de ponctuation et les prendre en compte.
  – Montrer sa compréhension par une lecture expressive.
- Identifier des mots de manière de plus en plus aisée. (En lien avec l'écriture : décodage associé à l'encodage, l'analyse de la langue et le vocabulaire).

Les repères annuels de progression insistent sur **l'automatisation de l'identification des mots** qui débute au CP et qui est **consolidée au CE1** et au CE2.

Les activités portant sur l'étude des CGP évoluent vers une prise de conscience de règles orthographiques liées à ces correspondances : prise en compte de l'environnement de la lettre (*c* avec *e* et *i* par exemple), prise en compte des régularités et des fréquences (*eau* en fin de mot, [ʒ] ▶ g en finale de mots…).

Par les lectures et relectures orales des textes étudiés, très fréquentes en périodes 1, 2 et 3, les élèves, qui ont automatisé le décodage au CP, augmentent le nombre de mots reconnus directement. Ils prennent en compte la morphologie pour identifier des mots de manière plus aisée (exemples : *re-commencer, voitur-ette*).

Des choix de progression qui s'appuient sur les derniers rapports officiels

Compte tenu de notre expérience avec les enfants en difficulté, le choix a été fait d'une progression qui prend en compte différents paramètres répondant aux préconisations ministérielles[1]. Cette politique est mise en application depuis les rentrées 2018 et 2019 en faveur de toutes les classes de CP et de CE1 en REP et REP+.

Parmi les quatre recommandations, la première a guidé notre méthode : elle préconise de construire le parcours d'un lecteur et d'une lectrice autonomes. Pour ce faire, « *elle s'inscrit dans le prolongement du guide fondé sur l'état de la recherche[2] qui fait notamment apparaitre que :*
– l'enseignement systématique des correspondances graphèmes-phonèmes est la méthode la plus efficace ;
– les activités d'écriture doivent être menées conjointement aux activités de lecture ;
– la lecture fluide, qui doit être acquise au CP, est la condition indispensable à la bonne compréhension d'un texte ;
– un manuel de lecture choisi en toute connaissance de cause est un levier de progrès ;
– une fois la lecture fluidifiée, la compréhension des mots, des constructions, des phrases et des textes doit continuer à faire l'objet d'exercices spécifiques de grammaire, de vocabulaire et de conjugaison ».

Pour construire le parcours de lecteur autonome, il est préconisé[3] de :
– comprendre en maitrisant le code alphabétique,
– comprendre le sens explicite et les implicites des textes,
– comprendre des textes longs,
– partager ses lectures : le plaisir de lire et de mieux comprendre.

Mercredi 29 mai 2019, le Conseil scientifique de l'Éducation nationale, en collaboration avec l'académie de Paris et présidé par Stanislas Dehaene, a rendu un rapport sur les manuels de lecture intitulé « *Pédagogie et manuels pour l'apprentissage de la lecture : comment choisir ?* ». Extrait du rapport :
« *L'utilisation d'une méthode pour enseigner la compréhension :*
[…] Les formateurs ne manquent pas, enfin, de rappeler une condition importante de la réussite : la lecture des textes choisis pour mettre en œuvre les stratégies de compréhension doit avoir pour objectif de procurer du plaisir aux élèves, comme celui qui était procuré par les textes entendus avant de savoir décoder. Après avoir partagé avec les enseignants ces conclusions, ainsi que les apports récents de la recherche, les 13 manuels utilisés dans les 53 classes de Rep+ ont pu être analysés à l'aune d'éléments clairs, résumés dans l'encadré 1.
Encadré 1. Les points clés identifiés par l'académie de Paris pour l'analyse des manuels dans le cadre de son plan Lecture :
– lire, c'est d'abord décoder ;
– la démarche syllabique est la démarche la plus efficace pour apprendre à lire au cours préparatoire ;
– les textes proposés sont décodables ;
– l'écriture joue un rôle important dans l'apprentissage de la lecture et l'améliore ;
– l'apprentissage de la lecture doit intégrer le développement ambitieux du répertoire lexical ;
– les exercices d'écriture et de dictée sont quotidiens ;
– l'observation du fonctionnement de la langue : faire manipuler et mémoriser les principales formes orthographiques régulières lexicales, initier l'enseignement de la morphologie ; structurer et catégoriser le lexique ;
– des activités écrites dont la copie, la dictée et la production de phrase ;
– enseigner la compréhension et rendre visibles les stratégies.
Sur cette base, les manuels ont pu être classés en 3 catégories : ceux dont la pédagogie correspond bien aux éléments retenus, et qui devraient donc présenter une efficacité (4 manuels) ; ceux qui nécessitent de nombreux choix et/ou adaptations par les enseignants ; et ceux non retenus comme pertinents par les enseignants.
En 2017-2018, cinq manuels ont été retenus :
– Lecture piano, *par Sandrine Monnier-Murariu, chez Retz ;*
– Je lis, j'écris, *par Reichstadt, Terrail et Krick, chez Les lettres bleues ;*
– Pilotis, *par Delphine Tendron, chez Hachette éducation ;*
– Taoki, *par Carlier et Le Van Gong, chez Istra ;*
– Tu vois je lis, *par Françoise Monnier-Roland et Claudine Barrou-Fret, chez Sedrap.*
En 2018-2019, après les retours des enseignants, seuls les deux premiers ont été retenus. »
https://www.reseau-canope.fr/fileadmin/user_upload/Projets/conference_role_experimentation_domaine_educatif/MANUELS_CSEN_VDEF.pdf

Les spécificités de la méthode

Le renforcement du code

Toute méthode syllabique repose sur les propriétés phonétiques de notre alphabet. Les méthodes syllabiques sont aussi appelées « alphabétiques » puisque la base en est la lettre (ou graphème) à laquelle on associe un son (phonème). L'enfant doit donc apprendre les correspondances entre les lettres (graphèmes) et les sons (phonèmes). Toutes les recherches s'accordent pour dire que cet apprentissage doit être rendu explicite ; en revanche, le fait de partir du phonème ou du graphème ne semble pas avoir d'incidence sur cette acquisition, du moment que l'association des deux est faite[4]. Les méthodes syllabiques partent donc des éléments les plus simples : les lettres et les sons. Lorsqu'il

1. « Un guide référence et quatre recommandations au service de la maitrise des savoirs fondamentaux à l'école primaire », publié en avril 2018 par le MEN.
2. « Pour enseigner la lecture et l'écriture au CP » sur lequel « Lecture Piano CP » s'est appuyé.
3. *https://www.education.gouv.fr/cid129644/4-priorites-pour-renforcer-la-maitrise-des-fondamentaux-au-bo-special-du-26-avril-2018.html*
4. Rapport de synthèse de l'étude « Lire et écrire », sous la direction de R. Goigoux, 2016 (#LireEcrireCP, en partenariat avec l'IFÉ, l'ENS de Lyon et l'université de Lyon).

maitrise la correspondance entre lettre et son (graphème/phonème), l'élève apprend alors à composer des syllabes, puis des mots. C'est donc une méthode qui sécurise l'enfant, puisqu'elle lui permet en quelque sorte de s'autoréguler : il n'est en mesure de lire que ce qu'il a véritablement appris. La méthode « Lecture piano » revendique son caractère à la fois syllabique et phonologique. En effet, l'entrée dans le code s'effectue par la lettre (ou le graphème) à laquelle très vite est associée sa prononciation (le « son qu'elle fait », le phonème). C'est le début de la lecture. On découvre que le « a » se chante « a », que le « f » se chante « ffffff »…

Dans le manuel CP puis CE1, chaque graphème, associé à des sons consonnes et voyelles « simples », est représenté par une touche sur le piano. Ainsi, au CP, l'enfant a pris conscience rapidement de la correspondance phonie/graphie en jouant sur son clavier.

Dans le manuel CE1, le code est traité par des séries de syllabes à lire. On veille toujours à présenter d'abord les structures CV, puis CVC ou CCV pour garder une progression entre les niveaux de différenciation en lecture.

La langue française est en premier lieu alphabétique. Les lettres (graphèmes) transcrivent en général les sons (phonèmes). Cependant, il faut prendre en compte les différentes valeurs de notre système orthographique :

• Les valeurs phonographiques (les phonogrammes) :
Un phonème est transcrit par un graphème simple ou par une suite de plusieurs graphèmes simples :
– monogramme : 1 graphème simple pour un phonème (le « a » de agneau : *a-gn-eau*) ;
– digramme : 2 graphèmes pour un phonème (le « gn » de *a-gn-eau*) ;
– trigramme : 3 graphèmes pour un phonème (le « eau » de *a-gn-eau*).
Parfois, une unité graphique peut avoir différents phonèmes (exemple : *c* = [k], [s]).

• Les valeurs morphographiques :
Les graphèmes apportent une information grammaticale (nombre, genre, personne…) ou lexicale (famille).
Exemples pour l'information grammaticale : *les oiseaux, les chats*. Le « x » et le « s » ont des valeurs morphographiques.
Exemple pour l'information lexicale : *une dent (un dentiste)*. Le « t » à une valeur morphographique.

• Les valeurs logographiques :
Les graphèmes permettent de distinguer les homophones.
Exemples : *ver, verre, vers, vert ; a, à…*

On trouve aussi dans cette méthode des associations de syllabes qui ne sont pas des mots et qui ne veulent rien dire : « les non-mots ou pseudo-mots ». Néanmoins, ces constituants sont le plus souvent des « morceaux de mots » ; ils ont été sélectionnés pour leur forte probabilité de rencontre dans notre contexte linguistique (ainsi « acro » > *acrobate*, ou encore « éplu » > *éplucher* ou « droma » > *dromadaire*). Ils sont fréquemment utilisés pour permettre à l'élève de manipuler les syllabes dans tous les sens sans pour autant le mettre en difficulté par l'utilisation d'associations qui n'existent pas dans la langue française (exemples : « relo », « fyju »…). Les enfants savent très vite que ces associations de phonèmes n'ont pas de sens et c'est à l'enseignant·e de bien insister sur ce fait. Dès lors, ils peuvent s'amuser à rechercher les « vrais mots » qui les contiennent ou à en créer. En général, ils savent très vite distinguer ce qui fait sens de ce qui produit seulement « de la musique ».

La différenciation, une nécessité dans la gestion de l'hétérogénéité

Les enfants qui arrivent au cycle 2 sont très différents entre eux. Ils ont grandi et ont appris dans des contextes familiaux et scolaires divers qui influencent fortement les apprentissages et leur rythme. Les séances s'organisent donc autour de reprises constantes des connaissances en cours d'acquisition et d'une différenciation des apprentissages. Il s'agit aussi de prendre en compte les besoins éducatifs particuliers de certains élèves (élèves allophones nouvellement arrivés, en situation de handicap, éprouvant des difficultés importantes à entrer dans l'écrit, entrant nouvellement à l'école, etc.) qui nécessitent des aménagements pédagogiques appropriés (MEN, 2018).

Très rapidement, la méthode propose des niveaux d'apprentissage différenciés tant dans le code que dans l'encodage. L'enseignant·e peut expliquer aux élèves que chaque enfant apprend à son rythme et que ce rythme est parfois différent. Il/elle montre les pictogrammes associés aux différents niveaux et rassure les élèves en leur disant qu'ils ont la possibilité de lire (et d'écrire) ce qu'ils peuvent. Chaque enfant peut donc avancer comme il le souhaite et changer de niveau régulièrement en fonction des facilités ou des difficultés qu'il rencontre. En classe, pendant la lecture orale, les enfants seront interrogés en fonction des choix qu'ils feront. L'enseignant·e sera attentif·ve à ceux et celles qui peuvent aller plus loin ou, inversement, à ceux et celles qui veulent aller trop vite. Il/elle les redirigera alors vers le niveau qui leur convient. À partir du moment où l'élève réalise le niveau 1, il ne prend pas de retard dans ses apprentissages mais les consolide. L'important est de travailler l'estime de soi des élèves en les félicitant régulièrement.

Les trois niveaux de lecture

Dès le début du manuel, les élèves sont invité·es à choisir eux-mêmes/elles-mêmes un niveau de lecture adapté à leur capacité, que ce soit pour la lecture de mots ou pour la lecture de texte. Cette activité de différenciation demande un temps de préparation (voir plus bas). Si l'élève est déjà habitué·e à ce type de différenciation (vu au CP avec le manuel « Lecture piano »), il/elle se repèrera facilement dans les niveaux.

Pour la lecture de syllabes, aucun niveau n'a été prévu : les syllabes se complexifient au fur et à mesure de la lecture.

Pour les mots, deux niveaux sont proposés : le niveau 1 regroupe des mots plus simples tant au niveau orthographique que sémantique.

Pour la lecture de textes, trois niveaux sont conservés jusqu'à la période 4, la période 5 n'en proposant plus que deux.

L'enseignant·e pourra soit :
– lire à voix haute les trois textes et laisser les élèves choisir leur niveau ;
– laisser un temps de lecture silencieuse pour que chacun choisisse ;
– proposer à certain·es de lire plutôt tel ou tel niveau en fonction de leurs capacités.

Quel que soit le niveau, les textes portent tous sur la même thématique. Ceux de niveau 1, courts, donnent l'essentiel de l'histoire ; les deux autres niveaux apportent des informations supplémentaires qui permettront d'engager des échanges avec tous les élèves sur la compréhension de ces textes, chacun ayant un « tronc commun » de référence.

Niveau 1 : pour des enfants dont les acquis sont encore fragiles. Les textes sont volontairement courts et les nouveaux graphèmes abordés sont mis en couleur. Les lettres muettes sont grisées.

Niveau 2 : pour des enfants dont la lecture est déjà assez fluide. Les textes sont plus longs, un peu plus complexes et présentent un vocabulaire plus riche ; les graphèmes étudiés ne sont mis en évidence qu'en caractères gras. Les lettres muettes sont grisées.

Niveau 3 : pour les enfants les plus avancés. Des textes plus longs sont proposés, aucun étayage n'est proposé.

À partir de la période 4, seuls deux niveaux sont proposés : le niveau 1 et le niveau 3, le niveau 2 n'ayant plus d'intérêt à ce stade.

Il est à noter aussi que, afin de ne pas perturber l'attention de l'enfant, nous avons volontairement opté, dans ces pages, pour une illustration épurée, donnant simplement le contexte de lecture.

La fluence

La « fluence » est la capacité à lire un texte à haute voix, avec aisance et rapidement tout en accédant aussi à la compréhension de ce dernier. En général, les élèves qui lisent de manière fluide comprennent bien les textes qu'ils lisent. En effet, ayant automatisé l'identification des mots, ils peuvent dès lors se concentrer sur la signification du texte. De nombreuses recherches ont montré depuis plusieurs années qu'il est important de travailler, à partir d'activités pédagogiques dédiées, au développement de cette fluidité en lecture.

Le lien entre la fluidité en lecture et la compréhension a été suggéré par Laberge et Samuels dès 1974. Leur théorie sur l'automaticité fait référence à l'attention que l'on doit investir pour décoder des mots. Ainsi, plus l'élève éprouve de la difficulté à lire, moins il aura d'attention disponible pour accéder à la compréhension du message lu.
Pour Pikulski et Chard (2005), la fluidité en lecture établit un pont entre l'identification des mots (le décodage) et la compréhension en lecture. La recherche a démontré à maintes reprises que la fluidité ainsi que la compréhension sont étroitement liées (Good, Simmons, Kame'enui, 2001 ; Rasinski *et al.*, 2011). Hasbrouck et Tindal (2006) identifient également le lien entre la fluidité et la compréhension en lecture, mais précisent que ce lien est encore plus important pour ce qui a trait aux élèves en difficulté d'apprentissage.

Les difficultés de fluence de lecture sont, en effet, un des problèmes majeurs des élèves faibles lecteurs (y compris des dyslexiques) : leur lecture est lente, hésitante et souvent très laborieuse, leur faisant perdre confiance en eux et en leurs capacités. Au-delà de la perte de confiance, il y a aussi le simple effet mécanique qui fait que, lorsqu'on arrive au bout d'un texte longtemps après avoir lu le début, on n'a plus en mémoire ce qu'on a lu… Il est donc important de mettre en place un temps d'entrainement de lecture à haute voix pour améliorer cette fluence et se libérer du décodage pur.

La fluence de lecture est donc un véritable levier des apprentissages que nous avons décidé de mettre en œuvre dans la méthode « Lecture piano CE1 ».

Les repères annuels de progression du cycle 2 précisent que *« dans le domaine de la lecture à voix haute, la progressivité porte sur la longueur des supports proposés, sur la variété des genres de textes et sur les modalités de lecture à voix haute (individuellement ou à plusieurs). Il s'agit de développer la vitesse et la fluidité dans des séances spécifiques mais aussi l'expressivité de la lecture »*.

En CE1, *« les élèves lisent des textes plus longs et plus diversifiés (texte théâtral, documentaire, texte informatif…). L'automatisation du décodage conduit les élèves à lire à une vitesse d'environ 70 mots par minute. Les pratiques de lecture à voix haute sont nombreuses et fréquentes sur une variété de genres de textes (individuellement ou à plusieurs) et à partager avec d'autres »*.

L'objectif principal est de donner le gout de la lecture à tous les élèves en les aidant à atteindre un niveau de fluidité de lecture suffisant pour accéder à la compréhension de textes, et cela dans le but de poursuivre correctement les apprentissages dans les niveaux scolaires futurs de l'école. Ainsi, les activités s'articulent autour de l'automatisation du code alphabétique, l'entrainement à la fluidité en lecture et l'incitation à la lecture « plaisir ».

Dès que l'élève acquiert une meilleure maitrise du code alphabétique, qu'il améliore ses performances en vitesse de lecture des graphèmes, et qu'il lit de façon de plus en plus fluide (nombre de mots lus correctement par minute, en général 70 au CE1), son plaisir de lire augmente !

La fluence de lecture est donc un élément incontournable de la méthode « Lecture piano ». Au CE1, comme pour le CP, nous proposons des exercices de fluence tout au long du manuel. Ces exercices sont réalisables tant sur la lecture de syllabes que sur la lecture de mots et, bien sûr, sur la lecture de textes. Le pictogramme ⏱ signale l'activité de fluence ; l'indication du nombre de mots (ou de syllabes) ligne après ligne permet le calcul des scores (temps ou MCLM).

Pour faciliter ce travail de fluence, des tableaux, grilles de scores et les textes de la période 3 à 5 sont fournis au format PDF à photocopier dans le CD-Rom qui accompagne ce guide (ou en téléchargement). Le déroulement type des activités est décrit p. 193.

Les outils de la méthode

Le manuel de lecture

Des textes variés

Pour entrer dans la lecture, il est important d'aborder avec les élèves des types de textes variés. « Lecture piano CE1 » s'est attaché à proposer une grande diversité de textes en l'associant à la fluence et en prenant toujours en compte la différenciation.

Vous trouverez dans ce manuel : des jeux de langages, des récits, des contes, des documentaires, une poésie, des œuvres d'arts, des recettes, une lettre, une interview, un portrait, un article de journal, une fable, une BD, une notice de bricolage, une règle de jeu et une page de dictionnaire.

Progression des types de textes

– Période 1 : des jeux de langage, un documentaire, un récit et une recette.
– Période 2 : un récit, une œuvre d'art (tableau), un article de journal, un conte, une fable, un documentaire.
– Période 3 : trois documentaires, une œuvre d'art (photo), une lettre, une interview.
– Période 4 : une règle du jeu, une recette, un conte des origines, une BD, une affiche.
– Période 5 : un conte, un portrait, une notice de bricolage, une poésie, un documentaire, le dictionnaire et un conte traditionnel.

Une progression graphophonétique pour répondre aux difficultés

La progression des phonèmes et des graphèmes a été organisée pour répondre au mieux aux difficultés et aux besoins des élèves. Ainsi, les confusions des sons et/ou des graphies étant à l'origine de nombreux freins à la lecture, il nous a semblé judicieux de les aborder dès le début du CE1.

Progression graphophonétique

– Période 1 : révisions autour de jeux de langage ; introduction des pianos « sons simples » et « sons complexes » ; « Je ne confonds pas » *p/b, m/n, b/d*.
– Période 2 : « Je ne confonds pas » *d/t, f/v, ch/j, ch/s, c/g* ; les doubles consonnes : *consonne + r*.
– Période 3 : les doubles consonnes : *consonne + l* ; le son an ; les valeurs sonores des lettres : *a, o* et *h*.
– Période 4 : les valeurs sonores de la lettre *e* ; les sons é, in et un, g et j ; les valeurs sonores de la lettre *g* ; le son k.
– Période 5 : les valeurs sonores de la lettre *s* ; les sons s, è, ill ; les valeurs sonores des lettres *w* et *x* ; tous les sons et les graphies.

Les confusions de sons et de graphies

Les confusions de sons et/ou de graphies, assez fréquentes chez les élèves de CP et de CE1, sont à l'origine de nombreuses inquiétudes chez les enseignant·es, tout comme chez les parents de nos élèves. Comment y remédier ? Faut-il s'inquiéter, orienter ? Quelles orientations ?

Les confusions sont de deux ordres : visuelle (les lettres script b et d par exemple) et/ou auditive (les sons c et g par exemple). Pour tenter de les éviter ou de les réduire, il est nécessaire d'en prendre conscience et de les aborder par la manipulation en travaillant la conscience phonologique.

Le piano CP permet d'associer une couleur, une image/un mot et une phrase mnémotechnique[5]. Les élèves se construisent alors des images mentales associant le son et la graphie. Toutes les mémoires sont sollicitées (auditives, kinesthésiques et visuelles) pour faciliter la mémorisation.

Ainsi en continuité avec le CP, le piano CE1 a gardé toutes les couleurs des lettres consonnes étudiées en CP ; de nouvelles graphies complexes ont été ajoutées sur le piano CE1.

5. Systématiquement proposée dans le manuel « Lecture piano CP », la phrase mnémotechnique n'est proposée au CE1 que dans ce guide pédagogique afin de ne la donner qu'aux élèves qui en ont besoin.

Pour certains élèves qui ne connaissent pas la méthode et/ou pour le plaisir des autres, il sera peut-être utile de les faire connaitre ou apprendre :
L (lavande) ➜ *Le lutin aime la lavande.* (mot = *lutin*)
F (rouge) ➜ *Elle souffle sur les flammes rouges du feu.* (mot = *feu*)
CH (orange clair) ➜ *Le chat orange chatouille le chien.* (mot = *chat*)
S (vert) ➜ *Le serpent vert siffle sur le sable.* (mot = *serpent*)
M (mauve) ➜ *Le mammouth mauve mâche un marshmallow.* (mot =*mammouth*)
R (orange foncé) ➜ *Le renard roux rôde autour du ring.* (mot = *renard*)
N (bleu marine) ➜ *Le nain a mis sa tenue bleu marine.* (mot = *nain*)
V (violet) ➜ *L'avion violet vole au-dessus des vagues.* (mot = *avion*)
J (jaune) ➜ *Julie a une jolie jupe jaune !* (mot = *jupe*)
Z (marron) ➜ *Zou ! Le zèbre marron zigzague au zoo.* (mot = *zèbre*)
P (pistache) ➜ *Le perroquet pistache parle portugais.* (mot = *perroquet*)
T (turquoise) ➜ *Le tigre turquoise téléphone à tonton.* (mot = *tigre*)
C (rose) ➜ *Le coq dit « cocorico » au cochon rose.* (mot = *cochon*)
B (bleu) ➜ *La baleine bleue boit au biberon.* (mot = *baleine*)
D (grenadine) ➜ *Le dromadaire boit une grenadine dans le désert.* (mot = *dromadaire*)
G (gris) ➜ *Le garçon regarde ses gants gris.* (mot = *garçon*)

Pour rappel, tous les panneaux référents du CP sont disponibles dans les annexes numériques de ce guide, ils sont complétés par ceux du CE1.

Ainsi, par exemple, la lettre f et le son f *sont associés au feu (image), à la couleur rouge et si besoin à la phrase « Elle souffle sur les flammes rouges du feu ».*

Le lien entre le graphème et le phonème est alors induit directement. La référence à ces associations est vécue comme une forme de jeu de mémoire que l'on convoque pour mieux différencier les lettres et/ou les phonèmes lorsque les élèves les confondent.

Cependant, il faut savoir que parfois les problèmes de confusions peuvent aussi être liés à d'autres facteurs comme des troubles du schéma corporel, de la latéralité et de la structuration spatiotemporelle. Dans ce cas, l'élève peut avoir besoin d'une rééducation particulière. Il est donc nécessaire de faire appel au réseau d'aide qui aura la possibilité d'orienter les parents vers une prise en charge adaptée.

Les doubles consonnes

Les élèves de CP et de CE1 éprouvent souvent des difficultés à décoder les mots comportant des groupes consonantiques du style CCV (*pr, br, tr, dr, cr, gr, fr, vr, pl, bl, cl, gl, fl, vl*), ils n'arrivent pas à fusionner les deux consonnes.

Ces groupes consonantiques génèrent des confusions classiques liées à la première consonne (*pr/br ; tr/dr ; cr/gr ; fr/vr… cl/gl ; pl/bl ; fl/vl…*) et des confusions liées au sens de la lecture (à la place des lettres dans le mot) du style CCV ou CVC, comme pour *bras* ou *bars*, *tir* ou *tri*, *tour* ou *trou…* La lecture de tableaux de syllabes mélangeant CCV et CVC est recommandée.

Exemple :

par	pir	gro	trou	dri	clo	fla	pla
pra	pri	gor	tour	dir	col	fal	pal
rap	rip	rog	rout	rid	loc	laf	lap
tro	pro	gru	poir	per	cil	foul	ploi
tor	por	gur	proi	pré	cli	flou	poil
rot	rop	rug	roip	rép	lic	louf	loip
tir	pur	fri	cru	tar	blé	vla	bli
tri	pru	fir	cur	tra	bel	val	bil
rit	rup	rif	ruc	rat	leb	lav	lib
dra	cra	fur	fra	dur	pli	glou	gal
dar	car	fru	far	dru	pil	goul	gla
rad	rac	ruf	raf	rud	lip	loug	lag

L'utilisation du piano spécifique permet aux élèves d'intégrer et de lire plus facilement les groupes consonantiques et de les utiliser dans des syllabes et des mots.

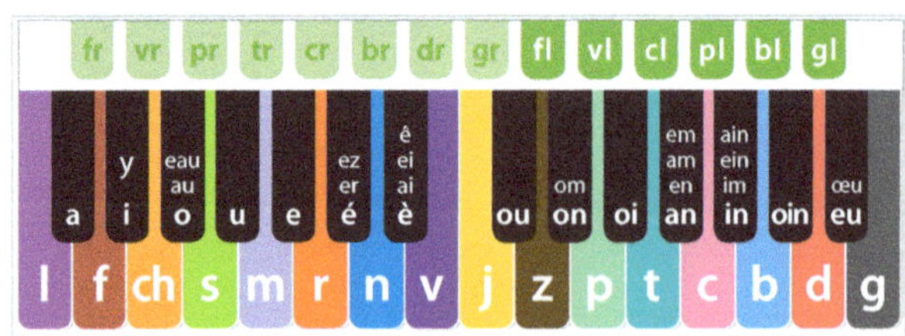

Les différentes valeurs sonores des lettres

En complément du travail sur les différentes graphies d'un même son, nous avons choisi d'aborder les différentes valeurs sonores des lettres. Notre progression s'appuie sur plusieurs années de pratique au sein de classe de CE1 dans un milieu fragilisé et très hétérogène.

Au CP, les élèves se sont familiarisés avec les lettres et les graphèmes simples et complexes. Au CE1, le travail autour de la valeur des lettres permet de passer d'une approche phonographique à une approche orthographique, en maitrisant les relations entre l'oral et l'écrit. En passant par la lettre, l'élève a plus de facilité à s'approprier les différents sons qui y sont associés. L'inverse est souvent beaucoup plus compliqué à comprendre.

Le piano

Le piano est un outil en carton, objet de manipulation des lettres. Il peut s'utiliser à différentes étapes de l'apprentissage pour favoriser le renforcement de la mémorisation CGP et l'apprentissage de la fusion syllabique (combinatoire).

C'est aussi un outil d'aide (chez certains élèves) dans des situations de lecture et/ou dans des situations d'écriture.

Il est proposé à la fois en outil collectif pour les manipulations en classe et en outil individuel comme outil de renforcement (outil rassurant pour certains). Cependant, au CE1, le piano n'est pas indispensable. De nombreux élèves l'ayant utilisé au CP l'ont déjà abandonné avant la fin de leur année scolaire de CP.

Si l'élève n'a pas travaillé en CP sur la méthode piano, il peut être intéressant, voire utile, de lui montrer son fonctionnement.

Fonctionnement du piano

Le piano est mis à disposition de l'élève qui l'utilise quand il le désire.

Pour utiliser le piano, il faut le faire chanter. Les élèves « chantent » le son d'une lettre en posant l'index dessus. Ils repèrent sur le piano la lettre et chantent le son/phonème qui lui correspond. Il est possible de lui demander, au choix, de faire durer le son ou de le chanter de manière brève. Le temps de pose de l'index sur la touche du piano ayant son importance :
– « Je touche la lettre, j'enlève le doigt : le son est bref » ;
– « Je touche la lettre, je laisse le doigt : je prolonge le son jusqu'à ce que j'enlève le doigt. »
Attention : certaines consonnes dites occlusives sourdes et sonores (p, t, k, b, d, g) sont forcément brèves. Seules les consonnes occlusives nasales, fricatives et liquides peuvent être prolongées (comme f, l, m...). (Voir p. 5 du guide pédagogique CP.)

Pendant cette phase de découverte collective de l'outil piano où les enfants s'amusent et l'utilisent spontanément, on introduit la notion de *chant*. « Les mots, c'est de la musique. Les notes sont des sons qui forment, quand on les chante les uns après les autres, des syllabes et des mots… »

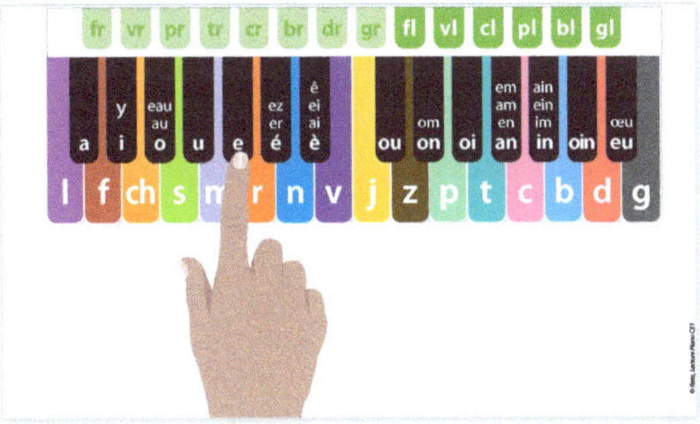

La deuxième étape consiste à combiner les lettres entre elles pour produire des syllabes.

Les élèves peuvent travailler individuellement, par deux ou par groupes, avec un piano par élève ou pour un binôme. Lors de cette activité, lorsque l'enfant va combiner deux sons pour « chanter » une syllabe, il doit utiliser ses deux index l'un après l'autre et éviter de poser ses doigts simultanément. Cette étape permet de chanter des syllabes. Elle sollicite les mémoires auditive, visuelle et kinesthésique. Cette étape est importante, car elle permet la prise de conscience des syllabes inversées.

Exemple :
Si l'enfant chante le f et ensuite le ou, il chantera fou et il jouera 1 puis 2.

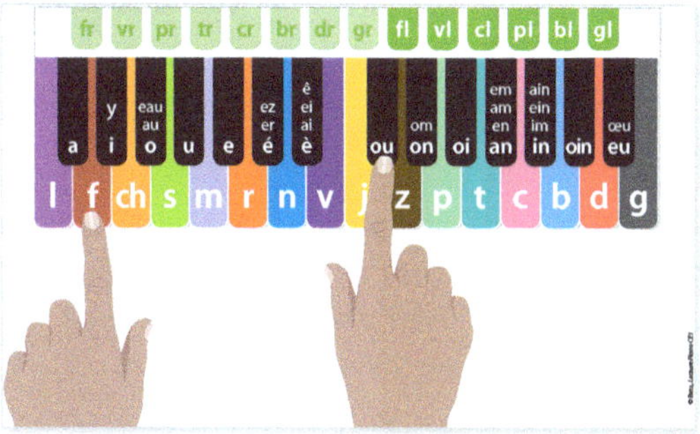

De plus, lorsqu'il chante le premier phonème en tapant sur la touche, il prolonge le son jusqu'au changement de phonème pour entendre l'association de la consonne et de la voyelle (ou inversement de la voyelle et de la consonne). Il est important de commencer par l'index gauche, puis l'index droit (sens de la lecture de gauche à droite).

Bien entendu, l'enseignant·e montrera quelques exemples sur le piano en grand format (à sa disposition sur le site compagnon : *lecture-piano.editions-retz.com*). Il/elle fera venir quelques élèves au tableau afin de s'assurer que toute la classe a bien compris le fonctionnement de l'outil. L'objectif est de prendre du plaisir par une manipulation ludique et de s'exercer seul ou à plusieurs.

Le fichier de différenciation

Les objectifs

Le fichier photocopiable de différenciation permet aux élèves de maitriser progressivement les compétences attendues à la fin du cycle 2, d'aborder les différentes étapes (activités sur les syllabes, puis sur les mots et les phrases et sur des courts textes) qui leur permettront de développer des stratégies de lecture et ainsi de devenir de bons lecteurs et de bonnes lectrices.

Nos objectifs reposent donc sur trois axes principaux :
– Permettre aux élèves d'apprendre à leur rythme.
– Consolider les savoirs par des situations d'entrainement variées et progressives.
– Permettre aux élèves de garder ou de prendre confiance en eux et renforcer l'estime de soi.

L'utilisation (pour qui, pour quoi, comment ?)

Le fichier permet à l'enseignant·e d'organiser sa classe et de prendre en compte l'hétérogénéité des élèves dans le domaine de la lecture.

La classe de CE1, deuxième année du cycle des apprentissages fondamentaux, est une classe généralement très hétérogène, accueillant des élèves aux profils de lecteurs très variés. L'encodage et le décodage sont en cours d'acquisition pour encore de nombreux élèves et il est nécessaire de s'adapter à leurs besoins, et de les faire progresser selon leur niveau.

Que ce soit en atelier, en binôme ou lors des séances d'APC, l'enseignant·e peut utiliser le fichier pour un élève ou un groupe d'élèves spécifiques. Il s'agit notamment de prendre en compte les besoins éducatifs particuliers de certains élèves : élèves allophones nouvellement arrivés, en situation de handicap, éprouvant des difficultés importantes…

La possibilité de photocopier les fiches selon les nécessités de travail permet à chaque enseignant·e de mettre en place sa propre organisation et d'adapter les activités en fonction des séances ou bien encore des périodes.

Le fichier évolue progressivement selon les périodes.

Le contenu

La progression du fichier suit celle du manuel.

Sommaire

Périodes	Semaines	Sons et graphèmes étudiés	Pages
Période 1	S1	Révisions 1 (Les sons et graphies simples) Révisions 2 (Les graphèmes complexes)	6 8
	S2	Révision 3 (Les consonnes doubles)	10
	S3	Révisions 4 et 5 (Lecture de mots et de phrases)	12
	S4	Je ne confonds pas **b** et **p**	14
	S5	Je ne confonds pas **m** et **n**	17
	S6	Je ne confonds pas **b** et **d**	20
Période 2	S8	Je ne confonds pas **d** et **t**	23
	S9	Je ne confonds pas **f** et **v**	26
	S10	Je ne confonds pas **ch** et **j**	29
	S11	Je ne confonds pas **ch** et **s**	32
	S12	Je ne confonds pas **c** et **g**	35
	S13	Les doubles consonnes (1) : pr – br – tr – dr – cr – gr – fr – vr	38
Période 3	S15	Les doubles consonnes (2) : pl – bl – cl – gl – fl – vl	42
	S16	Le son (an) : an/am – en/em	46
	S17	La lettre (a) : a – ai – ain – an – am – au – eau	49
	S18	La lettre (o) : o – oi – ou – on – om – oin – ion	53
	S19	La lettre (h) : h – ch – ph – th	57
Période 4	S21	La lettre (e) : e – é – er – ed – ez – è – ê et – ei – en/em – ein/ien – eu/œu	60
	S22	Le son (è) : es – er – el – ec – ep – ef – ex	67
	S23	Les sons (in) et (un) : in/im – ain/aim – ein – yn/ym – un/um	72
	S24	Les sons (g) et (j) : g/gu – j/ge	77
	S25	La lettre (g) : g – ge – gu – gn – gg – g	81
	S26	Le son (k) : c – k – q – qu – cc – ch	86
Période 5	S28	La lettre (s) : s – ss	91
	S29	Le son (s) : s – ss – sc – c – ç – ti – x	95
	S30	Le son (è) : ett – ell – enn – err – ess	99
	S31	Le son (ill) : euil/euille – oui/ouille – ail/aille – eil/eille	104
	S32	Le son (ill) : ill – y – i	109
	S33	Des lettres difficiles : (w) et (x)	113
Jeux		Révision des mots du fichier sous forme de mots croisés	118

Hormis la partie « Révisions », les exercices sont récurrents d'une séquence à l'autre, afin d'alléger la charge cognitive des enfants (sur le même principe que dans le manuel). Habitués à certains types d'activités, ils rentreront plus facilement dans la tâche. Il y a cependant des petites évolutions au cours des périodes, que nous présentons ci-après.

Les fiches « Révisions » (p. 6 à 13 du fichier)

Les exercices des fiches de révision sont volontairement « classiques » ou repris du CP, car il s'agit de vérifier les acquis. Il n'y a donc à priori pas de difficulté majeure. Le travail est progressif sur une séquence de révisions : il porte d'abord sur la syllabe, sur les lettres d'un mot, sur les mots puis sur la phrase.

• L'exercice 1 est une activité de découpage de mots en syllabes, à l'oral puis à l'écrit. C'est un exercice réalisé couramment à l'oral depuis la maternelle, puis à l'écrit au CP, qui ne devrait pas poser de difficultés particulières. Il est important de le remettre en mémoire, car il peut être utile de repasser par ce découpage en cas de doute sur les sons et les graphies d'un mot. On s'assure ainsi que les élèves ont bien compris le principe de la combinaison des syllabes pour constituer des mots.

1 **Sépare par un trait chaque syllabe des mots suivants.**
Exemple pour le mot DOMINO :
do|mi|no
À ton tour :
robot pédalo tuba ananas
mamie lavabo fusée judo

• L'exercice 2 poursuit le travail sur le découpage syllabique (exercice 1), oral et écrit, en ajoutant une difficulté supplémentaire qui est de retrouver la syllabe manquante. Cela permet d'isoler une syllabe dans un mot.

2 **• Observe l'image et dis le nom en articulant bien chaque syllabe.**
• Puis chante uniquement la syllabe manquante.

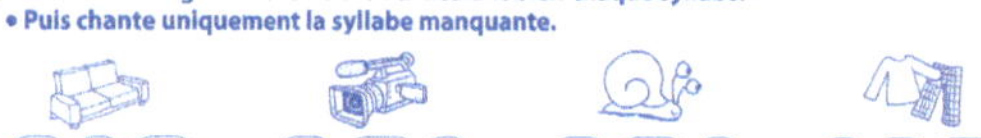

ca ? pé ca mé ? es car ? ? ra ma

• Dans l'exercice 3, on passe à la reconnaissance des lettres qui constituent un mot (et non plus des syllabes). C'est un travail d'encodage des mots, avec support : les lettres manquantes sont ajoutées à l'aide du mot référent écrit.

3 **Lis les mots en gras. Puis complète les étiquettes avec les lettres de ces mots.**
ANORAK CERISE JAVELOT JUDOKA CANARI ANANAS

• L'exercice 4 s'appuie là encore sur l'encodage des mots, mais cette fois sans l'aide du mot référent écrit : il s'agit de reconstituer des mots à partir des lettres mélangées. Les dessins permettent de trouver plus facilement chaque mot. Par ce type d'activité, les élèves apprennent à reconnaitre et à mémoriser l'orthographe des mots.

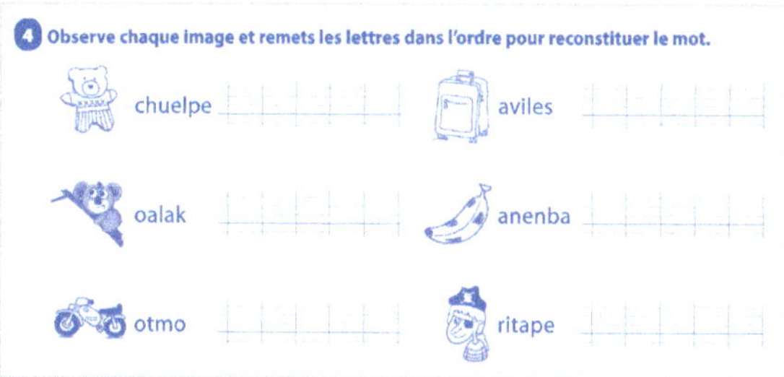

• L'exercice 5 est une activité de discrimination visuelle : il s'agit de reconnaitre, parmi des suites de lettres qui ne veulent rien dire, un mot connu. Ce mot va apparaitre à plusieurs reprises dans une même colonne. On teste ainsi la capacité des élèves à lire avec attention tout en donnant du sens à leur lecture.

5 Entoure dans chaque colonne le mot correctement écrit.

égole	dirate	jeval	cocholat
école	girate	cheval	chogolat
écote	pirade	pheval	chocolat
écome	pirate	chefal	chacolat
écolе	mirate	chaval	chocolat
écofe	pirate	cheval	chocalat

• L'exercice 6 associe un travail de discrimination visuelle et un travail sur le sens à l'échelle d'une phrase : il s'agit de choisir le bon mot entre des paires minimales (mots proches dont une seule lettre change). Le travail nécessite donc plusieurs étapes consécutives : déchiffrage du mot, compréhension et placement dans le contexte pour choisir celui qui convient dans la phrase.

6 Entoure dans chaque phrase le bon mot (en gras).

- Lili utilise de la **narine / farine** pour la pâte.
- Léo pose la **rame / lame** à côté du canoé.
- La tortue avale de la **balade / salade**.
- La **vache / bâche** est dans le pré.
- Une amie est sur ta **moto / loto** et s'amuse.

Les autres fiches (p. 14 et suivantes du fichier)

• L'exercice 1 est une activité de phonologie. En effet, il nous a semblé essentiel de continuer à travailler la discrimination auditive, dans la continuité du CP, et ce tout au long de l'année. Plus les élèves réussissent à reconnaitre les phonèmes, moins ils auront des difficultés à progresser en lecture-écriture. Cependant, certains élèves font encore des confusions au début de l'année de CE1.

Cette tâche est la même pour les 5 périodes. En revanche, certains sons déjà vus dans une séquence précédente ne sont pas systématiquement repris dans une nouvelle séquence (c'est le cas du son (an) pour la lettre E, S21, par exemple).

Avant d'entrer dans l'activité, on s'assurera de la reconnaissance de tous les dessins en les faisant nommer (même remarque pour l'exercice suivant).
Pour éviter les ambigüités, les corrigés des exercices de phonologie sont disponibles en annexe de ce guide.

• L'exercice 2 est également une activité de phonologie, complémentaire à l'exercice 1. Il s'agit de repérer à l'oral la place d'un phonème dans une suite de syllabes constituant un mot, cette suite étant matérialisée par des cases.

Là encore, c'est une activité qui n'évolue pas au cours des 5 périodes, et qui n'aborde pas systématiquement tous les phonèmes selon ce qui a été vu précédemment.

Elle est utile pour tous les élèves en début d'année ; néanmoins, au cours de l'année, elle peut être proposée uniquement aux seuls élèves qui ont en besoin.

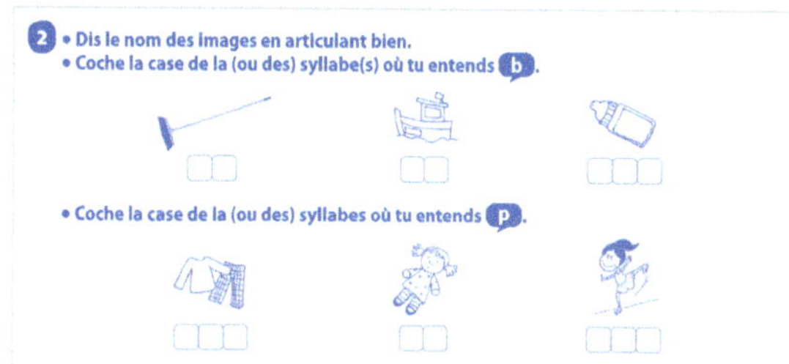

• L'exercice 3 est une activité d'encodage qui nécessite de compléter des mots à l'aide d'un corpus donné.

Pour la période 1, il s'agit de syllabes données, à retrouver puis à écrire.

Pour les périodes 2 à 5, il s'agit d'écrire seulement les graphies étudiées.

• L'exercice 4 force à une lecture rapide mais attentive. Sa difficulté réside dans le fait que les mots à lire, sous forme de colonne, se ressemblent (c'est pourquoi il n'y a pas d'article). Sont proposés différents types de ressemblance, selon les périodes :

– Mots qui ont une syllabe initiale commune.

– Mots avec une double consonne d'attaque identique.
– Mots qui se terminent pareil.
– Mots de la même famille.
– Mots dont seule une lettre change.

4 Lis ces mots. Fais bien attention, car ils se ressemblent !

boulon	bouton	piment	pirater
boulet	bouchon	pimenter	pivoter
boulier	boucher	piloter	pistolet
boule	boucherie	pilote	picorer

• L'exercice 5 est une activité de discrimination visuelle. Il s'agit d'abord de lire les mots, avant de passer à la reconnaissance de la lettre en exergue. Certains mots sont volontairement difficiles, le but étant surtout retrouver une lettre malgré la proximité d'autres lettres et d'autres mots similaires.

5 • Lis ces mots.
• Puis colorie en bleu ceux où tu vois b et en vert ceux où tu vois p.

emporter bassin bavarder capitaine embrasser
éplucher empreinte bilan après abandon

• L'exercice 6 est une activité de lecture rapide. Dans les périodes 1 à 3 est proposé un étayage (syllabe puis graphies étudiées en gras). À partir de la période 4, la difficulté augmente, avec une alternance de polices différentes.

Une autoévaluation est proposée afin que chaque élève puisse se situer dans ses propres apprentissages avec la possibilité d'effectuer plusieurs essais.

6 Lis ces mots le plus rapidement possible.
• un **bé**bé – une **bar**be – une **ro**be – le **bord** – **bon**jour – le char**bon**
boire – la **bou**che – la ca**bi**ne – une **bran**che – une cham**bre**
li**bre** – une ta**ble** – dou**ble** – péni**ble**
• les **pa**rents – une **por**te – une **pi**pe – la **sou**pe – une **pom**me
propre – un **prin**ce – **pre**mier – une **plan**te – une **plu**me
la **pri**son – la **poi**re – la **peur** – la **va**peur

Je colorie quand j'ai lu correctement tous les mots.
Essai 1 Essai 2 Essai 3

• L'exercice 7 est également une activité qui associe lecture et discrimination visuelle. Il prépare à la lecture rapide, en incitant les élèves à « photographier » le mot parmi une suite de mots indistincts.

7 Entoure le mot autant de fois que tu le vois.

poule patatepoulepommepoulepommierpoulepalmierpalme
blanche brancheboueblanchebainblanchebâtonboueblanchebras

À partir de la période 3, la tâche évolue : elle porte sur les phrases. L'objectif devient alors à la fois une préparation à la lecture rapide, mais également un rappel sur la différence de segmentation écrite et orale. Ceci nécessite une attention toute particulière. Enfin, pour les périodes 4 et 5, l'élève recopie les phrases segmentées.

7 Lis les phrases et sépare les mots en traçant un trait.
• Ambreécritàsesfuturscamaradesdeclasse.
• Elleaunhandicapquis'appellelatrisomie.
• Ladifférencen'empêchepastouslesenfantsdevivreensemble.
• Danstouteslesécolesonapprendàserespecter.

• L'exercice 8 prépare à la lecture fluide, en incitant les élèves à « deviner » un mot en partie masqué, à l'aide du contexte et de la mémorisation orthographique qu'ils ont de ce mot. Les mots tronqués sont en effet des mots déjà rencontrés, et les lettres cachées sont généralement celles qui sont étudiées dans la séquence.

Cet exercice peut être utilisé uniquement pour les élèves les plus à l'aise en début d'année.

8 Lis les phrases en devinant les lettres masquées.
• Une ●ule blanche ●core du ●ain.
• Elle est ●erchée sur une ●anche de ●ois.
• Une ●oule veut ●rendre un ●ain et saute dans une ●assine.

Cet exercice évolue à la période 3 (il devient exercice 10) : ce sont alors des phrases qui sont en partie masquées. Les compétences en jeu sont les mêmes, mais la difficulté augmente du fait que le corpus est plus long.

10 Lis les phrases en partie masquées.
• On mange les fruits du mois de septembre.
• On travaille avec les fruits des producteurs proches.
• En février, il y a des agrumes comme les citrons.
• J'adore les groseilles, les framboises, les abricots et les prunes.

En période 4, il s'agit de comparer des séries de mots avec des polices différentes. Les mots étant sur une même ligne, cela nécessite de bien les mémoriser pour les comparer de manière efficace.

8 Coche quand les deux séries de mots sont identiques.
☐ *méchant – lampe* • méchant – lampe
☐ *lenteur – ensemble* • lenteur – ressemble
☐ *parent – ambulance* • parent – ambulance

En période 5, la comparaison porte sur des phrases, ce qui implique une lecture encore plus attentive, car seuls un ou deux mots changent, et les polices sont toutes différentes.

8 Coche les deux phrases identiques.

☐ Le chasseur est stressé car il déteste les souris qui viennent de passer sur le sol.
☐ *Le chasseur est stressé car il déteste les rats qui viennent de passer sur le sol.*
☐ Le chasseur est stressé car il déteste les souris qui viennent de passer sur la table.
☐ Le chasseur est stressé car il déteste les souris qui viennent de passer sur le sol.

• L'exercice 9 permet de travailler sur le sens de lecture de la phrase et sa compréhension. Dans la plupart des cas, les contextes sont identiques au manuel pour faciliter la tâche.

9 Relie chaque début de phrase à la fin qui lui correspond.

Le hibou s'approche •	• au secours de la poule.
La bassine est remplie •	• un bon bain de boue.
La poule tombe •	• de boue.
Le hibou vole •	• de la poule.
La poule prend •	• dans la bassine.

• L'exercice 10 est une activité de lecture fluide. Il consiste à faire lire avec plus d'aisance des phrases de plus en plus longues et complexes.

10 Lis les phrases.
- La petite poule picore du pain.
- La petite poule est perchée, elle picore du bon pain.
- La petite poule blanche est perchée, elle picore du bon pain sur une planche.
- La petite poule blanche est perchée, elle picore du bon pain sur une planche sans tomber.

• L'exercice 11 est une activité de lecture oralisée. Il permet de travailler sur le rythme, l'intonation, etc. Il est important que toute la classe, à un moment ou à un autre, puisse y participer.

Chaque période propose un type de lecture :
- Période 1 : travail sur la hauteur de la voix (douce, normale, forte).
- Période 2 : travail sur l'intonation en lien avec le type d'énonciateur (pirate, robot, etc.).
- Période 3 : travail sur les émotions (triste, agacé·e, etc.).
- Période 4 : travail sur le rythme de lecture.
- Période 5 : travail autour du dialogue.

11 Lis la phrase en gras selon la manière demandée.
- Tu murmures très doucement. On ne t'entend pas.
  La poule blanche est perchée.
- Tu parles doucement. Ton voisin t'entend.
  La poule blanche est perchée.
- Tu parles fort. Toute la classe t'entend.
  La poule blanche est perchée.

11 Lis ce texte comme si tu étais un ou une pirate.
Il faut lire en grognant à la fin des phrases.
Un crocodile a voulu m'attraper ! Non, mais vraiment… trois fois, il s'est approché ! Il est très dangereux et je refuse de me faire croquer. Je suis un très grand pirate ! Il va apprendre à me connaître, cet affreux crocodile !

Les panneaux référents

Au nombre de 70, ils sont destinés à la mémorisation des sons et graphies, pour un affichage en classe.

On retrouve les 50 panneaux du CP et une vingtaine de nouveaux pour le CE1 :
- Pour aborder les confusions (B/D, etc.).
- Pour commenter collectivement les images de haut de page du manuel.
- Pour retenir les sons, graphies et lettres difficiles.

La programmation

La progression annuelle

La progression proposée est organisée sur les 36 semaines travaillées. Elle est adaptable en fonction du calendrier des vacances par zones. Les enseignant·es peuvent ainsi tenir compte de leur calendrier, des rythmes d'apprentissage des élèves, et des diverses configurations de leur classe. Cependant, tous les graphèmes doivent avoir été étudiés en fin d'année.

Une semaine de révisions (proposées sur un mode ludique dans le manuel) est programmée à la fin de chaque période : ces semaines sont à adapter en fonction du rythme retenu et peuvent être considérées comme des semaines « tampons », à utiliser ou non.

Sommaire

Périodes	Semaines	Pages	Sons et graphèmes étudiés	Type de texte associé	Titre des textes
Période 1	S1	6	Révisions 1 (Les sons et graphies simples)	Lecture de syllabes et de faux mots	
		7	Révisions 2 (Les graphèmes complexes)	Lecture de syllabes et de faux mots	
	S2	8	Révisions 3 (Les consonnes doubles)	Lecture de syllabes et de mots	
	S3	9	Révisions 4 (Les sons et graphies simples)	Lecture de mots et de phrases	
		10	Révisions 5 (Les graphèmes complexes)	Lecture de mots et de phrases	
	S4	11	Je ne confonds pas p et b	Récit	La poule blanche
	S5	15	Je ne confonds pas m et n	Recette	Crumble pommes bananes à la cannelle
	S6	19	Je ne confonds pas b et d	Documentaire (sciences)	Le dromadaire et la baleine : deux animaux à bosse
	S7	23		Je révise en m'amusant	
Période 2	S8	24	Je ne confonds pas d et t	Récit	Le dindon dodu et la petite tortue
	S9	28	Je ne confonds pas f et v	Documentaire (art)	Le fauvisme et Henri Matisse
	S10	32	Je ne confonds pas ch et j	Article de journal	Coup de chaud dans le Jura : un jaguar disparaît !
	S11	36	Je ne confonds pas ch et s	Conte	Le chat sauvage et la souris
	S12	40	Je ne confonds pas c et g	Fable	La cigale et la fourmi (adaptation)
	S13	44	Les doubles consonnes (1) : pr – br – tr – dr – cr – gr – fr – vr	Documentaire (sciences)	Manger les fruits de nos régions
	S14	49		Je révise en m'amusant	
Période 3	S15	50	Les doubles consonnes (2) : pl – bl – cl – gl – fl – vl	Documentaire (sciences)	Le glaïeul et la passiflore
	S16	55	Le son an : an/am – en/em	Lettre (forme épistolaire)	Lettre d'une enfant différente
	S17	60	La lettre a : a – ai – ain – an – am – au – eau	Documentaire (art)	Robert Doisneau, un pêcheur d'images
	S18	65	La lettre o : o – oi – ou – on – om – oin – ion	Documentaire (EMC)	Porter secours
	S19	70	La lettre h : h – ch – ph – th	Interview (dialogue)	Le tri des déchets
	S20	77		Je révise en m'amusant	
Période 4	S21	78	La lettre e : e – é – er – ed – ez – è – ê et – el – en/em – ein/len – eu/œu	Documentaire (sciences)	Le réchauffement climatique : l'effet de serre
	S22	85	Le son è : es – er – el – ec – ep – ef – ex	Règle de jeu	L'épervier (jeu d'extérieur)
	S23	92	Les sons in et un : in/im – ain/aim ein – yn/ym – un/um	Recette	Le pain au levain
	S24	98	Les sons g et j : g/gu – j/ge	Documentaire (sciences) : affiche et texte	La Fête de la nature
	S25	104	La lettre g : g – ge – gu – gn – gg – g	Conte des origines	L'égrugeoir magique
	S26	112	Le son k : c – k – q – qu – cc – ch	Bande dessinée	Le roi des kékés
	S27	121		Je révise en m'amusant	
Période 5	S28	122	La lettre s : s – ss	Conte	Les trois souris
	S29	127	Le son s : s – ss – sc – c – ç – ti – x	Récit descriptif	Portrait de ma grand-mère
	S30	132	Le son è : ett – ell – enn – ess	Fiche de bricolage	Fabrication d'une girouette-mouette
	S31	137	Le son ill : euil/euille – ouil/ouille – ail/aille – eil/eille	Poésie	Petit écureuil
	S32	141	Le son ill : ill – y – i	Documentaire (sciences)	De la chenille au papillon
	S33	145	Des lettres difficiles : w et x	Dictionnaire	Page du W et page du X
	S34	148	Tous les sons et graphies	Lecture suivie (conte)	Le petit pou sait (1)
	S35	151	Tous les sons et graphies	Lecture suivie (conte)	Le petit pou sait (2)
	S36	155	Tous les sons et graphies	Lecture suivie (conte)	Le petit pou sait (3)
	S36	159		Je révise en m'amusant	

Le découpage en périodes

Les périodes 1 et 2 comprennent souvent 7 semaines chacune. **La période 1** commence par trois semaines de révisions qui permettront de faire le lien avec le manuel « Lecture piano CP » quand celui-ci a été utilisé en CP, ou de découvrir la méthode et l'utilisation du piano si les élèves n'ont pas travaillé avec en CP. **La période 2** est essentiellement réservée aux confusions des sons.

• **Les périodes 3 et 4** comprennent 6 ou 7 semaines, selon les zones. L'enseignant·e devra donc adapter sa progression à ses dates des vacances scolaires. Ces périodes abordent les lettres et leurs valeurs sonores ainsi que les sons et leurs différentes graphies, en alternant les entrées pour brasser le plus de combinaisons possibles. L'objectif est de permettre une approche orthographique des mots. Ainsi, les élèves peuvent découvrir les valeurs morphographiques, phonographiques et logographiques des graphèmes et des phonèmes.

La période 5 est toujours la plus longue (10 semaines au moins). Elle permet d'aborder les phonèmes et graphèmes plus complexes, ainsi que les sons complexes difficiles. Elle se termine par trois semaines de lecture suivie qui peuvent permettre de réguler la période.

Les révisions : continuité du CP au CE1 (période 1)

De manière à favoriser le prolongement entre le CP et le CE1, trois semaines de révisions sont proposées. Elles ne seront pas nécessairement utiles à toutes les classes. Cependant, elles permettent aux élèves de s'approprier ou de se réapproprier la méthode « Lecture piano » et l'utilisation du piano (outil un peu différent de celui du CP).

Révisions 1 : Cette première séance de révisions permet de comprendre l'utilisation du piano et de réviser les sons et graphies simples. Le piano CE1 est présenté et les élèves se l'approprient. Il est proposé de travailler des syllabes sur le piano, ce qui permet à l'enseignant·e de repérer les élèves en difficulté. Une activité ludique de lecture de formules magiques se présente sous la forme d'une association continue de plusieurs syllabes (jeux de langage qui seront repris dans les séances suivantes sous forme de virelangues).

Révisions 2 : Cette deuxième séance, similaire à la première, aborde les graphèmes complexes. Ils ont tous été vus au CP et ne devraient pas poser de problème majeur aux élèves. La séance est ludique, et elle permet aussi d'utiliser le piano (au CP, le piano utilisé pour ces graphèmes était spécifique). Dans le piano CE1, ces sons apparaissent essentiellement dans la deuxième octave et permettent l'approche orthographique des mots.

Révisions 3 : Les consonnes doubles sont des groupes consonantiques du style CCV. Un piano spécifique a été créé pour mieux les appréhender et permettre là encore d'éviter les confusions de lettres/sons et de sens de lecture. Il nous semblait important de les différencier et d'en faire un temps de révision spécifique.

Révisions 4 : Cette séance aborde la lecture de mots et de phrases avec des sons et graphies simples. Dans cette séance de révision, il est important d'observer les élèves non en tant que « décodeurs » mais en tant que « compreneurs ». Ils doivent savoir lire et comprendre simultanément.

Révisions 5 : Cette séance, similaire à la précédente, a le même objectif, mais s'appuie sur la lecture de mots et de phrases avec des graphèmes complexes. L'élève est face au décodage de graphèmes complexes tout en ayant accès à la compréhension. Il doit à ce stade lire en comprenant et se préparer à la lecture de textes de plus en plus longs.

Je ne confonds pas (périodes 1 et 2)

La séance commence par une **lecture de syllabes** intégrant les deux phonèmes/graphèmes à ne pas confondre. Cette séance permet d'utiliser le piano si les élèves ont besoin d'un repère visuel, kinesthésique ou auditif. Les lettres reprennent les couleurs du piano pour mieux les différencier. L'élève doit lire seul les syllabes. Le piano reste cependant toujours à sa disposition s'il doute ou se trompe ; il doit pouvoir l'utiliser pour se corriger. L'enseignant·e doit avoir une vigilance particulière pour les syllabes inversées et vérifier qu'elles sont bien lues. Dans le cas contraire, le piano doit être utilisé. Cette rubrique permet de « rebrasser » la lecture de syllabes.

Le deuxième exercice **associe les syllabes à des mots**. L'idée est de montrer aux élèves que les syllabes sont des éléments constitutifs des mots mais que, seules, elles ne produisent pas de sens. Chaque syllabe à lire est donc contextualisée dans un mot afin de dépasser le simple décodage et de faire le lien avec une signification. L'enseignant·e peut demander aux élèves de trouver d'autres mots associés aux syllabes lues.

Le troisième exercice est une **lecture de mots.** Tous les mots proposés dans cette rubrique peuvent être lus : aucun mot ne comporte de syllabes non apprises. Si l'enfant hésite, l'utilisation du piano est recommandée. L'adulte donne à lire les mots proposés, en faisant lire individuellement, élève après élève, ou en demandant à des groupes de prendre en charge, en lecture préparée, une ligne. L'enseignant·e en profite aussi pour s'assurer de la compréhension du vocabulaire. Dans cet exercice, nous proposons deux niveaux de lecture (avec paires minimales sur un fond bleu), l'objectif étant de permettre à tous les élèves de lire vite et de manière continue. Un élève en difficulté à souvent plus de mal à lire de nombreux mots successifs.

Une attention particulière doit être portée au nombre de syllabes comptées et surtout prononcées dans les mots. Cette prise de conscience est survenue lors d'une discussion avec Coralie Papon-Monnier, professeure de français dans le Sud, qui, mutée dans la région parisienne, se trouve confrontée à une prononciation différente des mots. En effet, le mot *biberon*, par exemple, a bien trois syllabes à l'écrit mais il peut en avoir deux ou trois à l'oral en fonction de la région (le « bib'ron » ou le « bi-be-ron »). De même, les accents (suivant les régions) peuvent influencer la prononciation, comme pour le *lait* (le « lé » et le « lè ») et le *poulet* (le « poulé » et le « poulè »). De même pour le « o » ouvert ou fermé qui, par exemple, dans les mots « *rose* » et « *drôle* » ne se prononcent pas de la même façon dans le Sud [ʁɔz] [dʁɔl] et dans le Nord [ʁoz] [dʁol]. L'alphabet phonétique n'est pas respecté partout et les accents régionaux influencent la lecture. L'arrivée d'élèves allophones ou d'élèves venant d'autres régions de France que celle où vous enseignez doit donc demander une attention particulière. En ce qui concerne la méthode, tant pour le CP que pour le CE1, nous nous attacherons au nombre de syllabes écrites et à l'alphabet phonétique international.

Le quatrième exercice propose de **découvrir des mots du texte** à lire dans l'exercice suivant, de manière à en permettre la compréhension au moment de la lecture.

Dans le cinquième exercice, **trois niveaux d'un même texte à lire sont proposés.** Les élèves sont invités à choisir eux-mêmes le niveau de texte qu'ils souhaitent lire (voir p. 10).

Le sixième exercice est un exercice de **compréhension explicite.** Toutes les réponses aux questions se trouvent dans le texte. La compréhension implicite n'est pas abordée directement, car elle fait, en général, l'objet de lectures suivies travaillées en classe de façon parallèle.

Le septième exercice propose trois ou quatre phrases dont une seule **résume le texte.** L'objectif est d'amener les élèves à comprendre comment extraire les idées principales d'un texte pour en faire un résumé. Des prolongements seront proposés dans les fiches de préparations.

Le huitième exercice propose un **atelier de production d'écrits** en lien avec le type de texte étudié. Des prolongements seront proposés dans les fiches de préparations.

Le dernier exercice est un petit **défi de lecture** ludique qui propose de lire un virelangue rapidement. Ce type d'activité est généralement très appréciée des élèves et dédramatise la lecture rapide.

Je révise en m'amusant

Ces semaines de révision, placées avant les vacances scolaires (et donc à la fin de chaque période), ont un rôle de régulation. L'enseignant·e, en fonction de sa classe, a la possibilité de prendre plus de temps pour prolonger une séance de la période. Il/Elle pourra aussi réguler les périodes de vacances qui ne sont pas identiques selon les zones géographiques. Ces séances permettent enfin à l'enseignant·e de prendre un temps de révisions si nécessaire ou un temps pour mettre en place un projet particulier.

Les jeux proposés peuvent également servir aux élèves qui sont à l'aise pendant les temps de différenciation. Ils reprennent en général les mots des séances précédentes.

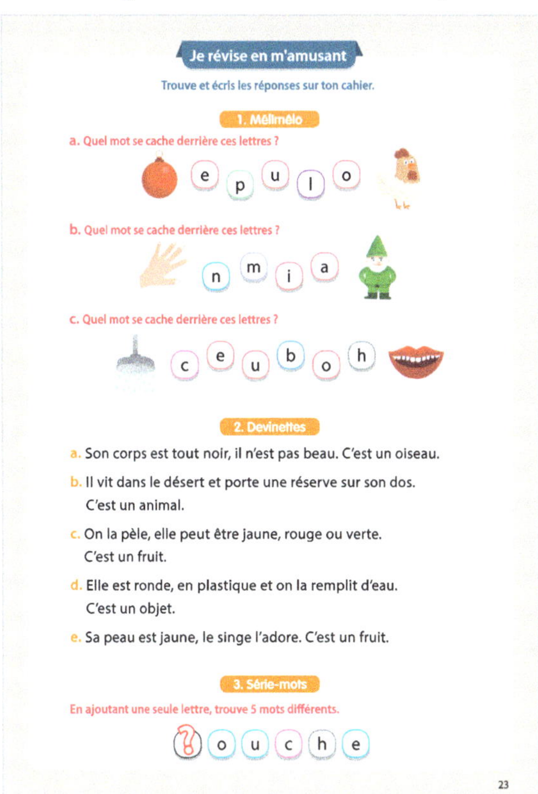
Je révise en m'amusant

Trouve et écris les réponses sur ton cahier.

1. Méli-mélo

a. Quel mot se cache derrière ces lettres ?

e p u l o

b. Quel mot se cache derrière ces lettres ?

n m i a

c. Quel mot se cache derrière ces lettres ?

c e u b o h

2. Devinettes

a. Son corps est tout noir, il n'est pas beau. C'est un oiseau.

b. Il vit dans le désert et porte une réserve sur son dos. C'est un animal.

c. On la pèle, elle peut être jaune, rouge ou verte. C'est un fruit.

d. Elle est ronde, en plastique et on la remplit d'eau. C'est un objet.

e. Sa peau est jaune, le singe l'adore. C'est un fruit.

3. Série-mots

En ajoutant une seule lettre, trouve 5 mots différents.

? o u c h e

23

Périodes 3, 4 et 5

La valeur sonore des lettres et les lettres particulières (consonnes + L/R, les doubles lettres, W et X)

La valeur sonore des lettres permet de passer petit à petit d'une entrée phonologique ou phonographique à une entrée orthographique en permettant des liens entre la lecture (déchiffrage et compréhension) et l'écriture, mais aussi avec l'orthographe, le lexique et la conjugaison. Ces liens seront à travailler plus explicitement en étude de la langue.

Ainsi, les élèves prennent conscience qu'une même lettre peut produire plusieurs sons, qu'elle peut être associée à d'autres lettres pour former d'autres sons, qu'elle peut marquer une appartenance à une famille de mots, marquer la terminaison d'une conjugaison ou donner une information sur le genre ou le nombre, permettre la distinction entre des homophones….

L'organisation des séances est sensiblement la même que pour les périodes précédentes, elle évolue juste dans le domaine de la compréhension et propose plus de mots dans la partie phonologique.

Les sons particuliers/complexes et les lettres difficiles

Les sons complexes ont été isolés pour en permettre un approfondissement spécifique. Ils ont la particularité d'avoir plusieurs graphies pour les écrire. C'est le cas, par exemple, de an qui s'écrit *an/am, en/em* ; des sons in et un qui s'écrivent *in-im, ain-aim-ein, yn-ym et un-um* ; du son k qui se transcrit *c-k-qu-q-cc-ch* ; etc.

Certaines graphies, telles que *es, er, el, ec, ep, ef, ex*, ont été regroupées autour du son è, bien que dans certains mots, elles soient prononcées é : mais c'est un cas moins fréquent, et l'objectif et surtout de faire retenir que ces groupes de lettres, qui ne sont pas des « graphèmes complexes » et n'ont pas d'accent, se prononcent d'une manière commune.

Il est en de même pour les graphies *ett, enn, ell, ess* regroupées autour du son è.

Le son j, traduit dans le manuel par ill, a été divisé en deux séquences, la première étant plus « classique », bien que complexe (avec les graphies *euil-euille, ouil-ouille, ail-aille, eil-eille*), la seconde regroupant d'autres manières d'écrire ce son (*ill, y, i*).

Les lettres difficiles (W et X) sont abordées à la toute fin, car elles sont utilisées moins fréquemment et dans des mots complexes, soit à consonance étrangère (anglaise, africaine, etc.), soit plus rares. Il est cependant important de ne pas les mettre de côté.

Tous ces sons et graphies sont traités de la même manière que les valeurs sonores des lettres.

Proposition d'emploi du temps de la semaine

Nous proposons un emploi du temps hebdomadaire sur quatre jours :

Durée (min)	LUNDI	Durée (min)	MARDI	Durée (min)	JEUDI	Durée (min)	VENDREDI
Le code		Lecture et fluence		Compréhension		Production d'écrits	
10	Découverte de la notion étudiée	5	Rappel de la séance précédente	5	Rappel de la séance précédente	5	Rappel de la séance précédente
5	Lecture de syllabes / fluence	5	Préparation de la lecture du texte	10	Compréhension du texte	20	Recherches collectives
10	Lecture de syllabes et de mots	5	Les mots du texte	5	Recherche dans le texte	10	Premier jet
10	Lecture de mots / fluence	10	Lecture (choix du niveau)	5	Résumer le texte	10	Correction et finalisation
5	Les mots à retenir	5 à 10	Discussion autour du texte	10	Compréhension orale	5	Prolongements
5	Découverte de la notion étudiée	5	Lecture orale	5	Lecture rapide		
5	Reconnaitre un son	10	Lecture du texte : fluence	5	Prolongements		
5 à 10	Repérer un son			5	Rappel de la notion étudiée		
5 à 10	Compléter des mots			5	Discrimination visuelle		
5 à 10	Lecture de mots			5	Expansion de la phrase		
5 à 10	Repérer et distinguer les graphies étudiées			5 à 10	Associer le début d'une phrase avec sa fin		
5 à 10	Lecture de mots / fluence			5 à 10	Lecture avec intonation		
5	Segmenter des phrases						

Remarque : les parties colorées en mauve correspondent aux séances menées avec le fichier de différenciation. Elles sont donc facultatives et peuvent être menées avec la classe entière ou en petit groupe.

Période 1

Compétences attendues en fin de cycle :
- Savoir discriminer de manière auditive les constituants des mots (conscience phonologique).
- Connaitre le nom des lettres ainsi que le son qu'elles produisent.
- Établir les correspondances graphophonologiques (syllabes simples et complexes).
- Mémoriser les composantes du code.
- Mémoriser les mots fréquents.

Compétence travaillée :
- Identifier des mots de manière de plus en plus aisée.

Objectifs généraux :
- Associer un graphème au son qu'il produit (lien oral/écrit).
- Lire des syllabes, des mots.
- Encoder des mots.
- S'entrainer à la lecture rapide.

Objectifs spécifiques à chaque séquence de révisions :
- Réviser les sons et graphies simples.
- Réviser les graphèmes complexes.
- Lire des mots et des phrases simples.
- Inventer des formules magiques.

Objectifs spécifiques à chaque séquence de confusions :
- Connaitre la valeur sonore de graphèmes proches (« b » et « d », « b » et « p », « m » et « n »).
- Connaitre leur graphie et savoir les discriminer.
- Lire des syllabes, des mots contenant ces graphies.
- Lire des textes et les comprendre.
- S'exercer à la lecture rapide.
- Produire des écrits en lien avec la séquence.

Durée hebdomadaire des séquences de révisions et de confusions : 4 séances de 45 min

Durée hebdomadaire de la séquence sur les consonnes doubles : 3 séances de 40 min

Semaine 1 — Révisions 1 et 2

Séance 1 — Les sons et graphies simples (1)

Durée : 45 min
Matériel :
– Manuel p. 6
– Piano CE1 : individuel et collectif

Organisation :
– Groupe classe : introduction, découverte, rebrassage des notions

Déroulement de la séance

Remarque
Ces séances de révisions permettent une entrée en douceur dans le manuel. Elles ont pour objectif d'identifier les réussites et les difficultés des élèves. Elles apportent un temps de remise à niveau. Elles permettent de réinvestir les acquis antérieurs.

1 Introduction (15 min)

Découverte du manuel

Faire sortir les manuels de lecture et en demander le titre : *Lecture piano CE1*.
« Vous pouvez le regarder, tourner les pages, regarder les images, les textes… »
Demander aux élèves ce qu'ils en pensent, s'ils ont des commentaires à faire, etc.
« Avez-vous vu ce qu'il y a au début du manuel ? » ➜ Le piano.
« Nous allons le prendre et le regarder. Savez-vous comment on l'utilise et à quoi il sert ? »
Laisser les élèves expliquer et donner leur avis. Deux cas de figure sont possibles : soit les élèves connaissent le piano pour l'avoir utilisé en CP, soit ils le découvrent.

Réinvestissement ou découverte du piano

• Dans le cas d'un réinvestissement :
Les élèves qui ont utilisé le piano l'année dernière ne devaient plus l'utiliser en fin d'année (majorité des cas). Il est donc important d'expliquer pourquoi il revient.

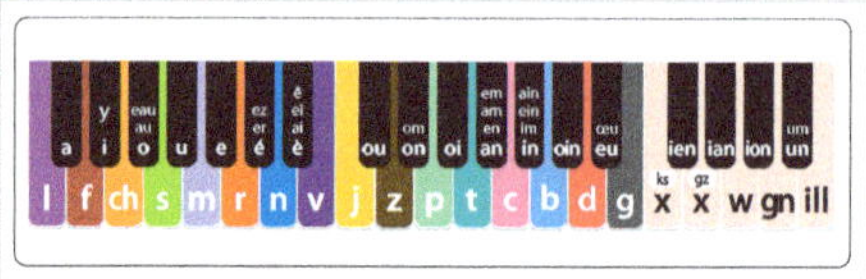

« Vous avez utilisé le piano au début du CP pour apprendre à lire. Vous voyez que le piano que vous avez est différent. Quelle est cette différence ? »
➜ Les touches ajoutées pour les sons et graphies difficiles (de couleur beige).
« Quelles sont ces graphies difficiles ? »
Les faire nommer.
« Le piano ne sera peut-être pas utile pour lire, puisque vous savez lire maintenant, mais il peut vous aider pour déchiffrer quelques mots, pour jouer à chanter des syllabes ou des mots nouveaux… Qui a envie de l'utiliser ? »
Il est intéressant de savoir si l'outil plait aux enfants et pourquoi ils veulent ou non l'utiliser. Les faire verbaliser.
Il est possible de le mettre de côté pour certains élèves et dire à ceux qui le souhaitent qu'ils peuvent le garder devant eux et l'utiliser s'ils en ont besoin.

• Dans le cas d'une découverte :
Afficher le piano collectif au tableau et demander aux élèves de mettre leur piano devant eux.
« Nous allons apprendre à utiliser le piano pour chanter des syllabes et des mots. C'est un outil d'aide à la lecture qui peut vous être utile dans certains cas…
On prend ses deux mains, les deux index, et lorsque l'on pose l'index sur une touche, on la chante ; par exemple, on peut chanter « sa » en posant l'index gauche sur le « s » et ensuite l'index droit sur le « a ». C'est vous qui faites chanter le piano. »
Donner un exemple : *salade*, le chanter sur le piano collectif. Puis inviter quelques élèves volontaires à venir chanter à leur tour des mots simples au tableau : *malade, chaton, piano*, etc.
Expliquer qu'en CP le piano a permis d'apprendre à lire, mais qu'en CE1 il servira seulement d'aide pour ceux ou celles qui le souhaitent.

Les étapes de la séance

« Maintenant, nous allons découvrir la leçon de révision sur les sons et graphies simples page 6. »
Faire observer le haut de la page : titre de la séance, images (piano).
« Ce sont des révisions du CP. Nous allons faire les exercices 1 et 2. »

2 Exercice 1 : Je chante des syllabes (15 min)

« Qui peut lire la consigne de l'exercice 1 ? » ➜ « Je chante les syllabes suivantes sur le piano. »
« Nous allons donc dans un premier temps lire les syllabes. Qui veut commencer ? »
Faire lire plusieurs élèves soit syllabe par syllabe en faisant le jeu du furet[1], soit en faisant lire plusieurs syllabes par élève.
Ce premier exercice permet de détecter les élèves en difficulté de lecture.
Prolongement possible : Faire faire une dictée de syllabes sur ardoise, en autorisant le manuel ouvert, notamment pour ceux qui ont besoin d'aide.

Entrainement sur le piano

« Maintenant, nous allons chanter ces mêmes syllabes avec l'aide du piano ; prenez vos pianos. »
Faire chanter ces syllabes en pointant la bonne touche avec l'index.

Cette étape peut être supprimée ou alors faite uniquement lors d'un groupe de différenciation pour les élèves qui ont du mal à entrer dans la lecture.

1. Jeu du furet : passer d'un·e élève à l'autre de façon aléatoire et rapide en nommant les élèves les un·es après les autres.

Lecture rapide

« Nous allons maintenant relire ces syllabes mais en essayant de les lire vite et sans erreur. C'est comme un jeu de rapidité ! Qui veut essayer ? Essayez de lire toutes les syllabes. Si vous n'y arrivez pas, ce n'est pas grave, vous vous arrêtez ! »

Faire lire plusieurs élèves volontaires et inviter ceux qui ne le veulent pas à participer au jeu.

3 Exercice 2 : Je lis des formules magiques (10 min)

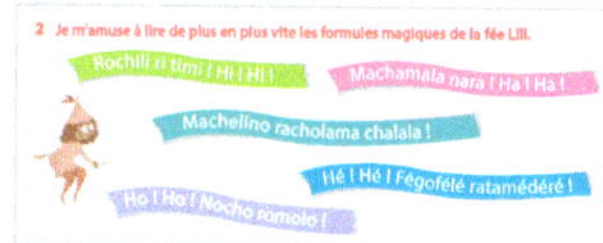

Faire lire la consigne : « Je m'amuse à lire de plus en plus vite les formules magiques de la fée Lili. »

« La fée propose des formules magiques, ce sont des suites de syllabes amusantes qu'il faut essayer de lire vite. Je vous laisse quelques minutes pour que vous les lisiez d'abord dans votre tête. »

« Qui a envie de commencer ? »

Faire lire plusieurs élèves, soit en interrogeant ceux et celles qui veulent lire et qui lèvent la main, soit en désignant des élèves pour inciter ceux qui n'osent pas à se lancer dans la lecture. Cependant, il ne faut jamais forcer un élève qui ne veut pas lire. Il est utile de l'inciter mais préférable de travailler individuellement pour le faire lire en l'aidant et comprendre son blocage.

Invention de formules

Proposer aux élèves d'inventer des formules magiques. Chercher comment celles de la fée sont écrites (jeu sur les allitérations avec répétitions d'un même son dans des mots ou mots inventés). Partir de ces formules en changeant les voyelles ou en créer d'autres totalement différentes au gré de l'imagination des élèves. Attention à n'utiliser que des syllabes simples.

Exemples :

– Sur le modèle de la fée Lili : *Rochulu ru tumu ! hu ! hu ! / Mocomolo noro ! Ho ! Ho ! / Hé ! Hé ! Néché romolo !*

– Formules inventées avec mélange des syllabes d'un mot (comme dans l'exercice 4) : *La cheva lèrache al sadela = La vache lèchera la salade.*

Séance 2 Les sons et graphies simples (2)

Durée : 45 min

Matériel :
- Manuel p. 6
- Piano CE1 : individuel et collectif
- Fichier de différenciation (p. 6-7)

Organisation :
- Groupe classe : introduction, découverte, rebrassage des notions

Déroulement de la séance

1 Rappel de la séance précédente (5 min)

« Nous allons faire une séance de lecture. Vous allez sortir vos manuels de lecture et les poser sur la table. Qui peut me dire ce que nous avons fait la dernière fois ? »

➜ Découverte du manuel, du piano et exercices 3 et 4 sur les sons simples : syllabes CV/VC.

« Aujourd'hui, nous allons reprendre la page 6 et faire les exercices 3 et 4. »

2 Exercice 3 : Je lis des groupes de syllabes simples (20 min)

3 Je lis des groupes de syllabes simples.

opé	rumi	fari	volu	numé	syno	réfu	chari
natu	aspi	méri	afri	minu	vali	siro	armu

Faire lire la consigne collectivement : « Je lis des groupes de syllabes simples. »

« Nous allons donc dans un premier temps lire ces syllabes, qui veut commencer ? »

Faire lire plusieurs élèves.

« À quoi vous font penser ces groupes de syllabes ? » ➜ Ils font penser à des débuts ou des parties de mots.

« Pouvez-vous me donner des exemples ? » ➜ *opé-ration, rumi-ner, fari-ne, volu-me, numé-ro, syno-nyme, réfu-gier, chari-té, natu-rel, aspi-rer, méri-ter, afri-cain, minu-té, vali-se, siro-ter, armu-rier.*

Entrainement sur le piano

« Maintenant, nous allons chanter ces mêmes syllabes avec l'aide du piano ; prenez vos pianos. »
Faire chanter ces syllabes en pointant la bonne touche avec l'index.

Cette étape peut être supprimée ou alors faite uniquement lors d'un groupe de différenciation pour les élèves qui ont du mal à entrer dans la lecture.

Trouver d'autres groupes de syllabes

« Vous allez maintenant écrire un groupe de syllabes sur votre ardoise et le proposer ensuite à la classe pour essayer de faire découvrir le mot auquel vous avez pensé. Par exemple : les syllabes "ri-ne" comme dans *farine* ou *narine*. »
Laisser un temps de réflexion avant d'interroger quelques élèves.

3 Exercice 4 : Je forme des mots avec des syllabes (20 min)

Faire lire la consigne collectivement : « Je forme des mots avec deux ou trois syllabes simples. »
« Vous avez plusieurs syllabes qui ont été mélangées, il faut les mettre ensemble pour découvrir des mots. Vous pouvez vous aider des dessins. »
Il est possible de faire cacher les dessins avant de faire l'exercice ou noter les syllabes au tableau pour faire retrouver les mots sans l'aide des dessins.

Trouver des mots avec plusieurs syllabes

« Maintenant, vous allez essayer de trouver des mots contenant plusieurs syllabes. »
Avant de commencer, bien s'assurer que les élèves savent compter le nombre de syllabes. Prendre des exemples avec des mots de 2 et 3 syllabes : *moto, vélo, cheval, bébé, tapis, lavabo, pédalo, domino, anorak, carnaval…* Faire taper le nombre de syllabes dans les mains.
« Maintenant, trouvez des mots avec 3, 4 ou 5 syllabes simples. »
Les élèves peuvent soit les dicter en scandant les syllabes, soit les écrire sur leur ardoise. Noter les propositions des élèves au tableau en classant les mots par nombre de syllabes. Faire éventuellement un tableau et y inscrire les mots d'une et deux syllabes vus précédemment.

Exemple de tableau complété :

1 syllabe	2 syllabes	3 syllabes	4 syllabes	5 syllabes et plus
bleu, dé, clé, rat, sac, arc…	moto, vélo, achat, cheval, bébé, tapis, petit, alors…	koala, policier, potiron, perroquet, lavabo, hérisson, éléphant…	alligator, pâtisserie, activité, amabilité, articulé, captivité, chocolaté, difficulté, décoloré, défiguré, délimité, déterminé, numéroté	actualité, culpabilité, inégalité, particularité

Passer au fichier de différenciation (pour toute la classe).

Fichier de différenciation, exercices 1 à 6, p. 6-7 (pour le déroulement, voir Les fiches de préparation du fichier de différenciation, Séquence type « Les révisions », p. 174).

Séance 3 Les graphèmes complexes (1)

Durée : 40 à 45 min
Matériel :
- Manuel p. 7
- Piano CE1 : individuel et collectif

Organisation :
- Groupe classe : introduction, découverte, rebrassage des notions

1 Rappel de la séance précédente (10 min)

« Nous allons faire une séance de lecture. Vous allez sortir vos manuels de lecture et les poser sur la table. »
Inviter les élèves à raconter ce qu'ils se rappellent de la séance précédente. Faire rappeler les exercices 3 et 4 sur les sons et graphies simples : former des mots à partir de syllabes.

« Cette nouvelle leçon est la même que celle sur les sons et graphies simples, mais la différence c'est que cette fois nous allons travailler sur les graphèmes complexes. Pouvez-vous me dire quels sont les graphèmes complexes que vous connaissez ? »
Les lister au tableau : *ou, oi, on, an/en(am/em), in/im, ain/ein, oin, eu/œu, au/eau.*
Préciser qu'ils sont souvent formés par deux ou trois lettres : VV (*ou, oi*) – VC (*an/en ; am/em ; in/im*) – VVC (*ain/ein, oin*) – VVV (*œu, eau*).

2 Exercice 1 : Je chante des syllabes (15 min)

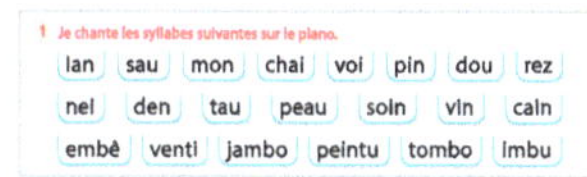

Faire lire la consigne collectivement : « Je chante les syllabes suivantes sur le piano. »
« Nous allons donc dans un premier temps lire les syllabes, qui veut commencer ? »
Faire lire plusieurs élèves soit syllabe par syllabe en faisant le jeu du furet un élève après l'autre dans un ordre donné, soit plusieurs syllabes par élève.

Entrainement sur le piano
« Maintenant, nous allons chanter ces mêmes syllabes avec l'aide du piano ; prenez vos pianos. Dans quelle partie du piano retrouve-t-on les graphèmes complexes ? »
Faire chanter ces syllabes en pointant la bonne touche avec l'index.

Cette étape peut être supprimée ou alors faite uniquement lors d'un groupe de différenciation pour les élèves qui ont du mal à entrer dans la lecture.

Lecture rapide
« Nous allons faire le même jeu que pour les sons et graphies simples. Il faut relire ces syllabes mais en essayant de les lire vite et sans erreur. Qui veut essayer ? Je vous rappelle si vous n'arrivez pas à lire toutes les syllabes, ce n'est pas grave, vous vous arrêtez ! »
Faire lire plusieurs élèves volontaires et inviter ceux/celles qui ne le veulent pas à participer au jeu.

3 Exercice 2 : Je lis des formules magiques (15-20 min)

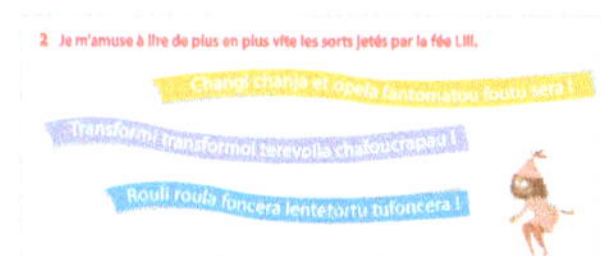

Faire lire la consigne collectivement : « Je m'amuse à lire de plus en plus vite les formules magiques de la fée Lili. »
« La fée propose de nouvelles formules magiques, mais cette fois ce sont des suites de syllabes complexes qu'il faut essayer de lire vite. Je vous laisse quelques minutes pour que vous les lisiez d'abord dans votre tête.
Qui a envie de commencer ? »
Faire lire plusieurs élèves.
« À votre avis, que veulent dire ces formules magiques ? À quoi peuvent-elles servir ? »

Interprétations possibles :
Changi changea et opela fantomatou foutu sera ! ➜ Le matou changé en fantôme ne sera plus fantôme et redeviendra matou. La formule magique permet d'annuler le sort jeté au chat.
Transformi transformoi terevoila chafoucrapau ! ➜ Le crapaud fou sera retransformé en chat ! La formule magique permet d'annuler le sort jeté au chat.
Rouli roula foncera lentetortu tufoncera ! ➜ La lente tortue pourra aller plus vite ! Elle foncera ! La formule magique permet à la tortue d'aller plus vite.

Invention de formules magiques
Cet exercice est un prolongement. Proposer aux élèves d'inventer des formules magiques sur le modèle de celles de la fée Lili ou d'en créer des différentes, au gré de l'imagination des élèves. N'utiliser que des syllabes complexes !

Exemples :
– Une formule qui transforme un kangourou en mouton : *Kourougoumou moutonkangou transformetoi !*
– Une formule qui transforme un chimpanzé en saumon : *Chimsau panzémon tourniroula enmo remétoi !*

Séance 4 Les graphèmes complexes (2)

Durée : 45 min
Matériel :
- Manuel p. 7
- Piano CE1 : individuel et collectif
- Fichier de différenciation (p. 8-9)

Organisation :
- Groupe classe : introduction, découverte, rebrassage des notions

Déroulement de la séance

1 Rappel de la séance précédente (5 min)

Inviter les élèves à raconter ce qu'ils se rappellent de la séance précédente. Faire rappeler les graphèmes complexes et les lister au tableau : *ou, oi, on, an/en (am/em), in/im, ain/ein, oin, eu/œu*.
« Les exercices 3 et 4 sont les mêmes que ceux sur les sons et graphies simples mais, cette fois, nous allons travailler avec des graphèmes complexes. »

2 Exercice 3 : Je lis des groupes de syllabes complexes (20 min)

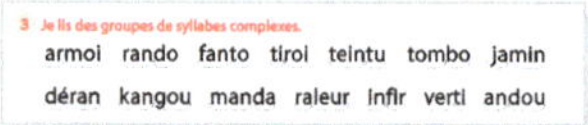
3 Je lis des groupes de syllabes complexes.
armoi rando fanto tiroi teintu tombo jamin
déran kangou manda raleur infir verti andou

Faire lire la consigne collectivement : « Je lis des groupes de syllabes complexes. »
Faire lire les syllabes par plusieurs élèves.
« À quoi vous font penser ces groupes de syllabes ? » ➜ Ils font penser à des débuts ou des parties de mots.
« Pouvez-vous me donner des exemples ? »

Exemples : armoi-re, rando-nnée, fanto-matique, tiroi-r, teintu-rier, tombo-la, ben-jamin, déran-ger, kangou-rou, manda-rine, raleur (un râleur), infir-mière, verti-cal, andou-illette.

Entrainement sur le piano

« Maintenant, nous allons chanter ces mêmes syllabes avec l'aide du piano, prenez vos pianos. »
Faire chanter ces syllabes en pointant la bonne touche avec l'index.

> Cette étape peut être supprimée ou alors faite uniquement lors d'un groupe de différenciation pour les élèves qui ont du mal à entrer dans la lecture.

Trouver d'autres groupes de syllabes

« Vous allez maintenant chercher un groupe de syllabes sur votre ardoise et le proposer ensuite à la classe pour essayer de faire découvrir le mot auquel vous avez pensé. Par exemple : la syllabe *panta* comme dans *pantalon*. »
Interroger quelques élèves : *méca-nicien, conju-gaison*, etc.

3 Exercice 4 : Je forme des mots avec des syllabes (20 min)

Faire lire la consigne collectivement : « Je forme des mots avec deux ou trois syllabes complexes. »
« Vous avez plusieurs syllabes qui ont été mélangées, il faut les mettre ensemble pour découvrir des mots. Vous pouvez-vous aider des dessins. »
Il est possible de faire cacher les dessins avant de faire l'exercice ou noter les syllabes au tableau pour faire retrouver les mots sans l'aide des dessins.

Trouver des mots avec plusieurs syllabes

« Maintenant, vous allez essayer de trouver des mots contenant plusieurs syllabes. »
Prendre des exemples avec des mots de 2 et 3 syllabes pour les compter. Faire taper le nombre de syllabes dans les mains.

1 syllabe	2 syllabes	3 syllabes
eau, chaud, peau, point, coing, tien, mien…	dauphin, moulin, serpent, tambour, acteur, menteur, docteur…	angora, éléphant, biberon, arrosoir, araignée, océan…

« Maintenant, trouvez des mots avec 3, 4 ou 5 syllabes complexes. »

Exemples :
– 3 syllabes : kangourou, tournevis, pélican, document, antilope, pantalon, malheureux.

– 4 syllabes : aspirateur, congélateur, ordinateur, caméléon, alligator, télévision, géographie, boulangerie, mécanicien, conjugaison, accordéon.
– 5 syllabes : amélioration, alimentation.

Passer au fichier de différenciation (pour toute la classe).

Fichier de différenciation, exercices 1 à 6, p. 8-9 (pour le déroulement, voir Les fiches de préparation du fichier de différenciation, Séquence type « Les révisions », p. 174).

Semaine 2 — Révisions 3

Séance 1 Les consonnes doubles

Durée : 40 min

Matériel :
- Manuel p. 8
- Piano CE1 des consonnes doubles
- Fichier de différenciation (p. 10)
- Prolongement : Tableau des consonnes à compléter

Organisation :
- Groupe classe : introduction, découverte, rebrassage des notions

Déroulement de la séance

Remarque préalable

Cette séance de révisions permet de reprendre les doubles consonnes : *fr, pr, br, gr, tr, cr, dr, vr / fl, pl, bl, cl, gl, vl* apprises en CP. Elles ne sont pas toujours faciles à prononcer et sont aussi génératrices de confusions, notamment dans les couplages suivants : *pl/bl – cl/gl – fl/vl* et *br/pr – cr/gr – vr/fr – tr/dr*. Les confusions peuvent être visuelles (*br/dr – pl/bl* en lien avec l'orientation spatiale des lettres *p, b, d*), mais aussi auditives, particulièrement dans les paires minimales telles que : *prune/brune, abri/appris, prix/bris, trois/droit, ventre/vendre, cru/grue, cran/grand, crin/grain, frais/vrai*.

La difficulté de ces doubles consonnes porte aussi sur le passage à l'écrit, le geste d'écriture. Pour les élèves de CP et de CE1, l'attache des deux consonnes n'est pas simple, surtout pour la double boucle du *br* et *vr*. Il est donc important de renforcer cet apprentissage par des activités d'écriture-tracé.

Un piano spécial a été créé pour pouvoir chanter ces doubles consonnes (voir ressources numériques) :

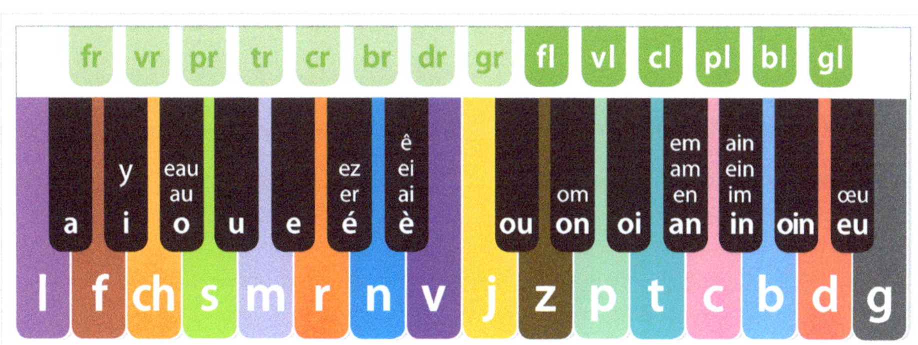

Pour chanter les syllabes et quelques mots simples sur le piano, il suffit de procéder comme d'habitude. Le fait de mettre les doubles consonnes au-dessus permet une meilleure visibilité pour taper deux syllabes comme « froma » ou « tabli » et de ne pas faire de confusion entre les consonnes simples et les doubles consonnes.

1 Introduction (10 min)

« Prenez votre manuel à la page 8. Nous allons travailler les consonnes doubles, c'est-à-dire les graphies dans lesquelles deux consonnes différentes se suivent. Elles ne sont pas toujours faciles à lire et à écrire. Quelles sont ces consonnes, les connaissez-vous ? »
Les lister au tableau. Les écrire en script et en cursive pour mettre en évidence l'attache des deux lettres : *fr, pr, br, gr, tr, cr, dr, vr / fl, pl, bl, cl, gl, vl.*

2 Exercice 1 : Je lis des syllabes complexes (25 min)

1 Je lis des syllabes complexes.

bar	bra	pol	plo	cur	cru	tir	tri	cla
flo	flu	tro	dri	blé	bru	fru	pli	
bran	ploi	fleu	vrai	crain	vron	brou	acro	
éplu	clotu	grena	brico	ablu	écli	agri		
prati	aglo	éclu	andro	proté	apli	dégra		

« Nous allons donc faire un exercice de lecture avec ces consonnes doubles utilisées dans des syllabes qui sont complexes. »
Faire lire la consigne : « Je lis des syllabes complexes. »
Puis faire lire plusieurs élèves soit syllabe par syllabe en faisant le jeu du furet, soit un élève après l'autre dans un ordre donné, soit plusieurs syllabes par élève.
Cet exercice mettra en évidence les confusions de certains élèves en difficulté de lecture.

Recherche d'intrus

Vous constaterez que, dans ces syllabes de type CCV, certaines syllabes CVC ont été intégrées. Elles vont permettre aux élèves de se détacher de l'exercice trop systématique et d'être plus attentif·ve à la lecture. Il est important de leur faire prendre conscience de cette différence car souvent les syllabes « intruses » suivent une syllabe contenant les mêmes lettres : « bar » et « bra ».
« Nous allons maintenant bien regarder ces syllabes contenant les doubles consonnes : est-ce que vous voyez des intrus ? C'est-à-dire des syllabes qui ne contiennent pas deux consonnes qui se suivent ? » ➜ *bar, pol, cur, tir.*
Elles ne sont présentes que dans la première ligne. Il est donc intéressant de proposer aux élèves de mélanger les lettres des autres syllabes en les écrivant au tableau : *cla/cal – flu/ ful – tro/tor – dri/ dir – blé/bél – bru/ bur – fru/fur*

Et de même sur les syllabes doubles des dernières lignes : *éplu/épul – clotu/coltu – prati/parti*

Proposer à ceux qui le souhaitent de lire les syllabes du tableau.

> Le sens de la lecture en CE1 est toujours compliqué pour certains élèves et encore générateur de confusions. En proposant cet exercice, on favorise la prise de conscience du sens de la lecture et de l'ordre des lettres dans un mot. On peut s'appuyer également sur l'utilisation du piano pour éviter les confusions.

Entrainement sur le piano

« Maintenant, nous allons chanter ces mêmes syllabes avec l'aide d'un piano spécial que je vais vous distribuer. Je vous laisse le découvrir et chanter quelques syllabes. »
Il est possible de mettre le piano au tableau (format A3 en annexe) et de faire venir des élèves pour chanter quelques syllabes.

> Cette étape peut être supprimée ou alors faite uniquement lors d'un groupe de différenciation pour les élèves qui ont du mal à entrer dans la lecture.

Lecture rapide des syllabes du manuel

La consigne est la même qu'en semaine 1 (jeu de rapidité).
Faire lire plusieurs élèves volontaires et inviter ceux qui ne le veulent pas à participer au jeu.

Lecture rapide de nouvelles syllabes

« Je vous propose maintenant de trouver des syllabes différentes de celles que nous avons vues. Je vais les écrire au tableau et vous les lirez ensuite. »
Soit ce sont les élèves qui font des propositions, soit c'est l'enseignant·e qui fait des propositions avec l'aide des élèves.
Écrire au tableau : *pli – glu – clo – fla – blu – cre – dru – fro – gru – pré – tra – brè – bre – cri – dro – fru – cra – pra – vre – fri,* etc.

Prolongement possible : Un tableau croisé avec les voyelles peut être affiché dans la classe pour trouver toutes les combinaisons possibles (voir Tableau vierge des consonnes doubles proposé dans les ressources numériques, à compléter directement). Ensuite, on peut faire chercher des mots avec chaque syllabe. Attention, il y a des syllabes qui n'existent pas !

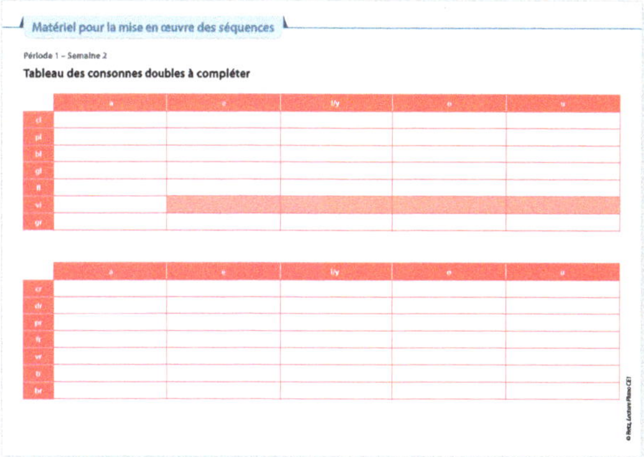

Matériel pour la mise en œuvre des séquences

Période 1 – Semaine 2

Tableau des consonnes doubles à compléter

	a	e	i/y	o	u
cl					
pl					
bl					
gl					
fl					
vl					
gr					

	a	e	i/y	o	u
cr					
dr					
pr					
fr					
vr					
tr					
br					

Passer au fichier de différenciation (pour toute la classe).

Fichier de différenciation, exercices 1 et 2, p. 10 (pour le déroulement, voir Les fiches de préparation du fichier de différenciation, Séquence type « Les révisions », p. 174).

Séance 2 Les consonnes doubles

Durée : 40 min

Matériel :
- Manuel p. 8
- Piano CE1 des consonnes doubles : www
- Fichier de différenciation (p. 10-11)
- Tableau des mots avec consonnes doubles complété en séance 1

Organisation :
- Groupe classe : introduction, découverte, rebrassage de la notion
- Temps individuels selon le besoin des élèves
- Ateliers différenciés, si nécessaire

Déroulement de la séance

1 Rappel de la séance précédente (5 min)

Faire rappeler les doubles consonnes : *fr, pr, br, gr, tr, cr, dr, vr / fl, pl, bl, cl, gl, vl*. Les écrire à nouveau au tableau dans les deux écritures (script et cursive). Ressortir le tableau des syllabes s'il a été réalisé.
« Nous allons donc faire un exercice de lecture sur ces syllabes complexes et sur les mots qui les contiennent. »

2 Exercice 2 : Je lis des syllabes et des mots (35 min)

Lecture collective de la consigne : « Je lis des syllabes et des mots. »
Faire lire un élève par groupe de sons (4 lecteur·trices pour *pr, tr, cl* et *fl*). Il est possible de demander aux élèves de trouver d'autres mots avec les syllabes du manuel.

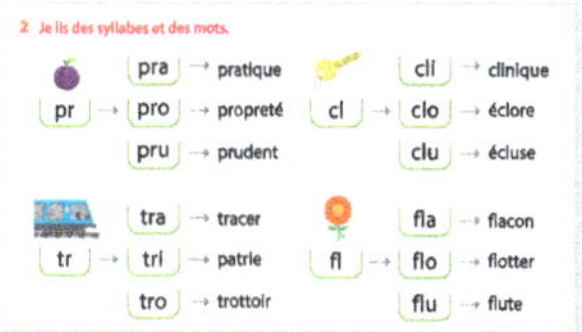

2 Je lis des syllabes et des mots.

pr → pra → pratique ; pro → propreté ; pru → prudent

cl → cli → clinique ; clo → éclore ; clu → écluse

tr → tra → tracer ; tri → patrie ; tro → trottoir

fl → fla → flacon ; flo → flotter ; flu → flute

Trouver des syllabes et des mots

Préparer en amont le tableau suivant sur une affiche ou utiliser les fichiers vierges proposés dans les ressources numériques pour les deux séries de consonnes doubles :
« Maintenant, nous allons trouver ensemble des mots à mettre dans ces tableaux. »
Faire trouver de préférence des mots qui respectent la valeur sonore de la voyelle (*a* qui fait [a] et non [an]).

Exemples de mots pour le tableau 1 :

	a	e	i/y	o	u
gr	grade, grave, gramme, grammaire	ogre, tigre, grenade, grenadine, vinaigre	gris, grippe, griffe, grimace, agriculture	gros, grogner, grognon, groseille	grue, agrume, gruyère
cr	crabe, cramer, écraser, cratère	sucre, encre, crevette, cancre, mercredi	cri, crime, crise, écrire, escrime	croc, micro, escroc, croche, microbe, crocodile	cru, cruelle, cruche, crudité
dr	drap, drapeau, drame,	édredon, cadre, ordre,	dribbler, cendrier, espadrille	dromadaire, drone, drôle	dru, druide, baudruche, quadruple
pr	praline, pratique,	propre, câpre, premier, preuve	caprice, prix, prise	propre, promesse, professeur	prune, prudent, prunelle
fr	fragile, frapper, naufrage, fraternité	frelon, gaufre, offre, chiffre	frite, frire, frisé	fromage, frotter	fruit, frustrer
vr	vrac, ouvrage, dégivrage	ivre, livre, givre, fièvre, chèvre, poivre	avril, ouvrir, février, couvrir	ivrogne, gavroche	
tr	tracteur, trace, extra, trajet, trahir, trafic, mistral	être, titre, maitre, vitre, quatre, poutre, montre	tri, trier, triste, directrice, vitrine, tricoter	trop, trotter, métro, trognon, strophe, trottoir	truc, truffe, autruche, structure, truand
br	bras, bravo brave, brasse, embrasser	décembre, octobre, novembre, ombre	bricolage, abricot, débris, abri, briquet, nombril	broc, broder, broche, brochette, brosse bronche	brutalité, brume, brutal, brusque, brune bruler, brugnon

Exemples de mots pour le tableau 2 :

	a	e	i/y	o	u
cl	claque, classe, clafoutis	oncle, miracle, boucle	déclic, climat	cloque, clôture,	écluse
pl	plat, plage, plaque, plastique	souple, ample, triple, temple	pli, pliable, expliquer, panoplie, repli	plot, explorer, explosion, complot	plume, pluie, plumage, Pluton, plusieurs
bl	blague	cartable, table, fable, sable	oubli, établi	hublot, bloc, blocage	doublure
gl	gladiateur, glace, glaçon	ongle, règle	église, glisser	globe, globule	glu, gluten
fl	flaque, flacon, flamme	siffle, souffle, fleur	conflit, flipper	flotte, flot, flocon, flore	flute, fluor, fluidité
vl	Vladimir				

Entrainement sur le piano

« Maintenant, nous allons chanter certains de ces mots avec l'aide du piano avec les consonnes doubles que je vous ai distribué. Je vous laisse le découvrir et chanter quelques mots. »

Exemples de mots :

Avec **r** : *grade, ogre, tigre, édredon, grenadine, microbe, sucre, propre, frelon, bravo, trafic, métro…*

Avec **l** : *oncle, souple, triple, Pluton, cartable, repli, doublure, globe, flacon…*

Éviter les mots contenant des lettres muettes, des consonnes doubles, le « qu » ou tout mot à orthographe particulière.

Il est possible de mettre le piano au tableau (format A3 en annexe) et de faire venir des élèves pour chanter quelques mots.

Cette étape peut être supprimée ou alors faite uniquement lors d'un groupe de différenciation pour les élèves qui ont du mal à entrer dans la lecture.

Passer au fichier de différenciation (pour toute la classe).

Fichier de différenciation, exercices 3 et 4, p. 10-11 (pour le déroulement, voir Les fiches de préparation du fichier de différenciation, Séquence type « Les révisions », p. 174).

Séance 3 Les consonnes doubles

Durée : 40 min

Matériel :
- Manuel p. 8
- Piano CE1 des consonnes doubles
- Fichier de différenciation (p. 11)
- Les tableaux complétés en séances 1 et 2

Organisation :
- Groupe classe : introduction, découverte, rebrassage de la notion
- Temps individuels selon la demande des élèves
- Ateliers différenciés, si nécessaire

1 Rappel de la séance précédente (5 min)

Faire rappeler ce qui a été vu précédemment. Réécrire au tableau les consonnes doubles dans les deux écritures (script et cursive). Ressortir les tableaux des syllabes et des mots s'ils ont été complétés (voir séance 2).

« Prenez votre manuel à la page 8. Nous allons faire un exercice de lecture de mots qui contiennent ces doubles consonnes. »

2 Exercice 3 : Je lis des mots (35 min)

Un élève lit la consigne : « *Je lis des mots.* » Puis plusieurs élèves lisent les mots.

3 Je lis des mots.
une montre – un coffre – un tigre – une prune – le crâne
une brosse – un cadre – la classe – du blé – un parapluie
un flambeau – un globe / froid – agréable – pratique /
pleurer – découvrir – apprendre

Tri des mots

« Nous allons maintenant trier les mots et les mettre dans les tableaux correspondants. »

Un élève volontaire vient les écrire dans les tableaux affichés : un tableau par série de consonnes doubles. (Si l'enseignant·e a déjà travaillé avec les tableaux dans les exercices précédents, il/elle les fait compléter.)

Lecture rapide des listes de mots

Utiliser les tableaux complétés pour faire lire les mots par colonne (celle du A, etc.). Inviter les élèves à faire une lecture rapide. Il est possible de proposer cette lecture rapide comme un jeu type relai. Faire deux ou trois équipes, chaque élève lit une colonne : si un mot est mal lu, le suivant recommence au début. Le jeu est chronométré et l'équipe qui lit le plus vite gagne. Cela permet d'introduire la fluence présente dans les prochaines leçons.

Écriture de phrases

« Maintenant, vous allez essayer de faire des petites phrases avec les mots du tableau. Je commence. Pour la double consonne CL, je propose : *Mon oncle a installé une clôture à côté de l'écluse.* »

Écrire la phrase au tableau. Puis laisser les élèves réfléchir quelques minutes avant de les interroger. Si besoin, les élèves écrivent la phrase dans leur cahier d'essai. Les phrases sont écrites au tableau par l'enseignant·e au fur et à mesure.

« Vous allez maintenant choisir une phrase que vous aimez bien, ou celle que vous avez trouvée, et l'écrire dans votre cahier du jour. »

Passer au fichier de différenciation (pour toute la classe).

Fichier de différenciation, exercices 5 et 6, p. 11 (pour le déroulement, voir Les fiches de préparation du fichier de différenciation, Séquence type « Les révisions », p. 174).

Semaine 3 — Révisions 4 et 5

Séance 1 — Lecture de mots (sons et graphies simples)

Durée : 30 min
Matériel :
– Manuel p. 9
– Piano CE1 : individuel et collectif

Organisation :
– Groupe classe : introduction, découverte, rebrassage des notions

Déroulement de la séance

1 Introduction (5 min)

« Nous allons aujourd'hui aborder une nouvelle séance de révisions. Vous allez lire des mots qui ne contiennent que des sons et graphies simples. Prenez vos manuels à la page 9. »
Cette séance va permettre de préparer les élèves aux différents niveaux de lecture (voir p. 10).

2 Exercice 1 : Je lis des mots (20 min)

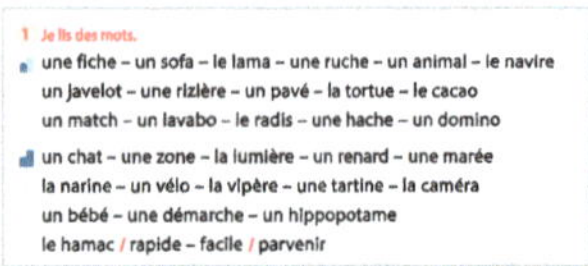
1 Je lis des mots.
une fiche – un sofa – le lama – une ruche – un animal – le navire
un javelot – une rizière – un pavé – la tortue – le cacao
un match – un lavabo – le radis – une hache – un domino
un chat – une zone – la lumière – un renard – une marée
la narine – un vélo – la vipère – une tartine – la caméra
un bébé – une démarche – un hippopotame
le hamac / rapide – facile / parvenir

Faire lire la consigne : « Je lis des mots. »
Le corpus de mots s'appuie sur les sons et graphies simples.
« Vous pouvez voir qu'il y a deux niveaux de lecture ; normalement, vous devez arriver à lire tous les mots dans les deux niveaux. Mais comme nous allons essayer de les lire vite, vous allez choisir le niveau que vous préférez lire. Vous le lirez en entier.
Commencez par lire dans vos têtes les mots des deux niveaux pour pouvoir ensuite faire votre choix. »

Entrainement sur le piano
Si certains mots semblent difficiles à lire, les élèves qui le souhaitent peuvent essayer de les chanter sur le piano.

Quand un élève est en difficulté de lecture, il ne faut ni insister ni le forcer, car cela peut conduire à un profond blocage. Il est préférable de le rassurer en lui proposant d'arrêter là où il en est et lui dire qu'il pourra, s'il le souhaite, réessayer plus tard. De plus, donner la possibilité, en amont de la lecture, d'arrêter en cours de lecture permet à certains enfants qui doutent d'eux de pouvoir se lancer dans un essai sans paniquer.

Définition de certains mots
Faire relire les mots de l'exercice 1 en invitant les élèves à signaler ceux qu'ils ne connaissent pas. S'il n'y a pas de demande, proposer à des élèves de donner une définition des mots soulignés ci-dessous.
Niveau 1 : *une fiche – <u>un sofa</u> (= un canapé) – le lama – une ruche – un animal – le navire – <u>un javelot</u> (= une lance) – <u>une rizière</u> (= un champ où pousse le riz) – <u>un pavé</u> (= une sorte de brique ou de pierre pour recouvrir la chaussée) – la tortue – le cacao – un match – un lavabo – le radis – une hache – un domino*
Niveau 2 : *un chat – une zone – la lumière – un renard – <u>une marée</u> (= mouvement de la mer qui monte ou qui descend) – la narine – un vélo – une tartine – la caméra – un bébé – une demande – un hippopotame – le hamac / rapide / facile / parvenir*

De manière générale, dans la lecture de mots, les mots séparés par une barre (un slash) orange appartiennent à d'autres catégories : ce ne sont pas des noms, mais des adjectifs ou des verbes.

Lecture rapide
La consigne est la même qu'en semaine 1 (jeu de rapidité).
Faire lire plusieurs élèves volontaires et inviter ceux qui ne le veulent pas à participer au jeu.

Passer au fichier de différenciation.

Fichier de différenciation, exercices 1 à 3, p. 12 (pour le déroulement, voir Les fiches de préparation du fichier de différenciation, Séquence type « Les révisions », p. 174).

Séance 2 Lecture de phrases (sons et graphies simples)

Durée : 40 min
Matériel :
– Manuel p. 9
– Piano CE1 : individuel et collectif

Organisation :
– Groupe classe : introduction, découverte, rebrassage des notions

Déroulement de la séance

1 Rappel de la séance précédente (5 min)

Faire un rappel de la séance précédente : lecture de mots simples.
« Nous allons aujourd'hui aborder la deuxième partie de notre séance de révisions. Vous allez lire des phrases qui contiennent des mots simples.
Prenez vos manuels à la page 9. Nous allons faire l'exercice 2. »
Faire lire la consigne : « Je lis des phrases simples. »
« À votre avis à quoi servent les lettres situées à gauche ? » ➜ Ce sont les lettres que l'on va trouver dans les mots des phrases que nous allons lire.
Pour préparer les élèves aux niveaux de lecture qui vont être proposés dans la suite du manuel, nous avons proposé ici deux phrases : la première est plus courte que la seconde. La lecture de la première phrase facilite la lecture de la seconde.

2 Exercice 2 : Je lis des phrases simples (35 min)

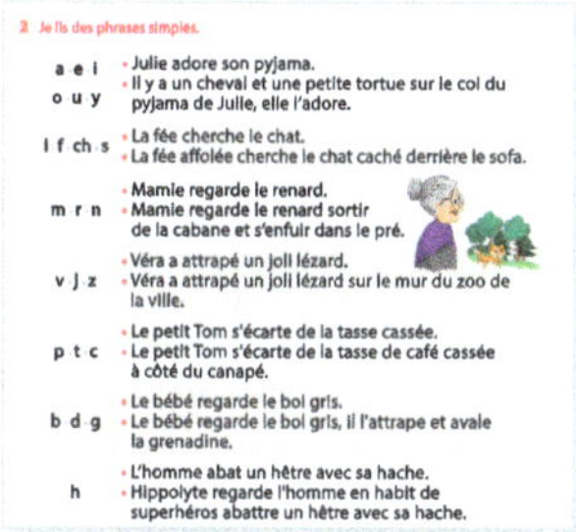
2 Je lis des phrases simples.

a e i o u y	• Julie adore son pyjama. • Il y a un cheval et une petite tortue sur le col du pyjama de Julie, elle l'adore.
l f ch s	• La fée cherche le chat. • La fée affolée cherche le chat caché derrière le sofa.
m r n	• Mamie regarde le renard. • Mamie regarde le renard sortir de la cabane et s'enfuir dans le pré.
v j z	• Véra a attrapé un joli lézard. • Véra a attrapé un joli lézard sur le mur du zoo de la ville.
p t c	• Le petit Tom s'écarte de la tasse cassée. • Le petit Tom s'écarte de la tasse de café cassée à côté du canapé.
b d g	• Le bébé regarde le bol gris. • Le bébé regarde le bol gris, il l'attrape et avale la grenadine.
h	• L'homme abat un hêtre avec sa hache. • Hippolyte regarde l'homme en habit de superhéros abattre un hêtre avec sa hache.

Inviter les élèves à lire les phrases dans leur tête.

> Si certains mots semblent difficiles à lire, on peut inviter les élèves à essayer de les chanter sur leur piano.

Définition de certains mots

Si les élèves n'ont pas de questions de vocabulaire, leur proposer de donner une définition des mots plus difficiles.
Par exemple :
– **m-r-n :** *le pré* (= un champ)
– **h :** *un hêtre* (= un arbre)

Compréhension des phrases

« Que pouvez-vous dire des deux phrases proposées pour chaque groupe de lettres ? » ➜ Elles disent la même chose, mais on a plus d'explications dans la deuxième phrase.
Reprendre chaque groupe de phrase un par un et demander quelles sont les informations supplémentaires apportées par la deuxième phrase.

Lecture rapide

La consigne est la même qu'en semaine 1 (jeu de rapidité).
Faire lire plusieurs élèves volontaires et inviter ceux qui ne le veulent pas à participer au jeu.

Prolongement

Proposer des phrases minimales et demander aux élèves de les prolonger en ajoutant des mots (utiliser éventuellement les mots de l'exercice 1).
Exemples :
• *Véra regarde une ruche.* ➜ *Véra se promène à vélo, elle s'arrête près d'une rizière et regarde une ruche.*
• *Il filme un animal.* ➜ *Paul est au zoo, avec sa caméra il filme un animal.*
• *Un chat dort.* ➜ *Chez mes amis, un chat dort sur le sofa de la salle à manger.*
• *Il est dans le hamac.* ➜ *Il est dans le hamac avec son bébé et lui montre la tortue.*

Séance 3 Lecture de mots (graphèmes complexes)

Durée : 35 min
Matériel :
- Manuel p. 10
- Le tableau des graphèmes complexes à compléter et à afficher
- Fichier de différenciation (p. 13)
- Tableau des graphèmes complexes vierge

Organisation :
- Groupe classe : introduction, découverte, rebrassage de la notion
- Temps individuels selon le besoin des élèves
- Ateliers différenciés, si nécessaire

1 Introduction (10 min)

« Nous allons aujourd'hui aborder la dernière séance de révisions. Vous allez lire des mots qui contiennent des graphèmes complexes. »

Faire donner quelques exemples de graphèmes complexes : *ou, oi, on, an, in…*

Les élèves ouvrent leur manuel à la p. 10. Un·e volontaire lit la consigne : « Je lis des mots. »

« Je vous propose maintenant de lire dans vos têtes les mots des deux niveaux pour pouvoir ensuite faire votre choix. »

2 Exercice 1 : Je lis des mots (5 min)

« Qui veut lire la consigne ? » ➜ Je lis des mots.

« Vous pouvez voir qu'il y a deux niveaux de lecture, normalement vous devez arriver à lire tous les mots dans les deux niveaux. Mais comme nous allons essayer de les lire vite, vous allez choisir le niveau que vous préférez lire. Vous le lirez en entier. »

Si certains mots semblent difficiles à lire, les élèves qui le souhaitent peuvent essayer de les chanter sur le piano, à cette étape.

Définition de certains mots (5 min)

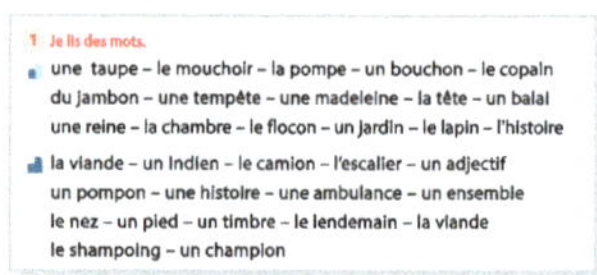
1 Je lis des mots.
une taupe – le mouchoir – la pompe – un bouchon – le copain
du jambon – une tempête – une madeleine – la tête – un balai
une reine – la chambre – le flocon – un jardin – le lapin – l'histoire
la viande – un Indien – le camion – l'escalier – un adjectif
un pompon – une histoire – une ambulance – un ensemble
le nez – un pied – un timbre – le lendemain – la viande
le shampoing – un champion

Faire relire les mots de l'exercice 1 et inviter à signaler les mots non connus.
Demander de définir certains mots :
- une taupe (= animal qui vit sous la terre) – la pompe (outil permettant de gonfler un pneu)
- une madeleine (= gâteau moelleux au beurre)
- un adjectif (= mot qui accompagne, qualifie un nom)

Lecture rapide

La consigne est la même qu'en semaine 1 (jeu de rapidité).
Faire lire plusieurs élèves volontaires et inviter ceux qui ne le veulent pas à participer au jeu.

Classement de mots

« Nous allons classer dans un tableau les mots par graphèmes. »

Demander aux élèves de lister les différents graphèmes. Le piano peut servir pour la recherche des sons et graphèmes complexes. Insister sur la différence entre *ien/ein*, *ian/ain* et *ion/oin*.
Puis afficher un tableau à compléter collectivement (une version vierge est proposée dans les annexes numériques), qui sera exposé dans la classe. Certains mots comme *shampoing, viande* ou *Indien* peuvent se retrouver dans 2 colonnes ; soit on décide de ne les mettre qu'une seule fois, soit on les duplique.

au	ou	oi	on/om	an/am–en/em	è ei/ai/et/ê/ec	é er/ez/ed	ain/ein/in/im	ian	ien	ion	oin
taupe	mouchoir, bouchon	mouchoir, histoire	bouchon jambon, flocon, pompe, pompon	jambon, tempête, chambre, ambulance, ensemble	madeleine, balai, reine, adjectif, tête	pied, nez, escalier	copain, timbre, jardin, lapin, lendemain	viande	indien	camion, champion	shampoing

Une fois les mots classés, proposer de trouver d'autres mots pour remplir les cases.

Passer au fichier de différenciation.

Fichier de différenciation, exercices 4 à 6, p. 13 (pour le déroulement, voir Les fiches de préparation du fichier de différenciation, Séquence type « Les révisions », p. 174).

Séance 4 Lecture de phrases (graphèmes complexes)

Durée : 40 min
Matériel :
– Manuel p. 10
– Piano CE1 : individuel et collectif

Organisation :
– Groupe classe : introduction, découverte, rebrassage des notions

Déroulement de la séance

1 Rappel de la séance précédente (5 min)

Faire un rappel de la séance précédente : lecture de mots avec des sons complexes.
Demander aux élèves de trouver des exemples de syllabes avec graphèmes complexes : *bou, lon, toi, pan, tin, poin, teu, mien, vian, rion, lun*, etc.

Pour faire retrouver les sons et graphèmes complexes, on peut utiliser le piano.

Faire trouver des mots avec des syllabes complexes : *bijou, kangourou, cochon, melon, tombola, tiroir, poire, fantôme, mandarine, matin, infirmière, poing, groin, fleur, docteur, chien, lien, teinture, viande, pion, lundi, grenouille…*
« Nous allons aujourd'hui aborder la deuxième partie de notre dernière séance de révisions. Vous allez lire des phrases qui contiennent des mots avec des graphèmes complexes. »
Faire ouvrir le manuel à la p. 10, puis passer à l'exercice 2.

2 Exercice 2 : Je lis des phrases (20 min)

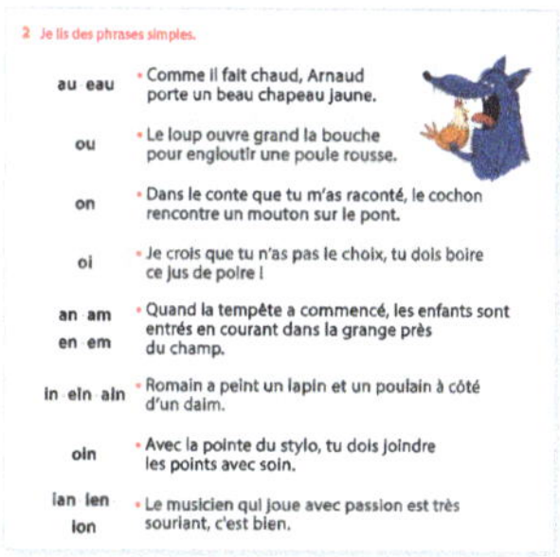
2 Je lis des phrases simples.

au eau	• Comme il fait chaud, Arnaud porte un beau chapeau jaune.
ou	• Le loup ouvre grand la bouche pour engloutir une poule rousse.
on	• Dans le conte que tu m'as raconté, le cochon rencontre un mouton sur le pont.
oi	• Je crois que tu n'as pas le choix, tu dois boire ce jus de poire !
an am en em	• Quand la tempête a commencé, les enfants sont entrés en courant dans la grange près du champ.
in ein ain	• Romain a peint un lapin et un poulain à côté d'un daim.
oin	• Avec la pointe du stylo, tu dois joindre les points avec soin.
ian ien ion	• Le musicien qui joue avec passion est très souriant, c'est bien.

Faire lire la consigne : « Je lis des phrases simples. »
« À votre avis à quoi servent les lettres situées à gauche ? » ➜ Ce sont les graphèmes que l'on va trouver dans les mots des phrases que nous allons lire.
Préciser que, cette fois, il n'y a qu'un seul niveau de lecture. Faire ensuite lire à haute voix les phrases.

Si certains mots semblent difficiles à lire, on peut inviter les élèves à essayer de les chanter sur leur piano.

Définition de certains mots
Si les élèves n'ont pas de questions de vocabulaire, leur proposer de donner une définition des mots plus difficiles.
Par exemple :
– **ou :** *engloutir* (= avaler)
– **an :** *une grange* (= abri où l'on entreposait le foin, par exemple)
– **oin :** *joindre* (= relier, réunir)
– **ion :** *passion* (= beaucoup d'amour)

Compréhension des phrases
« Nous allons maintenant essayer de réduire les phrases pour les rendre le plus simple possible. Nous allons faire l'inverse de la dernière fois, lorsque nous avions trouvé des mots pour agrandir les phrases. »
Donner un exemple : *Le loup ouvre grand la bouche pour engloutir une poule rousse.* ➜ *Le loup ouvre la bouche.*
Prendre les phrases les unes après les autres et laisser les élèves faire des propositions : *Arnaud porte un chapeau. Le cochon rencontre un mouton. Tu dois boire ce jus. Les enfants sont entrés dans la grange. Romain a peint un lapin. Tu dois joindre les points. Le musicien joue.*

Lecture rapide
La consigne est la même qu'en semaine 1 (jeu de rapidité).
Faire lire plusieurs élèves volontaires et inviter ceux qui ne le veulent pas à participer au jeu.

Prolongement

Proposer de trouver des mots pour chaque graphème complexe, puis d'inventer des phrases avec ces mots.

Exemples :

- **au, eau :** *bateau, auto* ➜ *Il a mis son auto sur le bateau.*
- **ou :** *chou, fou* ➜ *J'ai entendu dire que les bébés naissaient dans les choux ! C'est fou !*
- **on :** *tonton, maison, chaton* ➜ *Mon tonton est sorti de la maison avec deux petits chatons.*
- **oi :** *poisson, choix, pois* ➜ *Antoine a fait le choix de prendre un poisson jaune à pois noirs.*
- **an, am, en, em :** *enfant, tambour, trembler* ➜ *Ces enfants qui jouent du tambour dans la rue font trembler les fenêtres de ma maison.*
- **in, ein, ain :** *matin, festin, pain, plein* ➜ *Ce matin, Martin a acheté plein de petits pains pour le festin.*
- **oin :** *rejoindre, témoin, coin* ➜ *Dans ce film, l'homme rejoint son témoin dans le coin d'une rue sombre.*
- **ian, ien, ion :** *australien, étudiant, lion* ➜ *Cet étudiant australien observe les lions de loin.*

Semaine 4 — Je ne confonds pas b et p

Séance 1 Le code

Durée : 45 min

Matériel :
- Manuel p. 11
- Panneaux référents CP : B et P + confusion B/P
- Affiche des mots à retenir ou flashcards
- Tableau de fluence pour les syllabes et les mots
- Fichier de différenciation (p. 14-16)

Organisation :
- Groupe classe : introduction, découverte, rebrassage de la notion

Déroulement de la séance

1 Introduction (10 min)

Afficher les panneaux référents B et P (ce sont les mêmes que ceux du CP ; ils sont disponibles dans les ressources numériques).

« Nous allons découvrir la première leçon de votre manuel de lecture. Elle va vous permettre de bien faire la différence entre ces deux lettres affichées, qui sont parfois confondues. Pouvez-vous me dire ce que vous voyez sur les affiches ? »

Faire nommer les lettres P et B, puis les dessins référents, la baleine et le perroquet. Pour ceux qui ont eu la méthode Piano au CP, on peut faire remarquer qu'il s'agit des mêmes affiches et mots référents.

Puis afficher le panneau de confusion et proposer aux élèves de bien le regarder.

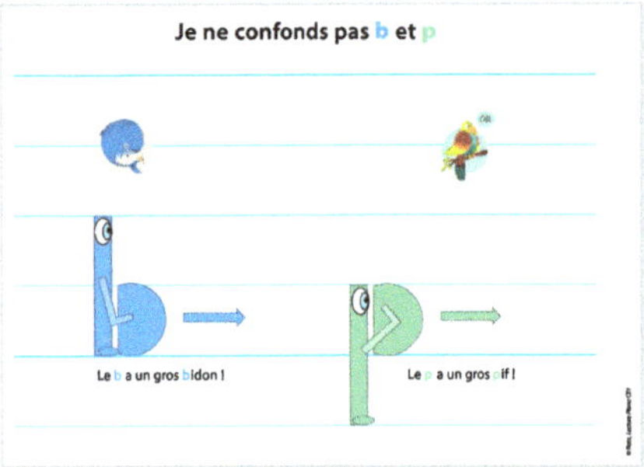

« Pour ne pas confondre le B et le P, vous pouvez essayer de mémoriser cette phrase. L'affiche restera dans la classe. »

Une vigilance est à apporter lors de cet exercice pour repérer les éventuelles **confusions d'écriture** des deux lettres. Voici une proposition de moyen mnémotechnique, en lien avec l'affiche proposée ci-dessus :
Le « b » et le « p » marchent sur la même ligne dans le sens de l'écriture (vers la droite). Le « b » est un bâton qui a un gros bidon (ou une bosse sur le ventre), le « p » est un bâton qui a un gros pif ! (Voir Panneau Confusion B et P présenté ci-dessus.)

Faire trouver d'autres mots contenant les lettres B et P et les noter au tableau (*banane, pomme, abricot, poire, biberon, poisson*…).

Observer les éventuelles confusions de sons chez certains élèves et les noter au tableau pour en faire une correction immédiate, en les expliquant et en insistant sur la prononciation…
Par exemple : *balai/palais, poule/boule*… Les utiliser dans des phrases (pour mieux les retenir), telles que : *« Le roi vit dans un palais ou dans un balai ? »* ; *« Le loup attrape la poule ou la boule ? ».*
Il est important de dialoguer avec l'élève qui se trompe pour qu'il puisse accepter de prendre la parole. Éviter de parler d'erreur ; on peut dire : « Quand tu dis *boule*, à quoi tu penses ? » S'il pense à une poule, répéter le mot, l'écrire au tableau en notant le P en couleur (vert) et le faire répéter.

Inviter les élèves à ouvrir leur manuel à la page 11 et faire observer le haut de la page : titre de la séance, images des mots référents qui viennent d'être observés en affichage.
Pour ceux/celles qui ont utilisé la méthode Piano au CP, on peut faire retrouver les phrases mnémotechniques associées aux dessins référents. En effet, dans le manuel Lecture Piano CP, une illustration, une couleur (*cf.* touches du piano) et une phrase mnémotechnique sont attribuées à chaque son consonne. Voici celles du B et du P :
– **B** : « La baleine bleue boit au biberon. »
– **P** : « Le perroquet pistache parle portugais. »

Puis annoncer : « Nous allons faire les exercices 1 à 4. Le premier est un exercice de lecture des syllabes. Quelle est la consigne ? » ➜ « Je lis des syllabes. »
« Le deuxième est un exercice de lecture de syllabes et de mots. On lit une syllabe, puis un mot qui contient cette syllabe. Quelle est la consigne ? » ➜ « Je lis des syllabes et des mots. »
« Le troisième est un exercice de lecture de mots contenant les lettres B et P. Quelle est la consigne ? » ➜ « Je lis des mots. »
« Le quatrième est un exercice qui permet de découvrir des mots que nous trouverons dans le texte que nous lirons la prochaine fois. Quelle est la consigne de l'exercice ? » ➜ « Je découvre les mots du texte. »
« Y a-t-il sur la page quelque chose dont nous n'avons pas parlé ? » ➜ Il y a un encadré avec des **mots à retenir**.
« Ces mots, vous les avez peut-être déjà vus en CP ; ce sont des mots outils qu'il faut connaitre par cœur. »
Ils seront étudiés plus précisément à la fin de la séance 1.

2 Exercice 1 : Je lis des syllabes (10 min)

« Nous allons maintenant lire les syllabes de l'exercice 1. Qui veut commencer ? »
Les syllabes sont présentées selon une difficulté croissante. Il est possible de faire lire les élèves qui le souhaitent syllabe par syllabe, ligne par ligne. Éviter de faire lire un seul élève. Il est aussi possible de proposer des lectures du type : furet, par rangée ou ligne, par groupe de compétence…

Prolongement : Faire une dictée de syllabes sur ardoise, en autorisant le manuel ouvert, notamment pour ceux qui ont besoin d'aide.

Remarque
Il est possible, à ce stade, de commencer les exercices de fluence avec les syllabes. Vous trouverez tous les éléments page 191 de ce guide et en annexe (*cf.* Tableau de fluence pour les syllabes). Ici, le calcul des scores est juste un chronométrage du temps de lecture que l'élève peut améliorer lors d'une deuxième lecture. Il n'est pas utile de calculer le nombre de Mots Correctement Lus à la Minute (MCLM).

3 Exercice 2 : Je lis des syllabes et des mots (10 min)

« Nous allons maintenant faire l'exercice 2 et lire des syllabes et des mots. Nous allons lire des syllabes que nous retrouverons ensuite dans un mot. Qui veut commencer ? »

Faire lire les syllabes et les mots. Puis revenir sur chaque syllabe et faire trouver des mots ayant la même syllabe (à l'initiale, au milieu ou en finale). Ne pas attendre trop : trois mots par syllabe sont largement suffisants.

Exemples :

- *ba ➜ bateau, bagage, cabanon…*
- *bo ➜ bobine, bossu, robot…*
- *bu ➜ début, zébu, vocabulaire…*
- *pe ➜ petit, pelote, tapenade…*
- *bal ➜ balcon, global, verbal…*
- *par ➜ partir, pardon, départ…*
- *pou ➜ poubelle, poupée, repousser…*
- *pis ➜ pister, pistache, pistolet…*
- *por ➜ portique, support, portugais…*

Le découpage syllabique (oral/écrit)
À l'oral, la syllabe est une unité rythmique qui se prononce d'une seule émission de voix. Elle contient au moins une voyelle (V) et parfois des consonnes (C). Exemple : *sa-pin, ca-mion, a-ni-mal*. On trouve différentes structures de syllabes : CV, VC, CVC, CCV, etc.
À l'écrit, le découpage syllabique peut être différent, il sert essentiellement à couper les mots (segmentation) lorsqu'ils sont situés en bout de ligne. Exemple : *ma-chi-ne, gre-na-di-ne, a-na-nas.*
Il n'y a pas forcément corrélation entre le découpage syllabique oral et écrit. Ainsi, pour le mot *machine*, on considère généralement deux syllabes à l'oral (*ma-chine*), et trois à l'écrit (*ma-chi-ne*).
Cependant, des disparités régionales amènent à considérer trois syllabes orales au mot *machine* (le « e » final étant accentué dans certaines régions).
Dans la méthode Piano CE1, seules les activités de phonologie s'appuient sur le découpage syllabique oral (dans le fichier de différenciation notamment), le reste se fait en fonction de l'écrit. Ainsi, quand on joue sur le piano, on tient compte de l'écrit. Par exemple, pour chanter *banane*, on va découper le mot en trois syllabes.

Prolongement : Proposer aux élèves de trouver d'autres syllabes, puis des mots contenant ces autres syllabes (ou prendre les syllabes de l'exercice précédent).

4 Exercice 3 : Je lis des mots/fluence (10 min)

Présenter l'exercice qui suit :
« C'est une lecture de mots. Vous voyez, les mots sont classés en deux niveaux : il y a une lecture plus facile que l'autre, dans le niveau 2 les mots ont souvent plus de syllabes. Vous allez choisir le niveau que vous préférez et vous entrainer à les lire silencieusement.
Attention, au début de chaque niveau, vous avez des paires de mots séparés par une barre : seule la première lettre de chacun de ces mots change (soit un B, soit un P). Cette lecture n'est pas facile, il faut vous entrainer et ensuite nous essayerons de les lire à haute voix. »
Penser à vérifier que les élèves comprennent les mots lus et donner éventuellement quelques définitions. Par exemple : *public, pliable, brise…*

Fluence
« Maintenant que vous connaissez bien les mots, nous allons faire un exercice de lecture rapide. Vous allez lire les mots d'un niveau de votre choix, et nous allons chronométrer votre lecture. »
Noter les résultats dans le tableau de fluence pour les mots (*cf.* ressources numériques).
(Pour la mise en œuvre, *cf.* Fiche de préparation sur la fluence, p. 191 de ce guide.)

5 Exercice 4 : Je découvre des mots du texte (5 min)

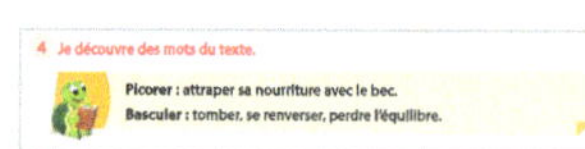

« Dans l'exercice 4, vous allez découvrir deux définitions de mots. C'est comme un petit dictionnaire. Nous allons lire ces mots, ils nous serviront pour comprendre le texte que nous lirons la prochaine fois. Qui veut lire une définition ? »
Faire utiliser les mots dans une petite phrase. Par exemple : *La poule picore du pain. Pour faire une roulade, il faut basculer en avant.*

6 Les mots à retenir (5 min)

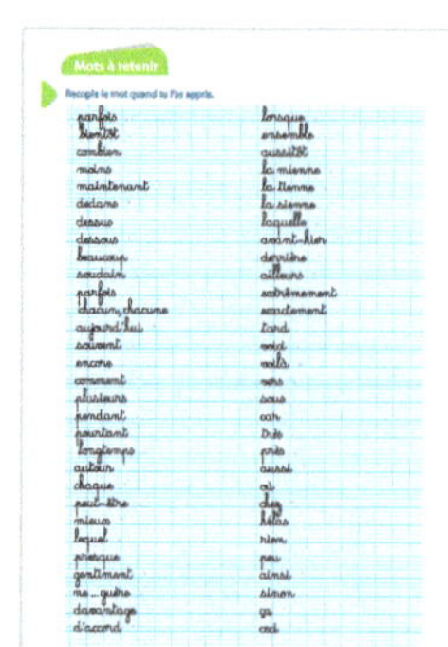

Demander à un élève de lire les mots à retenir : *parfois – bientôt – combien.*
Faire utiliser les mots dans une phrase. Par exemple : *Je vais parfois à la piscine. Tu vas bientôt avoir 8 ans ! Combien coute ce livre ?*
Puis faire copier les mots sur l'ardoise, ou faire une dictée sur ardoise après les avoir lus.
Proposer de les noter dans un répertoire et/ou sur une affiche « Mots à retenir » (placée près du tableau ou dans un endroit visible de la classe, qui sera complété au fur et à mesure des semaines).
Un élève peut aller écrire lui-même les mots.

Par ailleurs, des flashcards de ces mots à retenir (pouvant remplacer l'affiche ou être utilisés pour renforcer leur mémorisation), sont proposées en annexe, ainsi qu'une page pour les recopier (une fois mémorisé, le mot peut être surligné en couleur).

Passer au fichier de différenciation.

Fichier de différenciation, exercices 1 à 7, p. 14-15 (pour le déroulement, voir Les fiches de préparation du fichier de différenciation, Séquence type « Les confusions », p. 177).

Séance 2 Lecture et fluence

Durée : 45 min

Matériel :
- Manuel p. 12-13
- Panneaux référents
- Tableau de fluence pour les textes

Organisation :
- Groupe classe : introduction, découverte, rebrassage de la notion
- Ateliers différenciés, si nécessaire en lecture et en fluence

Déroulement de la séance

1 Rappel de la séance précédente (5 min)

Demander à un élève de rappeler les sons et les lettres étudiés précédemment (P et B). Remettre les panneaux référents au tableau.
Faire rappeler quelques paires minimales (« mots dont seule la première lettre change ») : *port/bord, poule/boule…*
Faire rappeler les mots du texte et leurs définitions : *picorer, basculer.*
Conclure : « Ces mots vont nous servir pour comprendre le texte que nous allons découvrir aujourd'hui. Prenez votre manuel pages 12-13. »

2 Choix du niveau et lecture silencieuse (15 min)

Présenter les niveaux de lecture et inviter les élèves à choisir leur texte.
« Nous allons passer à la lecture du texte. Il y a trois textes, classés par niveau. Vous pouvez voir devant le texte les petits signes que vous connaissez déjà. Le niveau 1 est facile, le niveau 2 est un peu plus difficile et le niveau 3 encore plus difficile ! Les textes sont de plus en plus longs à lire et parfois les mots sont un peu plus compliqués à déchiffrer. Mais les trois textes disent la même chose et racontent la même histoire.
Vous allez choisir le niveau que vous préférez et vous entrainer à le lire silencieusement. »
Une fois la répartition des textes effectuée, passer à la lecture silencieuse (10 min).

3 Échange collectif sur les mots difficiles (10 min)

Après la lecture silencieuse, vérifier que les élèves n'ont pas eu de difficulté à déchiffrer ou à comprendre des mots. Donner éventuellement quelques définitions.
Si les élèves semblent tout avoir compris, demander les définitions des mots suivants :
« Que veut dire le mot/adjectif ***perchée*** dans la phrase : *la poule est perchée sur une planche* ? »
« Que veut dire le mot/verbe ***céder*** dans la phrase : *la planche cède et la poule tombe* ? »
« Que veut dire le mot/verbe ***papoter*** dans la phrase : *elle entend le hibou qui papote avec le corbeau* ? »
« Que veut dire le mot/verbe ***débattre*** dans la phrase : *elle se débat, glisse et ne peut pas sortir* ? »
Si les élèves ne trouvent pas, donner une définition des mots et les remplace par des synonymes dans la phrase. Par exemple : *La poule est <u>en hauteur</u>, sur une planche. La planche <u>se casse</u>… Elle entend le hibou qui <u>discute</u>… Elle <u>lutte</u>, elle <u>se démène</u>, elle <u>fait des efforts</u>…*

Prolongement

« Que fait-on quand on ne connait pas un mot ? »
Les élèves doivent proposer une recherche dans le dictionnaire. Faire la recherche et lire la/les définition(s).

4 Lecture orale (5 min)

Inviter les élèves qui le souhaitent à lire leur texte à haute voix. Ne pas oublier de valoriser les lectures. Et aider ceux ou celles qui ont du mal ou qui butent sur un mot. La lecture doit être un moment de plaisir.

5 Fluence : chronométrage en atelier (10 min)

« Nous allons maintenant faire un exercice de lecture rapide. Vous allez lire le texte du niveau que vous avez choisi, et nous allons chronométrer votre lecture. »
Noter les résultats dans le tableau de fluence pour les textes. (Pour les modalités, *cf.* Fiche de préparation sur la fluence, p. 191 de ce guide : y sont détaillés le matériel, la répartition des ateliers et la mise en œuvre.)

Séance 3 Compréhension

Durée : 45 min
Matériel :
- Manuel p. 12-14
- Fichier de différenciation (p. 14-16)

Organisation :
- Groupe classe : introduction, découverte, rebrassage de la notion
- Temps individuels selon la demande des élèves
- Ateliers différenciés, si nécessaire

Déroulement de la séance

1 Rappel de la séance précédente (10 min)

Introduire la séance en invitant des élèves à raconter ce qu'ils se rappellent du texte qui a été lu individuellement en séance 2.
« Je vais maintenant vous le relire pour que vous le compreniez bien et ensuite nous répondrons aux questions des pages 13 et 14. »
Lire le texte de **niveau 3** en mettant le ton et en insistant sur la ponctuation.

2 Exercice 6 : Je comprends le texte (10 min)

6 Je comprends le texte.
- Quels sont les animaux du texte ?
- Qu'est-ce qu'il y a sous la planche ?
- Pourquoi la poule appelle-t-elle le hibou à l'aide ?
- Lequel de ces dessins correspond le mieux au texte ?

Inviter un élève à lire la première question, puis demander la réponse à toute la classe.
– « Quels sont les animaux du texte ? » ➜ La poule, le hibou et le corbeau.
Faire de même avec les autres questions.
– « Qu'est-ce qu'il y a sous la planche ? » ➜ Il y a une bassine.
– « Pourquoi la poule appelle-t-elle le hibou à l'aide ? » ➜ Parce qu'elle est tombée dans la bassine et qu'elle n'arrive pas à remonter.
On peut faire chercher dans le texte la ou les phrase(s) exacte(s) qui répond(ent) à la question.
– « Lequel de ces dessins correspond le mieux au texte ? » ➜ Le dessin b. Il est possible de demander ce qui ne convient pas dans les autres dessins en faisant justifier les réponses.

3 Exercice 7 : Je choisis la phrase qui résume le texte (10 min)

7 Je choisis la phrase qui résume le texte.
1. Un hibou se moque d'une poule et d'un corbeau tombés dans une bassine.
2. Un corbeau conseille une poule et un hibou tombés dans une bassine de boue.
3. Une poule veut prendre un bain de boue et saute dans une bassine.

Faire lire la consigne et demander :
« Savez-vous ce que veut dire résumer un texte ? Cela signifie reformuler un texte avec le moins de mots possible, en disant l'essentiel. Il s'agit donc, ici, de choisir parmi trois phrases celle qui explique le mieux le texte. »
Un élève volontaire lit les trois phrases.
Après la lecture, laisser quelques minutes de réflexion et relire la première proposition en demandant aux élèves s'ils pensent que cette phrase résume bien le texte. Faire justifier les réponses. Un débat peut s'organiser autour des justifications des élèves pour expliquer les raisons pour lesquelles ils/elles choisissent une phrase plutôt qu'une autre.
➜ 2. *Un corbeau conseille une poule et un hibou tombés dans une bassine de boue.*
(L'exercice 8 est traité dans la séance suivante, passer directement à la dernière activité, lecture du virelangue.)

4 Je lis très vite (5 min)

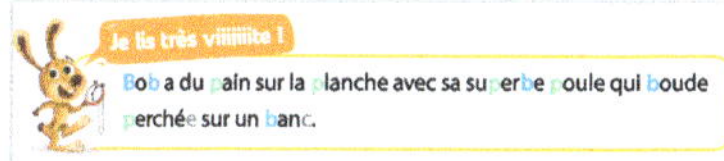

Cet exercice doit être un moment de plaisir, à prendre comme un « bonus ». Il s'agit de lire un virelangue : c'est une phrase qui joue sur l'allitération de sons proches. Il faut lire sans hésiter, sans se tromper et en essayant de lire le plus vite possible. Les élèves peuvent s'entrainer et faire plusieurs essais. L'objectif est de permettre à tous ceux qui le souhaitent de lire et d'inciter ceux qui ne le veulent pas à se lancer en lecture orale après avoir écouté les autres et mémorisé la phrase.

5 Prolongements (10 min)

- Travailler autour des différents types de texte, en l'occurrence le récit ici : proposer un exercice de tri de textes ou une recherche de récits en allant à la bibliothèque.
- Proposer la lecture plaisir d'un album sur une poule (exemples : un conte, la collection « Les P'tites Poules », etc.).
- Faire rechercher, dans une partie du texte, les mots contenant des « b » et des « p » (les faire écrire).
- Copier la phrase au tableau, la faire lire, effacer un ou deux mots, les faire réécrire sur l'ardoise, recommencer avec d'autres mots et ainsi de suite jusqu'à la réécriture de la phrase en entier.
- Inviter à dessiner l'histoire.
- Choisir avec les élèves une phrase du texte pour la dictée quotidienne du lendemain. L'écrire au tableau, la faire mémoriser et la faire écrire sur un cahier. (Voir également les propositions de dictées dans les ressources numériques et le descriptif, p. 195 de ce guide.)

Passer au fichier de différenciation.

Fichier de différenciation, exercices 8 à 11, p. 16 (pour le déroulement, voir Les fiches de préparation du fichier de différenciation, Séquence type « Les confusions », p. 177).

Séance 4 Production d'écrits

Durée : 45 min
Matériel :
- Manuel p. 14
- Cahier d'essai
- Cahier de productions d'écrits

Organisation :
- Groupe classe : introduction, découverte
- Temps individuels pour le passage à l'écrit
- Ateliers différenciés si nécessaire, pour un groupe en difficulté, avec l'aide de l'enseignant·e

Déroulement de la séance

1 Rappel de la séance précédente (5 min)

« Qu'avons-nous étudié cette semaine dans le manuel Lecture Piano ? » ➜ Les sons et les lettres B et P, et un récit.
« Qui peut me résumer le récit ? Nous avons lu une phrase qui résume ce texte, vous vous en souvenez ? »
➜ *Un hibou aide une poule tombée dans une poubelle de boue.*
« Comment finit ce récit ? » ➜ Le hibou et la poule arrivent à sortir de la bassine de boue et vont prendre un bon bain.
Puis introduire la séance :
« Aujourd'hui, nous allons travailler la production d'écrits. Tout au long de l'année, vous allez apprendre à écrire des petites phrases, puis des petits textes qui racontent quelque chose. Ce qui est important, c'est de se dire qu'écrire est surtout un moment de plaisir… »

2 Consignes d'écriture et recherches collectives (20 min)

Lecture de la consigne de l'exercice

« Nous allons maintenant lire la consigne, prenez votre livre page 14. »

Trame

« Pour décrire ce que fait la poule, nous allons observer attentivement le dessin. Et nous allons essayer d'inventer l'histoire de ce dessin. »

Interroger les élèves pour élaborer la trame narrative.
« Quels sont les personnages ? » ➜ Une poule, un chat.
« Où sont les personnages ? » ➜ Le chat est dans l'eau et la poule sur la rive.
« Que font-ils ? » ➜ Ils semblent discuter. Le chat essaie de nager. La poule le regarde.
« Qu'est-il arrivé au chat à votre avis ? » ➜ Il est tombé dans l'eau de la rivière.
Puis la classe effectue oralement une recherche lexicale, toujours guidée par l'enseignant·e.
« Et maintenant, nous allons répondre à la question de l'exercice *Que fait la poule ?* en remplissant progressivement le tableau que je viens de tracer. »

Vocabulaire

Pour chaque personnage, inviter à trouver des adjectifs pour le décrire, des verbes d'action, des objets associés…
Exemples :

La poule	Le chat	Les éléments ou objets	Description
regarde, aide, propose tend, sauve…	se noie, est paniqué…	la rivière, un bâton, l'eau…	roux, rousse…

Rédaction

Écrire les phrases proposées collectivement au tableau.
Exemples :
La poule regarde le chat roux qui se noie dans la rivière.
La poule rousse demande au chat s'il a besoin d'aide.

3 Premier jet (10 min)

« Vous allez prendre vos cahiers d'essai/de productions d'écrits. Choisissez la phrase que vous souhaitez écrire pour répondre à la question de l'exercice. Vous pouvez aussi inventer une autre réponse. Vous voyez, c'est facile : vous êtes tous de véritables écrivains ! »

4 Correction et finalisation (10 min)

Passer voir les élèves à tour de rôle et valide la phrase écrite. Si l'élève n'a pas compris, prendre le temps de le guider et de l'aider ou de le faire aider par un·e camarade.

Le plaisir d'écrire
Il est important que les fautes orthographiques, grammaticales et syntaxiques soient corrigées par l'enseignant·e. Il est certes nécessaire de l'expliquer à l'élève, mais sans en faire cas. Il est aussi préférable de prendre la même couleur que celle utilisée par l'élève pour la correction (éviter le rouge, trop agressif et très connoté).
Tout comme la lecture, il est important que l'élève prenne du plaisir à écrire.

Exemple de phrases attendues :
– *La poule regarde le chat roux qui se noie dans la rivière.*
– *La poule rousse demande au chat s'il a besoin d'aide.*
– *La poule propose au chat de l'aider.*
– *Une poule qui se promène près d'une rivière voit un chat dans l'eau, elle s'approche de lui pour l'aider.*
– *Une poule qui voit un chat se noyer va lui tendre un bâton pour le sauver.*
« Vous allez maintenant recopier proprement votre phrase dans le cahier de productions d'écrits. »

Semaine 5 Je ne confonds pas m et n

Séance 1 Le code

Durée : 45 min
Matériel :
- Manuel p. 15
- Panneaux référents CP : M, N + confusion M/N
- Affiche des mots à retenir et/ou flashcard
- Tableau de fluence pour les syllabes et les mots
- Fichier de différenciation (p. 17-18)

Organisation :
- Groupe classe : introduction, découverte, rebrassage de la notion
- Temps individuels selon le besoin des élèves
- Ateliers différenciés, si nécessaire

Déroulement de la séance

1 Introduction (10 min)

Afficher les panneaux référents M et N (ce sont les mêmes que ceux du CP ; ils sont disponibles dans les ressources numériques).
Faire nommer les lettres M et N, puis les dessins référents, le mammouth et le nain (identiques au CP, pour rappel).
Faire trouver quelques mots contenant les lettres M et N et les noter au tableau (*maman, numéro, marine, domino, maison, nature…).*
Veiller à souligner dès le début les erreurs ou confusions de sons… (voir encadré semaine 4 séance 1).
Inviter les élèves à ouvrir leur manuel à la page 15 et faire observer le haut de la page : titre de la séance, images des mots référents qui viennent d'être observés en affichage.

Pour ceux qui ont utilisé la méthode Piano au CP, on peut faire retrouver les phrases mnémotechniques associées aux dessins référents :
- **M** : « Le mammouth mauve mâche un marshmallow. »
- **N** : « Le nain a mis sa tenue bleu marine. »

Puis afficher le panneau de confusion et proposer aux élèves de bien le regarder.

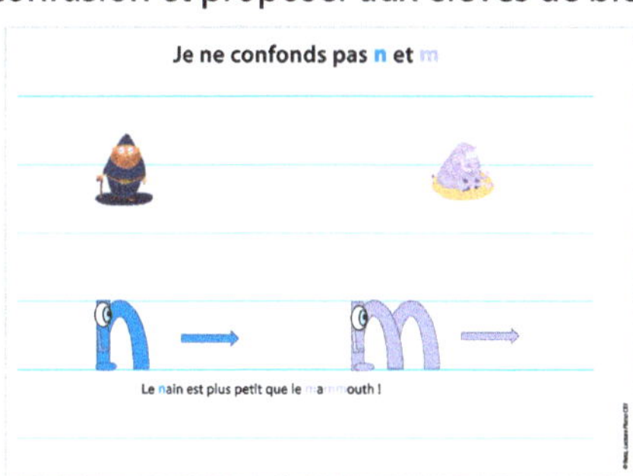

« Pour ne pas confondre le M et le N, vous pouvez essayer de mémoriser cette phrase. L'affiche restera dans la classe. »

Une vigilance est à apporter lors de cet exercice pour repérer les éventuelles confusions d'écriture des deux lettres. Voici une proposition de moyen mnémotechnique, en lien avec l'affiche proposée ci-dessus :
Le « n » de *nain* et le « m » de *mammouth* marchent sur la même ligne dans le sens de l'écriture (vers la droite). Le « n » est plus court à écrire (il n'a qu'un pont) que le « m » qui a deux ponts. On peut dire, pour s'en souvenir, que le nain est plus petit que le mammouth ! (voir Panneau Confusion M et N présenté ci-dessus).

Puis procéder comme pour la semaine 4 : observation des différents exercices de la page, des mots à retenir, etc.

2 Exercice 1 : Je lis des syllabes (5 min)

« Nous allons maintenant lire les syllabes de l'exercice 1. Qui veut commencer ? »

Les syllabes sont présentées selon une difficulté croissante. Faire lire les élèves qui le souhaitent syllabe par syllabe, ligne par ligne. Faire lire plusieurs élèves. Il est aussi possible de proposer des lectures du type : furet, par rangée ou ligne, par groupe de compétence…

Prolongement : Faire une dictée de syllabes sur ardoise, en autorisant le manuel ouvert, notamment pour ceux et celles qui ont besoin d'aide.

Fluence : Comme en semaine 4, il est possible de commencer les exercices de fluence avec les syllabes (*cf.* Fiche de préparation sur la fluence, p. 191 de ce guide).

3 Exercice 2 : Je lis des syllabes et des mots (10 min)

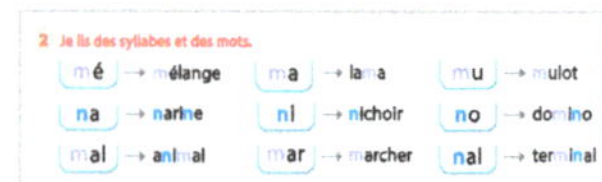

La démarche est la même que précédemment : faire lire les syllabes et les mots. Puis revenir sur chaque syllabe et faire trouver des mots ayant la même syllabe (à l'attaque, au milieu ou en finale).

Exemples :

– *mé* ➜ *métro, fumée, numéro*
– *ma* ➜ *imagier, matin, limaçon*
– *mu* ➜ *musique, muet, amusé*
– *na* ➜ *nature, canari, cadenas*
– *ni* ➜ *cannibale, fini, animal*
– *no* ➜ *mécano, noté, kimono*
– *mal* ➜ *normal, malheureux, malpoli*
– *mar* ➜ *marteau, marmotte, marché*
– *nal* ➜ *final, canal, journal*

Pour le découpage syllabique : voir encadré semaine 4 séance 1.

Prolongement : Proposer aux élèves de trouver d'autres syllabes, puis des mots contenant ces autres syllabes (ou prendre les syllabes de l'exercice précédent).

4 Exercice 3 : Je lis des mots (10 min)

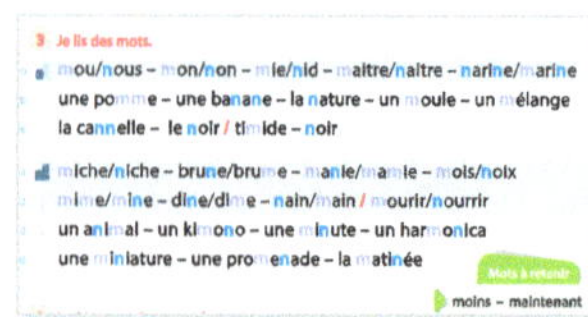

Procéder de la même manière qu'en semaine 4.

Penser à vérifier que les élèves comprennent les mots lus et donner éventuellement quelques définitions. Par exemple : *mie, miche, brume, manie, dime, miniature, harmonica…*

Éventuellement, prévoir des flashcards des mots de vocabulaire à connaitre, et les présenter régulièrement aux élèves, afin d'enrichir leur lexique.

Fluence : passer au chronométrage des mots (*cf.* Fiches de préparation sur la fluence, p. 191).

5 Exercice 4 : Je découvre des mots du texte (5 min)

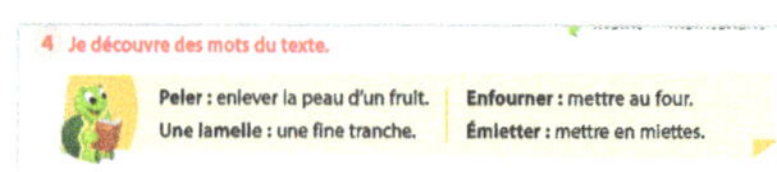

Inviter des élèves volontaires à lire les définitions, s'assurer que toute la classe a compris. Faire utiliser les mots dans une petite phrase.

Exemples :

– *Comme Julie ne mange pas la peau des fruits, sa mère lui pèle sa pomme.*
– *Marine a terminé son gâteau, elle l'enfourne pour le faire cuire.*
– *J'ai découpé des lamelles de papier rouge pour les coller sur ma feuille.*
– *Nathan aime nourrir les oiseaux, il émiette du pain et leur lance dans le jardin.*

6 Les mots à retenir (5 min)

Demander à un élève de lire les mots à retenir : *moins – maintenant.*

Faire utiliser les mots dans une phrase.

Exemple : *Cet escabeau est moins haut que cette échelle. Maintenant que tu es arrivé, on va pouvoir commencer notre travail.*

Puis faire copier les mots sur l'ardoise, ou faire une dictée sur ardoise après les avoir lus.

Les noter dans un répertoire et/ou sur une affiche « Mots à retenir » (placée près du tableau ou dans un endroit visible de la classe). Un élève peut aller écrire lui-même les mots. Ou encore utiliser les outils proposés dans les annexes (flashcards, page pour les recopier).

Passer au fichier de différenciation.

Fichier de différenciation, exercices 1 à 7, p. 17-18 (pour le déroulement, voir Les fiches de préparation du fichier de différenciation, Séquence type « Les confusions », p. 177).

Séance 2 Lecture et fluence

Durée : 45 min
Matériel :
- Manuel p. 16-17
- Panneaux référents M, N + confusion M/N
- Tableau de fluence pour les textes

Organisation :
- Groupe classe : introduction, découverte, rebrassage de la notion
- Temps individuels selon le besoin des élèves
- Ateliers différenciés, si nécessaire

Déroulement de la séance

1 Rappel de la séance précédente et exercice 5 : Je découvre le matériel de la recette (5 min)

Demander à un élève de rappeler les sons et les lettres étudiés précédemment (M et N). Remettre les panneaux référents au tableau.
Faire rappeler quelques paires minimales : *mois/noix, mon/non…*
Faire rappeler les mots du texte et leurs définitions : *peler, enfourner, lamelle, émietter.*
Passer à l'exercice 5 et faire lire la consigne : « Je découvre le matériel de la recette du crumble. »

« Quelle information nous donne cette consigne ? » ➜ Nous allons lire une recette.
« Qu'est-ce qu'un crumble ? » ➜ Un gâteau.
« Regardons maintenant l'exercice 5, que nous propose-t-il ? »
➜ deux listes : une d'ingrédients et une d'ustensiles.
Si besoin, définir les deux mots. Faire lire la liste d'ingrédients et la liste d'ustensiles.
« Qui peut me dire ce qu'est la **cannelle** ? » ➜ une épice ; « un **saladier** ? » ➜ un récipient de cuisine ; « un **économe** ? » ➜ un couteau qui permet d'enlever la peau des fruits ou des légumes.

2 Choix du niveau et lecture silencieuse (15 min)

Même consigne que précédemment.
Une fois la répartition des textes effectuée, passer à la lecture silencieuse (10 min).

3 Échange collectif sur les mots difficiles (10 min)

Après la lecture silencieuse, donner éventuellement quelques définitions.
Par exemple :
« Que veut dire le mot/verbe **préchauffer** dans la phrase : *préchauffer le four à 180°* ? »
Si les élèves ne trouvent pas, donner une définition des mots et les remplacer par des synonymes dans la phrase. Par exemple : *Avant de mettre le gâteau à cuire, il faut faire chauffer le four à 180°.*
Prolongement : Faire une recherche dans le dictionnaire et lire la (les) définition(s).

4 Lecture orale (5 min)

Inviter les élèves qui le souhaitent à lire leur texte à haute voix. Ne pas oublier de valoriser les lectures. Et aider ceux ou celles qui ont du mal ou qui butent sur un mot. La lecture doit être un moment de plaisir.

5 Fluence : chronométrage en atelier (10 min)

« Nous allons maintenant faire un exercice de lecture rapide. Vous allez lire le texte du niveau que vous avez choisi, et nous allons chronométrer votre lecture. »
(Pour les modalités, *cf.* Fiche préparation sur la fluence, p. 191.)

Séance 3 Compréhension

Durée : 30 min
Matériel :
- Manuel p. 18
- Fichier de différenciation (p. 19)

Organisation :
- Groupe classe : introduction, découverte, rebrassage de la notion
- Temps individuels selon la demande des élèves
- Ateliers différenciés, si nécessaire

1 Rappel de la séance précédente (10 min)

Introduire la séance en invitant des élèves à raconter ce qu'ils se rappellent du texte qui a été lu individuellement en séance 2.

« Je vais maintenant vous le relire pour que vous le compreniez bien et ensuite nous répondrons aux questions de la page 18. »
Lire le texte de **niveau 3** en mettant le ton et en insistant sur la ponctuation.

2 Exercice 7 : Je comprends le texte (5 min)

7 Je comprends le texte.
- De quels fruits as-tu besoin pour faire ce crumble ?
- Quel est l'ustensile nécessaire pour la cuisson ?
- Combien de temps doit cuire le crumble ?
- Quelle image représente le résultat de cette recette ?

Après un temps de réflexion, interroger à toute la classe.
– « De quels fruits as-tu besoin pour faire ce crumble ? » ➜ Des pommes et des bananes.
– « Quel est l'ustensile nécessaire pour la cuisson ? » ➜ Le four.
– « Combien de temps doit cuire le crumble ? » ➜ 25 minutes.
– « Quelle image représente le résultat de cette recette ? » ➜ Le dessin 2.
Il est possible de demander ce qui ne convient pas dans les autres dessins en demandant aux élèves de justifier leur réponse.

3 Exercice 8 : Je choisis la phrase qui résume le texte (5 min)

8 Je choisis la phrase qui résume le texte.
1. On prend des ustensiles et des ingrédients pour préparer un repas.
2. On fait un gâteau aux pommes.
3. On coupe des pommes, on pèle des bananes puis on les cuit dans une casserole.
4. On suit des consignes pour réaliser un crumble aux pommes, aux bananes et à la cannelle.

La démarche est la même que précédemment. Voici la phrase réponse : *On suit des consignes pour réaliser un crumble aux pommes, aux bananes et à la cannelle.*
L'exercice 9 est traité dans la séance suivante, passer directement au « bonus », le virelangue.

4 Je lis très vite (5 min)

Pour rappel, cette activité de virelangue doit être un moment de plaisir. Il faut lire la phrase sans hésiter, sans confusion et en essayant de la lire vite.
L'objectif est de permettre à tous ceux/celles qui le souhaitent de lire et d'inciter ceux/celles qui ne le veulent pas à se lancer en lecture orale après avoir écouté les autres et mémorisé la phrase.

5 Prolongements

- Travailler sur le type de texte (recherche, tri…), en l'occurrence la recette de cuisine, ici.
- Proposer de faire le crumble en classe.
- Faire rechercher, dans une partie du texte, les mots contenant des « m » et des « n » (les faire écrire).
- Choisir avec les élèves une phrase du texte pour la dictée quotidienne du lendemain. L'écrire au tableau, la faire mémoriser et la faire écrire sur un cahier (ou utiliser les dictées du guide : *cf.* p. 197 et annexes).
- Copier la phrase au tableau, la faire lire, effacer un ou deux mots, les faire réécrire sur l'ardoise, recommencer avec d'autres mots et ainsi de suite jusqu'à la réécriture de la phrase en entier.

Fichier de différenciation, exercices 8 à 11, p. 19 (pour le déroulement, voir Les fiches de préparation du fichier de différenciation, Séquence type « Les confusions », p. 177).

Séance 4 Production d'écrits

Durée : 45 min
Matériel :
– Manuel p. 18
– 4 fiches recettes

Organisation :
– Groupe classe : introduction, découverte, rebrassage de la notion
– Temps individuels pour le passage à l'écrit
– Ateliers différenciés, si nécessaire, pour un groupe en difficulté, avec l'aide de l'enseignant·e

Déroulement de la séance

1 Rappel de la séance précédente (5 min)

« Qu'avons-nous étudié cette semaine dans le manuel Lecture piano ? » ➜ Les sons et les lettres M et N, et une recette.
Faire appeler la phrase qui résume le texte : *On suit des consignes pour réaliser un crumble aux pommes, aux bananes et à la cannelle.*
Puis introduire la séance d'écriture (*cf.* consigne semaine 4, séance 4).

2 Consignes d'écriture et recherches collectives (20 min)

En amont de la séance, prévoir quatre recettes différentes à imprimer ou écrire. Nous en proposons des exemples dans les ressources numériques : *mousse au chocolat, gâteau au yaourt, clafoutis, charlotte aux fraises.*

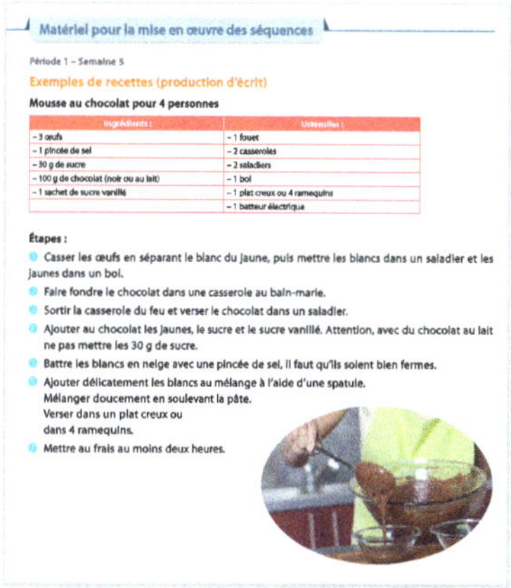
Matériel pour la mise en œuvre des séquences

Période 1 – Semaine 5

Exemples de recettes (production d'écrit)

Mousse au chocolat pour 4 personnes

Ingrédients :	Ustensiles :
– 3 œufs	– 1 fouet
– 1 pincée de sel	– 2 casseroles
– 30 g de sucre	– 2 saladiers
– 100 g de chocolat (noir ou au lait)	– 1 bol
– 1 sachet de sucre vanillé	– 1 plat creux ou 4 ramequins
	– 1 batteur électrique

Étapes :
- Casser les œufs en séparant le blanc du jaune, puis mettre les blancs dans un saladier et les jaunes dans un bol.
- Faire fondre le chocolat dans une casserole au bain-marie.
- Sortir la casserole du feu et verser le chocolat dans un saladier.
- Ajouter au chocolat les jaunes, le sucre et le sucre vanillé. Attention, avec du chocolat au lait ne pas mettre les 30 g de sucre.
- Battre les blancs en neige avec une pincée de sel, il faut qu'ils soient bien fermes.
- Ajouter délicatement les blancs au mélange à l'aide d'une spatule. Mélanger doucement en soulevant la pâte. Verser dans un plat creux ou dans 4 ramequins.
- Mettre au frais au moins deux heures.

Lecture de la consigne

« Fais la liste des ingrédients nécessaires pour faire un gâteau que tu aimes bien. »

Trame

« Pour faire un gâteau, de quoi avons-nous généralement besoin ? » ➜ Œufs, farine, sucre, beurre… Noter tous les mots de vocabulaire au tableau.
« Quels sont les ingrédients nécessaires pour faire un crumble ? » ➜ Pommes, bananes, cannelle, sucre, beurre, farine…
« Que doit-on préciser dans la liste des ingrédients ? » ➜ La quantité.
« Comment mesure-t-on des quantités ? » ➜ Cuillerée, pincée, poids (pesée avec une balance en grammes)…
« Maintenant, je vais mettre au tableau plusieurs recettes, je vais vous les lire et ensuite vous allez choisir celle qui vous plait le plus et faire la liste des ingrédients. »
Par exemple : beurre, farine, sucre, œufs (blanc, jaune), levure, vanille, chocolat, lait, yaourt… Les élèves peuvent s'appuyer sur les recettes affichées.

3 Premier jet (10 min)

« Vous allez prendre vos cahiers d'essai/de productions d'écrits. Choisissez la recette et la liste que vous souhaitez écrire pour répondre à la question de l'exercice. Vous pouvez aussi inventer une autre réponse. »

4 Correction et finalisation (10 min)

Passer voir les élèves à tour de rôle et valider l'écrit. Si l'élève n'a pas compris, prendre le temps de le guider et de l'aider ou de le faire aider par un ou une camarade.
Exemples de liste :
– *Quatre-quarts breton : 250 g de beurre, 250 g de farine, 250 g de sucre, 4 œufs, 1 sachet de levure chimique.*
– *Gâteau au yaourt : 1 yaourt nature, 3 pots de yaourt de farine, 2 pots de yaourt de sucre, 3 œufs, 1 pot de yaourt d'huile, une pincée de sel, 1 sachet de sucre vanillé, 1 sachet de levure chimique.*
« Vous allez maintenant recopier proprement votre liste dans le cahier de productions d'écrits. »

Semaine 6 — Je ne confonds pas b et d

Séance 1 Le code

Durée : 45 min
Matériel :
- Manuel p. 19-20
- Panneaux référents CP : B et D + confusion B/D
- Affiche des mots à retenir et/ou flashcards
- Tableau de fluence
- Fichier de différenciation (p. 20-22)

Organisation :
- Groupe classe : introduction, découverte, rebrassage de la notion

Déroulement de la séance

1 Introduction (10 min)

Afficher les panneaux référents B et D (ce sont les mêmes que ceux du CP).

« Nous allons découvrir une nouvelle leçon de votre manuel de lecture. Elle va vous permettre de bien faire la différence entre ces deux lettres qui sont parfois confondues. Pouvez-vous me dire ce que vous voyez ? »

Faire trouver quelques mots contenant les lettres B et D, et les noter au tableau (*bateau, banane, dromadaire, domino, bulle, demain, maintenant…*).

Inviter les élèves à ouvrir les manuels à la page 19. Faire observer le haut de la page : titre de la séance et images des mots référents. Pour ceux qui ont eu la méthode Piano au CP, il est possible faire remarquer qu'il s'agit des mêmes mots référents. Faire retrouver les phrases mnémotechniques :

– **B :** « La baleine bleue boit au biberon. »
– **D :** « Le dromadaire boit une grenadine dans le désert. »

« Nous allons faire les exercices 1 à 4. Le premier est un exercice de lecture des syllabes. Quelle est la consigne ? » ➜ Je lis des syllabes.

« Le deuxième est un exercice de lecture de syllabes et de mots. On lit une syllabe, puis un mot qui contient cette syllabe. Quelle est la consigne ? » ➜ Je lis des syllabes et des mots.

« Le troisième est un exercice de lecture de mots contenant les lettres B et D. Quelle est la consigne ? »
➜ Je lis des mots.

« Le quatrième exercice est un exercice qui permet de découvrir des mots que nous trouverons dans le texte que nous lirons la prochaine fois. Quelle est la consigne de l'exercice ? »
➜ Je découvre les mots du texte.

« Y a-t-il sur la page quelque chose dont nous n'avons pas parlé ? »
➜ Il y a un encadré avec des **mots à retenir**.

« Ces mots, vous les avez peut-être déjà vus en CP ; ce sont des mots outils qu'il faut connaitre par cœur. » Ils seront étudiés plus précisément à la fin de la séance 1.

2 Exercice 1 : Je lis des syllabes (5 min)

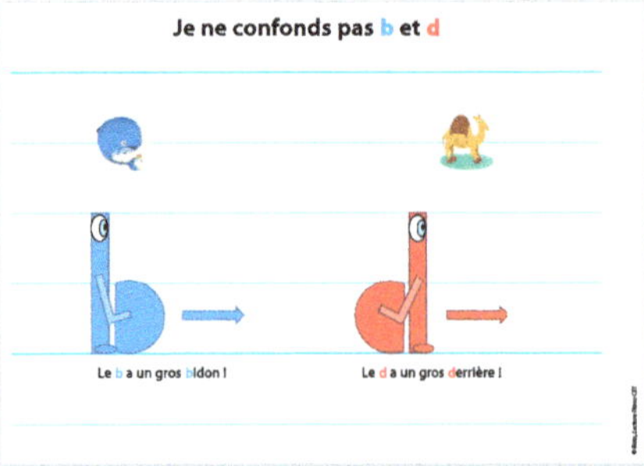

« Nous allons maintenant lire les syllabes de l'exercice 1. Qui veut commencer ? »

Les syllabes sont présentées selon une difficulté croissante. Faire lire les élèves qui le souhaitent syllabe par syllabe, ligne par ligne. Éviter de faire lire un seul élève. Il est aussi possible de proposer des lectures du type furet, par rangée ou ligne, par groupe de compétence…

Une vigilance est à apporter lors de cet exercice pour repérer les éventuelles confusions d'écriture des deux lettres. Voici une proposition de moyen mnémotechnique :
Le « b » et le « d » marchent sur la même ligne dans le sens de l'écriture (vers la droite). Le « b » a un gros bidon, le « d » a un gros derrière ! (Voir Panneau Confusion B et D dans les annexes.)

Prolongement : Faire faire une dictée de syllabes sur ardoise, en autorisant le manuel ouvert, notamment pour ceux/celles qui ont besoin d'aide.

Il est possible, à ce stade, de commencer les exercices de fluence avec les syllabes. Vous trouverez tous les éléments page 191 de ce guide et en annexe (*cf.* Fiches de syllabes et Tableaux de score). Le calcul des scores au début est juste un chronométrage du temps de lecture que l'élève peut améliorer lors d'une deuxième lecture. Il n'est pas utile de calculer le MCLM à ce stade.

3 Exercice 2 : Je lis des syllabes et des mots (10 min)

2 Je lis des syllabes et des mots.

ba → baleine	dra → drapeau
bi → bidon	dou → doucher
be → biberon	dé → détour
bri → abricot	dre → vendredi

« Nous allons maintenant faire l'exercice 2 et lire des syllabes et des mots. Nous allons lire des syllabes que nous retrouverons ensuite dans un mot. Qui veut commencer ? »

Faire lire les syllabes et les mots. Puis revenir sur chaque syllabe et faire trouver des mots ayant la même syllabe (au début, au milieu ou à la fin). Ne pas attendre trop : trois mots par syllabe sont largement suffisants.

Exemples :

- *ba (déjà vu en S4, chercher des mots différents si possible et faire un rappel aux élèves)* ➜ *cabane, bague, baba*
- *bi* ➜ *cabine, bisou, bicyclette*
- *be* ➜ *robe, cube, herbe*
- *bri* ➜ *bricolage, débris, brille*
- *dra* ➜ *dame, dragon, dragée*
- *dou* ➜ *doute, douze, douleur*
- *dé* ➜ *accordé, décor, début*
- *dre* ➜ *tordre, poudre, cendre*

Rappel
Le découpage syllabique peut être différent à l'oral et à l'écrit (voir encadré Semaine 4, séance 1), voire différent selon les régions. L'ambigüité porte principalement sur le « e » final qui ne prononce pas forcément à l'oral.
Exemples :
Tiroir : ti/roir (2 syllabes à l'oral et à l'écrit).
Armoire : 2 syllabes à l'oral (*ar/moir'*), trois à l'écrit (*ar/moi/re*).

Prolongement : Proposer aux élèves de trouver d'autres syllabes, puis des mots contenant ces autres syllabes (ou prendre les syllabes de l'exercice précédent).

4 Exercice 3 : Je lis des mots (10 min)

3 Je lis des mots.
bon/don – un radis – un crabe – un ballon – un devoir – une balle
un bijou – une dame – un bibelot – un cadeau – un dromadaire /
dormir – baver

badine/babine – une bande – un boudin – un bandeau – un bidon
un cadenas – un débat – un abandon – un document – une balade
un coude – la douche – un bourdon – une boulangerie – un modèle /
pédaler – bondir – bouder
bavarder – débuter

Mots à retenir
dedans – dessus – dessous – beaucoup

Présenter l'exercice :
« C'est une lecture de mots. Vous voyez, les mots sont classés en deux niveaux : il y a une lecture plus facile que l'autre, dans le niveau 2 les mots ont souvent plus de syllabes. Vous allez choisir le niveau que vous préférez et vous entrainer à les lire silencieusement.
Attention, au début de chaque niveau, vous avez des paires de mots séparés par une barre : seule la première lettre de chacun de ces mots change (soit un b, soit un d). Cette lecture n'est pas facile, il faut vous entrainer et ensuite nous essayerons de les lire à haute voix. »
Vérifier que les élèves comprennent les mots lus et donner éventuellement quelques définitions. Par exemple : *don, bibelot, cadenas, badine, babine*…

Fluence
« Maintenant que vous connaissez bien les mots, nous allons faire un exercice de lecture rapide. Vous allez lire les mots d'un niveau de votre choix, et nous allons chronométrer votre lecture. »
(*cf.* Fiche de fluence, p. 191.)

5 Exercice 4 : Je découvre des mots du texte (5 min)

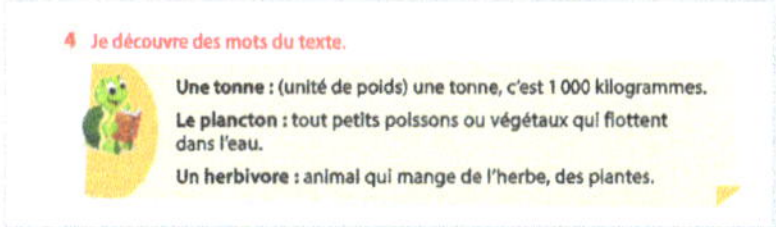

4 Je découvre des mots du texte.
Une tonne : (unité de poids) une tonne, c'est 1 000 kilogrammes.
Le plancton : tout petits poissons ou végétaux qui flottent dans l'eau.
Un herbivore : animal qui mange de l'herbe, des plantes.

« Dans l'exercice 4, vous allez découvrir deux définitions de mots. C'est comme un petit dictionnaire. Nous allons lire ces mots, ils nous serviront pour comprendre le texte que nous lirons la prochaine fois. Qui veut lire une définition ? »
Faire utiliser les mots dans une petite phrase. Par exemple :
une tonne ➜ *Ce camion est très lourd, il pèse au moins dix tonnes !*
le plancton ➜ *Dans la mer il y a du plancton, c'est la nourriture de nombreux poissons.*
un herbivore ➜ *Mon lapin est un herbivore, il ne mange que de l'herbe fraiche.*

6 Les mots à retenir (5 min)

Demander à un élève de lire les mots à retenir : *dedans – dessus – dessous – beaucoup*.
Faire utiliser les mots dans une phrase.
Exemples : *Le four est chaud, ne mets pas ta main dedans ! – Regarde le modèle, tu dois mettre le verre dessus. – Regarde la pile de journaux, ton cahier est dessous ! – Il y a beaucoup de monde à cette soirée.*
Pour leur affichage et leur mémorisation, voir les séquences précédentes.

Passer au fichier de différenciation.

Fichier de différenciation, exercices 1 et 7, p. 20-21 (pour le déroulement, voir Les fiches de préparation du fichier de différenciation, Séquence type « Les confusions », p. 177).

Séance 2 Lecture et fluence

Durée : 45 min
Matériel :
- Manuel p. 20-22
- Panneaux référents CP : B et D + confusion B/D
- Tableau de fluence
- Un dictionnaire

Organisation :
- Groupe classe : introduction, découverte, rebrassage de la notion
- Ateliers différenciés, si nécessaire en lecture et en fluence

Déroulement de la séance

1 Rappel de la séance précédente (5 min)

Demander à un élève de rappeler les sons et les lettres étudiés précédemment (B et D). Remettre les panneaux référents au tableau.
Faire rappeler quelques paires minimales (« mots dont seule la première lettre change ») : *don/bon, badine/babine…*
Faire rappeler les mots du texte et leurs définitions : *tonne, plancton, herbivore* (voir séance 1).

Conclure :
« Ces mots vont nous servir pour comprendre le texte que nous allons découvrir aujourd'hui. Prenez votre manuel pages 16-17. »

2 Choix du niveau et lecture silencieuse (15 min)

Présenter les niveaux de lecture et inviter les élèves à choisir leur texte.
« Nous allons passer à la lecture du texte (exercice 5). Il y a trois textes, classés par niveau. Vous pouvez voir devant le texte les petits signes que vous connaissez déjà. Le niveau 1 est facile, le niveau 2 est un peu plus difficile et le niveau 3 encore plus difficile ! Les textes sont de plus en plus longs à lire et parfois les mots sont un peu plus compliqués à déchiffrer. Mais les trois textes disent la même chose et racontent la même histoire.
Vous allez choisir le niveau que vous préférez et vous entrainer à le lire silencieusement. »
Une fois la répartition des textes effectuée, passer à la lecture silencieuse (10 min).

3 Échange collectif sur les mots difficiles (10 min)

Après la lecture silencieuse :
- Demander aux élèves s'ils connaissent le type de texte lu : le documentaire.
- Leur faire trouver le titre du documentaire : La baleine et le dromadaire : deux animaux à bosses.
- Vérifier que les élèves n'ont pas eu de difficulté à déchiffrer ou à comprendre certains mots du texte. Donner éventuellement quelques définitions.

Si les élèves semblent tout avoir compris, demander les définitions des mots suivants :
« Que veut dire le mot/verbe **blatère** dans la phrase : *Quand il crie, on dit qu'il blatère ?* »
« Que veut dire le mot/nom **réserve** dans la phrase : *… c'est sa réserve de graisses ?* »
« Que veut dire le mot/nom **banc** dans la phrase : *… des bancs de poissons ?* »
Si les élèves ne trouvent pas, l'enseignant·e leur propose une définition (celle du dictionnaire).
Ensuite, il est possible de faire reformuler la phrase en remplaçant le mot par un synonyme ou par un autre groupe de mots.
Exemples : *Pour dire que le chameau pousse un cri,on dit qu'il blatère ; C'est là qu'il met de côté sa graisse pour l'utiliser plus tard ; Des regroupements de poissons.*

Prolongement
« Que fait-on quand on ne connait pas un mot ? »
Les élèves doivent proposer une recherche dans le dictionnaire. Faire la recherche et lire la/les définition(s).

4 Lecture orale (5 min)

Inviter les élèves qui le souhaitent à lire leur texte à haute voix. Ne pas oublier de valoriser les lectures. Et aider ceux ou celles qui ont du mal ou qui butent sur un mot. La lecture doit être un moment de plaisir.

5 Fluence : chronométrage en atelier (10 min)

« Nous allons maintenant faire un exercice de lecture rapide. Vous allez lire le texte du niveau que vous avez choisi, et nous allons chronométrer votre lecture. »
(Pour les modalités, *cf.* Fiche de fluence, p. 191.)

Séance 3 Compréhension

Durée : 45 min
Matériel :
– Manuel p. 22.
– Fichier de différenciation (p. 22)

Organisation :
– Groupe classe : introduction, découverte, rebrassage de la notion

Déroulement de la séance

1 Rappel de la séance précédente (5 min)

Introduire la séance en invitant des élèves à raconter ce qu'ils se rappellent du texte qui a été lu individuellement en séance 2.
« Je vais maintenant vous le relire pour que vous le compreniez bien et ensuite nous répondrons aux questions de la page 22. »
Lire le texte de **niveau 3** en insistant sur la ponctuation.

2 Exercice 6 : Je comprends le texte (10 min)

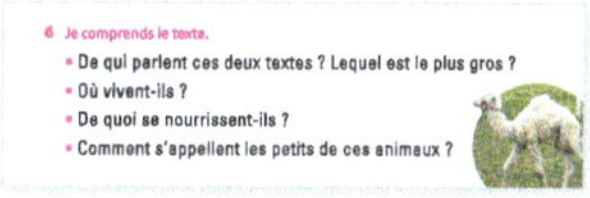
6 Je comprends le texte.
- De qui parlent ces deux textes ? Lequel est le plus gros ?
- Où vivent-ils ?
- De quoi se nourrissent-ils ?
- Comment s'appellent les petits de ces animaux ?

Inviter un élève à lire la première question, puis demander la réponse à toute la classe.
– « De qui parlent ces deux textes ? » ➜ La baleine et le dromadaire.
– « Lequel est le plus gros ? » ➜ La baleine.
Faire de même avec les autres questions.
– « Où vivent-ils ? » ➜ La baleine vit dans l'océan et le dromadaire dans le désert.
– « De quoi se nourrissent-ils ? » ➜ La baleine se nourrit de plancton et de poissons, et le chameau de plantes du désert.
– « Comment s'appellent les petits de ces animaux ? » ➜ Le baleineau et le chamelon.

3 Exercice 7 : Je choisis la phrase qui résume le texte (5 min)

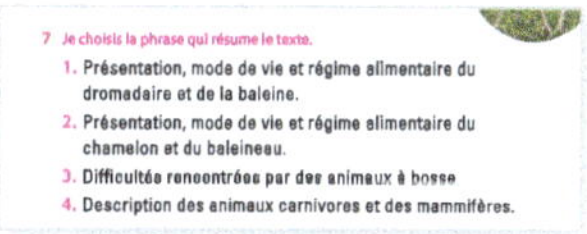
7 Je choisis la phrase qui résume le texte.
1. Présentation, mode de vie et régime alimentaire du dromadaire et de la baleine.
2. Présentation, mode de vie et régime alimentaire du chamelon et du baleineau.
3. Difficultés rencontrées par des animaux à bosse
4. Description des animaux carnivores et des mammifères.

Faire lire la consigne et demander :
« Savez-vous ce que veut dire résumer un texte ? Cela signifie reformuler un texte avec le moins de mots possible, en disant l'essentiel. Il s'agit donc, ici, de choisir parmi quatre phrases celle qui explique le mieux le texte. »
Un élève volontaire lit les quatre phrases.
Après la lecture, laisser quelques minutes de réflexion et relire la première proposition en demandant aux élèves s'ils pensent que cette phrase résume bien le texte. Faire justifier les réponses. Un débat peut s'organiser autour des justifications des élèves pour expliquer les raisons pour lesquelles ils choisissent une phrase plutôt qu'une autre.

➜ *1. Présentation, mode de vie et régime alimentaire du dromadaire et de la baleine.*

L'exercice 8 est traité dans la séance suivante, passer directement au « bonus », le virelangue.

4 Je lis très vite (5 min)

Cet exercice doit être un moment de plaisir, à prendre comme un « bonus ». Il faut lire la phrase sans hésiter, sans confusion et en essayant de la lire vite. Plusieurs essais sont possibles, les élèves peuvent s'entrainer. L'objectif est de permettre à tous ceux qui le souhaitent de lire et d'inciter ceux qui ne le veulent pas à se lancer en lecture orale après avoir écouté les autres et mémorisé la phrase.

5 Prolongements

- Aborder le type de texte.
- Proposer de faire le crumble en classe.
- Faire rechercher, dans une partie du texte, les mots contenant des « b » et des « d » (les faire écrire).
- Choisir avec les élèves une phrase du texte pour la dictée quotidienne du lendemain. L'écrire au tableau, la faire mémoriser et la faire écrire sur un cahier. (Voir également les propositions de dictées dans les annexes et le descriptif, p. 195 de ce guide.)
- Copier la phrase au tableau, la faire lire, effacer un ou deux mots, les faire réécrire sur l'ardoise, recommencer avec d'autres mots et ainsi de suite jusqu'à la réécriture de la phrase en entier.

Passer au fichier de différenciation.

Fichier de différenciation, exercices 8 à 11, p. 22 (pour le déroulement, voir Les fiches de préparation du fichier de différenciation, Séquence type « Les confusions », p. 177).

Séance 4 Production d'écrits

Durée : 45 min
Matériel :
- Manuel p. 22
- Cahier d'essai
- Cahier de productions d'écrits
- Ressources documentaires sur les animaux

Organisation :
- Groupe classe : introduction, découverte, rebrassage de la notion
- Temps individuels
- Ateliers différenciés

Déroulement de la séance

1 Rappel de la séance précédente (5 min)

« Qu'avons-nous étudié cette semaine dans le manuel Lecture piano ? » ➜ Les sons et les lettres B et D, et un documentaire.

« Qui peut me résumer le documentaire ? Nous avons lu une phrase qui résume ce texte, vous vous en souvenez ? » ➜ Présentation, mode de vie et régime alimentaire du dromadaire et de la baleine.

Puis introduire la séance :

« Aujourd'hui, nous allons travailler la production d'écrits. Tout au long de l'année, vous allez apprendre à écrire des phrases de plus en plus longues, puis des textes. Ce qui est important, c'est de prendre du plaisir à écrire et d'être créatif ! »

2 Consignes d'écriture et recherches collectives (20 min)

Lecture de la consigne

Consigne : « Écris un petit documentaire de trois phrases sur ton animal préféré. Utilise les caractéristiques suivantes : alimentation, description, milieu de vie, particularité… »

Trame

« Pour trouver les caractéristiques d'un animal, où peut-on chercher ? »

➜ Dans des livres documentaires, des revues, sur des fiches…

En amont de la séance, l'enseignant·e a pu aller à la bibliothèque avec ses élèves et leur a demandé de choisir un documentaire animalier, ou il/elle a trouvé des fiches documentaires variées, des revues… qu'il/elle mettra à disposition des élèves pour qu'ils choisissent l'animal qu'ils veulent.

« Vous allez maintenant choisir un documentaire, une revue, un livre… et l'animal que vous allez décrire ? Que devez-vous chercher ? »

➜ Ce qu'il mange, comment il est, où il vit, et ses particularités…

« Prenez le temps de lire votre fiche. »

Vocabulaire :

« De quels mots allez-vous avoir besoin ? Nous allons les écrire au tableau pour que vous puissiez vous en servir : alimentation (il mange…), poids (il pèse… grammes, kilogrammes, tonnes), taille (il mesure… centimètres, mètres), lieu (il vit dans…), caractéristique/particularité (il a…, il est…). »

Faire une phrase par caractéristique en les mettant les unes sous les autres :
– Titre : nom de l'animal
– Alimentation : (il mange…),
– Poids : (il pèse…grammes, kilogrammes, tonnes),
– Taille : (il mesure… centimètres, mètres),
– Lieu de vie : (il vit dans…),
– Caractéristique/particularité : (il a…, il est…).

3 Premier jet (10 min)

« Vous allez prendre vos cahiers d'essai/de productions d'écrits. Choisissez la phrase que vous souhaitez écrire pour répondre à la question de l'exercice. Vous pouvez aussi inventer une autre réponse. Vous voyez, c'est facile : vous êtes tou·tes de véritables écrivain·es ! »

4 Correction et finalisation (10 min)

Passer voir les élèves à tour de rôle et valide la phrase écrite. Si l'élève n'a pas compris, prendre le temps de le guider et de l'aider ou de le faire aider par un camarade.

Le plaisir d'écrire
Il est important que les fautes orthographiques, grammaticales et syntaxiques soient corrigées par l'enseignant·e. Il est certes nécessaire de l'expliquer à l'élève, mais sans en faire cas. Il est aussi préférable de prendre la même couleur que celle utilisée par l'élève pour la correction.
Tout comme la lecture, il est important que l'élève prenne du plaisir à écrire.

Exemple de documentaire :
L'ours blanc ou ours polaire
Alimentation : Il est carnivore. Il se nourrit principalement de phoques et de poissons.
Poids : Il pèse autour de 450 kg.
Taille : L'ours polaire mesure généralement 1,8 mètre.
Lieu de vie : Son milieu de vie est la banquise de l'Arctique.
Caractéristique/particularité : Il peut vivre entre 20 à 25 ans. Sa couleur blanche lui permet d'être peu visible par d'autres animaux. La femelle peut donner naissance à 3 petits oursons au début du printemps.
« Vous allez maintenant recopier proprement votre liste dans le cahier de productions d'écrits. »

Semaine 7 — Révisions

Cette semaine est dédiée aux révisions (tout comme les semaines 14, 20, 27 et 36). L'enseignant·e pourra ainsi réguler ses séances et prendre le temps de revoir ou de prolonger certaines confusions, certains sons, certaines graphies, en fonction du niveau de sa classe. Les jeux proposés à la fin de chaque période (*cf.* manuel p. 23 pour la période 1) peuvent être proposés aux élèves qui n'ont pas de difficulté, pendant que des ateliers différenciés sont mis en place pour les autres.
Ces jeux peuvent s'effectuer en autonomie ou en binôme. Les corrigés proposés en annexe permettent une autocorrection.

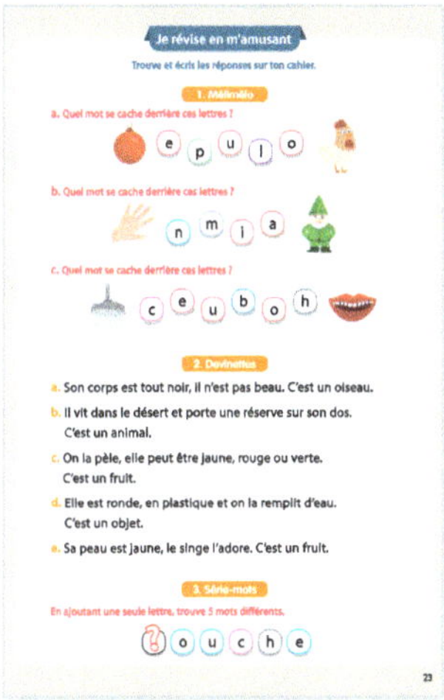
Je révise en m'amusant
Trouve et écris les réponses sur ton cahier.
1. Méli-mélo
a. Quel mot se cache derrière ces lettres ?
e p u l o
b. Quel mot se cache derrière ces lettres ?
n m i a
c. Quel mot se cache derrière ces lettres ?
c e u b o h
2. Devinettes
a. Son corps est tout noir, il n'est pas beau. C'est un oiseau.
b. Il vit dans le désert et porte une réserve sur son dos. C'est un animal.
c. On la pèle, elle peut être jaune, rouge ou verte. C'est un fruit.
d. Elle est ronde, en plastique et on la remplit d'eau. C'est un objet.
e. Sa peau est jaune, le singe l'adore. C'est un fruit.
3. Série-mots
En ajoutant une seule lettre, trouve 5 mots différents.
? o u c h e
23

Période 2

Compétences attendues en fin de cycle :
- Savoir discriminer de manière auditive les constituants des mots (conscience phonologique).
- Connaitre le nom des lettres ainsi que le son qu'elles produisent.
- Établir les correspondances graphophonologiques (syllabes simples et complexes).
- Mémoriser les composantes du code.
- Mémoriser les mots fréquents.

Compétence travaillée :
- Identifier des mots de manière de plus en plus aisée.

Objectifs généraux :
- Associer un graphème au son qu'il produit (lien oral/écrit).
- Lire des syllabes, des mots.
- Encoder des mots.
- Améliorer sa vitesse de lecture.

Objectifs spécifiques de chaque séquence :
- Connaitre les valeurs sonores d'une même lettre ou graphie.
- Connaitre les graphies d'un même son.
- Lire des syllabes, des mots contenant ces graphies.
- Lire des textes et les comprendre.
- S'exercer à la lecture rapide.
- Produire des textes en lien avec la séquence.

Durée hebdomadaire : 4 séances de 45 min

Semaine 8 — Je ne confonds pas d et t

Séance 1 — Le code

Durée : 45 min
Matériel :
- Manuel p. 24
- Panneaux référents CP : D, T
- Affiche des mots à retenir et/ou flashcards
- Tableau de fluence pour les syllabes et les mots
- Fichier de différenciation (p. 23-24)

Organisation :
- Groupe classe : introduction, découverte, rebrassage de la notion
- Temps individuels selon le besoin des élèves
- Ateliers différenciés, si nécessaire

Déroulement de la séance

1 Introduction (5 min)

Afficher les panneaux référents D et T.
Faire nommer les lettres D et T, puis les dessins référents, le dromadaire et le tigre (identiques au CP, pour rappel).
Faire trouver quelques mots contenant les lettres D puis T, les noter au tableau.
Exemples : *dormir, ordre, dictée, cadre, tirelire, toiture, carte, être.*
Inviter les élèves à ouvrir leur manuel à la page 24 et faire observer le haut de la page : titre de la séance, images des mots référents qui viennent d'être observés en affichage.

Pour ceux qui ont utilisé la méthode Piano au CP, on peut faire retrouver les phrases mnémotechniques associées aux dessins référents :
– **D** : « Le dromadaire boit une grenadine dans le désert. »
– **T** : « Le tigre turquoise téléphone à tonton. »
Annoncer les exercices 1 à 4.

2 Exercice 1 : Je lis des syllabes / fluence (5 min)

1 Je lis des syllabes.

do	dou	doi	don	ta	tin	ton	tou
tur	dau	tal	dur	dra	dro	tau	din
tan	teau	deau	tru	dru	arti	maté	tyro

Le procédé est toujours le même pour la lecture de ces syllabes.
Prolongement : Faire une dictée de syllabes sur ardoise, en autorisant le manuel ouvert, notamment pour les élèves qui ont besoin d'aide.
Fluence : Comme en semaine 4, il est possible de commencer les exercices de fluence avec les syllabes (*cf.* Fiche de préparation sur la fluence, p. 191 de ce guide).

3 Exercice 2 : Je lis des syllabes et des mots (10 min)

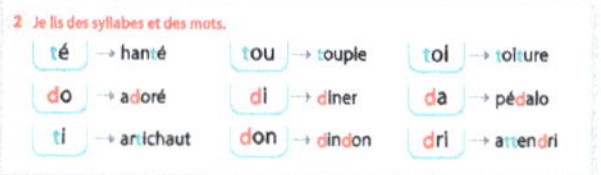
2 Je lis des syllabes et des mots.

té → hanté	tou → touple	toi → toiture
do → adoré	di → diner	da → pédalo
ti → artichaut	don → dindon	dri → attendri

« Nous allons maintenant faire l'exercice 2 et lire des syllabes et des mots. Nous allons lire des syllabes que nous retrouverons ensuite dans un mot. Qui veut commencer ? »
La démarche est la même que précédemment : faire lire les syllabes et les mots. Puis revenir sur chaque syllabe et faire trouver des mots ayant la même syllabe (à l'attaque, au milieu ou en finale).
Exemples :
– *té* ➜ *karaté, tétine, téléphone*
– *tou* ➜ *tousser, partout, matou*
– *toi* ➜ *toiture, étoilé, toilette*
– *do* ➜ *domicile, domestique, dorade*
– *di* ➜ *difficile, dimanche, bandit*
– *da* ➜ *soda, soldat, damier*
– *ti* ➜ *bâtiment, timide, continuer*
– *don* ➜ *donjon, pardon, cordon*
– *dri* ➜ *perdrix, dribbler, quadrillage*
Prolongement : Proposer aux élèves de trouver d'autres syllabes, puis des mots contenant ces autres syllabes (ou prendre les syllabes de l'exercice précédent).

4 Exercice 3 : Je lis des mots / fluence (10 min)

3 Je lis des mots.
du/tu – toit/doigt – tard/dard – touche/douche – trois/droit
tout/doux – dent/temps – poutre/poudre – vite/vide – dors/tors
un dragon – un cadre – un drap – une carte – un tronc – une trousse
pédale/pétale – râteau/radeau – tortue/tordue – truite/druide
un drapeau – la foudre – une adresse – un trapèze – un tricycle /
droitier – triste – drôle – droite /
abattre – mordre – tricoter – trotter – attraper – tondre

« Nous allons passer à la lecture de mots. Vous allez choisir le niveau que vous préférez et vous entrainer à les lire silencieusement. Vous ferez attention au début de la lecture avec les mots qui se prononcent de la même façon mais dont la première lettre change (ils sont sur un fond bleu). C'est soit un D soit un T. »
Vérifier que les élèves comprennent les mots lus et donner éventuellement quelques définitions.
Exemples : dard (= pointe d'où sort le venin de l'abeille, du scorpion, etc.), radeau (= assemblage de planches servant au transport sur l'eau), druide (= prêtre gaulois ou celtique), trapèze (= barre suspendue à une balançoire / figure géométrique à 4 côtés).
« Nous allons, maintenant que vous connaissez bien les mots, faire un exercice de lecture rapide. Vous allez lire les mots d'un des niveaux, et nous allons chronométrer votre lecture. »
Fluence : passer au chronométrage des mots (*cf.* Fiches de préparation sur la fluence, p. 191).

5 Exercice 4 : Je découvre des mots du texte (5 min)

Inviter des élèves volontaires à lire les définitions, s'assurer que toute la classe a compris. Faire utiliser les mots dans une petite phrase, par exemple :

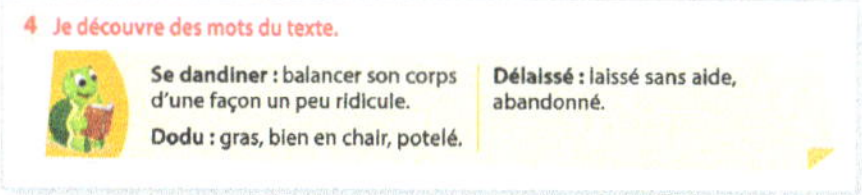
4 Je découvre des mots du texte.
Se dandiner : balancer son corps d'une façon un peu ridicule.
Dodu : gras, bien en chair, potelé.
Délaissé : laissé sans aide, abandonné.

– **Se dandiner** ➜ *Le canard marche en se dandinant.*
– **Délaissé** ➜ *Ali se sent délaissé quand Véra part au cinéma sans lui.*
– **Dodu** ➜ *On a mangé une dinde bien dodue.*

6 Les mots à retenir (5 min)

Demander à un élève de lire les mots à retenir : *soudain* – *tard*.
Faire utiliser les mots dans une phrase. Exemples : *Pierre marchait tranquillement quand, soudain, il trébucha et tomba. Il est trop tard pour commencer cette partie de Monopoly.*
Puis faire procéder comme dans les séances précédentes.

Passer au fichier de différenciation.

Fichier de différenciation, exercices 1 à 7, p. 23-24 (pour le déroulement, voir Les fiches de préparation du fichier de différenciation, Séquence type « Les confusions », p. 177).

Séance 2 Lecture et fluence

Durée : 45 min
Matériel :
- Manuel p. 25-26
- Panneaux référents CP : D, T
- Tableau de fluence pour les textes

Organisation :
- Groupe classe : introduction, découverte, rebrassage de la notion
- Ateliers différenciés, si nécessaire, en lecture et en fluence

Déroulement de la séance

1 Rappel de la séance précédente (5 min)

Demander à un élève de rappeler les sons et les lettres étudiés précédemment (B et D). Remettre les panneaux référents au tableau.
Faire rappeler quelques paires minimales (« les mots dont seule une lettre change ») : *touche/douche – trois/droit ; pédale/pétale – râteau/radeau.*
Faire rappeler les mots du texte et leurs définitions : *se dandiner, délaissé, dodu.*
Conclure :
« Ces mots vont nous servir pour comprendre le texte que nous allons découvrir aujourd'hui dans votre manuel page 25. »

2 Exercice 5 : Choix du niveau de lecture et lecture silencieuse (15 min)

Présenter les niveaux de lecture et inviter les élèves à choisir leur texte.
Une fois la répartition des textes effectuée, passer à la lecture silencieuse.

3 Échange collectif sur le genre du texte et les mots difficiles (10 min)

Après la lecture silencieuse :
Demander aux élèves s'ils connaissent le type de texte lu. ➜ Un récit (forme d'histoire où sont racontés des faits vrais ou imaginaires).
Leur demander s'ils connaissent des récits. Ils peuvent notamment se rappeler du récit « La poule blanche » déjà lu dans le manuel en P1, ou d'autres lus en classe ou à la maison.
Leur faire trouver le titre de ce nouveau récit ➜ « Le dindon dodu et la petite tortue »
Vérifier que les élèves n'ont pas eu de difficulté à déchiffrer ou à comprendre des mots. Donner éventuellement quelques définitions.
Si les élèves semblent tout avoir compris, demander les définitions des mots suivants :
« Que veut dire le mot/verbe **sangloter** dans la phrase "Elle sanglote ?" »
« Que veut dire le mot/verbe **se balader** dans la phrase "Veux-tu te balader ?" »
« Que veut dire le mot/l'adjectif **têtue** dans la phrase "La tortue n'est pas si têtue" ? »
Si les élèves ne trouvent pas, faire chercher le mot dans un dictionnaire et faire lire la définition.
Ensuite, faire reformuler la phrase en remplaçant quand cela est possible le mot par un synonyme ou par un autre groupe de mot ou une autre phrase. *Exemples : Elle pleure beaucoup ; Veux-tu te promener ? ; La tortue n'est pas si bornée, si attachée à ses idées !*
Prolongement : Proposer une recherche dans le dictionnaire. Faire la recherche et donner la définition aux élèves.

4 Lecture orale du texte (5 min)

Inviter les élèves qui le souhaitent à lire leur texte à haute voix. Aider celles ou ceux qui ont du mal ou qui butent sur un mot. La lecture doit être un moment de plaisir.

5 Fluence : chronométrage en atelier (10 min)

« Nous allons maintenant faire un exercice de lecture rapide. Vous allez lire le texte du niveau que vous avez choisi, et nous allons chronométrer votre lecture. »
(Pour les modalités, *cf.* Fiche préparation sur la fluence, p. 191.)

Séance 3 Compréhension

Durée : 45 min
Matériel :
- Manuel p. 27
- Fichier de différenciation (p. 25)

Organisation :
- Groupe classe : introduction, découverte, rebrassage de la notion
- Temps individuels selon la demande des élèves
- Ateliers différenciés, si nécessaire

Déroulement de la séance

1 Rappel de la séance précédente (5 min)

Introduire la séance en invitant des élèves à raconter ce dont ils se souviennent. Lire le texte de **niveau 3** en insistant sur la ponctuation.

2 Exercice 6 : Je comprends le texte (10 min)

6 Je comprends le texte.
- Pourquoi le dindon et la tortue sont-ils tristes au début du récit ?
- Que fait le dindon pour aider la tortue ?
- Comment réagissent les autres animaux ?
- Quel thème est abordé dans le texte : le pardon, la gourmandise ou le vivre ensemble ?
- Quel rapport ont ces deux images avec le récit ?

Demander les réponses à toute la classe. Exemple :

➜ Le dindon se sent délaissé et la tortue pense qu'on se moque d'elle parce qu'elle marche de travers depuis qu'elle s'est tordu la patte.
➜ Le dindon va chercher une planche à roulettes pour promener la tortue.
➜ Les autres animaux sont stupéfaits, surpris.
➜ C'est le thème du « vivre ensemble » et du respect qui est abordé dans ce texte.
➜ La première image marque l'isolement d'une personne par un groupe et la deuxième image montre que l'on peut vivre ensemble en accueillant une personne dans un groupe même si elle est différente.

3 Exercice 7 : Je choisis la phrase qui résume le texte (5 min)

7 Je choisis la phrase qui résume le texte.
1. Un dindon tout triste aide une tortue et prouve qu'on peut vivre ensemble malgré des différences.
2. Les animaux d'une ferme sont méchants avec un dindon amoureux d'une tortue.
3. Un dindon se révolte contre une méchante tortue.

La démarche est la même que précédemment. Voici la phrase réponse : *1. Un dindon tout triste aide une tortue et prouve qu'on peut vivre ensemble malgré des différences.*
L'exercice 8 est traité dans la séance suivante, passer directement au virelangue.

4 Je lis très vite (5 min)

Pour rappel, cette activité de virelangue doit être un moment de plaisir. Il faut lire la phrase sans hésiter, sans confusion et en essayant de la lire vite (*cf.* semaines précédentes).

5 Prolongements

- Comprendre le récit : aborder la structure du récit, raconter une histoire avec un début, un problème, un dénouement, une fin. Travailler des exercices en écrivant la fin d'un récit. Utiliser des images séquentielles.
- Faire rechercher, dans une partie du texte, les mots contenant des « d » et des « t » (les faire écrire).
- Choisir avec les élèves une phrase du texte pour la dictée quotidienne du lendemain. L'écrire au tableau, la faire mémoriser et la faire écrire sur un cahier. On peut aussi utiliser les dictées proposées dans le guide (*cf.* p. 197 et annexes numériques).
- Copier la phrase au tableau, la faire lire, effacer un ou deux mots, les faire réécrire sur l'ardoise, recommencer avec d'autres mots et ainsi de suite jusqu'à la réécriture de la phrase en entier.

Fichier de différenciation, exercices 8 à 11, p. 25 (pour le déroulement, voir Les fiches de préparation du fichier de différenciation, Séquence type « Les confusions », p. 177).

Séance 4 Production d'écrits

Durée : 45 min
Matériel :
- Manuel p. 27
- Cahier d'essai
- Cahier de productions d'écrits
- Facultatif : matériel pour les jeux coopératifs

Organisation :
- Groupe classe : introduction, découverte
- Temps individuels pour le passage à l'écrit
- Ateliers différenciés, si nécessaire, pour un groupe en difficulté, avec l'aide de l'enseignant·e

Déroulement de la séance

1 Rappel de la séance précédente (5 min)

« Qu'avons-nous étudié cette semaine dans le manuel Lecture piano ? » ➜ Les sons et les lettres D et T, et un récit : « Le dindon dodu et la petite tortue ».
Faire appeler la phrase qui résume le texte *: Un dindon tout triste aide une tortue et prouve qu'on peut vivre ensemble malgré des différences.* Puis introduire la séance.

2 Exercice 8 : Consignes d'écriture et recherches collectives (20 min)

Lecture de la consigne : « À ton tour, écris un petit texte décrivant comment tu peux consoler un·e camarade qui reste tout·e seul·e à la récréation. »

Trame :
« Avez-vous déjà vécu des situations de ce genre ? »
« Avez-vous déjà été écarté·e d'un groupe qui ne voulait pas jouer avec vous ? »
« Avez-vous déjà empêché un·e camarade de venir jouer avec vous ? »
➜ Pour consoler un·e camarade qui reste seul·e, je peux lui proposer de venir jouer avec moi et/ou avec mes ami·es. Je peux être gentil·le avec lui/elle. Je peux le/la présenter à mes ami·es. Je peux lui proposer de rester avec lui/elle pour discuter, pour faire connaissance. Je peux le/la réconforter. Je peux essayer de le/la faire rire. Je peux aller chercher des ami·es pour venir avec moi et lui tenir compagnie.

Vocabulaire :
- Noms : la gentillesse, la tolérance, le respect, l'égalité, la sympathie, l'affection, le réconfort, l'amitié, l'entente, la fraternité, la générosité, l'entraide, le soutien…
- Expressions : avoir le cœur sur la main, prendre quelqu'un sous son aile…
- Verbes : aider, accompagner, accepter, consoler, réconforter…

3 Premier jet (10 min)

« Vous allez prendre vos cahiers d'essai et vous allez essayer d'écrire deux phrases en utilisant les mots que nous avons trouvés. »

4 Correction et finalisation (10 min)

Passer voir les élèves à tour de rôle. Si l'élève n'a pas compris, prendre le temps de le guider et de l'aider ou de le faire aider par un·e camarade.
Exemples de récit :
– Hier Julian, le nouveau, était assis tout seul sur un banc de la cour de récréation, il était tout triste. Je suis allé m'assoir à côté de lui et je lui ai montré ma collection de billes. Je lui en ai donné cinq et nous avons joué ensemble.
– Élodie est venue à l'école avec les cheveux tout courts, ses copines se sont moquées d'elle et l'ont laissée toute seule à la récré. Je suis allée la voir et je lui ai dit qu'elle était très jolie comme ça et elle est venue jouer avec moi et mes copines.
« Vous allez maintenant recopier proprement vos phrases dans le cahier de productions d'écrits. »

5 Prolongements

- Faire une séance d'éducation morale et civique sur le vivre ensemble en proposant en amont de la production d'écrits des jeux de coopération entre élèves. L'OCCE (l'Office central de la coopération à l'école) propose des agendas sur ces thèmes ainsi qu'une exposition.

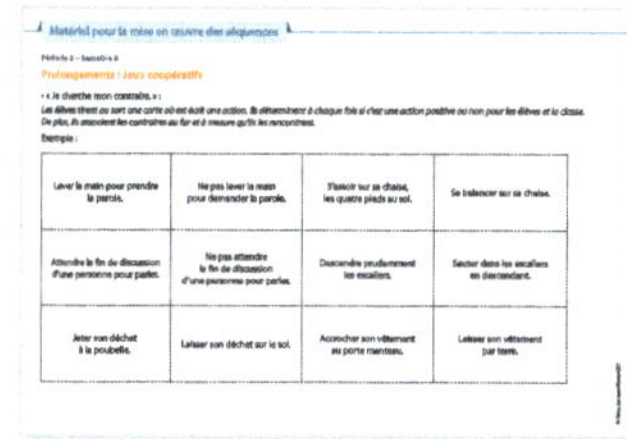

• Proposer un jeu coopératif. Voici deux exemples (le matériel, cartes et textes, est proposé en annexe, à photocopier et à distribuer)[1] :

➜ <u>« Je cherche mon contraire. »</u> : *Les élèves tirent au sort une carte où est écrit une action. Ils déterminent à chaque fois si c'est une action positive ou non pour les élèves et la classe. De plus, ils associent les contraires au fur et à mesure qu'ils les rencontrent.*

Liste des cartes :

– Lever la main pour prendre la parole. / Ne pas lever la main pour demander la parole.
– Attendre la fin de discussion d'une personne pour parler. / Ne pas attendre la fin de discussion d'une personne pour parler.
– Mettre son déchet à la poubelle. / Laisser son déchet sur le sol.
– S'assoir sur sa chaise les deux pieds au sol. / Se balancer sur les deux pieds de sa chaise.
– Descendre prudemment les escaliers. / Sauter dans les escaliers en descendant.
– Mettre son vêtement au porte manteau. / Laisser son vêtement au sol.
– Marcher dans les couloirs. / Courir dans les couloirs.

➜ <u>Lire un texte et poser la question aux élèves : « Comment réagir ? »</u> : *Un élève lit un des deux textes ci-dessous et l'enseignant·e distribue la parole pour que les élèves interviennent et donnent leur avis sur la situation.*

« Dans la cour de récréation, l'équipe de Rudi a perdu son match de football. Rudi ne cesse de pleurer car c'était lui le gardien et l'autre équipe a marqué un but. Que peuvent dire les autres camarades de son équipe à Rudi ? »

« Pendant le défi de mathématiques en groupe, Sofiane ne cesse de s'amuser avec les camarades de son équipe. Mais elle et ses ami·es ne terminent pas leur défi. Que faut-il faire ? »

• Adapter des règles de vie de classe, des règles de jeux sportifs et collectifs/participatifs…

• Lire des albums sur le vivre ensemble, par exemple :

– *C'est quoi vivre ensemble ?* O. Brenifier, « Philozenfants », Nathan, 2019.
– *Moi j'adore, la maitresse déteste*, Élisabeth Brami, Seuil jeunesse, 2012.
– *La brouille*, Claude Boujon, L'école des Loisirs, 1989.
– *Noire comme le café, blanc comme la lune*, Phil Mandelbaum, L'école des Loisirs, 1989.
– *Rouge jaune noire blanche*, Brigitte Mine et Cneut Carll, L'école des loisirs, 2002.
– *Le Voyage de Plume*, Hans de Beer, Nord-Sud, 1987.
– *Les musiciens de Brême*, conte des frères Grimm.

Semaine 9 — Je ne confonds pas f et v

Séance 1 — Le code

Durée : 45 min

Matériel :
– Manuel p. 28
– Panneaux référents CP : F, V
– Affiche des mots à retenir
– Tableau de fluence pour les syllabes et les mots
– Fichier de différenciation (p. 26-27)

Organisation :
– Groupe classe : introduction, découverte, rebrassage de la notion
– Temps individuels selon le besoin des élèves
– Ateliers différenciés, si nécessaire

Déroulement de la séance

1 Introduction (5 min)

Afficher les panneaux référents F et V (ce sont les mêmes que ceux du CP, pour rappel).

1. D'autres exemples sont disponibles sur : https://www.recreatisse.com/2015/07/23/enseignement-moral-et-civique-activites-pour-le-debut-de-lannee-cpce1ce2/

Faire nommer les lettres F et V, puis les dessins référents, le feu et l'avion. Faire trouver quelques mots contenant les lettres F, puis V, les noter au tableau. Exemples : *fête, fleur, affiche, reflets, vacances, caravane, vache, vert.*
Veiller à souligner dès le début les erreurs ou confusions de sons… (voir encadré semaine 4 séance 1).
Inviter les élèves à ouvrir leur manuel à la page 28 et faire observer le haut de la page : titre de la séance, images des mots référents qui viennent d'être observés en affichage.
Pour ceux qui ont utilisé la méthode Piano au CP, on peut faire retrouver les phrases mnémotechniques associées aux dessins référents :
– **F** : « Elle souffle sur les flammes rouges du feu. »
– **V** : « L'avion violet vole au-dessus des vagues. »
« Nous allons faire les exercices 1 à 4 que vous connaissez maintenant très bien. »

2 Exercice 1 : Je lis des syllabes (5 min)

Le procédé est toujours le même pour la lecture de ces syllabes.
Fluence : avec les syllabes (*cf.* Fiche de préparation sur la fluence, p. 191 de ce guide).

3 Exercice 2 : Je lis des syllabes et des mots (10 min)

La démarche est la même que précédemment : faire lire les syllabes et les mots. Puis revenir sur chaque syllabe et faire trouver des mots ayant la même syllabe (à l'attaque, au milieu ou en finale).
Exemples :

- *fa* ➜ *facile, farine, sofa*
- *fon* ➜ *fondu, girafon, plafond*
- *vi* ➜ *vitrine, vipère, dévisser*
- *fan* ➜ *fantôme, fanfare, fantastique*
- *far* ➜ *farci, fardé, cafard*
- *voi* ➜ *voiture, voisin, voilier*
- *for* ➜ *former, formidable, formule*
- *fau* ➜ *faute, faucon, défaut*
- *vou* ➜ *vouté, avouer, savourer*
- *fi* ➜ *fixé, défiler, définitif*
- *vo* ➜ *bravo, volume, envoler*
- *vio* ➜ *violon, ravioli, violence*

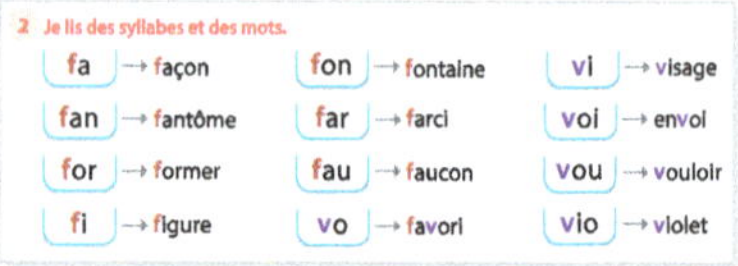

Prolongement : Proposer aux élèves de trouver d'autres syllabes, puis des mots contenant ces autres syllabes (ou prendre les syllabes de l'exercice précédent).

4 Exercice 3 : Je lis des mots / fluence (10 min)

Procéder de la même manière qu'en semaine 4.
Penser à vérifier que les élèves comprennent les mots lus et donner éventuellement quelques définitions. Par exemple : *vil (= méchant, vilain), vanne (= sorte de porte ou cloison pour fermer un barrage, un canal, etc.), fane (= tige ou feuille de certaines plantes), vive (= rapide / poisson), veuf (= qui a perdu sa femme), favori (= préféré), fautive (= qui est en faute).*
Éventuellement, prévoir des flashcards des mots de vocabulaire à connaitre, et les présenter régulièrement aux élèves, afin d'enrichir leur lexique.
Fluence : passer au chronométrage des mots (*cf.* Fiches de préparation sur la fluence, p. 191).

5 Exercice 4 : Je découvre des mots du texte (5 min)

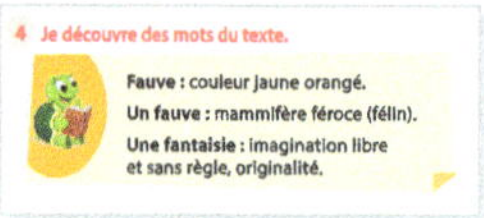

Inviter des élèves volontaires à lire les définitions, s'assurer que toute la classe a compris. Faire utiliser les mots dans une petite phrase. Exemples :
– *Le renard à une belle fourrure couleur fauve.*
– *Le fauve s'est endormi sous un arbre.*
– *Il s'est habillé avec beaucoup de fantaisie pour cette soirée déguisée.*

6 Les mots à retenir (5 min)

Demander à un élève de lire les mots à retenir : *parfois – voici – voilà – vers.*
Faire utiliser les mots dans une phrase. Par exemple : *Il ne vient pas me voir tous les jours, mais il vient parfois le jeudi. Regarde, voici le nouveau jeu que j'ai commandé ! Et voilà, une fois encore tu as renversé ton verre : fais attention ! Ce gros orage se dirige vers la maison, il faut vite rentrer !*
Puis faire procéder comme dans les autres séquences.

Fichier de différenciation, exercices 1 à 7, p. 26-27 (pour le déroulement, voir Les fiches de préparation du fichier de différenciation, Séquence type « Les confusions », p. 177).

Séance 2 Lecture et fluence

Durée : 45 min
Matériel :
- Manuel p. 29-30
- Panneaux référents CP : F, V
- Tableau de fluence pour les textes

Organisation :
- Groupe classe : introduction, rebrassage de la notion
- Ateliers différenciés, si nécessaire, en lecture et en fluence

Déroulement de la séance

1 Rappel de la séance précédente (5 min)

Demander à un élève de rappeler les sons et les lettres étudiés précédemment (F et V). Remettre les panneaux référents au tableau. Faire rappeler quelques paires minimales (« mots dont seule une lettre change ») : *fin/vin, folle/vole, envers/enfer*. Faire rappeler les mots du texte et leurs définitions : *fauve, un fauve, fantaisie*.

2 Exercice 5 : Choix du niveau de lecture et lecture silencieuse (15 min)

Même consigne que précédemment. Une fois la répartition des textes effectuée, passer à la lecture silencieuse

3 Échange collectif sur le genre du texte et les mots difficiles (10 min)

Après la lecture silencieuse :
Demander aux élèves s'ils connaissent le type de texte lu. Leur demander s'ils se souviennent d'un documentaire lu dans le manuel ➜ « Le dromadaire et la baleine, deux animaux à bosse. »
Faire trouver le titre de ce documentaire ➜ Le fauvisme et Henri Matisse.
Préciser qu'il y a plusieurs types de documentaires et que celui-ci est un documentaire artistique :
« Un documentaire sur l'art donne des informations sur un artiste et sur son œuvre. »
Vérifier que les élèves n'ont pas eu de difficulté à déchiffrer ou à comprendre des mots. Donner éventuellement quelques définitions.
Si les élèves semblent tout avoir compris, demander les définitions des mots suivants :
« Que veut dire le mot/adjectif **vive** dans la phrase "peindre avec des couleurs vives" ? »
« Que veut dire le mot/adjectif **simplifié** dans la phrase "des formes simplifiées" ? »
« Que veut dire le mot/nom **félin** dans la phrase "le mot fauve fait penser aux félins…" ? »
Si les élèves ne trouvent pas, donner une définition des mots et les remplace par des synonymes dans la phrase. Par exemple : *Peindre avec des couleurs <u>très voyantes</u> ; Des formes <u>plus simples</u> ; Le mot fauve fait penser à tout ce qui ressemble <u>au chat</u>.*
Prolongement : Proposer une recherche dans le dictionnaire. Faire la/les recherche(s) et lire la/les définition(s).

4 Lecture orale du texte (5 min)

Inviter les élèves qui le souhaitent à lire leur texte à haute voix, en valorisant toujours la lecture et aider ceux qui en ont besoin.

5 Fluence : chronométrage en atelier (10 min)

« Nous allons maintenant faire un exercice de lecture rapide. Vous allez lire le texte du niveau que vous avez choisi, et nous allons chronométrer votre lecture. »
(Pour les modalités, *cf.* Fiche préparation sur la fluence, p. 191.)

Séance 3 Compréhension

Durée : 45 min
Matériel :
– Manuel p. 31
– Fichier de différenciation (p. 28)

Organisation :
– Groupe classe : introduction, rebrassage de la notion
– Temps individuels selon la demande des élèves
– Ateliers différenciés, si nécessaire

Déroulement de la séance

1 Rappel de la séance précédente (5 min)

Procéder comme d'habitude.

2 Exercice 6 : Je comprends le texte (10 min)

6 Je comprends le texte.
- De quel mouvement de peinture parle ce texte ?
- Qui est Henri Matisse ?
- Quelles sont les couleurs du fauvisme ?
- Que fait Henri Matisse autour des formes simples ?
- À ton avis, lequel de ces tableaux appartient au fauvisme ?

Demander les réponses à toute la classe. Exemple :
➜ Ce texte parle du fauvisme.
➜ Henri Matisse est un peintre.
➜ Les couleurs du fauvisme sont les couleurs vives comme le violet, le vert, le jaune, le rose…
➜ Henri Matisse entoure les formes (et les figures) d'un trait noir.
➜ Le tableau du milieu.

Les autres tableaux : *Les Glaneuses* de Jean François Millet ; *L'Estaque, route tournante, détail* d'André Derain ; *Le Pont japonais* de Claude Monet.
Question supplémentaire pour les niveaux 2 et 3 :
« À votre avis, que veut dire « le chef de file » du fauvisme » ? ➜ Le chef de file est celui qui est reconnu comme actif dans un mouvement, c'est-à-dire qu'il défend le mouvement auquel il croit.

3 Exercice 7 : Je choisis la phrase qui résume le texte (5 min)

7 Je choisis la phrase qui résume le texte.
1. Le fauvisme est une peinture qui représente des arbres.
2. Le fauvisme est l'ensemble des fauves qui vivent dans la nature.
3. Le fauvisme est un style de peinture aux formes simples et aux couleur vives.

La démarche est la même que précédemment. Voici la phrase réponse : *3. Le fauvisme est un style de peinture aux formes simples et aux couleurs vives.*

4 Je lis très vite (5 min)

Pour rappel, cette activité de virelangue doit être un moment de plaisir. Il faut lire la phrase sans hésiter, sans confusion et en essayant de la lire vite.
À ce stade, cette activité peut également s'effectuer en binôme.

5 Prolongements

- Proposer une recherche documentaire sur des peintres connus, selon ce qui a été vu en histoire de l'art, ou sur George Braque.
- Faire rechercher, dans une partie du texte, les mots contenant des F et des V, et les faire écrire.
- Choisir avec les élèves une phrase du texte pour la dictée quotidienne du lendemain. L'écrire au tableau, la faire mémoriser et la faire écrire sur un cahier. On peut aussi utiliser les dictées proposées dans ce guide (*cf.* p. 197 et annexes numériques).
- Copier la phrase au tableau, la faire lire, effacer un ou deux mots, les faire réécrire sur l'ardoise, recommencer avec d'autres mots et ainsi de suite jusqu'à la réécriture de la phrase en entier.

Fichier de différenciation, exercices 8 à 11, p. 28 (pour le déroulement, voir Les fiches de préparation du fichier de différenciation, Séquence type « Les confusions », p. 177).

Séance 4 Production d'écrits

Durée : 45 min
Matériel :
- Manuel p. 31
- Cahier d'essai
- Cahier de productions d'écrits
- Tableaux du manuel p. 31 à projeter

Organisation :
- Groupe classe : introduction, découverte
- Temps individuels pour le passage à l'écrit
- Ateliers différenciés, si nécessaire, pour un groupe en difficulté, avec l'aide de l'enseignant·e

Déroulement de la séance

1 Rappel de la séance précédente (5 min)

Procéder comme d'habitude.

2 Exercice 8 : Consignes d'écriture et recherches collectives (20 min)

Lecture de la consigne : « À ton tour, décris le tableau d'un peintre que tu aimes bien (ou un des tableaux ci-dessus). Indique ce qui est peint, décris les formes et les couleurs, et dis pourquoi tu as choisi ce tableau. »

Trame :
« Connaissez-vous ces tableaux ? » ➜ *Les Glaneuses* de Jean François Millet ; *L'Estaque, route tournante, détail,* d'André Derain ; *Le Pont japonais* de Claude Monet.
« Qu'est-ce que vous voyez ? » Faire décrire les personnages, les animaux, la végétation, l'environnement, le lieu, le temps qu'il fait, l'heure, la saison…
« Que font les personnages ? Combien sont-ils ? »
« Quel type de paysage voit-on ? »
« À quoi cela vous fait penser ? » Il est possible d'évoquer des suppositions, d'émettre des hypothèses en disant : « c'est peut-être l'histoire de… », « ça me fait penser à… », « on dirait que… »
« Qu'est ce qui est particulier dans ces trois tableaux ? »
Insister sur la différence de style des trois tableaux. On peut dire que le tableau de Millet (réalisme) est très proche de la réalité, il exprime ce qui est vu, le réel. Le tableau de Derain (fauvisme) est figuratif avec des formes simplifiées (arbres, personnages et animaux) et des couleurs éclatantes. Le tableau de Monet (impressionnisme) donne la sensation d'une peinture floue, imprécise, comme s'il y avait du brouillard, les touches de pinceau sont des taches, les contours sont floutés, les couleurs reflètent la lumière.
Il est possible de présenter plusieurs tableaux de mouvements très différents et de faire une séance d'arts visuels sur la peinture en amont de la production d'écrits sur le pointillisme, par exemple.
Exemples de tableau : Picasso *La Femme qui pleure*, Keith Haring *Silhouettes en mouvement*, Georges Seurat *La Seine à la Grande Jatte - Printemps*, Joan Miro *Poisson chantant*, Gustav Klimt *Le Baiser*, Joannes Vermeer *La Laitière*, Sandro Botticelli *La Naissance de Vénus*.
Vocabulaire : lister les mots au tableau au fur et à mesure des propositions des élèves.
- Noms et adjectifs : genre (portrait, paysage, nature morte, scène de vie… abstrait, figuratif, réaliste, moderne…), couleurs (claires, foncées, vives, chaudes, froides, primaires, pastels, contrastées, nuancées…), forme (réaliste, abstraite, figurative, détails, flou…), lumière (sombre, obscure, ombre, reflets, lumineuse…), émotions (tristesse, beauté, calme…), etc.
- Verbes : émouvoir, choquer, faire comprendre, représenter…

3 Premier jet (10 min)

« Vous allez prendre vos cahiers d'essai et vous allez essayer d'écrire quelques phrases en utilisant les mots que nous avons trouvés… »

4 Correction et finalisation (10 min)

Passer voir les élèves à tour de rôle. Si l'élève n'a pas compris, prendre le temps de le guider et de l'aider ou de le faire aider par un·e camarade.

Exemples de récit :
– *Le tableau des* Glaneuses *de J.-F. Millet représente trois femmes dans un champ. Elles ramassent des épis de blé. Les couleurs du tableau sont tristes. On dirait que la nuit va tomber. J'ai choisi ce tableau parce qu'il montre la vie à la campagne.*
– *Le tableau* Le Pont japonais *de Claude Monet représente un pont au-dessus d'un étang avec des nénufars. On voit au fond des arbres qui se reflètent dans l'eau. C'est un tableau impressionniste, les contours sont flous comme derrière un léger brouillard, les couleurs dominantes sont le bleu et le vert. J'aime ce tableau parce qu'il représente la nature et le calme.*
« Vous allez maintenant recopier proprement vos phrases dans le cahier de productions d'écrits. »

5 Prolongements

- Adapter des séances d'arts visuels, des visites de musée.
- Lire des albums, des articles sur l'art. Instaurer « l'œuvre d'art de la semaine » (présenter en rituel une œuvre par semaine en 5 minutes), ou utiliser une éphéméride de l'ART, une œuvre par jour.
- Visionner « L'art en Question », web-série documentaire de 10 épisodes disponibles sur Youtube[2].

Semaine 10 — Je ne confonds pas ch et j

Séance 1 Le code

Durée : 45 min
Matériel :
– Manuel p. 32
– Panneaux référents CP : CH, J
– Affiche des mots à retenir et/ou flashcards
– Tableau de fluence pour les syllabes et les mots
– Fichier de différenciation (p. 29-30)

Organisation :
– Groupe classe : introduction, découverte, rebrassage de la notion
– Temps individuels selon le besoin des élèves
– Ateliers différenciés, si nécessaire

Déroulement de la séance

1 Introduction (5 min)

Afficher les panneaux référents CH et J (ceux du CP).
Faire nommer les lettres CH et J, puis les dessins référents, le chat et la jupe (identiques au CP, pour rappel). Faire trouver quelques mots contenant les lettres CH et J et les noter au tableau : *chameau, rechercher, détacher, chouette, jument, joie, jasmin, jeter…*
Inviter les élèves à ouvrir leur manuel à la page 32 et faire observer le haut de la page : titre de la séance, images des mots référents qui viennent d'être observés en affichage.
Pour ceux qui ont utilisé la méthode Piano au CP, on peut faire retrouver les phrases mnémotechniques associées aux dessins référents :
– **CH :** « Le chat orange chatouille le chien. »
– **J :** « Julie a une jolie jupe jaune ! »

2 Exercice 1 : Je lis des syllabes / fluence (5 min)

Le procédé est toujours le même pour la lecture de ces syllabes.
Fluence : avec les syllabes (*cf.* Fiche de préparation sur la fluence, p. 191 de ce guide).

2. https://www.youtube.com/watch?v=0nR6qVNosk4&list=PLA4108FDD770EB66D pour le premier épisode.

3 Exercice 2 : Je lis des syllabes et des mots (10 min)

La démarche est la même que précédemment. Exemples de mots trouvés à partir des syllabes :

- *jo ➜ cajoler, mijoter, joker, jockey*
- *jon ➜ jonquille, goujon, jongler*
- *ju ➜ juteux, jumeau, conjugaison*
- *jeu ➜ jeudi, jeunesse, déjeuner*
- *jou ➜ jouer, joufflu, acajou*
- *jar ➜ jardiner, jargon, jars*
- *ché ➜ marché, bouchée, caché*
- *cho ➜ cachot, chorizo, manchot*
- *chant ➜ tranchant, chantage, échantillon*
- *chu ➜ chuchoter, crochu, hachuré*
- *che ➜ cheval, chemise, cheminée*
- *choi ➜ choisir, mâchoire, anchois*

2 Je lis des syllabes et des mots.

jo	→ joli	jon	→ donjon	ju	→ juille
jeu	→ jeudi	jou	→ jouet	jar	→ jardin
ché	→ chéri	cho	→ chocolat	chant	→ méchant
chu	→ chuter	che	→ chemin	choi	→ choisir

4 Exercice 3 : Je lis des mots (10 min)

Procéder de la même manière qu'en semaine 4.

Penser à vérifier que les élèves comprennent les mots lus et donner éventuellement quelques définitions. Par exemple : *jute (= plante exotique / fibre épaisse que l'on en tire), jars (= mâle de l'oie), jatte (= grand vase), jante (= partie intérieure d'une roue, sans le pneu), chapon (= jeune coq engraissé pour être mangé).*

Fluence : passer au chronométrage des mots (*cf.* Fiches de préparation sur la fluence, p. 191).

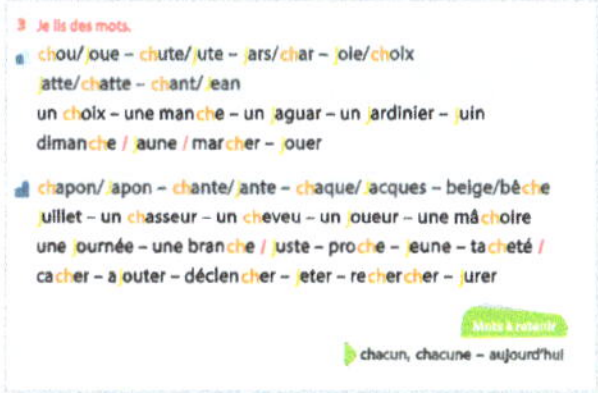
3 Je lis des mots.

chou/joue – chute/jute – jars/char – joie/choix
jatte/chatte – chant/Jean
un choix – une manche – un jaguar – un jardinier – juin
dimanche / jaune / marcher – jouer

chapon/Japon – chante/jante – chaque/Jacques – beige/bêche
juillet – un chasseur – un cheveu – un joueur – une mâchoire
une journée – une branche / juste – proche – jeune – tacheté /
cacher – ajouter – déclencher – jeter – rechercher – jurer

chacun, chacune – aujourd'hui

5 Exercice 4 : Je découvre des mots du texte (5 min)

Inviter des élèves volontaires à lire les définitions, s'assurer que toute la classe a compris. Faire utiliser les mots dans une petite phrase. Exemples :

- *Le sol est jonché de branchages après la tempête.*
- *Ce tissu est tacheté de noir !*

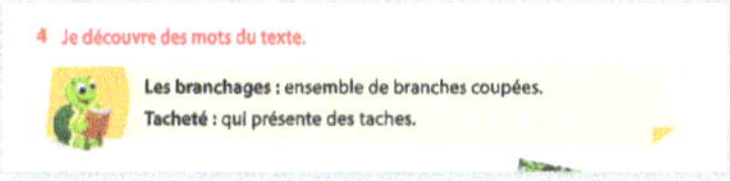
4 Je découvre des mots du texte.

Les branchages : ensemble de branches coupées.
Tacheté : qui présente des taches.

6 Les mots à retenir (5 min)

Procéder comme d'habitude. Exemples de phrases avec mots à retenir : *À la bibliothèque, chacun de vous ira chercher une livre. Chacune des filles prendra un foulard rouge. Aujourd'hui, je vais mieux qu'hier et moins bien que demain !*

Fichier de différenciation, exercices 1 à 7, p. 29-30 (pour le déroulement, voir Les fiches de préparation du fichier de différenciation, Séquence type « Les confusions », p. 177).

Séance 2 Lecture et fluence

Durée : 45 min

Matériel :
- Manuel p. 33-34
- Panneaux référents CP : CH, J
- Tableau de fluence pour les textes

Organisation :
- Groupe classe : introduction, rebrassage de la notion
- Ateliers différenciés, si nécessaire, en lecture et en fluence

Déroulement de la séance

1 Rappel de la séance précédente (5 min)

Même démarche.

2 Exercice 5 : Choix du niveau de lecture et lecture silencieuse (15 min)

Même consigne que précédemment. Une fois la répartition des textes effectuée, passer à la lecture silencieuse.

3 Échange collectif sur le genre du texte et les mots difficiles (10 min)

Demander aux élèves s'ils connaissent le type de texte lu. Leur demander s'ils ont déjà lu des articles de journaux et comment ils le définiraient. ➜ Un article de journal est un texte que l'on trouve dans un journal et qui donne des informations sur un évènement, un fait divers, en exposant le point de vue d'un journaliste. Il s'appuie pour cela sur différentes sources d'informations orales ou écrites et parfois sur des photos.

« Quel est le titre de cet article ? » ➜ « Coup de chaud dans le Jura : un jaguar disparait ! »

Vérifier que les élèves n'ont pas eu de difficulté à déchiffrer ou à comprendre des mots. Si les élèves semblent tout avoir compris, demander les définitions des mots suivants :
« Que veut dire le mot/nom **soigneur** dans la phrase : "… le chef des soigneurs, a précisé que Jango était un jaguar." ? »
« Que veut dire le mot/adjectif **redoutable** dans la phrase : "… un redoutable chasseur" ? »
« Que veut dire le mot/verbe **camoufler** dans la phrase : "Son pelage, jaune tacheté, est parfait pour se camoufler…" ? »
Si les élèves ne trouvent pas, donner une définition des mots et les remplace par des synonymes dans la phrase. Exemples : *Le chef des personnes qui soignent les animaux a précisé que Jango était un jaguar ; C'est un terrible chasseur ; Son pelage, jaune, tacheté, est parfait pour se cacher.*
Prolongement : Proposer une recherche dans le dictionnaire. Faire la recherche et lire la/les définition(s).

4 Lecture orale du texte (5 min)

Inviter les élèves qui le souhaitent à lire leur texte à haute voix. Ne pas oublier de valoriser les lectures. Et aider ceux et celles qui ont du mal. La lecture doit être un moment de plaisir.

5 Fluence : chronométrage en atelier (10 min)

« Nous allons maintenant faire un exercice de lecture rapide. Vous allez lire le texte du niveau que vous avez choisi, et nous allons chronométrer votre lecture. »
(Pour les modalités, *cf.* Fiche préparation sur la fluence, p. 191.)

Séance 3 Compréhension

Durée : 45 min
Matériel :
– Manuel p. 35
– Fichier de différenciation (p. 31)

Organisation :
– Groupe classe : introduction, rebrassage de la notion
– Temps individuels selon le besoin des élèves
– Ateliers différenciés, si nécessaire

Déroulement de la séance

1 Rappel de la séance précédente (5 min)

Même démarche.

2 Exercice 6 : Je comprends le texte (10 min)

Demander les réponses à toute la classe. Exemple :
➜ Cet article a été écrit le jeudi 7 juin 2019.
➜ Il parle d'un jaguar qui a disparu dans un parc animalier.
➜ Jean est le chef des soigneurs.
➜ Le félin s'appelle Jango.
➜ Les habitants doivent rester chez eux pendant les recherches.
➜ C'est l'animal de l'image c qui est un jaguar.

6 Je comprends le texte.
- Quand a été écrit cet article ?
- De quoi parle cet article ?
- Où se passe l'évènement ?
- Qui est Jean ?
- Comment s'appelle le félin ?
- Que doivent faire les habitants ?
- À ton avis, lequel de ces félins est le jaguar ?

3 Exercice 7 : Je choisis la phrase qui résume le texte (5 min)

La démarche est la même que précédemment. La phrase réponse est la n° 2.

7 Je choisis la phrase qui résume le texte.
1. Un dangereux jaguar a semé la terreur dans une ville du Jura en s'échappant d'un zoo.
2. Un jaguar a semé la panique dans le Jura, on a pensé qu'il s'était échappé mais il s'était juste caché !
3. Un jaguar a joué à cachecache avec un jardinier et a inquiété toute une ville.

4 Je lis très vite (5 min)

Pour rappel, cette activité de virelangue doit être un moment de plaisir. Il faut lire la phrase sans hésiter, sans confusion et en essayant de la lire vite.

5 Prolongements

- Rechercher d'autres types d'articles de magazines documentaires, de journaux (exemple : « Le Petit Quotidien »), d'articles en ligne, de reportages télévisés, d'émissions de radio…

- Faire rechercher, dans une partie du texte, les mots contenant des « ch » et des « j », et les faire écrire.
- Choisir avec les élèves une phrase du texte pour la dictée quotidienne du lendemain. L'écrire au tableau, la faire mémoriser et la faire écrire sur un cahier. On peut utiliser les dictées de ce guide (*cf.* p. 195 et annexes numériques).
- Copier la phrase au tableau, la faire lire, effacer un ou deux mots, les faire réécrire sur l'ardoise, recommencer avec d'autres mots et ainsi de suite jusqu'à la réécriture de la phrase en entier.

Fichier de différenciation, exercices 8 à 11, p. 31 (pour le déroulement, voir Les fiches de préparation du fichier de différenciation, Séquence type « Les confusions », p. 177).

Séance 4 Production d'écrits

Durée : 45 min
Matériel :
- Manuel p. 35
- Cahier d'essai
- Cahier de productions d'écrits
- Facultatif : canevas avec photo de l'éléphant

Organisation :
- Groupe classe : introduction
- Temps individuels pour le passage à l'écrit
- Ateliers différenciés, si nécessaire, pour un groupe en difficulté, avec l'aide de l'enseignant·e

Déroulement de la séance

1 Rappel de la séance précédente (5 min)

Même démarche.

2 Exercice 8 : Consignes d'écriture et recherches collectives (20 min)

Lecture de la consigne : « À ton tour, écris un article sur un éléphant échappé d'un cirque. Pense à donner un titre, la date, le lieu, l'auteur (c'est toi !). Décris l'évènement en quelques phrases. »

Trame :

« Qu'est-ce que la presse ? » ➜ C'est l'ensemble des périodiques (journaux, magazines, revues…). On peut trouver des écrits (journaux, Internet), des émissions parlée (radio), des émissions télévisées (informations, reportages…).

« À quoi sert-elle ? » ➜ Elle informe et donne des explications sur des évènements qui se passent dans des villes, des régions, dans notre pays ou dans le monde. Elle évoque l'actualité, les faits quotidiens, récents…

« Qui rédige les articles de presse ? » ➜ Ce sont les journalistes.

« Comment travaille le journaliste ? » ➜ Le journaliste cherche des informations autour de lui, il enquête en se déplaçant là où il se passe des choses, il suit l'actualité.

« Comment rédige-t-on un article ? » ➜ Il faut un titre, un article court ou long. On trouve souvent un chapeau, c'est un résumé de l'essentiel de l'article. Une accroche, pour attirer l'attention du lecteur et lui donner envie de lire ou d'écouter. Des photos, des dessins ou des schémas avec des légendes.

On doit pouvoir répondre à ces cinq questions : Qui ? (l'auteur) ; Quoi ? (l'évènement) ; Où ? (le lieu) ; Quand ? (la date) ; Pourquoi ? (la raison de l'article).

Vocabulaire :

« De quels mots allez-vous avoir besoin pour écrire cet article ? Imaginons les différentes situations dans lesquelles l'éléphant s'est échappé, où il est allé ? On peut aussi décrire l'éléphant et dire pourquoi il s'est échappé… »

L'éléphant	Le lieu	La raison	Les réactions	Les personnes
gris, grand, beau, dangereux, calme, effrayant	ville, rue, parking, route, marché, place, terrain	porte mal fermée, enclos cassé, colère et fuite, corde cassée, le dompteur inattentif	panique, frayeur, surprise, étonnement	gardien, les habitants, les gens, les spectateurs, les passants, le dompteur

3 Premier jet (10 min)

« Vous allez prendre vos cahiers d'essai et vous allez essayer d'écrire un article court qui répond aux cinq questions en utilisant les mots que nous avons trouvés… Vous pouvez choisir une photo ou faire un dessin, donner un titre, écrire une première phrase qui donne la date et le lieu, et une deuxième phrase (ou plusieurs) qui explique l'évènement. Signez votre article. »

Une photo d'éléphant, avec le canevas pour écrire l'article, est proposée dans le CD (*cf.* ci-dessous) : elle peut être distribuée aux élèves.

4 Correction et finalisation (10 min)

Procéder comme d'habitude.

Exemple de production :

Un éléphant s'échappe d'un cirque et visite un marché !

La promenade de l'éléphant.

Un éléphant s'est échappé de son cirque le mercredi 3 avril 2020 à Saint-Sauveur. Le gardien avait mal fermé la porte de sa cage. Il a traversé une petite rue et s'est retrouvé près d'un marché sous le regard surpris des habitants. Heureusement, il n'a causé aucun dégât et son propriétaire l'a vite ramené dans son enclos.

Amalia C.

5 Prolongements

- Découvrir la fabrication d'un journal (à partir de livres documentaires ou vidéos sur Internet).
- Créer un journal de classe, d'école : « Quoi de neuf ? »
- Lire des journaux en classe. Installer un coin presse dans la classe.
- Participer à la semaine de la presse.
- Découvrir les dessins presse. Exemple : Les dessins de Cartooning for Peace, un réseau international de dessinateurs de presse engagés qui luttent, avec humour, pour le respect des cultures et des libertés. Ils proposent des activités pédagogiques (https://www.cartooningforpeace.org/actions-pedagogiques/projets-educatifs/).

Semaine 11 — Je ne confonds pas ch et s

Séance 1 Le code

Durée : 45 min

Matériel :
- Manuel p. 36
- Panneaux référents CP : CH, S
- Affiche des mots à retenir et/ou flashcards
- Tableau de fluence pour les syllabes et les mots
- Fichier de différenciation (p. 32-33)

Organisation :
- Groupe classe : introduction, découverte, rebrassage de la notion
- Temps individuels selon le besoin des élèves
- Ateliers différenciés, si nécessaire

Déroulement de la séance

1 Introduction (5 min)

Afficher les panneaux référents CH et S (ceux du CP).
Faire nommer les lettres CH et S, puis les dessins référents, le chat et le serpent.

Certaines difficultés de langage gênent la prononciation de phonèmes comme le ch et le j qui peuvent être plus longs à maitriser. Dans le « zozotement », les ch deviennent des s et les j des z. Le « schlintement », qui est un bruit parasite, amène des confusions entre les ch, les s, les z et les j. Pour aider l'élève à mieux repérer ces sons, il important de lui faire écouter, dire et écrire régulièrement des sons qui les contiennent. Le piano peut être également être d'une grande aide pour les discriminer, puisqu'il renforce les repères à l'aide de moyens visuels et kinesthésiques.
Ces difficultés sont souvent passagères et n'annoncent pas forcément des troubles du langage ultérieurs. Cependant, elles peuvent avoir des répercussions sur le passage à l'écrit, car l'enfant écrira les sons tels qu'il les prononce, d'où l'importance du travail sur les confusions. Une aide extérieure ou une rééducation spécifique peut être utile si le problème persiste.

Faire trouver quelques mots contenant les lettres CH puis S, les noter au tableau : *château, machine, vachette, mouche, sapin, serpent, escalier, samedi…*
Inviter les élèves à ouvrir leur manuel à la page 36 et faire observer le haut de la page : titre de la séance, images des mots référents qui viennent d'être observés en affichage.
Pour ceux qui ont utilisé la méthode Piano au CP, on peut faire retrouver les phrases mnémotechniques associées aux dessins référents :
- **CH** : « Le chat orange chatouille le chien. » (déjà vu séance précédente)
- **S** : « Le serpent vert siffle sur le sable. »

2 Exercice 1 : Je lis des syllabes / fluence (5 min)

Le procédé est toujours le même pour la lecture de ces syllabes.
Fluence : avec les syllabes (*cf.* Fiche de préparation sur la fluence, p. 191 de ce guide).

1 Je lis des syllabes.

sa	os	sé	sur	chè	choi	chau	chin
chal	soir	saco	chiru	sati	rechu	sura	
chasu	asso	mous	insta	chapi	sécha		

3 Exercice 2 : Je lis des syllabes et des mots (10 min)

Procéder comme d'habitude. Exemples de mots ayant la même syllabe :
- *cha* ➜ *château, pacha, chatouille*
- *chou* ➜ *choucroute, chouchou, chouette*
- *chée* ➜ *tranchée, trachée, nichée*
- *chi* ➜ *chinois, hachis, chiffon*
- *chon* ➜ *bouchon, capuchon, polochon*
- *chau* ➜ *chauffer, chaussure, chaudière*
- *sa* ➜ *salé, sablé, salon*
- *sé* ➜ *série, séjour, sévère*
- *sur* ➜ *survie, surgir, surgelé*
- *sou* ➜ *sourire, soucoupe, souplesse*
- *se* ➜ *danse, seconde, secouer*
- *sau* ➜ *saucisse, sauvé, sauna*

2 Je lis des syllabes et des mots.

cha → chaton	chou → chouchou	chée → bouchée
chi → blanchi	chon → cochon	chau → chaudron
sa → sachet	sé → séchoir	sur → surpris
sou → souris	se → secours	sau → sauter

4 Exercice 3 : Je lis des mots (10 min)

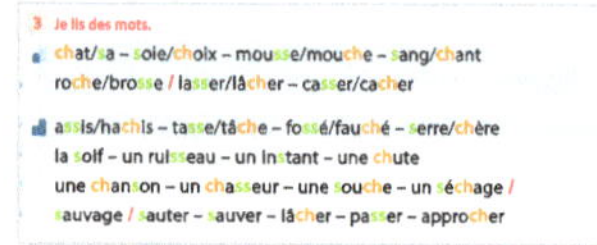

3 Je lis des mots.
chat/sa – soie/choix – mousse/mouche – sang/chant
roche/brosse / lasser/lâcher – casser/cacher
assis/hachis – tasse/tâche – fossé/fauché – serre/chère
la soif – un ruisseau – un instant – une chute
une chanson – un chasseur – une souche – un séchage /
sauvage / sauter – sauver – lâcher – passer – approcher

Procéder comme d'habitude. Vérifier que les élèves comprennent les mots lus et donner éventuellement quelques définitions : *soie (= tissu léger), lasser (= ennuyer, fatiguer), hachis (plat à base de viande finement hachée), fauché (= ruiné / coupé, en parlant de l'herbe), serre (= abri pour protéger des plantes), souche (= ce qui reste du tronc coupé).*
Fluence : passer au chronométrage des mots (*cf.* Fiches de préparation sur la fluence, p. 191).

5 Exercice 4 : Je découvre des mots du texte (5 min)

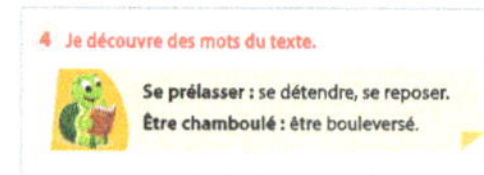

4 Je découvre des mots du texte.
Se prélasser : se détendre, se reposer.
Être chamboulé : être bouleversé.

Inviter des élèves volontaires à lire les définitions, s'assurer que toute la classe a compris. Faire utiliser les mots dans une petite phrase, par exemple :
– *Je me prélasse dans mon hamac sur la terrasse.*
– *Pierre est chamboulé par le film qu'il vient de voir !*

6 Les mots à retenir (5 min)

Même démarche. Exemple de phrases avec les mots : *Le bébé a fait tomber sa tétine sous le canapé, sa maman ne la voit pas ! Depuis qu'il a déménagé cet élève est souvent en retard, il se perd encore dans les rues de la ville.*

Fichier de différenciation, exercices 1 à 7, p. 32-33 (pour le déroulement, voir Les fiches de préparation du fichier de différenciation, Séquence type « Les confusions », p. 177).

Séance 2 Lecture et fluence

Durée : 45 min
Matériel :
– Manuel p. 37-38
– Panneaux référents CP : CH, S
– Tableau de fluence pour les textes

Organisation :
– Groupe classe : introduction, rebrassage de la notion
– Ateliers différenciés, si nécessaire, en lecture et en fluence

Déroulement de la séance

1 Rappel de la séance précédente (5 min)

Même démarche.

Attention : le numéro de la page 37 n'apparait pas, il est caché par un dessin. Il est possible de faire réfléchir les élèves sur la manière de trouver cette page : avec la page d'avant, la page d'après…

2 Exercice 5 : Choix du niveau de lecture et lecture silencieuse (15 min)

Présenter les niveaux de lecture et inviter les élèves à choisir leur texte. Une fois la répartition des textes effectuée, passer à la lecture silencieuse.

3 Échange collectif sur les mots difficiles (10 min)

Demander aux élèves s'ils connaissent le type de texte lu. Les inviter à donner des titres de contes qu'ils connaissent et définir ce genre avec eux : un conte est une histoire qui se racontait autrefois oralement. Les contes se sont transmis de génération en génération. Aujourd'hui, ils sont devenus des textes connus que l'on trouve dans des livres ou des albums. En général, le conte est une histoire courte, imaginaire, merveilleuse qui transmet une morale, qui instruit, qui tente d'expliquer des éléments de la nature, etc.
« Quel est le titre de ce conte ? » ➜ « Le chat sauvage et la souris ».
Vérifier que les élèves n'ont pas eu de difficulté à déchiffrer ou à comprendre des mots. Si les élèves semblent tout avoir compris, demander les définitions des mots suivants :
« Que veut dire le mot/verbe **chuter** dans la phrase : "Elle a soif, se penche pour boire et chute dans l'eau" ? »
« Que veut dire le mot/verbe **capturer** dans la phrase : "… Il va les capturer tous les deux…" ? »

« Que veut dire **boire la tasse** dans la phrase : "Elle boit la tasse, elle va se noyer !" ? »
« Que veut dire le mot/verbe **saisir** dans la phrase : "La souris la saisit." ? »
« Que veut dire le mot/nom **morsure** dans la phrase : "Surpris par la morsure, l'homme s'enfuit…" ? »
« Que veut dire le mot/verbe **étancher** dans la phrase : "… Elle s'approche de l'eau, se penche pour étancher sa soif…" ? »
« Que veut dire le mot/nom **noyade** dans la phrase : "… elle échappe à la noyade !" ? »
Si les élèves ne trouvent pas, donner une définition des mots et les remplace par des synonymes dans la phrase. Par exemple : *Elle a soif, se penche pour boire et tombe dans l'eau ; Il va les attraper tous les deux ; Elle a avalé de l'eau de travers et s'étouffe, elle va se noyer ; La souris la prend, l'attrape ; Surpris par le fait que la souris l'ait mordu, l'homme s'enfuit ; Elle échappe à la mort dans l'eau.*
Prolongement : Proposer une recherche dans le dictionnaire. Faire la recherche et lire la/les définition(s).

4 Lecture orale du texte (5 min)

Inviter les élèves qui le souhaitent à lire leur texte à haute voix. Valoriser les lectures et aider ceux et celles qui ont du mal ou qui butent sur un mot. La lecture doit être un moment de plaisir.

5 Fluence : chronométrage en atelier (10 min)

(Pour les modalités, *cf.* Fiche préparation sur la fluence, p. 191.)

Séance 3 Compréhension

Durée : 45 min
Matériel :
– Manuel p. 39
– Fichier de différenciation (p. 34)

Organisation :
– Groupe classe : introduction, découverte, rebrassage de la notion
– Temps individuels selon la demande des élèves
– Ateliers différenciés, si nécessaire

Déroulement de la séance

1 Rappel de la séance précédente (5 min)

Même démarche.

2 Exercice 6 : Je comprends le texte (10 min)

6 Je comprends le texte.
- Pourquoi la souris tombe-t-elle à l'eau ?
- Pourquoi le chat sauvage sauve-t-il la souris ? Que pense-t-il alors ?
- Pourquoi la souris est-elle « déboussolée » ?
- Que pense-t-elle quand elle voit le chat tout près d'elle ?
- Que voulait faire le chasseur ?
- Quelle est la morale de cette histoire ?

Demander les réponses à toute la classe. Exemple :
➜ La souris tombe à l'eau parce qu'elle a voulu boire et qu'elle a glissé.
➜ Le chat sauve la souris pour la manger. Il pense qu'il va s'en faire un festin !
➜ La souris est « déboussolée » parce qu'elle ne sait pas nager.
➜ Elle pense qu'il va la manger et ne faire d'elle qu'une bouchée.
➜ Le chasseur voulait capturer le chat et la souris.
➜ « La taille ne fait pas le courage ! » Autrement dit, un grand et costaud ne sera pas forcément plus fort ou victorieux qu'un plus petit et faible…

3 Exercice 7 : Je choisis la phrase qui résume le texte (5 min)

7 Je choisis la phrase qui résume le texte.
1. Une souris est sauvée par un chat sauvage si gentil qu'ils deviennent amis.
2. Un chat sauvage sauve une souris pour la manger, mais c'est finalement la souris qui lui sauve la vie.
3. Une souris va être mangée par un chat sauvage, mais un chasseur délivre la souris.

La démarche est la même que précédemment. La phrase réponse est la n° 2 : « *Un chat sauvage sauve une souris pour la manger, mais c'est finalement la souris qui lui sauve la vie.* ».

4 Je lis très vite (5 min)

Pour rappel, cette activité de virelangue doit être un moment de plaisir. Il faut lire la phrase sans hésiter, sans confusion et en essayant de la lire vite.

5 Prolongements

• Faire rechercher d'autres contes, les lire.

- Faire rechercher des morales de contes.
- Faire rechercher, dans une partie du texte, les mots contenant des CH et des S et les faire écrire.
- Mêmes prolongements que précédemment : dictée, copie.

Fichier de différenciation, exercices 8 à 11, p. 34 (pour le déroulement, voir Les fiches de préparation du fichier de différenciation, Séquence type « Les confusions », p. 177).

Séance 4 Production d'écrits

Durée : 45 min
Matériel :
- Manuel p. 39
- Cahier d'essai
- Cahier de productions d'écrits

Organisation :
- Groupe classe : introduction
- Temps individuels pour le passage à l'écrit
- Ateliers différenciés, si nécessaire, pour un groupe en difficulté, avec l'aide de l'enseignant·e

Déroulement de la séance

1 Rappel de la séance précédente (5 min)

Faire rappeler les sons et lettres étudiés, le titre du conte et la phrase résumé : *Un chat sauvage sauve une souris pour la manger, mais c'est finalement la souris qui lui sauve la vie.*
Puis introduire la séance de production d'écrits.

2 Exercice 8 : Consignes d'écriture et recherches collectives (20 min)

Lecture de la consigne : « Imagine ce que pourrait dire la souris si, à la fin du texte, le chat était capturé par le chasseur. »

Trame et structure narrative :
« Comment se construit un conte ? » ➜ Un conte se construit souvent en 5 étapes :
1. une situation de départ,
2. un problème,
3. des aventures,
4. la résolution du problème,
5. la fin du conte.

« Qui sont les personnages de notre conte ? » ➜ La souris, le chat et le chasseur.
« Dans quel lieu se passe-t-il ? » ➜ Au bord d'une rivière.
Reprendre les étapes de la narration en posant les questions suivantes, et reproduire le tableau ci-dessous en le remplissant au fur à mesure des réponses des élèves :
« Quelle est la situation de départ ? » ➜ *cf.* étape 1.
« Quel est le problème ? » ➜ *cf.* étape 2.
« Que se passe-t-il ? » ➜ *cf.* étape 3.
« Comment se résout le problème ? » ➜ *cf.* étape 4.
« Quelle est la fin de l'histoire ? » ➜ *cf.* étape 5.

Étape 1	Étape 2	Étape 3	Étape 4	Étape 5
La souris tombe à l'eau et va se noyer.	Un chat passe par là, il va sauver la souris pour la manger. Soit la souris se noie, soit elle est mangée par le chat.	Un chasseur arrive ! Il va capturer les deux animaux.	La souris mord le chasseur, le chat s'enfuit et le chasseur aussi.	La souris s'est sauvée toute seule et a sauvé le chat. Morale : La taille ne fait pas le courage.

« Pour notre production d'écrits, quelles étapes devons-nous changer ? » ➜ Nous devons changer la résolution du problème, l'étape 4, et la fin du conte, l'étape 5.
« Si nous reprenons la lecture du niveau 1, juste avant le dernier paragraphe, que faut-il modifier ? »
➜ La souris ne mord pas le chasseur.
« Que fait alors la souris ? Que fait le chasseur ? Que dit la souris ? »

Il est possible de reprendre le tableau et de noter des propositions pour les étapes 4 et 5 :

Étape 1	Étape 2	Étape 3	Étape 4	Étape 5
La souris tombe à l'eau et va se noyer	Un chat va sauver la souris pour la manger. Soit la souris se noie, soit elle est mangée par le chat.	Un chasseur arrive ! Il va capturer les deux animaux.	**La souris se cache, court, s'enfuit. Elle a peur et s'éloigne… Le chasseur capture le chat et s'en va.**	**La souris dit : « J'ai eu de la chance, j'ai été sauvée deux fois. » « J'aurai dû faire quelque chose pour sauver le chat. » Elle s'en va sans rien dire parce qu'elle a eu très peur…**

Vocabulaire :
– Noms et adjectifs : *prisonnier, peur, cachette, effrayée, sauvée, heureuse, triste, content…*
– Verbes : *se cacher, courir, s'enfuir, attraper, sauver, attraper…*
– Connecteurs : *tout à coup, alors, soudain, hélas, puis, en fait, pendant ce temps, donc, au même moment, un instant plus tard, enfin, finalement, pourtant, aussitôt, bientôt, d'ailleurs, maintenant…*

3 Premier jet (10 min)

« Vous allez prendre vos cahiers d'essai et vous allez essayer d'écrire la fin du conte en utilisant le tableau et les mots de vocabulaire que nous avons trouvés… »

4 Correction et finalisation (10 min)

Même procédure. Exemple de réalisation :
Le chasseur attrape le chat dans son filet. La petite souris, qui a vu le chasseur arriver, s'est cachée derrière une grosse pierre. Le chasseur, heureux, s'en va en emportant sa proie. La souris a eu très peur ! Elle se dit qu'elle a bien de la chance aujourd'hui ! Et, toute fière, elle raconte à toutes ses amies : « Je suis invincible, j'ai échappé à un gros chat qui voulait me manger et à un chasseur qui voulait me capturer ! »

5 Prolongements

• Découvrir différents types de contes, par exemple :
– Les contes traditionnels (*Le Petit Poucet, Le Petit Chaperon rouge…*).
– Les contes merveilleux.
– Les contes à ritournelle.
– Les contes des pays du monde.
Il existe des collections qui sont de très bons supports et regroupent les contes par thématique : c'est le cas des « Contes gourmands » ou « Les plus beaux contes de conteurs » ou encore « Paroles de conteurs » chez Syros (*La Chachatatutu et le phénix, Le Loukoum à la pistache, Le Grain de riz, Le Singe et le crocodile, Jack et la sorcière de mer, Mariama, etc.*).
• Écrire un conte collectif (en dictée à l'adulte).

Semaine 12 — Je ne confonds pas c et g

Séance 1 — Le code

Durée : 45 min
Matériel :
– Manuel p. 40-41
– Panneaux référents CP : C, G
– Affiche des mots à retenir et/ou flashcards
– Tableau de fluence pour les syllabes et les mots
– Fichier de différenciation (p. 35-36)

Organisation :
– Groupe classe : introduction, découverte, rebrassage de la notion
– Temps individuels selon le besoin des élèves
– Ateliers différenciés, si nécessaire

Déroulement de la séance

1 Introduction (5 min)

Afficher les panneaux référents C et G (identiques au CP).
Faire nommer les lettres C et G, puis les dessins référents, le cochon et le garçon.
Faire trouver quelques mots contenant les lettres C et G et les noter au tableau : *cave, coton, cumin, curiosité, catastrophe, communication, gare, gomme, aigu, gabarit, escargot, ambigu…*
Inviter les élèves à ouvrir leur manuel à la page 40 et faire observer le haut de la page : titre de la séance, images des mots référents qui viennent d'être observés en affichage.
Pour ceux qui ont utilisé la méthode Piano au CP, on peut faire retrouver les phrases mnémotechniques associées aux dessins référents :
– **C** : « Le coq dit "cocorico" au cochon rose. »
– **G** : « Le garçon regarde ses gants gris. »
On abordera en rappel les sons du [c] et du [g] avec toutes les voyelles pour mettre en évidence le C qui fait [k] et le G qui fait [g] :
– le C qui fait le son [k] avec les voyelles A, U et O alors qu'il fait [s] avec les voyelles I, Y et E ;
– le G qui fait le son [g] avec les voyelles A, U et O alors qu'il fait [j] avec les voyelles I, Y et E.
On insistera particulièrement sur les sons [k] et [g], objets de la séquence.

2 Exercice 1 : Je lis des syllabes (5 min)

1 Je lis des syllabes.

ac	cor	cou	gon	gan	gai	gué	
gue	cri	gré	gol	gal	cla	creu	éco
écli	gain	agri	écla	galo	crépu	réga	

Le procédé est toujours le même pour la lecture de ces syllabes.
Fluence : Réaliser les exercices de fluence avec les syllabes (*cf.* Fiche de préparation sur la fluence, p. 191 de ce guide).

3 Exercice 2 : Je lis des syllabes et des mots (10 min)

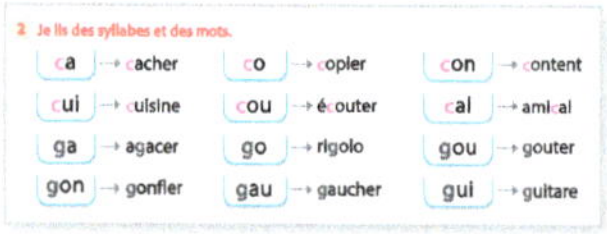

2 Je lis des syllabes et des mots.

ca → cacher	co → copier	con → content
cui → cuisine	cou → écouter	cal → amical
ga → agacer	go → rigolo	gou → gouter
gon → gonfler	gau → gaucher	gui → guitare

Même démarche. Exemples de mots trouvés à partir des syllabes du manuel :

– *ca* ➜ *câlin, cacahouète, décaler*
– *co* ➜ *copain, décollage, décodeur*
– *con* ➜ *contour, convoi, balcon*
– *cui* ➜ *circuit, biscuit, cuillère*
– *cou* ➜ *courage, couverture, découvrir*
– *cal* ➜ *bocal, calcul, médical*
– *ga* ➜ *garage, dégager, gâcher*
– *go* ➜ *lingot, gigot, rigoler*
– *gou* ➜ *goudron, égout, dégouter*
– *gon* ➜ *lagon, wagon, gondole*
– *gau* ➜ *gaufre, gaulois, égaux*
– *gui* ➜ *guidon, guichet, déguisé*

4 Exercice 3 : Je lis des mots / fluence (10 min)

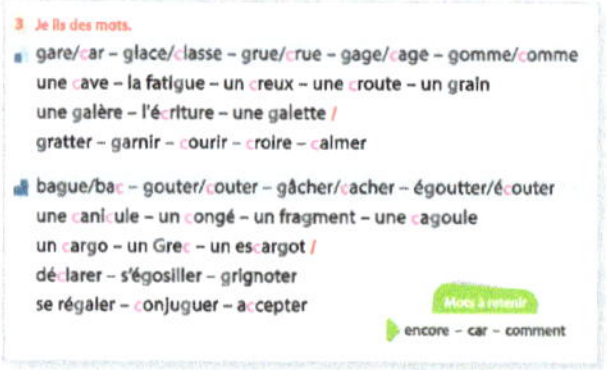

3 Je lis des mots.

gare/car – glace/classe – grue/crue – gage/cage – gomme/comme
une cave – la fatigue – un creux – une croute – un grain
une galère – l'écriture – une galette /
gratter – garnir – courir – croire – calmer

bague/bac – gouter/couter – gâcher/cacher – égoutter/écouter
une canicule – un congé – un fragment – une cagoule
un cargo – un Grec – un escargot /
déclarer – s'égosiller – grignoter
se régaler – conjuguer – accepter

Mots à retenir
encore – car – comment

Procéder de la même manière que précédemment.
Vérifier que les élèves comprennent les mots lus et donner éventuellement quelques définitions : *crue (= débordement d'un cours d'eau), gage (= sanction envers le perdant d'un jeu / objet de valeur servant de garantie), garnir (= remplir), bac (= grand récipient ou bassine / sorte de bateau), canicule (= très forte chaleur), fragment (= morceau), cargo (= gros bateau de transport)…*
Fluence : passer au chronométrage des mots (*cf.* Fiches de préparation sur la fluence, p. 191).

5 Exercice 4 : Je découvre des mots du texte (5 min)

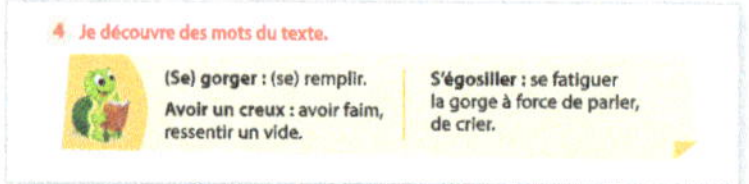

4 Je découvre des mots du texte.

(Se) gorger : (se) remplir.
Avoir un creux : avoir faim, ressentir un vide.
S'égosiller : se fatiguer la gorge à force de parler, de crier.

Inviter des élèves volontaires à lire les définitions, s'assurer que toute la classe a compris. Faire utiliser les mots dans une petite phrase.
Exemples :
– *Avec cette pluie, la terre se gorge d'eau.*
– *Ce matin, à la récréation, j'ai eu un petit creux, alors j'ai mangé un gâteau.*
– *Le gardien du parc s'égosille pour demander le silence aux enfants.*

6 Les mots à retenir (5 min)

Même démarche. Exemples de phrases avec mots à retenir : *Il a encore oublié de prendre les clés de la maison, et il se retrouve pour la troisième fois devant la maison à attendre que je rentre !*

Il ne rentrera pas chez lui car il a oublié ses clés ! Comment veux-tu que je te fasse confiance si tu oublies toujours tes clés ?

Fichier de différenciation, exercices 1 à 7, p. 35-36 (pour le déroulement, voir Les fiches de préparation du fichier de différenciation, Séquence type « Les confusions », p. 177).

Séance 2 Lecture et fluence

Durée : 45 min
Matériel :
– Manuel p. 41-43
– Panneaux référents CP : C, G
– Tableau de fluence pour les textes

Organisation :
– Groupe classe : introduction, rebrassage de la notion
– Ateliers différenciés, si nécessaire, en lecture et en fluence

Déroulement de la séance

1 Rappel de la séance précédente (5 min)

Procéder comme précédemment.

2 Exercice 5 : Choix du niveau de lecture et lecture silencieuse (15 min)

Même consigne que précédemment. Une fois la répartition des textes effectuée, passer à la lecture silencieuse.

3 Échange collectif sur le genre du texte et les mots difficiles (10 min)

Demander aux élèves s'ils connaissent le type de texte lu, les inviter à citer des fables et définir avec eux le genre de la fable : une fable est une histoire courte, imaginaire, en vers ou en prose qui a pour but d'illustrer une morale. Elle met souvent en scène des animaux.
« Quel est le titre de cette fable ? » ➜ « La Cigale et la fourmi ».
« Vous avez peut-être remarqué que la consigne nous parle d'une adaptation et que ce n'était pas la fable que nous connaissons de Jean de La Fontaine, mais que c'était une adaptation. Qui peut me dire ce qu'est "l'adaptation d'une fable" ? » ➜ L'adaptation d'une œuvre est la transformation de la forme de cette œuvre en en gardant le sens. Ici, c'est donc la même histoire que la fable de Jean de La Fontaine, mais écrite différemment, avec d'autres mots, sans les vers (les rimes) et de manière plus moderne.
Si les élèves semblent tout avoir compris, demander les définitions des mots suivants :
Niveau 1 :
« Que veut dire le mot/verbe **grignoter** dans la phrase "J'ai un petit creux, je n'ai rien à grignoter." ? »
« Que veut dire le mot/nom **canicule** dans la phrase "Pendant la canicule, toi, tu grattais ta guitare…" ? »
Niveau 2 :
« Que veut dire le mot/verbe **garnir** dans la phrase "Je garnissais mon garde-manger" ? »
« Que veut dire le mot/nom **gagne-pain** dans la phrase "Ce sera ton gagne-pain !" ? »
Niveau 3 :
« Que veulent dire les mots/noms **aurore/crépuscule** dans la phrase "La cigale joue de la guitare et s'égosille de l'aurore au crépuscule." ? »
« Que veut dire le mot/nom **calamité** dans la phrase "Quelle calamité !" ? »
« Que veut dire le mot/verbe **roucouler** dans la phrase "Tu grattais ta guitare et tu chantais, tu roucoulais" ? »
Faire remplacer les mots définis par des synonymes dans la phrase. Exemples :
J'ai un petit creux, je n'ai rien à manger… (à me mettre sous la dent !) ; Pendant les grosses chaleurs de l'été, toi tu grattais ta guitare… ; Je remplissais mon garde-manger… ; Ce sera ton salaire ! ; La cigale joue de la guitare et s'égosille du matin au soir ; Quelle catastrophe ; Tu grattais ta guitare et tu chantais, tu flirtais (tu cherchais un compagnon) ?
Prolongement : Recherche dans le dictionnaire.

4 Lecture orale du texte (5 min)

Inviter les élèves qui le souhaitent à lire leur texte à haute voix. Ne pas oublier de valoriser les lectures et aider ceux et celles qui ont du mal. La lecture doit être un moment de plaisir.

5 Fluence : chronométrage en atelier (10 min)

« Nous allons maintenant faire un exercice de lecture rapide. Vous allez lire le texte du niveau que vous avez choisi, et nous allons chronométrer votre lecture. »

(Pour les modalités, *cf.* Fiche préparation sur la fluence, p. 191.)

Séance 3 Compréhension

Durée : 45 min
Matériel :
– Manuel p. 43
– Fichier de différenciation (p. 37)

Organisation :
– Groupe classe : introduction, rebrassage de la notion
– Temps individuels selon la demande des élèves
– Ateliers différenciés, si nécessaire

Déroulement de la séance

1 Rappel de la séance précédente (5 min)

Même démarche.

2 Exercice 6 : Je comprends le texte (10 min)

6 Je comprends le texte.
- Que fait la cigale en été ? Que fait la fourmi en été ?
- Que se passe-t-il, en hiver, pour la cigale ?
- Que demande la cigale à la fourmi ?
- Que pense la fourmi de la cigale ? A-t-elle envie de l'aider ?

Demander les réponses à toute la classe. Exemple :

➜ En été, la cigale gratte sa guitare et chante alors que la fourmi remplit son garde-manger.
➜ En hiver, la cigale n'a plus rien à manger.
➜ La cigale demande à la fourmi de lui donner quelques grains à manger.
➜ La fourmi pense que la cigale est paresseuse (qu'elle n'est pas travailleuse !) mais elle accepte de l'aider à condition qu'elle travaille (en donnant des concerts).

3 Exercice 7 : Je choisis la phrase qui résume le texte (5 min)

7 Je choisis la phrase qui résume le texte.
1. La cigale a faim, elle cherche du travail chez la fourmi.
2. La cigale, après avoir chanté tout l'été, doit travailler pour pouvoir manger.
3. La fourmi aide la cigale et lui propose de partager son grain.

La démarche est la même que précédemment. La phrase réponse est la n° 2.

4 Je lis très vite (5 min)

Pour rappel, cette activité de virelangue doit être un moment de plaisir. Il faut lire la phrase sans hésiter, sans confusion et en essayant de la lire vite.

5 Prolongements

- Faire découvrir la fable de Jean de La Fontaine : « La Cigale et la fourmi ».
- Faire une étude comparative des deux fables.
- Rechercher d'autres fables contenant des morales.
- Faire rechercher, dans une partie du texte, les mots contenant des C et des G (les faire écrire).
- Mêmes prolongements que précédemment : dictée, copie.

Fichier de différenciation, exercices 8 à 11, p. 37 (pour le déroulement, voir Les fiches de préparation du fichier de différenciation, Séquence type « Les confusions », p. 177).

Séance 4 Production d'écrits

Durée : 45 min
Matériel :
- Manuel p. 43
- Cahier d'essai
- Cahier de productions d'écrits
- Les textes du manuel (3 niveaux) pour le travail de surlignage
- Facultatif : les 3 versions de « La Cigale et la fourmi » (La Fontaine, Ésope, celle du manuel)

Organisation :
- Groupe classe : introduction
- Temps individuels pour le passage à l'écrit
- Ateliers différenciés, si nécessaire, pour un groupe en difficulté, avec l'aide de l'enseignant·e

Déroulement de la séance

1 Rappel de la séance précédente (5 min)

Rappel de la séance précédente : sons et lettres C et G, la fable et la phrase résumé : *La cigale, après avoir chanté tout l'été, doit travailler pour pouvoir manger.*
Puis introduire la séance de production d'écrits.

2 Exercice 8 : Consignes d'écriture et recherches collectives (20 min)

Lecture de la consigne : « Écris deux phrases : une qui caractérise la cigale et l'autre qui caractérise la fourmi. Justifie en utilisant *car*. »

Trame :
« Pour trouver les caractéristiques de la cigale et de la fourmi, où peut-on chercher ? » ➜ On cherche dans le texte du manuel.
Il est possible de faire travailler les élèves sur un seul niveau ou sur les niveaux qu'ils ont lus individuellement.
On peut faire surligner de deux couleurs différentes, directement dans les textes, les phrases qui donnent des caractéristiques sur la cigale (vert) et sur la fourmi (bleu), comme indiqué ci-dessous (textes proposés en annexe pour faciliter le surlignage) :

Niveau 1	Niveau 2	Niveau 3
Pendant l'été, la cigale joue de la guitare et s'égosille du matin au soir. La fourmi, elle, gorge de grains sa cave. L'hiver venu, la fourmi se repose. La cigale, elle, a faim. Elle cherche quelque chose à manger. Elle demande à la fourmi : « J'ai un petit creux et je n'ai rien à grignoter. Peux-tu me donner un peu de ton grain ? - Comment ? Pendant la canicule, toi, tu grattais ta guitare et tu chantais encore et encore ! dit la fourmi, un peu agacée. Moi, je garnissais mon garde-manger. Mais je veux bien t'aider, car tu grattes bien la guitare. Si tu acceptes de jouer pour mes copines, mon grain sera le tien ! » Alors, tout l'hiver, la cigale donne des concerts… et se régale !	Pendant l'été, la cigale joue de la guitare et s'égosille du matin au soir. La fourmi, elle, gorge de grains sa cave. Quand arrive le froid glacial de l'hiver, la fourmi peut se reposer. Ses vacances sont bien méritées. La cigale, elle, se déclare fatiguée, elle grelotte et elle a faim. Pour tenter d'avoir quelque chose à manger, elle part à la rencontre de la fourmi. « Chère fourmi, j'ai un petit creux et je n'ai rien à grignoter, peux-tu me donner un peu de ton grain ? - Comment ? Qu'as-tu fait, cet été ? demande la fourmi. - Cet été, j'étais très occupée ! déclare la cigale. - Hum hum ! Tu grattais ta guitare et tu chantais encore et encore pendant que moi, je garnissais mon garde-manger… dit la fourmi, un peu agacée. Mais je veux bien t'aider, car tu es une bonne guitariste. Si tu acceptes de jouer pour mes copines, mon grain sera le tien. Ce sera ton gagne-pain ! » Alors, tout l'hiver, la cigale donne des concerts… et se régale !	Pendant un été de canicule, la cigale joue de la guitare et s'égosille de l'aurore au crépuscule. La fourmi, elle, s'organise : avec beaucoup de courage, elle gorge sa cave de caisses de grains. Quand arrive le froid glacial de l'hiver, la fourmi peut se reposer et profiter de ses réserves. Ses vacances sont bien méritées. La cigale, elle, se déclare fort fatiguée. Elle grelotte et elle a faim. Pour tenter d'avoir quelque chose à manger, elle enfile sa cagoule et part à la rencontre de la fourmi. À son arrivée chez la fourmi, celle-ci goute un délicieux grain de courge. « Chère fourmi, c'est une catastrophe… Je n'ai rien à grignoter depuis la canicule et j'ai un petit creux. Combien as-tu de grains dans ton garde-manger ? Peux-tu m'en donner quelques-uns ? - Comment ? Tu n'as rien à manger ? Quelle calamité ! Mais dis-moi, qu'as-tu fait, cet été ? - Cet été, j'étais très occupée à jouer encore et encore de la guitare et à chanter ! répond la cigale. La fourmi la regarde et lui dit : - Tu grattais ta guitare et tu chantais, tu roucoulais ? Moi, pendant ce temps, je garnissais mon garde-manger… dit la fourmi, un peu agacée. Mais je veux bien t'aider, car tu es une bonne guitariste. Si tu acceptes de jouer pour mes copines, je te donnerai quelques grains. Ce sera ton gagne-pain ! » Alors, tout l'hiver, la cigale donne des concerts… et déguste les meilleurs grains !

Vocabulaire : Après avoir fait surligner les phrases, chercher des mots de vocabulaire au tableau pour définir les caractéristiques de la cigale et de la fourmi.
« Que nous disent les phrases surlignées ? Nous allons les écrire au tableau pour que vous puissiez vous en servir pour trouver des caractéristiques. »
Exemples : *La cigale joue de la guitare et s'égosille du matin au soir.* ➜ *La cigale est joueuse.*
Elle gorge de grains sa cave. ➜ *La fourmi est travailleuse.*
La cigale :
➜ Elle est joueuse, elle profite de la vie, elle prend du bon temps.
➜ Elle n'est pas raisonnable.
➜ Elle est dépourvue, pauvre, misérable.
➜ Elle mendie.
➜ Elle subit.
➜ Elle est chanceuse.
➜ Elle profite.
La fourmi :
➜ Elle est travailleuse, elle est courageuse.
➜ Elle est organisée.
➜ Elle est prévoyante.
➜ Elle est réfléchie.
➜ Elle est compréhensive.

3 Premier jet (10 min)

« Vous allez prendre vos cahiers d'essai et vous allez essayer d'écrire le portrait des deux personnages en utilisant le tableau et les mots de vocabulaire que nous avons trouvés… »

4 Correction et finalisation (10 min)

Passer voir les élèves à tour de rôle. Si l'élève n'a pas compris, prendre le temps de le guider et de l'aider ou de le faire aider par un·e camarade.

Exemple :
*La **fourmi** est travailleuse car elle gorge son garde-manger pendant l'été.*
La fourmi est courageuse car elle travaille tout l'été.
La fourmi est compréhensive car elle aide la cigale et lui propose du travail contre son grain.
*La **cigale** est joueuse car elle passe tout l'été à jouer de la guitare et à chanter.*
La cigale n'est pas raisonnable car elle n'a rien prévu pour l'hiver.
La cigale est misérable car elle n'a rien à manger pendant l'hiver et doit mendier.
La cigale est chanceuse car la fourmi s'occupe d'elle.

5 Prolongements

Préparer et distribuer les trois textes de « La Cigale et la fourmi » fournis en annexe :
- « La Cigale et la fourmi », Jean de La Fontaine ;
- « La Cigale et la fourmi », Ésope ;
- « La Cigale et la fourmi », adaptation de Sandrine Monnier-Murariu.

« Nous allons maintenant lire trois versions différentes de cette fable. Je vais vous distribuer ces textes. »
Faire trouver les différences entre les textes, sur la forme comme sur le contenu.
« Lequel préfères-tu ?
Que ferais-tu à la place de la fourmi ? À la place de la cigale ? »

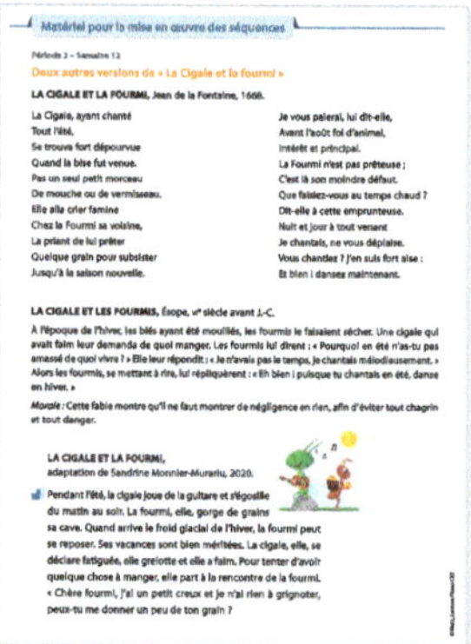
Matériel pour la mise en œuvre des séquences

Période 2 – Semaine 12

Deux autres versions de « La Cigale et la fourmi »

LA CIGALE ET LA FOURMI, Jean de la Fontaine, 1668.

La Cigale, ayant chanté
Tout l'été,
Se trouva fort dépourvue
Quand la bise fut venue.
Pas un seul petit morceau
De mouche ou de vermisseau.
Elle alla crier famine
Chez la Fourmi sa voisine,
La priant de lui prêter
Quelque grain pour subsister
Jusqu'à la saison nouvelle.
Je vous paierai, lui dit-elle,
Avant l'août foi d'animal,
Intérêt et principal.
La Fourmi n'est pas prêteuse ;
C'est là son moindre défaut.
Que faisiez-vous au temps chaud ?
Dit-elle à cette emprunteuse.
Nuit et jour à tout venant
Je chantais, ne vous déplaise.
Vous chantiez ? j'en suis fort aise :
Et bien ! dansez maintenant.

LA CIGALE ET LES FOURMIS, Ésope, VIe siècle avant J.-C.

À l'époque de l'hiver, les blés ayant été mouillés, les fourmis le faisaient sécher. Une cigale qui avait faim leur demanda de quoi manger. Les fourmis lui dirent : « Pourquoi en été n'as-tu pas amassé de quoi vivre ? » Elle leur répondit : « Je n'avais pas le temps, je chantais mélodieusement. » Alors les fourmis, se mettant à rire, lui répliquèrent : « Eh bien ! puisque tu chantais en été, danse en hiver. »

Morale : Cette fable montre qu'il ne faut montrer de négligence en rien, afin d'éviter tout chagrin et tout danger.

LA CIGALE ET LA FOURMI,
adaptation de Sandrine Monnier-Murariu, 2020.

Pendant l'été, la cigale joue de la guitare et s'égosille du matin au soir. La fourmi, elle, gorge de grains sa cave. Quand arrive le froid glacial de l'hiver, la fourmi peut se reposer. Ses vacances sont bien méritées. La cigale, elle, se déclare fatiguée, elle grelotte et elle a faim. Pour tenter d'avoir quelque chose à manger, elle part à la rencontre de la fourmi. « Chère fourmi, j'ai un petit creux et je n'ai rien à grignoter, peux-tu me donner un peu de ton grain ?

Semaine 13 Les doubles consonnes (1) : pr - br - tr - dr - cr - gr - fr - vr

Séance 1 Le code

Durée : 40 min
Matériel :
- Manuel p. 44-45
- Panneaux référents CE1 des doubles consonnes
- Panneau du dessin du bandeau
- Facultatif : piano des consonnes doubles
- Affiche des mots à retenir et/ou flashcards
- Tableau de fluence pour les syllabes et les mots
- Fichier de différenciation (p. 38-40)

Organisation :
- Groupe classe : introduction, découverte, rebrassage de la notion
- Temps individuels selon le besoin des élèves
- Ateliers différenciés, si nécessaire

Déroulement de la séance

1 Introduction (5 min)

Inviter les élèves à ouvrir leur manuel à la page 44 et faire observer le haut de la page : titre de la séance, dessin dans le bandeau. Projeter éventuellement le piano des consonnes doubles pour effectuer un rappel.
Afficher ou projeter le dessin du bandeau de la p. 44. Faire citer les mots contenant les consonnes doubles dans l'image, les noter au tableau : *une chèvre, un pré, un arbre, une branche un dragon, des grosses prunes, des frites…*
« Pouvez-vous trouver une phrase avec tous ces mots pour décrire l'image ? » ➜ La très belle chèvre broute de grosses prunes dans le pré à côté d'un dragon qui croque des frites, assis sur la branche d'un arbre.
Afficher les panneaux référents des doubles consonnes afin de valider ou compléter ce qui a été cité. Faire trouver d'autres mots contenant ces doubles consonnes, les noter au tableau : *travail, premier, cravate, brique, vendredi, grenouille, pauvre, fraise…*

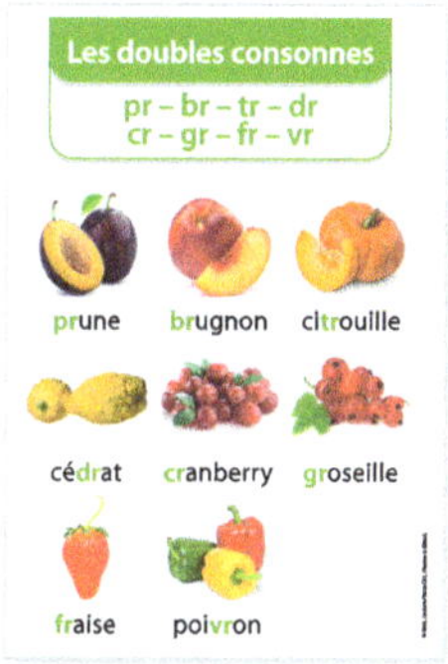

2 Exercice 1 : Je lis des syllabes (5 min)

La démarche est toujours la même pour la lecture de ces syllabes.
Fluence : avec les syllabes (*cf.* Fiche de préparation sur la fluence, p. 191 de ce guide).

1 Je lis des syllabes.

pru	bru	pra	pri	bri	troi	droi	croi
cra	tre	crai	frai	vrai	grin	gran	fri
vre	bra	trai	crin	ogre	affre	froc	grog
fric	ucre	gra	abri	appri	oivre	ivre	

3 Exercice 2 : Je lis des syllabes et des mots (10 min)

Procéder comme d'habitude. Exemples de mots contenant les syllabes du manuel :
- *prin* ➜ *prince, principe, princesse*
- *bru* ➜ *brumeux, brutal, brunir*
- *tron* ➜ *tronc, patron, électron*
- *dra* ➜ *drap, dragée, sparadrap*
- *cré* ➜ *crépon, créer, récréation*
- *gre* ➜ *grenier, grelot, maigrelet*
- *fran* ➜ *frange, français, franchir*
- *vron* ➜ *chevron, nous livrons, nous découvrons*
- *pro* ➜ *propre, reprocher, provoquer*
- *bri* ➜ *débris, briquet, bricolage*
- *gru* ➜ *grue, grutier, grumeau*
- *fri* ➜ *frisé, frimer, Africain*

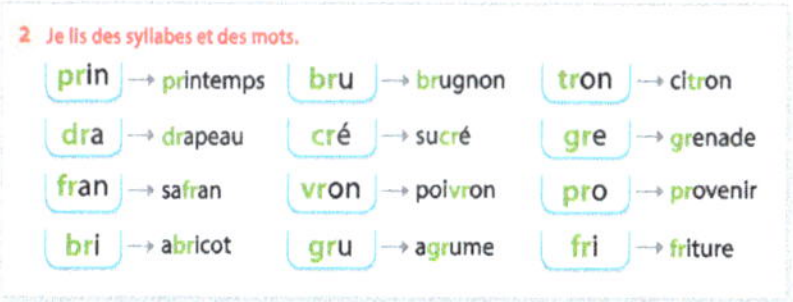
2 Je lis des syllabes et des mots.

prin → printemps	bru → brugnon	tron → citron
dra → drapeau	cré → sucré	gre → grenade
fran → safran	vron → poivron	pro → provenir
bri → abricot	gru → agrume	fri → friture

4 Exercice 3 : Je lis des mots / fluence (10 min)

Procéder comme d'habitude. Vérifier que les élèves comprennent les mots lus et donner éventuellement quelques définitions : *bris (= brisures, restes, débris de matériaux), cran (= entaille d'une pièce mobile / courage), crin (poils drus d'une crinière), frôler (= toucher légèrement).*
Fluence : passer au chronométrage des mots (*cf.* Fiches de préparation sur la fluence, p. 191).

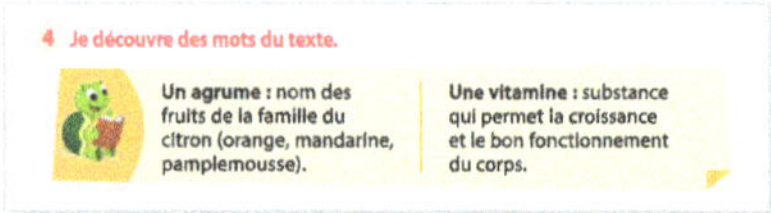
4 Je découvre des mots du texte.

Un agrume : nom des fruits de la famille du citron (orange, mandarine, pamplemousse).

Une vitamine : substance qui permet la croissance et le bon fonctionnement du corps.

5 Exercice 4 : Je découvre des mots du texte (5 min)

Inviter des élèves volontaires à lire les définitions, s'assurer que toute la classe a compris. Faire utiliser les mots dans une petite phrase.
Exemples :
– *Sur le marché, il y avait un étal avec plein d'<u>agrumes</u>.*
– *Il faut prendre des <u>vitamines</u> en hiver pour être en pleine forme !*

6 Les mots à retenir (5 min)

Procéder comme d'habitude. Exemples de phrases : *Fais attention le lait est <u>très</u> chaud, laisse-le refroidir si tu ne veux pas te bruler. Ce petit oiseau est tout <u>près</u> de moi, je pourrais le toucher si je tendais la main.*

Fichier de différenciation, exercices 1 à 7, p. 38-40 (pour le déroulement, voir Les fiches de préparation du fichier de différenciation, Séquence type « Les doubles consonnes », p. 181).

Séance 2 Lecture et fluence

Durée : 45 min
Matériel :
– Manuel p. 45-48
– Panneaux référents CE1 des doubles consonnes (1)
– Tableau de fluence pour les textes

Organisation :
– Groupe classe : introduction, rebrassage de la notion
– Ateliers différenciés, si nécessaire, en lecture et en fluence

Déroulement de la séance

1 Rappel de la séance précédente (5 min)

Même démarche.

2 Exercice 5 : Choix du niveau de lecture et lecture silencieuse (15 min)

Même consigne que précédemment. Une fois la répartition des textes effectuée, passer à la lecture silencieuse

3 Échange collectif sur le genre du texte et les mots difficiles (10 min)

Demander aux élèves s'ils connaissent le type de texte lu. C'est un documentaire, ils connaissent.
« Quel est le titre de ce documentaire ? » ➜ « Manger les fruits de nos régions. »
Vérifier que les élèves n'ont pas eu de difficulté à déchiffrer ou à comprendre des mots. Donner ou demander quelques définitions :
Niveau 1 :
« Que veut dire le mot/nom **cru** dans la phrase "Il faut manger 5 fruits et légumes crus ou cuits par jour." ? »
« Que veut dire le mot/nom **économie** dans la phrase "Mais, pour respecter l'environnement, faire des économies" ? »
« Que veut dire le mot/nom **origine** dans la phrase "Il est important de les choisir selon (…) leur origine géographique." ? »
« Que veut dire le mot/verbe **consommer** dans la phrase "Il faut donc éviter de consommer des fruits qui viennent de loin" ? »
Si les élèves ne trouvent pas, donner une définition des mots et les remplace par des synonymes dans la phrase. *Exemples : Il faut manger 5 fruits et légumes qu'ils soient <u>non cuits</u> ou cuits… ; Mais pour respecter l'environnement, <u>ne pas trop dépenser</u> et… ; L'origine géographique des fruits est <u>le lieu</u> où ils ont été cultivés, où on les a ramassés (de préférence dans ta région) ; Il faut éviter de <u>manger</u> des fruits qui viennent de loin.*
Prolongement : Recherche dans le dictionnaire.

4 Lecture orale du texte (5 min)

Même démarche.

5 Fluence : chronométrage en atelier (10 min)

(Pour les modalités, *cf.* Fiche préparation sur la fluence, p. 191.)

Séance 3 Compréhension

Durée : 45 min
Matériel :
– Manuel p. 48
– Fichier de différenciation (p. 41)

Organisation :
– Groupe classe : introduction, rebrassage de la notion
– Temps individuels selon le besoin des élèves
– Ateliers différenciés, si nécessaire

Déroulement de la séance

1 Rappel de la séance précédente (5 min)

Même démarche.

2 Exercice 6 : Je comprends le texte (10 min)

6 Je comprends le texte.
- Que doit-on manger tous les jours pour avoir la pêche ?
- Pourquoi faut-il éviter d'acheter des fruits venus de loin ?
- Quels sont les fruits qui ont des prix plus justes ?
- À qui vaut-il mieux acheter les produits frais ?
- Où murissent les fruits qui viennent de loin ?
- À quelle période trouve-t-on des agrumes ?
- Quel est le fruit le plus consommé en France ?

Demander les réponses à toute la classe. Exemple :
➜ Nous devons manger 5 fruits et légumes crus ou cuits par jour pour avoir la pêche.
➜ Il faut éviter parce que leur transport est cher et très polluant.
– Quels sont les fruits les moins chers / <u>aux prix les plus justes</u> ? ➜ Il est important de savoir que certains fruits, moins chers, viennent de très loin, il faut donc s'intéresser aux fruits qui viennent de notre région et dont les prix sont plus justes.
➜ Il vaut mieux acheter les produits frais aux producteurs de notre région.
➜ Ils murissent dans les réfrigérateurs des bateaux ou des avions.
➜ On les trouve à la fin de l'hiver (janvier et février).
➜ Le fruit le plus consommé en France est la pomme !

3 Exercice 7 : Je choisis la phrase qui résume le texte (5 min)

7 Je choisis la phrase qui résume le texte.
1. Manger des fruits et des légumes de saison qui proviennent de sa région permet de protéger l'environnement.
2. Il faut manger 5 fruits et légumes par jour pour protéger l'environnement.
3. Les fruits qui proviennent de loin ne sont pas bons, il ne faut pas les consommer.

La démarche est la même que précédemment. La phrase réponse est la n° 1.

4 Je lis très vite (5 min)

Pour rappel, cette activité de virelangue doit être un moment de plaisir. Il faut lire la phrase sans hésiter, sans confusion et en essayant de la lire vite.
À ce stade, cette activité peut également s'effectuer en binôme.

5 Prolongements

• Travailler sur la connaissance des fruits et des légumes ; organiser des activités en vue de préparer une soupe en classe :
– Prévoir une sortie dans un verger pour ramasser des fruits et des légumes.
– Reconnaitre les fruits et les légumes achetés.
– Rechercher d'autres fruits et les classer dans un calendrier de récolte de la classe ; faire de même avec les légumes.
• Faire rechercher, dans une partie du texte, les mots contenant les consonnes doubles étudiées (les faire écrire).
• Mêmes prolongements que précédemment : dictée, copie.

Fichier de différenciation, exercices 8 à 11, p. 41 (pour le déroulement, voir Les fiches de préparation du fichier de différenciation, Séquence type « Les doubles consonnes », p. 181).

Séance 4 Production d'écrits

Durée : 45 min
Matériel :
- Manuel p. 48
- Documentaires sur les fruits et les légumes
- Cahier d'essai
- Cahier de productions d'écrits
- Facultatif : exemple d'affiche sur les pommes

Organisation :
- Groupe classe : introduction, découverte
- Temps individuels pour le passage à l'écrit
- Ateliers différenciés, si nécessaire, pour un groupe en difficulté, avec l'aide de l'enseignant·e

Déroulement de la séance

1 Rappel de la séance précédente (5 min)

Procéder comme d'habitude.

2 Exercice 8 : consignes d'écriture et recherches collectives (20 min)

Lecture de la consigne : « À ton tour, décris en trois phrases un fruit de ton choix. Donne ses caractéristiques : couleur, taille, forme, origine, période, gout… »

Trame :
Pour trouver les caractéristiques d'un fruit : présenter aux élèves des fiches, des livres sur les fruits ; questionner les élèves. Par exemple :
« Quelles sont les caractéristiques d'un fruit ? »
- Sa forme.
- Sa ou ses couleurs en fonction de sa variété ou de sa croissance.
- Sa durée de vie (période de maturation).
- Les lieux (régions, pays…) où on le trouve.
- Son histoire si elle en a une.

Faire choisir trois de ces caractéristiques et faire faire une phrase par caractéristique.

Vocabulaire :
- Couleur : orange, vert, violet, rouge, jaune…
- Aspect : rond, allongé, tachetée…
- Gout : amer, sucré, âpre, acide, acidulé…
- Comestible, sauvage, tendre, mur, juteux, succulent, délicieux, bon…
- Catégorie : fruits à… pépins, coque, noyau ; fruits exotiques, fruits rouges, agrumes.

3 Premier jet (10 min)

« Vous allez prendre vos cahiers d'essai et vous allez essayer d'écrire les trois phrases en utilisant le tableau et les mots de vocabulaire que nous avons trouvés. »

4 Correction et finalisation (10 min)

Passer voir les élèves à tour de rôle. Si l'élève n'a pas compris, prendre le temps de le guider et de l'aider ou de le faire aider par un·e camarade.
Exemple de description :

La pomme est le fruit du pommier, elle est ronde, mais certaines variétés ont des formes particulières.
La pomme est un fruit comestible, elle a gout sucré et acidulé ; on peut la manger crue, cuite ou séchée.
La pomme a traversé les âges, elle est apparue sur terre il y a quatre-vingts millions d'années !

5 Prolongements

• Découvrir des noms de fruits et leurs variétés (vocabulaire). En faire des fiches ou des affichages.
Exemple (poroposé dans les ressources numériques) :

L'arbre de la pomme est un pommier.

Un pommier

Une branche en fleurs

Exemple de variétés de pommes :

Golden

Granny Smith

Pink Lady

• Lors de la semaine du gout, faire des ateliers autour de la pomme :
http://www.etab.ac-caen.fr/apiedu/rpi-cgu/docs/dirRPI-semaine_gout_pomme_copy.pdf
https://www.legout.com/lecon-de-gout-en-classe/

Semaine 14 Révisions

Pour rappel, cette semaine est dédiée aux révisions (*cf.* fin de la période 1, p. 53).
Les jeux « Je révise en m'amusant » sont à la page 49 du manuel, les corrigés sont proposés dans les annexes numériques.

Je révise en m'amusant

Trouve et écris les réponses sur ton cahier.

1. Je mets dans ma valise ou mon panier…

a. … Des mots en d ou t : Il y en a 3 !

b. … Des mots en f ou v : Il y en a 4 !

2. Devinettes

a. On y voit de l'herbe et on peut y cultiver des fruits et des légumes.
b. Elle a six cordes et on la gratte.
c. Elle chante dans le Sud en été.
d. Dans une comptine, si elle est verte, elle court dans l'herbe.
e. La réponse à la devinette précédente est le repas favori de l'animal à trouver.
f. Il donne les jours et les mois de l'année.
g. L'avion, le bateau ou la voiture sont des moyens de … .
h. C'est un ensemble de fruits de la famille du citron.

49

Période 3

Compétences attendues en fin de cycle :
- Savoir discriminer de manière auditive les constituants des mots (conscience phonologique).
- Connaitre le nom des lettres ainsi que le son qu'elles produisent.
- Établir les correspondances graphophonologiques (syllabes simples et complexes).
- Mémoriser les composantes du code.
- Mémoriser les mots fréquents.

Compétence travaillée :
- Identifier des mots de manière de plus en plus aisée.

Objectifs généraux :
- Associer un graphème au son qu'il produit (lien oral/écrit).
- Lire des syllabes, des mots.
- Encoder des mots.
- Améliorer sa vitesse de lecture.

Objectifs spécifiques de chaque séquence :
- Connaitre les valeurs sonores d'une même lettre ou graphie.
- Connaitre les graphies d'un même son.
- Lire des syllabes, des mots contenant ces graphies.
- Lire des textes et les comprendre.
- S'exercer à la lecture rapide.
- Produire des textes en lien avec la séquence.

Durée hebdomadaire : 4 séances de 45 min

Semaine 15 Les doubles consonnes (2) : pl - bl - fl - vl - cl -gl

Séance 1 Le code

Durée : 45 min
Matériel :
– Manuel p. 50
– Panneau référent CE1 des doubles consonnes (2) : avec L
– Panneau du dessin du bandeau
– Facultatif : piano des consonnes doubles
– Affiche des mots à retenir et/ou flashcards
– Tableau de fluence pour les syllabes et les mots
– Fichier de différenciation (p. 42-44)
Organisation :
– Groupe classe : introduction, découverte, rebrassage de la notion

Déroulement de la séance

1 Introduction (10 min)

Les doubles consonnes ont été regroupées par deux de manière à mettre encore en évidence les possibles confusions : *pl/bl* ; *cl/gl* ; *fl/vl*. Il peut être utile de le faire remarquer aux élèves. Le piano des consonnes doubles peut être utilisé dans cette séance.
Manuel ouvert, dessin du bandeau de la p. 50 affiché, faire citer les mots contenant les doubles consonnes dans l'image, les noter au tableau *flocons, cercles, glace, bleus, Vladimir*. Donner ou faire trouver une phrase : « Sous les flocons de neige, Vladimir fait des cercles sur la glace avec ses patins bleus. »

Faire trouver d'autres mots contenant ces doubles consonnes, les noter au tableau : *plage, blague, flaque, place, blanc, aigle…*

Il n'existe presque pas de mots avec VL, si ce n'est l'onomatopée « vlan ! », le prénom Vladimir, ainsi que certains noms étrangers, tels que Pavlov, Vladivostok… Nous nous sommes interrogées sur la pertinence de mettre VL, mais si un élève porte le prénom de Vladimir, il est dommage de se dire qu'on l'a oublié ou qu'il n'y a pas assez de mots pour en parler.

Introduire les exercices 1 à 4.

2 Exercice 1 : Je lis des syllabes / fluence (5 min)

La démarche est toujours la même pour la lecture de ces syllabes.
Fluence : Réaliser les exercices de fluence avec les syllabes (*cf.* Fiche de préparation sur la fluence, p. 191 de ce guide).

3 Exercice 2 : Je lis des syllabes et des mots (10 min)

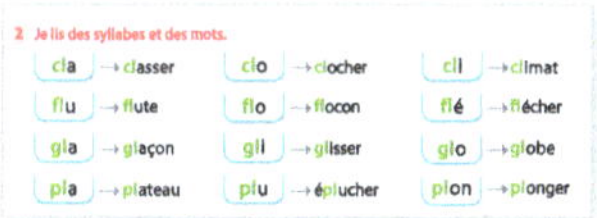

Procéder comme d'habitude. Exemples de mots contenant les syllabes du manuel :

- *cla ➜ classeur, clavier, éclater*
- *clo ➜ clôture, enclos, éclopé*
- *cli ➜ clinique, clignoter, éclipse*
- *flu ➜ joufflu, fluor, éraflure*
- *flo ➜ flotter, Florent, siffloter*
- *flé ➜ dégonflé, réfléchir, soufflé*
- *gla ➜ glacé, réglage, glacière*
- *gli ➜ église, glissade, tagliatelle*
- *glo ➜ glorifier, global, sanglot*
- *pla ➜ aplati, placer, planète*
- *plu ➜ plume, Pluton, plusieurs*
- *plon ➜ plongeoir, plongeur, plongée*

4 Exercice 3 : Je lis des mots / fluence (10 min)

Procéder comme d'habitude. Vérifier que les élèves comprennent les mots lus et donner éventuellement quelques définitions : *cyclone (= tempête violente), plomb (= métal lourd), glaïeul (= fleur ; montrer l'image du manuel p. 51 éventuellement), flexible (= souple), flambeau (= mèche, torche enflammée qui servait à éclairer), contempler (= observer), engloutir (= avaler), avouable (= que l'on peut avouer, dire, exprimer).*
Fluence : passer au chronométrage des mots (*cf.* Fiches de préparation sur la fluence, p. 191).

5 Les mots à retenir (5 min)

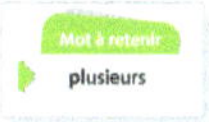

Même procédure que précédemment. Exemple de phrase : *Dans ce panier, j'ai mis <u>plusieurs</u> types de fruits : des oranges, des clémentines et des bananes.*

Fichier de différenciation, exercices 1 à 7, p. 42-44 (pour le déroulement, voir Les fiches de préparation du fichier de différenciation, Séquence type « Les doubles consonnes », p. 181).

Séance 2 Lecture et fluence

Durée : 45 min
Matériel :
- Manuel p. 51-53
- Panneau référent CE1 des doubles consonnes (2)
- Outils pour la fluence : tableau de suivi pour les textes, textes préparés, grille de score

Organisation :
- Groupe classe : introduction, découverte, rebrassage de la notion
- Ateliers différenciés, si nécessaire en lecture et en fluence

Déroulement de la séance

1 Rappel de la séance précédente (5 min)

Remettre les panneaux référents au tableau. Faire rappeler quelques paires minimales : *oncle/ongle – clan/gland – pleut/bleu – flan/vlan.* Faire rappeler les mots du texte et leurs définitions : *glaive, gladiateur, fierté, comestible.*

2 Exercice 4 : Je me prépare à lire un texte (5 min)

Présenter ce nouvel exercice. Il va permettre de découvrir le type de texte qui va suivre. Cet exercice était fait à l'oral lors des périodes précédentes. Faire lire l'exercice et demander :

« Quels documentaires avons-nous déjà rencontrés ? » ➜ Un documentaire de sciences sur les animaux à bosse et un documentaire d'art sur le fauvisme avec Henri Matisse.
« De quel type de documentaire s'agit-il ici ? » ➜ C'est un nouveau type de documentaire, sur les sciences, qui parle des fleurs.

3 Exercice 5 : Je découvre des mots du texte (5 min)

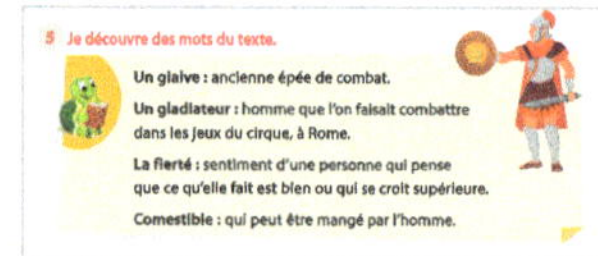

Expliquer que cet exercice était réalisé avant et qu'il est identique. Les mots vont servir immédiatement pour la compréhension du texte.
Faire lire les définitions et les faire utiliser dans une phrase : *Pendant le combat, le Romain a planté son glaive dans le bras de son ennemi. Le gladiateur combat un lion dans une arène romaine. Il a accepté cette récompense avec fierté ! Ce fruit ressemble à une cerise mais il n'est pas comestible, il ne faut pas le manger !*

4 Exercice 6 : Choix du niveau de lecture et lecture silencieuse (10 min)

Même procédure.

5 Échange collectif sur les mots difficiles (5 à 10 min)

Procéder comme d'habitude et interroger sur le sens des mots soulignés dans ces extraits :
Niveau 1 : « Elle était utilisée par le peuple **aztèque** pour ses qualités calmantes. » « C'est une plante grimpante, une sorte de **liane**. » « Le parfum de ces fleurs est très **plaisant**. »
Niveau 3 : « (…) une couronne de **filaments** bleutés. » « Elles sont **éphémères** et ne vivent pas plus d'une journée. »
Si les élèves ne trouvent pas, donner une définition des mots et les remplacer par des synonymes dans la phrase. Exemples : *Elle était utilisée par les habitants du Mexique au XIVe siècle, pour ses qualités calmantes. C'est une plante grimpante, une sorte de tige, de corde végétale. Le parfum de ces fleurs est très agréable. Une couronne de petits fils fins et allongés bleutés. Elles ne vivent qu'une journée.*
Prolongement : Recherche dans le dictionnaire.

6 Lecture orale du texte (5 min)

Même procédure.

7 Fluence : chronométrage en atelier (10 min)

(Pour les modalités, *cf.* Fiche préparation sur la fluence, p. 191.)

Séance 3 Compréhension

Durée : 45 min
Matériel :
– Manuel p. 53-54
– Fichier de différenciation (p. 45)

Organisation :
– Groupe classe : introduction, rebrassage de la notion
– Ateliers différenciés, si nécessaire

Déroulement de la séance

1 Rappel de la séance précédente (5 min)

Même procédure.

2 Exercice 7 : Je comprends le texte (10 min)

Exemples de réponses :
– « Pourquoi Claire se rend-elle à la jardinerie ? » ➜ Parce qu'elle a besoin d'informations pour l'exposé qu'elle a à faire sur les fleurs.
– « Quel est le métier de Florent ? » ➜ Il est fleuriste.
– « À quoi ressemble la feuille du glaïeul ? » ➜ Elle ressemble à une épée : le glaive.
– « De quel pays vient la passiflore ? » ➜ La passiflore vient du Mexique.

– « À quoi servait la passiflore ? » ➜ Elle servait à soigner, à calmer.
– « Comment s'appellent les fruits de la passiflore ? » ➜ On les appelle « fruits de la passion ».

3 Exercice 8 : Je recherche dans le texte (5 min)

Cet exercice est **nouveau**, il demande une recherche d'informations plus précises dans le texte. De manière à permettre à tous les élèves de répondre aux questions, nous avons pris le niveau 1 comme texte de référence.
Inviter les élèves à lire à tour de rôle les questions, laisser un petit temps de recherche, puis débattre de la réponse avec toute la classe.

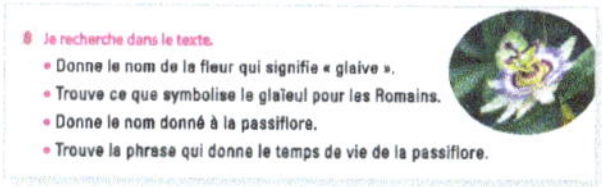
8 Je recherche dans le texte.
• Donne le nom de la fleur qui signifie « glaive ».
• Trouve ce que symbolise le glaïeul pour les Romains.
• Donne le nom donné à la passiflore.
• Trouve la phrase qui donne le temps de vie de la passiflore.

➜ Le glaïeul = glaive. / Symbole du glaïeul pour les Romains : sa feuille en forme d'épée. / Passiflore = la fleur de la passion. / Phrase qui donne le temps de vie de la passiflore : « Le parfum de ces fleurs est très plaisant, mais elles ne vivent pas plus d'une journée ou deux. » / Description des fruits de la passion : « C'est une plante grimpante, une sorte de liane. Ses pétales blancs sont surmontés d'une couronne bleutée. Le parfum de ces fleurs est très plaisant, mais elles ne vivent pas plus d'une journée ou deux. Les fruits, ovales et orangés, sont comestibles, ce sont les "fruits de la passion". »

4 Exercice 9 : Je choisis la phrase qui résume le texte (5 min)

La phrase réponse est la n° 3 : *Un fleuriste présente à Claire les fleurs dont elle veut parler dans son exposé.*

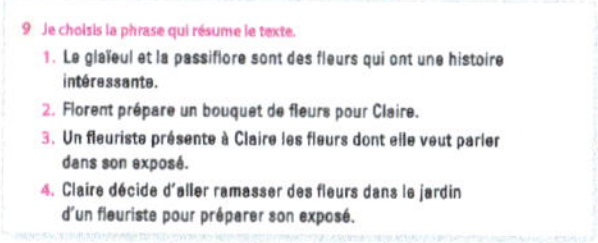
9 Je choisis la phrase qui résume le texte.
1. Le glaïeul et la passiflore sont des fleurs qui ont une histoire intéressante.
2. Florent prépare un bouquet de fleurs pour Claire.
3. Un fleuriste présente à Claire les fleurs dont elle veut parler dans son exposé.
4. Claire décide d'aller ramasser des fleurs dans le jardin d'un fleuriste pour préparer son exposé.

5 Exercice 10 : J'exprime ce que j'ai compris (10 min)

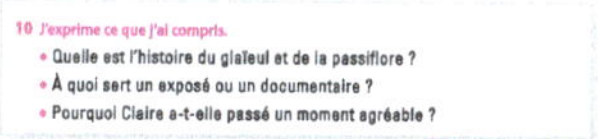
10 J'exprime ce que j'ai compris.
• Quelle est l'histoire du glaïeul et de la passiflore ?
• À quoi sert un exposé ou un documentaire ?
• Pourquoi Claire a-t-elle passé un moment agréable ?

Ce **nouvel exercice** va permettre de savoir si les élèves ont bien compris l'idée générale du texte, la thématique, le questionnement, le genre, etc. Expliquer aux élèves que les réponses aux questions de compréhension qui sont posées ici ne sont pas forcément écrites dans le texte, il va falloir répondre en réfléchissant, et en faisant appel à sa mémoire et à son bon sens.
Inviter les élèves à lire à tour de rôle les questions, laisser un petit temps de réflexion, puis débattre de la réponse avec toute la classe.
– « Quelle est l'histoire du glaïeul et de la passiflore ? »
« À votre avis, comment allez-vous répondre à cette question ? »
➜ En faisant un résumé de l'histoire de ces fleurs.
➜ Le glaïeul, dont les feuilles ressemblent à des petits glaives, était donné en récompense aux gladiateurs romains, et c'est pour ça qu'on a appelé cette fleur « glaïeul ». / La passiflore ou fleur de la passion est originaire du Mexique, elle était utilisée par le peuple aztèque pour ses qualités calmantes.
– « À quoi sert un exposé ou un documentaire ? » ➜ Un exposé est une forme de documentaire. L'un comme l'autre demandent un travail de recherche sur un sujet choisi ou imposé. L'élève qui fait un exposé écrit un texte documentaire, il peut faire des affiches, trouver des photos, des images explicatives, ensuite il l'expose à l'oral pour montrer ses connaissances et surtout pour les partager avec les autres.
– « Pourquoi Claire a-t-elle passé un moment agréable ? » ➜ Claire a passé un agréable moment parce qu'elle était avec un ami fleuriste qui lui a fait découvrir des fleurs en lui donnant des explications intéressantes pour son exposé.

6 Je lis très vite (5 min)

Même démarche.

7 Prolongements

- Inviter les élèves à rechercher d'autres fleurs qu'ils connaissent et aimeraient décrire.
- Faire réaliser un herbier avec des fleurs sauvages séchées ramassées en sortie (par exemple).
- Faire faire une affiche avec des fleurs dessinées (fleurs les plus connues).
- Travailler sur l'exposé à partir des recherches effectuées.
- Mêmes prolongements que précédemment : recherche et écriture de mots du texte contenant les doubles consonnes, dictée, copie.

Fichier de différenciation, exercices 8 à 11, p. 45 (pour le déroulement, voir Les fiches de préparation du fichier de différenciation, Séquence type « Les doubles consonnes », p. 181).

Séance 4 Production d'écrits

Durée : 45 min
Matériel :
- Manuel p. 54
- Cahier d'essai
- Cahier de productions d'écrits
- Livres et images sur les fleurs (documentaires, catalogues, cartes postales, etc.) : quelques exemples sont proposés dans les ressources numériques (Photos de fleurs et Le tournesol)

Organisation :
- Groupe classe : introduction, découverte
- Temps individuels pour le passage à l'écrit
- Ateliers différenciés, si nécessaire, pour un groupe en difficulté, avec l'aide de l'enseignant·e

Déroulement de la séance

1 Rappel de la séance précédente (5 min)

Même démarche.

2 Exercice 11 : Consignes d'écriture et recherches collectives (20 min)

Lecture de la consigne : « Décris en quelques lignes les particularités d'une fleur que tu aimes bien (forme, couleur, histoire…). N'hésite pas à faire des recherches sur Internet ! »
Présenter aux élèves des fiches, des livres, des catalogues sur les fleurs pour qu'ils puissent choisir une fleur et découper des images dans les catalogues. (Proposer éventuellement de faire une affiche de format A3 pour faire un exposé.)

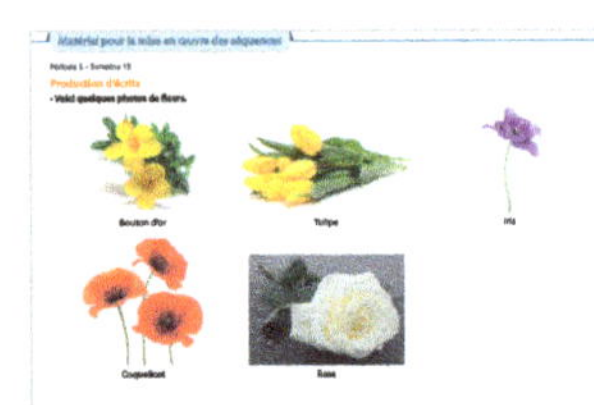

Trame sur les caractéristiques d'une fleur : sa description (comment est-elle : taille, forme…) ; sa ou ses couleurs ; sa durée de vie ; les lieux, (régions, pays…) où on la trouve ; son histoire si elle en a une.
Faire choisir trois de ces caractéristiques et faire écrire une phrase par caractéristique.
Vocabulaire :
- Variétés : tulipe, rose, jacinthe, coquelicot, iris, marguerite, œillet, violette, jonquille, géranium, bouton d'or, bleuet, jasmin, tournesol, muguet, pissenlit, pâquerette, anémone, lys…
- Noms « anatomiques » : tige, pétale, corolle, sépale, pistil, feuilles, étamine, pollen, épine, bouton…
- Verbes : fleurir, faner, pousser…
- Adjectifs : longue, courte, haute, rouge, bleu, jaune, orange, vert, violet…
- Noms associés : soleil, beauté, odeur, parfum, bouquet, jardin, sauvage, champ, fleuriste, printemps, été, décoration, la fraicheur…

3 Premier jet (10 min)

« Vous allez prendre vos cahiers d'essai et vous allez essayer de décrire une fleur de votre choix pour faire un exposé. Vous utiliserez, si vous le souhaitez, les mots que nous avons trouvés… Vous pouvez choisir des photos dans les magazines ou faire des dessins, vous donnerez un titre, et vous écrirez trois phrases qui donnent des caractéristiques de votre fleur. »

4 Correction et finalisation (10 min)

Passer voir les élèves à tour de rôle. Si l'élève n'a pas compris prendre le temps de le guider et de l'aider ou de le faire aider par un·e camarade.
Exemple :

Le tournesol

Le tournesol est une plante qui vient d'Amérique et aussi d'Afrique. Ses feuilles mesurent jusqu'à 40 centimètres de long et sa tige peut mesurer jusqu'à 2 mètres de haut. Cette fleur géante, aux pétales jaunes en forme de rayon de soleil, brille dans les champs pendant l'été. On l'appelle aussi « soleil ».

5 Prolongements

- Faire pousser une fleur (jacinthe) et faire décrire ou illustrer quelques étapes.
- Faire des schémas de fleurs.
- Faire un petit dictionnaire/abécédaire des fleurs (utiliser les exposés pour faire des fiches).
- Proposer la lecture de l'album *La Fleur qui dérange*, Elsa Devernois et Zazie Sazonoff, Lire c'est Partir.

Semaine 16 — Le son an : an/am – en/em

Séance 1 Le code

Durée : 45 min

Matériel :
- Manuel p. 55
- Panneaux référents CP du an
- Dessin du bandeau
- Affiche des mots à retenir et/ou flashcards
- Tableau de fluence pour les syllabes et les mots
- Fichier de différenciation (p. 46-47)

Organisation :
- Groupe classe : introduction, découverte, rebrassage de la notion
- Temps individuels selon le besoin des élèves
- Ateliers différenciés, si nécessaire

Déroulement de la séance

1 Introduction (10 min)

Afficher le panneau référent du an et du dessin du bandeau.

Faire lire les graphies et trouver des mots correspondants dans l'image : *tente, enfant, panda, champignon, antilope, branche, blanc, camping*. Puis une phrase : « Une enfant fait du camping et découvre, devant sa tente, en se réveillant, des champignons, un panda et une antilope. Quelle chance ! »

Faire trouver d'autres mots contenant le son an, les noter dans un tableau à compléter au fur et à mesure des réponses des élèves. Voici quelques exemples :

an	am	en	em
ange, ancre, angine, anchois, amande…	campagne, tambourin, lampadaire, pamplemousse…	pente, cendre, amende, tenter, accent…	camembert, emporter, emmener, tempête, septembre, embarquement…

2 Exercice 1 : Je lis des syllabes / fluence (5 min)

La démarche est toujours la même pour la lecture de ces syllabes.

Fluence : Réaliser les exercices de fluence avec les syllabes (*cf.* Fiche de préparation sur la fluence, p. 191 de ce guide).

3 Exercice 2 : Je lis des syllabes et des mots (10 min)

Procéder comme d'habitude. Exemples de mots contenant les syllabes du manuel :

- *pan* ➜ *pantin, pansement, chenapan*
- *man* ➜ *manchot, manteau, mandala*
- *cam* ➜ *campus, cambouis, campanule*
- *pen* ➜ *pendu, parapente, pensée*
- *men* ➜ *menton, mensonge, clémentine*
- *trem* ➜ *trembler, tremplin, trempoline*
- *fan* ➜ *fantôme, fantastique, chauffant*
- *len* ➜ *violent, silence, lentille*

4 Exercice 3 : Je lis des mots / fluence (10 min)

Même démarche. Donner éventuellement quelques définitions : *tempe (= partie de la tête située à côté de chaque œil), empreinte (= marque, trace laissée par des pas, des doigts, etc.), goéland (= oiseau maritime, sorte de grosse mouette), ambre (= parfum / de couleur jaune doré).*
Prolongement : Aborder quelques homophones contenant les graphies du an en orthographe : *an/en ; temps/tant ; tante/tente ; champ/chant ; rang/rend ; sang/sans/cent ; étang/étend ; pan/pend…*
Fluence : passer au chronométrage des mots (*cf.* Fiches de préparation sur la fluence, p. 191).

5 Les mots à retenir (5 min)

Même procédure. Exemples de phrases : *Clémence part souvent à l'étranger pour son travail, cette semaine elle est au Japon. Pendant les vacances, je vais aller voir mon grand-père qui vit à Rome en Italie. Il n'a pas compris ce que je lui ai demandé, pourtant je lui ai expliqué longtemps.*

Fichier de différenciation, exercices 1 à 6, p. 46-47 (pour le déroulement, voir Les fiches de préparation du fichier de différenciation, Séquence type « Les sons et leurs graphies », p. 184).

Séance 2 Lecture et fluence

Durée : 45 min
Matériel :
- Manuel p. 56-58
- Panneaux référents CP du son an
- Tableau complété en séance 1
- Tableau de fluence pour les textes

Organisation :
- Groupe classe : introduction, rebrassage de la notion
- Ateliers différenciés, si nécessaire, en lecture et en fluence

Déroulement de la séance

1 Rappel de la séance précédente (5 min)

Remettre le panneau référent au tableau et procéder comme d'habitude. Compléter le tableau rempli en séance 1, éventuellement.

2 Exercice 4 : Je me prépare à lire un texte (5 min)

Procéder comme en semaine 15.
« Quel type de texte allons-nous rencontrer ? » ➜ Une lettre.
« Avez-vous déjà reçu une lettre ? » ➜ Oui, une lettre, une carte postale…
Mettre l'accent sur le papier et non sur les écrans/Internet.
« Comment arrive-t-elle ? » ➜ Par la poste.
« La lettre que nous allons découvrir est une lettre d'une enfant de votre âge. »

3 Exercice 5 : Je découvre des mots du texte (5 min)

Même démarche. Exemple de phrases avec mots définis : *Ma cousine est atteinte de trisomie, elle va à l'école comme toutes les petites filles. Cet homme handicapé se déplace en fauteuil roulant.*

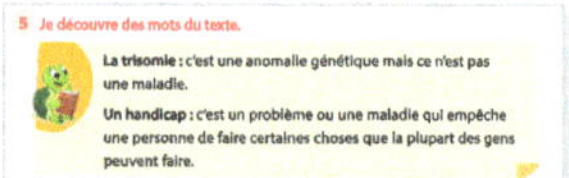
5 Je découvre des mots du texte.

La trisomie : c'est une anomalie génétique mais ce n'est pas une maladie.

Un handicap : c'est un problème ou une maladie qui empêche une personne de faire certaines choses que la plupart des gens peuvent faire.

4 Exercice 6 : Choix du niveau de lecture et lecture silencieuse (10 min)

Même démarche.

5 Échange collectif sur les mots difficiles (8 min)

Procéder comme d'habitude et interroger sur le sens du mot souligné dans cet extrait :
Niveau 3 : « … vous allez avoir de **l'empathie** pour moi… »
Faire remplacer par un synonyme dans la phrase, par exemple : *Vous allez avoir de la sympathie pour moi…*

6 Lecture orale du texte (5 min)

Même procédure.

7 Fluence : chronométrage en atelier (10 min)

(Pour les modalités, *cf.* Fiche préparation sur la fluence, p. 191.)

Séance 3 Compréhension

Durée : 45 min
Matériel :
- Manuel p. 59
- Fichier de différenciation (p. 48)

Organisation :
- Groupe classe : introduction, découverte, rebrassage de la notion

Déroulement de la séance

1 Rappel de la séance précédente (5 min)

Même démarche.

2 Exercice 7 : Je comprends le texte (10 min)

Inviter les élèves à lire à tour de rôle les questions, puis débattre de la réponse avec toute la classe.
– « Qui est l'autrice de cette lettre ? » ➜ L'autrice est Ambre, une petite fille trisomique.
– « À quel moment a-t-elle était écrite ? » ➜ Elle a été écrite le 23 novembre 2019.
– « Qui sont les destinataires ? » ➜ Les destinataires sont les élèves de sa future classe.
– « De quel handicap parle l'autrice ? » ➜ Elle parle de son handicap : la trisomie.
– « Pourquoi écrit-elle cette lettre ? » ➜ Elle écrit cette lettre pour expliquer qui elle est.
– « Qu'est-ce qui fait le plus souffrir l'autrice ? » ➜ Ce qui la fait souffrir, c'est que l'on se moque d'elle parce qu'elle est différente et que son handicap fasse rire les autres.

3 Exercice 8 : Je recherche dans le texte (5 min)

Même démarche. Voici des propositions de réponses :
– « Trouve la phrase où Ambre explique pourquoi elle écrit à ses camarades. » ➜ Alors, si je vous écris, c'est pour vous expliquer qui je suis.
– « Trouve la phrase montrant qu'Ambre est mise à l'écart par les autres. » ➜ Souvent personne ne veut devenir mon ami, ça me rend triste (N1). On me laisse toujours seule dans le rang (N2 et N3).
– « Donne trois éléments qui montrent que ce texte est une lettre. » ➜ la date, le destinataire, la formule de politesse (*à bientôt*), la signature…

4 Exercice 9 : Je choisis la phrase qui résume le texte (5 min)

Même démarche. Phrase réponse : *2. Ambre se présente pour expliquer sa différence et être mieux acceptée.*

5 Exercice 10 : J'exprime ce que j'ai compris (10 min)

– « Que signifie "être différent" ? »
« À votre avis, comment allez-vous répondre à cette question ? »
➜ En réfléchissant à ce que l'autrice a écrit dans sa lettre et en cherchant à trouver une définition de la différence.
➜ Être différent c'est : ne pas être pareil, ne pas se ressembler, ne pas penser de la même façon… Il y a de nombreuses différences (ou particularités) et de nombreuses ressemblances chez les êtres humains. Chercher dans la lettre les mots d'Ambre qui peuvent faire penser à des différences et ceux qui font penser aux ressemblances :

Différences / Ce qui est propre à chacun·e	Ressemblances / Ce qui est propre aux êtres humains
handicap, triste, seule, se moquer, différente, amusante, joyeuse, gourmande, malheureux…	mains, jambes, yeux, écrire, marcher, regarder, aimer, cœur, vie, gens, pareil, aller à l'école…

Des outils sont proposés dans les prolongements dans le cas où un débat s'installe et où l'enseignant·e souhaite aller plus loin dans cette réflexion.

– « Pourquoi Ambre insiste-t-elle tant sur le "respect des autres" ? » ➜ Elle insiste sur le respect des autres parce qu'elle n'est pas respectée à cause de son handicap et qu'elle en souffre.

6 Je lis très vite (5 min)

Même démarche.

7 Prolongements (5 min)

• Aborder les différences physiques : fille/garçon ; grand/ petit ; maigre/ gros ; blond/ brun ; blanc/ noir…
• Faire un lien avec l'EMC et réaliser collectivement un tableau sur les différences… Y énumérer les différences identitaires, culturelles, comportementales…

Voici un exemple de tableau complété :

	Différences / Ce qui est propre à chacun·e	Ressemblances / Ce qui est propre aux êtres humains
Physiques	On a tous des yeux mais de couleurs et formes différentes, un nez différent, des cheveux…	La constitution de notre corps, de notre organisme.
Comportementales	Calme/agité ; actif/réservé ; optimiste/pessimiste ; rapide/lent ; ordonné/désordonné…	On a tous des comportements adaptés à certaines situations, on pense, on réfléchit, on agit…
Émotionnelles	On ne les exprime pas pour les mêmes raisons, ni aux mêmes personnes…	On a tous des sentiments : amour, joie, tristesse, haine, compassion…
Santé	Les maladies, les handicaps, les allergies…	
Identitaires	Les noms, prénoms et dates de naissance sont tous différents.	On a tous un nom, un prénom, une date de naissance…
Culturelles	Les cultures et les origines sont différentes d'un pays à l'autre.	On nait tous avec une origine, une culture.
Croyances	Il existe différentes religions, spiritualités, traditions, etc. ; on peut aussi être athée…	Les gens qui croient, les gens qui ne croient pas.

• Mêmes prolongements que précédemment : recherche et écriture de mots du texte contenant le son (an), dictée, copie.

Fichier de différenciation, exercices 7 à 11, p. 48 (pour le déroulement, voir Les fiches de préparation du fichier de différenciation, Séquence type « Les sons et leurs graphies », p. 184).

Séance 4 Production d'écrits

Durée : 45 min
Matériel :
– Manuel p. 59
– Cahier d'essai
– Cahier de productions d'écrits
– Exemples d'écrits de communication : lettres, cartes postales, e-mails, etc.
– Facultatif : exemple de lettre
– Facultatif : canevas pour écrire une lettre (caractéristiques, destinataire)

Organisation :
– Groupe classe : introduction, découverte
– Temps individuels pour le passage à l'écrit
– Ateliers différenciés, si nécessaire, pour un groupe en difficulté, avec l'aide de l'enseignant·e

Déroulement de la séance

1 Rappel de la séance précédente (5 min)

Procéder comme d'habitude.

2 Exercice 11 : consignes d'écriture et recherches collectives (20 min)

Lecture de la consigne : « Écris une lettre à un·e ami·e pour lui parler de toi : donne ton âge, explique comment tu es, ce que tu aimes faire… N'oublie pas de bien la mettre en forme avec une date, un lieu et à la fin une formule de politesse et une signature. »

Présenter aux élèves les divers supports écrits de communication que vous avez apportés (on peut aussi solliciter les élèves en amont de la séance).

Trame :

« Pourquoi écrit-on une lettre ? » ➜ Pour prendre des nouvelles, pour donner des nouvelles, pour annoncer quelque chose.

« Comment est transportée la lettre ? » ➜ Par la poste, le facteur ou d'autres organismes quand il s'agit d'envois particuliers (lettre urgente, colis…).

« Comment rédige-t-on un courrier (lettre + enveloppe) ? »

• La lettre et ses caractéristiques (on peut montrer le canevas proposé dans les annexes) :

• Le destinataire (informations figurant généralement sur l'enveloppe) :

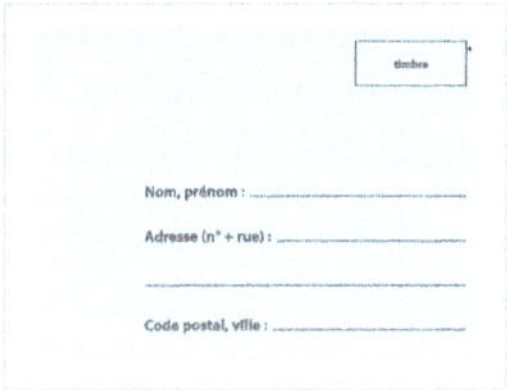

« Comment se présenter ? »

– Carte d'identité (nom prénom, taille, adresse)
– Famille (parents, frères/sœurs, animaux de compagnie, résidence…)
– Particularités (description physique, caractère, qualités, défauts…)
– Gouts

Vocabulaire : voici une proposition de tableau à montrer aux élèves, voire à construire collectivement et à compléter, avec les différentes caractéristiques.

taille	visage	cheveux	yeux
grand, petit, de taille moyenne, gigantesque…	rond, ovale, allongé…	blonds, bruns, noirs, châtain clair, châtain foncé, rasés, en brosse, roux, longs, courts, raides, bouclés, frisés, crépus…	bleus, verts ou marron ; ronds, en amande, bridés, enfoncés…
silhouette	**peau**	**qualités**	**défauts**
gros, mince, maigre, svelte, jeune, vieux, élégant, musclé…	blanche, noire, brune, claire, foncée, métissée, mate, bronzée, avec taches de rousseur…	aimable, appliqué, autonome, calme, généreux, curieux, courageux, poli, honnête, soigneux, débrouillard, drôle, amusant, sincère, responsable…	lâche, vulgaire, menteur, tricheur, paresseux, têtu, peureux, égoïste, maladroit, lent, désordonné, capricieux…
caractère/sentiments	**gouts/passions**		
sympathique, gentil, méchant, triste, heureux, sensible, secret, timide, solitaire…	lecture, écriture, musique, cinéma, télévision, sport, danse, voyages, cuisine, art, sorties, jeux, mode, faire plaisir, aider…		

3 Premier jet (10 min)

Même consigne.

4 Correction et finalisation (10 min)

Même démarche. Exemple de lettre (fourni dans les annexes, pour montrer aux élèves, au besoin) :

```
Tokyo, le 04 avril 2020
Bonjour ma chère amie,
Je m'appelle Chiro Sato, je vis avec mes parents à Tokyo, la capitale du Japon.
J'ai 9 ans et je suis japonaise. Je suis plutôt petite pour mon âge, j'ai de
longs cheveux noirs et je me trouve jolie, je souris tout le temps. J'aime
l'école, la lecture, la peinture et la danse traditionnelle japonaise. Quand
je serai grande, je voudrais devenir médecin. J'espère que tu m'écriras bientôt
et que nous deviendrons amies.
À bientôt,
Chiro
```

5 Prolongements

- Écrire une lettre à un·e camarade de la classe.
- Travailler sur les antonymes (les contraires).
- Lecture : « Ça veut dire quoi, se moquer ? », *cf.* fiches publiées sur le blog de Charivari, issues de *Je réfléchis avec les p'tits philosophes*, Pomme d'Api.
- Organiser des débats. Exemples :
  – Peut-on être différents et être amis ?
  – Est-ce que nous serions heureux si nous étions tous pareils ?
  – Comment peut-on apprendre à vivre ensemble ?
- En arts plastiques, réaliser une mosaïque des différences : faire des tableaux avec tous les yeux, les oreilles, les cheveux, etc. des élèves de la classe. Exemple : https://www.fondation-lamap.org/fr/page/62529/tous-pareils-tous-differents

Semaine 17 La lettre A : a – ai – an – am – ain – au – eau

Séance 1 Le code

Durée : 45 min
Matériel :
- Manuel p. 60
- Panneau référent CE1 sur la lettre A
- Panneau du dessin du bandeau
- Affiche des mots à retenir et/ou flashcards
- Tableau de fluence pour les syllabes et les mots
- Fichier de différenciation (p. 49-51)

Organisation :
- Groupe classe : introduction, découverte, rebrassage de la notion
- Temps individuels selon le besoin des élèves
- Ateliers différenciés, si nécessaire

Déroulement de la séance

1 Introduction (10 min)

Afficher le panneau référent contenant la lettre A (*a ; ai ; an/am ; ain ; au/eau*).
« Vous connaissez tous ces sons, vous les avez vus au CP. Pouvez-vous me dire pourquoi je les ai choisis ? » ➜ Ils ont en commun la lettre A.
Faire observer le haut de la p. 60, afficher au tableau le dessin du bandeau et faire lister les mots du dessin : *panda, tambour, dromadaire, pain, maison, avenue, blanc, marron, rideaux, animaux.*
Proposition de phrase : « Dans leurs maisons, derrière les rideaux, les habitants regardent les deux animaux sur l'avenue ; le panda avance en jouant du tambour pendant que le dromadaire mange un pain au levain tout chaud ! »

Faire trouver d'autres mots contenant les graphies étudiées et les noter dans un tableau :

a	ai	an/am	au/eau	ain
avion, Paris, maladie, arrête, panier, alerte, arbre	maison, raison, araignée, plaine, haine, marraine	landau, tante, antenne, jambon, ambre	auto, landau, aucun château, marteau, oiseau	levain, lendemain, africain, certain, fusain

2 Exercice 1 : Je lis des syllabes (5 min)

La démarche est toujours la même pour la lecture de ces syllabes.
Fluence : Réaliser les exercices de fluence avec les syllabes (*cf.* Fiche de préparation sur la fluence, p. 191 de ce guide).

3 Exercice 2 : Je lis des syllabes et des mots (10 min)

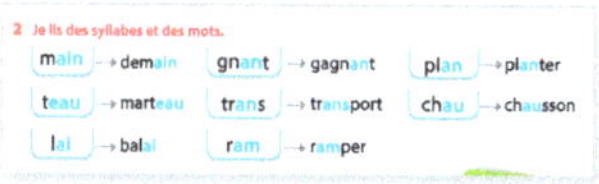

Procéder comme d'habitude. Exemples de mots contenant les syllabes du manuel :
- *main ➜ humain, riverain, maintien*
- *gnant ➜ soignant, enseignant, saignant*
- *plan ➜ plancher, plantation, planquer*
- *teau ➜ manteau, poteau, couteau*
- *trans ➜ transpirer, transformer, transférer*
- *chau ➜ chauffer, chaussure, chaudron*
- *lai ➜ laitier, laideur, laisser*
- *ram ➜ rampe, rampant*

4 Exercice 3 : Je lis des mots / fluence (10 min)

Procéder comme d'habitude. Vérifier que les élèves comprennent les mots lus et donner éventuellement quelques définitions : *constater (= remarquer, observer), délai (= temps laissé pour faire quelque chose), aigre (= piquant au gout et à l'odeur), ample (= large), gain (= ce que l'on gagne), levain (= sorte de levure fermentée, ajoutée à une pâte pour la faire lever), ambiance (= atmosphère, climat d'un lieu, d'un groupe…), amplifier (= augmenter).*
Fluence : passer au chronométrage des mots (*cf.* Fiches de préparation sur la fluence, p. 191).

5 Les mots à retenir (5 min)

Même démarche. Exemples de phrases : *Maintenant que tu es là, nous allons pouvoir commencer notre réunion. Il est aussi grand que toi !*

Fichier de différenciation, exercices 1 à 5, p. 49-51 (pour le déroulement, voir Les fiches de préparation du fichier de différenciation, Séquence type « Les lettres ou graphies et leurs valeurs sonores », p. 186).

Séance 2 Lecture et fluence

Durée : 45 min
Matériel :
- Manuel p. 61-63
- Panneau référent CE1 de la lettre A
- Outils pour la fluence : tableau pour les textes, textes préparés, grille

Organisation :
- Groupe classe : introduction, rebrassage de la notion
- Ateliers différenciés, si nécessaire, en lecture et en fluence

Déroulement de la séance

1 Rappel de la séance précédente (5 min)

Procéder comme d'habitude. Le tableau de la séance 1 peut être complété avec les mots du manuel et/ou d'autres mots trouvés régulièrement en classe, il peut faire l'objet d'un affichage en classe.

2 Exercice 4 : Je me prépare à lire un texte (5 min)

Faire rappeler les documentaires déjà vus dans le manuel :
– Documentaire animalier : *Le dromadaire et la baleine, deux animaux à bosse*
– Documentaire d'art sur la peinture : *Le fauvisme et Henri Matisse*
– Documentaire scientifique (écologie) : *Manger les fruits de nos régions*
– Documentaire scientifique (botanique) : *Le glaïeul et la passiflore*
« Quel type de documentaire allons-nous découvrir ? » ➜ Le documentaire que nous allons découvrir est un documentaire d'art sur la photographie.

3 Exercice 5 : Je découvre des mots du texte (5 min)

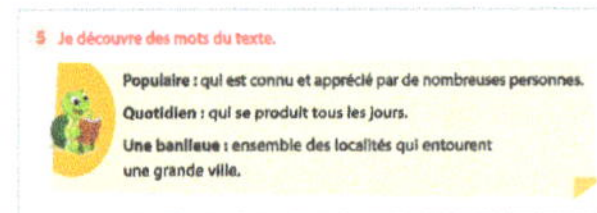
5 Je découvre des mots du texte.
Populaire : qui est connu et apprécié par de nombreuses personnes.
Quotidien : qui se produit tous les jours.
Une banlieue : ensemble des localités qui entourent une grande ville.

Même démarche. Exemples de phrases avec les mots définis : *Nos sommes allés danser dans un bal populaire en Espagne. Je prends un bain quotidien dans la mer quand je suis en vacances. Cet homme vit dans la banlieue parisienne.*

4 Exercice 6 : Choix du niveau de lecture et lecture silencieuse (10 min)

Même démarche.

5 Échange collectif sur les mots difficiles (8 min)

Avant de commencer, il est souhaitable de faire commenter la photo (exemples de questions à poser) :
« Où est prise cette photo ? » ➜ Dans une classe.
« Qui voit -on sur la photo ? » ➜ Des élèves, ce sont des garçons.
« Quelles sont les caractéristiques de cette photo ? » ➜ Elle est en noir et blanc, c'est une photo ancienne.
« Que représente cette photo ? » ➜ Des élèves qui travaillent.
« Que voit-on au premier et au deuxième plan ? » ➜ On voit un élève qui pense au premier plan et le reste de la classe au second plan avec plus de netteté sur le voisin de l'élève qui pense.
« Que voit-on au fond de la classe ? » ➜ On voit des bonnets d'âne, ils sont flous.
« Quelle est l'atmosphère de la photo ? » ➜ La photo inspire le calme.

Après la lecture silencieuse demander aux élèves le titre de ce documentaire ➜ Robert Doisneau (1912-1994), un pêcheur d'images.
« Qui peut me dire à quoi correspondent les nombres entre parenthèses ? » ➜ Ce sont les années de naissance et de mort du photographe.
Demander les définitions des mots en gras suivants :
Niveau 1 : « R. D. nous transporte à l'époque de son **enfance**. »
Niveau 2 : « C'est un artiste **humaniste** français. » « Son œuvre est faites de **clichés**… » « … **bambins** se trouvant à l'école… » « Ils sont souvent drôles et **touchants**. »
Niveau 3 : « Il aimait photographier la vie quotidienne des gens, des artisans, des **sans-abris**… » « Des camarades jouant dans la rue à faire les **quatre-cents coups**… ? » « … dans le 5e arrondissement de Paris. » « Le décor est ancien avec (…) des **encriers** ? »
Le cas échéant, les proposer. Par exemple : *Robert Doisneau nous transporte dans le monde dans lequel il vivait quand il était petit ; C'est un artiste français qui défend les valeurs humaines ; Son œuvre est faite de photographies ; … des enfants se trouvant à l'école ; Ils sont souvent drôles et émouvants ; Il aimait photographier la vie des gens, des artistes, des personnes qui n'ont pas de logement ; Des camarades jouant dans la rue à faire des bêtises ; … dans un des quartiers de Paris ; avec des petits récipients contenant de l'encre.*

6 Lecture orale du texte (5 min)

Même démarche.

7 Fluence : chronométrage en atelier (10 min)

(Pour les modalités, *cf.* Fiche préparation sur la fluence, p. 191.)

Séance 3 Compréhension

Durée : 45 min
Matériel :
- Manuel p. 64
- Fichier de différenciation (p. 51-52)

Organisation :
- Groupe classe : introduction, rebrassage de la notion
- Ateliers différenciés, si nécessaire

Déroulement de la séance

1 Rappel de la séance précédente (5 min)

Même démarche.

2 Exercice 7 : Je comprends le texte et la photo (10 min)

Même démarche. Exemples de réponses :
- « Qui était Robert Doisneau ? » ➜ C'est un photographe français très connu.
- « De quoi est faite son œuvre ? » ➜ Elle est faite de photographies.
- « Quel était son sujet préféré ? » ➜ Son sujet préféré était de photographier la vie quotidienne des enfants.
- « Qui est au premier plan de la photo ? » ➜ On voit un élève éclairé par une lumière.
- « Que fait le deuxième garçon ? » ➜ Il copie sur son voisin.
- « Quel matériel ancien observe-t-on ? » ➜ On observe du matériel scolaire ancien : tables en bois, bancs d'écoliers, ardoises, encriers, portemanteaux.

3 Exercice 8 : Je recherche dans le texte (5 min)

Même démarche. Exemples de réponses :
- « Trouve le passage indiquant : le niveau de classe, la ville de l'école ? » ➜ Dans le paragraphe sur la photo : *La photo a été prise dans une classe de CE1, rue Bouffon, dans le 5e arrondissement de Paris.*
- « Trouve la phrase expliquant ce que fait le deuxième garçon sur la photo. » ➜ Dans le paragraphe sur la photo : *Le deuxième garçon copie sur son voisin de gauche…*

4 Exercice 9 : Je choisis la phrase qui résume le texte (5 min)

La démarche est la même que précédemment. La phrase réponse est la n° 3 : *Les photos de Doisneau témoignent de la vie des écoliers de son époque.*

5 Exercice 10 : J'exprime ce que j'ai compris (10 min)

Même démarche. Exemples de réponses :
« Pourquoi dit-on de Doisneau qu'il est un "pêcheur d'images" ? »
« À votre avis comment allez-vous répondre à cette question ? » ➜ En relisant le texte et en réfléchissant à ce que l'auteur a voulu dire en parlant de *pêcheur*.
➜ Un pêcheur capture, attrape, prend des poissons. Pêcher une image veut dire « prendre une photo ». (Pour aller plus loin : prendre une photo en saisissant des moments de vie spontané, sans demander aux enfants de poser sur les photos…)

6 Je lis très vite (5 min)

Même démarche.

7 Prolongements (5 min)

- Faire chercher des documentaires sur Robert Doisneau (livres, Internet…).
- Mêmes prolongements que précédemment : recherche et écriture de mots du texte contenant la lettre A, dictée, copie.

Fichier de différenciation, exercices 6 à 11, p. 51-52 (pour le déroulement, voir Les fiches de préparation du fichier de différenciation, Séquence type « Les lettres ou graphies et leurs valeurs sonores », p. 186).

Séance 4 Production d'écrits

Durée : 45 min
Matériel :
- Manuel p. 64
- Cahier d'essai
- Cahier de productions d'écrits
- Les photos de R. Doisneau (du manuel) à projeter
- Facultatif : tableau de comparaison à compléter
- Exemple corrigé de production avec une photo de R. Doisneau

Organisation :
- Groupe classe : introduction, découverte
- Temps individuels pour le passage à l'écrit
- Ateliers différenciés, si nécessaire, pour un groupe en difficulté, avec l'aide de l'enseignant·e

Déroulement de la séance

1 Rappel de la séance précédente (5 min)

Procéder comme d'habitude.

2 Exercice 11 : consignes d'écriture et recherches collectives (20 min)

Lecture de la consigne : « Décris une des photos de Robert Doisneau ci-dessous. Puis explique la différence entre un enfant d'aujourd'hui et un enfant de la photo. »
Présenter aux élèves les photos de Doisneau (projection ou éventuellement photocopies).
Trame :
« Que devez-vous faire ? » ➜ Choisir une photo, la décrire et faire une comparaison d'un enfant d'hier et d'un enfant d'aujourd'hui.
Proposer de faire trois groupes, un par photo : « Vous allez donc faire au moins une phrase pour chacune des deux étapes de cette production d'écrits. »
Voici une série de questions que les élèves doivent se poser pour décrire la photo :
- Quelle caractéristique a cette photo : photo d'artiste, noir et blanc ou couleur, paysage, scène de vie, portrait, en intérieur, en extérieur, les plans (premier, second, troisième)… ?
- A-t-elle un titre ?
- Où se déroule la scène ?
- Qui voit-on sur la photo ? Que voit-on d'autre sur la photo ?
- Que se passe-t-il ? Que raconte la photo ?
- Aimes-tu cette photo ?

« Vous allez essayer de répondre à ces questions en faisant des phrases courtes. »
Il est possible de proposer ces questions sous forme de questionnaire à chacun des trois groupes pour qu'ils réfléchissent ensemble.
« Comment faire une comparaison ? » ➜ Comparer, c'est observer des choses ou des personnes et trouver leurs ressemblances ou leurs différences. Quand on compare deux choses qui se ressemblent, on utilise un mot de comparaison : *comme, tel, tel que, pareil à, ressembler à*… Quand on compare deux choses qui ont des différences, on utilise les mots suivants : *plus…que ; moins… que ; aussi…que ; meilleur que ; mieux que*…
Exemples :
Claire est rouge ***comme*** *une tomate.*
Il ***ressemble à*** *son père.*
Tu penses ***pareil que*** *moi !*
Tel *père,* ***tel*** *fils !*
Ils sont sages ***comme*** *des images.*
Elle court ***plus*** *vite* ***que*** *moi.*
Elle court ***plus que*** *moi.*
Il a un pull ***moins*** *chaud* ***que*** *celui de son frère.*
Il parle l'anglais ***mieux que*** *moi.*
Il parle ***autant que*** *toi.*
On peut donner un tableau de comparaison à remplir à chaque groupe (une version à compléter est disponible en annexe) :

	ressemblances	différences
vêtements		
coiffures		
attitudes		
visages		
autres…		

➜ Les enfants sur la photo sont différents de ceux d'aujourd'hui : vêtements, coiffures, pas de mixité, attitude/posture en classe.

Vocabulaire :

- Mots « outils » : comme, tel… (*cf.* liste ci-dessus)
- Coupe de cheveux, coiffure…
- Vêtements : shorts longs, chaussures, socquettes, chemises, pulls, (chemise sous le pull), blouse…
- Attitude : bras croisés, dos droit, sérieux… ; bavardage, jeux, bêtises…
- Mixité, classe de garçons…

3 Premier jet (10 min)

Même consigne.

4 Correction et finalisation (10 min)

Même démarche. Exemple :

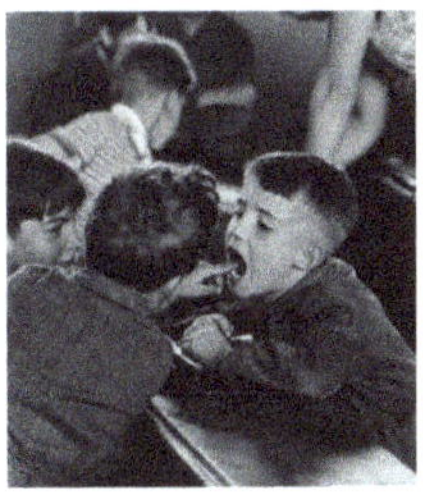

© Gamma Rapho R. Doisneau

« La dent » (1956)

J'ai choisi cette photo parce que les écoliers font une activité que je trouve drôle. Au premier plan, le petit garçon ouvre grand sa bouche et un autre élève compte les dents. Ils ont des tables en bois et ils portent des vêtements noirs. Sur la photo en noir et blanc, je vois que les garçons ne sont pas avec les filles. Il y a beaucoup de différences avec l'école d'aujourd'hui. Dans la classe, on n'a pas encore regardé nos dents comme ça. J'espère que nous allons faire cette activité bientôt !

5 Prolongements

- Faire des recherches sur d'autres photographes connus.
- En arts plastiques, tenter de reproduire les photos avec les élèves de la classe à notre époque.

Semaine 18 La lettre O : o – oi – ou – on – om – oin – ion

Séance 1 Le code

Durée : 45 min

Matériel :

- Manuel p. 65
- Panneau référent CE1 de la lettre O (www)
- Panneau du dessin du bandeau (www)
- Affiche des mots à retenir et/ou flashcards (www)
- Tableau de fluence pour les syllabes et les mots (www)
- Fichier de différenciation (p. 53-55)

Organisation :

- Groupe classe : introduction, découverte, rebrassage de la notion
- Ateliers différenciés, si nécessaire
- Temps individuels selon le besoin des élèves

Déroulement de la séance

1 Introduction (10 min)

Manuel ouvert, dessin du bandeau de la p. 65 affiché, faire citer les mots contenant les graphies de la lettre O dans l'image, les noter au tableau : *loup, cochon, camion, shampoing, baignoire, toit, il nettoie, (compagnon, compère)…*

Faire trouver une phrase : « Sur le toit d'un camion, un cochon est installé dans une baignoire en forme de bassin, son compagnon le loup lui fait un shampoing ! Quels drôles de compères ! »

Afficher le panneau référent de la lettre O afin de valider ou compléter ce qui a été cité.

Faire trouver d'autres mots contenant la lettre O et les noter dans un tableau, par exemple :

o	oi	ou	on/om	ion/oin
moto, sol, vélo, domino, bonnet, radio, robe, piano, joli	oie, oiseau, poire, boite, gloire, noir, bois, croix, éloigner, loisirs, exploit	pou, bouée, clou, boucle, poule, sou, foudre, loup, écouter, secouer, couteau, coudre	canon, melon, caneton, bonbon, tomber, compter, combinaison, comparer	loin, soin, foin, point, pointe, conjoint, groin, camion, avion, action, division

2 Exercice 1 : Je lis des syllabes (5 min)

La démarche est toujours la même pour la lecture de ces syllabes.
Fluence : avec les syllabes (*cf.* Fiche de préparation sur la fluence, p. 191 de ce guide).

3 Exercice 2 : Je lis des syllabes et des mots (10 min)

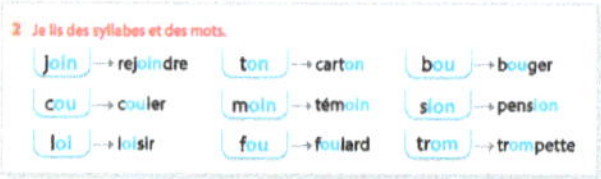

Procéder comme d'habitude. Exemples de mots contenant les syllabes du manuel :

- *join ➜ rejoint, adjoint, jointure*
- *ton ➜ tondeuse, jeton, coton*
- *bou ➜ bouton, boucherie, déboucher*
- *cou ➜ couper, couture, secouer*
- *moin ➜ moins, amoindri, néanmoins*
- *sion ➜ passion, mission, version*
- *loi ➜ gaulois, éloigner, hors-la-loi*
- *fou ➜ foulée, fouet, fougère*
- *trom ➜ (se) tromper, trombone, trompeur*

4 Exercice 3 : Je lis des mots / fluence (10 min)

Même démarche. Donner éventuellement quelques définitions : *joindre (= associer, mettre ensemble), compte (= calcul d'une dépense, d'une quantité, etc.), recoin (= endroit caché), soignant (= personne qui soigne, aide), inconscient (= qui n'a pas conscience, évanoui), vigoureux (= qui est plein de santé et d'énergie).*
Fluence : passer au chronométrage des mots (*cf.* Fiches de préparation sur la fluence, p. 191).

5 Les mots à retenir (5 min)

Même procédure. Exemples de phrases : *J'étais perdu, j'ai demandé à un passant <u>où</u> se trouvait la boulangerie. Ce petit garçon tourne <u>autour</u> du manège en courant. Maintenant que nous travaillons, nous avons <u>moins</u> de temps pour faire du vélo.*

Fichier de différenciation, exercices 1 à 5, p. 53-55 (pour le déroulement, voir Les fiches de préparation du fichier de différenciation, Séquence type « Les lettres ou graphies et leurs valeurs sonores », p. 186).

Séance 2 Lecture et fluence

Durée : 45 min
Matériel :
- Manuel p. 66-68
- Panneau référent CE1 de la lettre O
- Tableau complété en séance 1
- Outils pour la fluence : tableau, textes, grille

Organisation :
- Groupe classe : introduction, rebrassage de la notion
- Ateliers différenciés, si nécessaire, en lecture et en fluence

Déroulement de la séance

1 Rappel de la séance précédente (5 min)

Remettre le panneau référent au tableau et procéder comme d'habitude. Compléter le tableau rempli en séance 1, éventuellement.

2 Exercice 4 : Je me prépare à lire un texte (5 min)

Procéder comme précédemment. Rappeler les documentaires déjà vus dans le manuel : documentaire animalier (« Le dromadaire et la baleine, deux animaux à bosse »), documentaire d'art sur la peinture (« Le fauvisme et Henri Matisse »), documentaire scientifique sur l'écologie (« Manger les fruits de nos régions »), documentaire scientifique sur la botanique (« Le glaïeul et la passiflore »), documentaire d'art sur un photographe (« Robert Doisneau, le pêcheur d'images »). Le documentaire présenté ici informe sur la manière de « porter secours » ; il porte sur un thème d'enseignement moral et civique (EMC).

3 Exercice 5 : Je découvre des mots du texte (5 min)

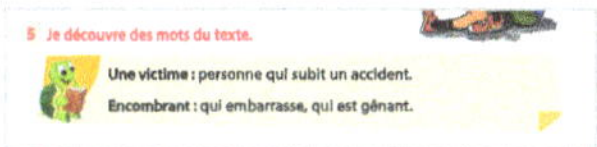
5 Je découvre des mots du texte.

Une victime : personne qui subit un accident.
Encombrant : qui embarrasse, qui est gênant.

Même démarche. Exemple de phrases avec mots définis : *Dans cet accident de la route, il y a deux victimes ; une dans un état grave qui part à l'hôpital en hélicoptère et l'autre qui s'y rend en ambulance. Il y a tellement d'objets encombrants dans cette pièce qu'on ne voit plus la fenêtre !*

4 Exercice 6 : Choix du niveau de lecture et lecture silencieuse (10 min)

Même démarche.

5 Échange collectif sur le genre et les mots difficiles (8 min)

Procéder comme d'habitude et interroger sur le sens des mots en gras dans ces extraits :
Niveau 1 : « Tu indiques l'endroit **précis** de l'accident. »
Niveau 2 : « Tu **composes** le 15 ou le 112 pour **joindre** le SAMU. » « Tu gardes ton calme et tu **contiens** ton émotion. »
Niveau 3 : « Tu **sécurises** l'endroit. »
Faire remplacer par un synonyme dans la phrase, par exemple : *Tu indiques l'endroit exact de l'accident ; Tu tapes le numéro 15 ou le 112 sur ton téléphone pour être mis en contact avec le SAMU ; Tu gardes ton calme et tu maitrises tes émotions ; Tu mets l'endroit en sécurité.*

6 Lecture orale du texte (5 min)

Même démarche.

7 Fluence : chronométrage en atelier (10 min)

(Pour les modalités, *cf.* Fiche préparation sur la fluence, p. 191.)

Séance 3 Compréhension

Durée : 45 min
Matériel :
- Manuel p. 68-69
- Fichier de différenciation (p. 55-56)

Organisation :
- Groupe classe : introduction, rebrassage de la notion
- Ateliers différenciés, si nécessaire

Déroulement de la séance

1 Rappel de la séance précédente (5 min)

Même démarche.

2 Exercice 7 : Je comprends le texte (10 min)

Même démarche. Propositions de réponses :
- « Qui et que faut-il protéger ? » ➜ Il faut protéger la victime et se protéger soi-même.
- « Comment peux-tu donner l'alerte ? » ➜ Il faut prévenir un adulte, crier, appeler à l'aide ou téléphoner.
- « Pour bien secourir, comment faut-il se comporter avec un blessé ? » ➜ Il faut garder son calme, parler à la victime, rester à côté d'elle en attendant l'arrivée des secours, la couvrir, ne pas la bouger, ne pas lui donner à manger ni à boire.

– « Quel est le numéro du SAMU ? Quel est le numéro de la police ? » ➜ Le numéro du SAMU est le 15 ou le 112, celui de la police est le 17.
Rappeler que pour les pompiers, c'est le 18.

3 Exercice 8 : Je recherche dans le texte (5 min)

Même démarche. Propositions de réponses :
– « Donne dans l'ordre les trois actions à suivre pour pouvoir porter secours. » ➜ Protéger, alerter, secourir.
– « Cite les informations à donner quand tu es en ligne avec le SAMU. » ➜ Il faut donner son nom, son prénom, raconter ce qui s'est passé, indiquer l'endroit précis de l'accident, donner l'adresse si possible, répondre aux questions et attendre que l'on nous dise de raccrocher.
– « Trouve la phrase montrant que tu dois savoir te situer dans ton environnement. » ➜ (Niv 1) Tu indiques l'endroit précis de l'accident (la rue, la ville…).

4 Exercice 9 : Je choisis la phrase qui résume le texte (5 min)

La phrase réponse est la n° 2 : *Porter secours, c'est savoir évaluer une situation pour protéger la ou les victimes, alerter les secours et secourir le ou les blessés.*

5 Exercice 10 : J'exprime ce que j'ai compris (10 min)

Même démarche. Voici des propositions de réponses :
a. « À votre avis, cette situation est-elle une urgence et pourquoi ? » ➜ Oui, car le bonbon s'est coincé dans la gorge de Lucie, aucun son ne sort de sa bouche (elle ne parle plus) et aucun air ne passe (elle ne peut plus respirer)
« Que faire ? » ➜ On demande à Lucie de tousser et si elle n'y arrive pas, on tape dans son dos entre les deux omoplates (5 claques maximum). Après chaque claque, on vérifie qu'elle arrive à respirer à nouveau, que tout rentre dans l'ordre.
« Si les claques dans le dos n'ont pas d'effet, il faudra effectuer un maximum de 5 compressions abdominales, mais tu ne pourras apprendre ce geste qu'un peu plus tard quand tu seras plus grand·e en passant ton diplôme de premiers secours (PSC1). »[1]
b. « À votre avis, cette situation est-elle une urgence et pourquoi ? » ➜ Non. Même si le frère de l'enfant qui parle est allongé sur le canapé, les yeux fermés, il va bien, il est juste très énervé !
c. « À votre avis, cette situation est-elle une urgence et pourquoi ? » ➜ Oui, car l'homme est pâle, il est essoufflé et respire mal, et comme il se tient le bras, cela peut vouloir dire que ce bras est cassé ou que l'homme est gravement blessé…
« Que faire ? » Prévenir le SAMU et laisser la personne assise, dans la position où elle se sent le mieux sans lui bouger son bras. On écoute les consignes du SAMU et on surveille la personne.

6 Je lis très vite (5 min)

Même démarche.

7 Prolongements (5 min)

- Faire participer les élèves à la semaine « Porter secours ».
- Mêmes prolongements que précédemment : recherche et écriture de mots du texte contenant la lettre O, dictée, copie.

Fichier de différenciation, exercices 6 à 11, p. 55-56 (pour le déroulement, voir Les fiches de préparation du fichier de différenciation, Séquence type « Les lettres ou graphies et leurs valeurs sonores », p. 186).

1. Ces gestes nous tiennent particulièrement à cœur : si, dès le plus jeune âge, les enfants les apprenaient, plus de vies seraient sauvées… (ce qui est le cas dans certains pays). Il est possible de passer le PSC1 (« Certificat de prévention et de secours civiques de niveau 1 ») dès 10 ans, voire avant, pour les enfants qui ont une corpulence et une certaine force leur permettant de pratiquer le massage cardiaque.

Séance 4 Production d'écrits

Durée : 45 min
Matériel :
- Manuel p. 69
- Cahier d'essai
- Cahier de productions d'écrits

Organisation :
- Groupe classe : introduction, découverte
- Temps individuels pour le passage à l'écrit
- Ateliers différenciés, si nécessaire, pour un groupe en difficulté, avec l'aide de l'enseignant·e

Déroulement de la séance

1 Rappel de la séance précédente (5 min)

Procéder comme d'habitude.

2 Exercice 11 : consignes d'écriture et recherches collectives (20 min)

Lecture de la consigne : « Tu fais du vélo avec ton grand frère et un ami. Ton ami vient de tomber, il a mal à la jambe. Vous êtes sur une route de campagne, il n'y a personne. Heureusement, ton grand frère a un portable. Explique ce que tu dois faire. »

Trame :
- Expliquer la situation (au moins deux phrases).
- Parler des étapes :
1. Protéger (au moins deux phrases).
2. Alerter (au moins deux phrases).
3. Secourir (au moins deux phrases).
- Conclure avec l'arrivée des pompiers (une phrase).

Vocabulaire :

Situation	Protéger	Alerter	Secourir
route, campagne, il roulait… Il a dérapé, il a trébuché, il a glissé, il a heurté une pierre, il a fait une culbute… Il est tombé, il a mal au bras, à la tête, à la jambe, à la cheville, au pied, il saigne, il a un casque…	J'observe les lieux, je déplace, j'enlève, je ramasse, je pousse (le vélo, des pierres…)	Il appelle, il explique, il donne des informations, route de campagne, il voit (une église, un village, un croisement…)	On lui parle, on le couvre, on garde notre calme, on discute, on le couvre (veste, manteau), il a soif, on ne lui donne pas à boire (gourde)…

3 Premier jet (10 min)

Même consigne.

4 Correction et finalisation (10 min)

Même démarche. Exemple :

Un accident de vélo en campagne

Nous sommes avec mon frère et mon ami en train de faire du vélo sur une petite route de campagne. Mon ami vient de tomber, il roulait très vite et il a dérapé. Je commence par aller voir mon ami, il a très mal à la jambe, il pleure et ne peut pas bouger.

J'observe les lieux pour voir s'il n'y a pas de danger autour de mon ami. Je déplace le vélo qui est à côté de lui et qui est encombrant.

Je demande à mon frère d'appeler le 15. Mon frère se présente, dit que mon ami est tombé de vélo et qu'il a très mal à la jambe et ne peut pas bouger. Il dit que nous sommes sur une route de campagne à côté de la borne kilométrique 23.

Puis je m'installe à côté de mon ami et, avec mon frère, on le calme, on discute avec lui, et on lui met une veste sur ses épaules.

Quand les pompiers arrivent, ils emmènent mon ami à l'hôpital.

5 Prolongements

- Faire dessiner la scène.
- Faire jouer la scène (écrire une pièce ou plusieurs scènes de théâtre).

- Faire un film (à destination des autres classes de l'école) avec les élèves sur les différentes situations de porter secours (appeler le 15 ; sécuriser un lieu ; se repérer dans son environnement ; secourir la victime en lui parlant, en restant à côté d'elle).
- Faire un livret « porter secours » pour la classe.
- Proposer une rencontre parents-enfants pour montrer le film ou la pièce de théâtre et faire un jeu de société enfants contre parents. Objectif : impliquer les parents par l'intermédiaire des enfants et valoriser les élèves (ils sont souvent meilleurs au jeu et gagnent contre les parents !).

Semaine 19 La lettre H : h – ch – ph – th

Séance 1 Le code

Durée : 45 min
Matériel :
- Manuel p. 70
- Panneau référent CE1 de la lettre H
- Panneau du dessin du bandeau
- Affiche des mots à retenir et/ou flashcards
- Tableau de fluence pour les syllabes et les mots
- Fichier de différenciation (p. 57-58)

Organisation :
- Groupe classe : introduction, découverte, rebrassage de la notion
- Ateliers différenciés, si nécessaire
- Temps individuels selon le besoin des élèves

Déroulement de la séance

1 Introduction (10 min)

Procéder comme d'habitude.
Mots du dessin contenant un H : *Hippolyte, chat, hérisson, herbe, appareil photo, thym, heureux.*
Phrase : « Hippolyte est allongé dans l'herbe, il est heureux, il photographie son chat qui chahute avec un hérisson qui mange du thym ! »
Résumer les différentes valeurs sonores de la lettre **H** :
- Le **H** est une lettre muette.
- Avec la lettre **P**, le **PH** se prononce f.
- Avec la lettre **C**, le **CH** se prononce ch mais parfois k[2].
- Avec la lettre **T**, le **TH** se prononce t.

Faire trouver d'autres mots contenant la lettre H :

h	ch	ph	th	ch (« k »)
hacher, horrible, malheureux, rhume, bonheur, hélice	chameau, chaise pêche, cachette, biche, brioche	phrase, phoque, éléphant, pharmacie, photocopie	thé, athlète, mythe, luth, emmenthal	chronomètre, chorale, orchestre, écho

2 Exercice 1 : Je lis des syllabes / fluence (5 min)

Le procédé est toujours le même pour la lecture de ces syllabes.
Fluence : Réaliser les exercices de fluence avec les syllabes (*cf.* Fiche de préparation sur la fluence, p. 191 de ce guide).

3 Exercice 2 : Je lis des syllabes et des mots (10 min)

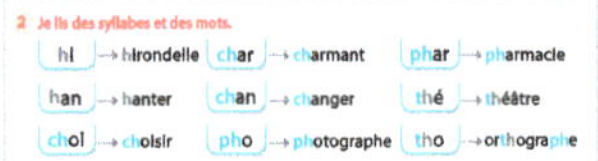

Procéder comme d'habitude. Exemples de mots contenant les syllabes du manuel :
- *hi* ➜ *hiver, hibou, menhir*
- *char* ➜ *charrue, écharpe, charger*
- *phar* ➜ *phare, nénuphar, gyrophare*
- *han* ➜ *handicap, hangar, hanche*
- *chan* ➜ *chant, chance, méchant*
- *thé* ➜ *théorie, théière, synthétique*

2. Ne pas s'attarder sur cette valeur sonore qui sera vue avec le son « k » (S26).

– *choi* ➜ *anchois, choisi, ardéchois*
– *pho* ➜ *téléphoner, photographie*
– *tho* ➜ *thorax, méthodique, mythologie*

4 Exercice 3 : Je lis des mots / fluence (10 min)

Procéder comme d'habitude. Vérifier que les élèves comprennent les mots lus et donner éventuellement quelques définitions : *(Niveau 1) hanche (= partie haute de la jambe), anchois (= petit poisson), autographe (= signature), python (= gros serpent) ; (Niveau 2) houle (= mouvement de la mer), hareng (= poisson), marathon (= course à pied), synthèse (= résumé), phalange (= segments osseux qui constituent les doigts et les orteils), échoppe (= petit magasin, épicerie), hymne (= chant ou poème à la gloire des héros), hâte (= rapidité avec laquelle on fait quelque chose), aphone (= sans voix), étanche (qui ne laisse rien passer : eau, liquide…), charmer (= faire du charme, séduire, envouter), hisser (élever, monter, porter).*

Fluence : passer au chronométrage des mots (*cf.* Fiches de préparation sur la fluence, p. 191).

5 Les mots à retenir (5 min)

Même procédure. Exemples de phrases : *Chaque matin, il part courir une heure avant d'aller au travail. Ce petit chat vient chez moi tous les jours, je crois que je vais l'adopter !*

Fichier de différenciation, exercices 1 à 7, p. 57-58 (pour le déroulement, voir Les fiches de préparation du fichier de différenciation, Séquence type « Les lettres ou graphies et leurs valeurs sonores », p. 186).

Séance 2 Lecture et fluence

Durée : 45 min

Matériel :
- Manuel p. 71-75
- Panneau référent CE1 du H
- Tableau de la séance 1
- Outils pour la fluence : tableau de suivi, textes préparés, grille de score

Organisation :
- Groupe classe : introduction, découverte, rebrassage de la notion
- Ateliers différenciés, si nécessaire en lecture et en fluence

Déroulement de la séance

1 Rappel de la séance précédente (5 min)

Procéder comme d'habitude. Compléter éventuellement le tableau de la séance 1.

2 Exercice 4 : Je me prépare à lire un texte (5 min)

Procéder comme d'habitude. Il s'agit d'une interview, genre abordé pour la première fois dans le manuel.
Dans le texte, il s'agit d'une journaliste et d'un jeune employé d'une entreprise de recyclage.

3 Exercice 5 : Je découvre des mots du texte (5 min)

Même démarche. Exemples de phrases avec les mots définis : *Le journaliste qui présente le journal télévisé est un ami de ma famille. Un journaliste est venu dans notre école pour faire une interview sur notre projet « porter secours ». Pour faire cette sculpture, l'artiste a recyclé des pneus de voiture et de camion !*

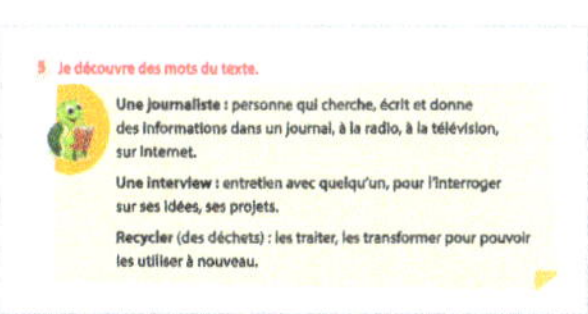
5 Je découvre des mots du texte.

Une journaliste : personne qui cherche, écrit et donne des informations dans un journal, à la radio, à la télévision, sur Internet.

Une interview : entretien avec quelqu'un, pour l'interroger sur ses idées, ses projets.

Recycler (des déchets) : les traiter, les transformer pour pouvoir les utiliser à nouveau.

4 Exercice 6 : Choix du niveau de lecture et lecture silencieuse (10 min)

Même démarche.

5 Échange collectif sur les mots difficiles (8 min)

Procéder comme d'habitude et interroger sur le sens des mots en gras dans ces extraits :
Niveau 1 : « **L'activité humaine** produit de nombreux déchets... » « C'est un vrai **chantier**... » « Les **barquettes** en aluminium nettoyées... » « On choisit des vieux habits et des jouets en bon état pour les donner à des **associations**. »
Niveau 2 : « On charge la première (poubelle) de bouteilles, **bocaux**... »
Niveau 3 : « Pour économiser les **ressources naturelles**... »
Exemple de définitions : *L'ensemble des différents métiers réalisés par les hommes produisent de nombreux déchets ; C'est un vrai désordre à réorganiser ! ; ... des petites boites en aluminium nettoyées qui contiennent des aliments... ; On choisit des vieux habits et des jouets en bon état pour les donner à des groupements de personnes qui travaillent ensemble pour aider des gens qui en ont besoin ; On charge la première de bouteilles, pots en verre pour conserver des aliments... ; Pour économiser tout ce que la nature produit et que nous transformons (pétrole, gaz, minéraux...).*

6 Lecture orale du texte (5 min)

Même démarche.

7 Fluence : chronométrage en atelier (10 min)

(Pour les modalités, *cf.* Fiche préparation sur la fluence, p. 191.)

Séance 3 Compréhension

Durée : 45 min
Matériel :
– Manuel p. 75-76
– Fichier de différenciation (p. 59)

Organisation :
– Groupe classe : introduction, rebrassage de la notion
– Ateliers différenciés, si nécessaire

Déroulement de la séance

1 Rappel de la séance précédente (5 min)

Même démarche.

2 Exercice 7 : Je comprends le texte (10 min)

Même démarche. Exemples de réponses :
– « Qui est Théo ? Qui est Charlène ? » ➜ Théo est un jeune employé d'une entreprise de recyclage des déchets, et Charlène une journaliste d'une chaine de télévision.
– « Combien y a-t-il de poubelles de tri ? » ➜ Il y en a trois : pour le verre, les emballages et les ordures ménagères. (*On peut ici ajouter une autre poubelle : celle des végétaux pour le compost.)*
– « Que met-on dans la poubelle des verres ? » ➜ Tout ce qui est en verre : bouteilles, bocaux, flacons, pots de yaourts et de confiture...
– « Que deviennent les déchets ménagers ? » ➜ Les déchets ménagers seront chauffés et brulés pour être détruits.
– « Que fait-on des gros appareils électriques ? » ➜ On les rapporte dans les magasins où ils sont repris gratuitement.

3 Exercice 8 : Je recherche dans le texte (5 min)

Même démarche. Exemples de réponses (niveau 1) :
– « Donne la première question posée par Charlène. » ➜ « Par où commencer ? »
– « Trouve l'expression indiquant qui produit les déchets. » ➜ C'est l'activité humaine qui produit les déchets.
– « Cite les emballages que l'on peut mettre dans la poubelle des papiers. » ➜ Les journaux, les magazines, les briques alimentaires, les boites de conserve, les barquettes en aluminium, les canettes et les emballages en plastique.

– « Indique la question à laquelle répond Théo quand il parle de la déchèterie. » ➜ « Et que faire des déchets spéciaux ou de très grande taille ? »

4 Exercice 9 : Je choisis la phrase qui résume le texte (5 min)

La démarche est la même que précédemment. La phrase réponse est la n° 1 : *Une journaliste interroge un employé d'une société de recyclage sur le fonctionnement et les bienfaits du tri.*

5 Exercice 10 : J'exprime ce que j'ai compris (10 min)

Même démarche. Exemples de réponses :
– « Pourquoi faut-il trier ses déchets ? » ➜ Il faut trier ses déchets pour pouvoir les recycler, pour préserver nos ressources naturelles, protéger la planète de la pollution et pour respecter l'environnement.
– « Connais-tu d'autres solutions pour protéger l'environnement ? » ➜ Économiser l'eau (prendre des douches, fermer le robinet quand on se lave les dents, récupérer l'eau de pluie pour arroser les jardins…), éteindre les lumières et les appareils en veille, ne pas trop chauffer les maisons (et pour cela bien les faire isoler), éviter l'utilisation des climatiseurs, faire attention à ses déplacements (voiture, avion…) en utilisant de préférence les transports en commun (bus, train…), faire attention à ses affaires (stylos, cahiers, papiers, vêtements, chaussures) pour s'en servir le plus longtemps possible, éviter d'acheter des produits avec beaucoup d'emballages…

6 Je lis très vite (5 min)

Même démarche.

7 Prolongements (5 min)

- Organiser la visite d'une déchèterie.
- Mettre en place le tri sélectif en classe.
- S'inscrire dans des projets sur l'environnement : « éco-école » (www.eco-ecole.org).
- Mêmes prolongements que précédemment : dictée, copie.

Fichier de différenciation, exercices 8 à 11, p. 59 (pour le déroulement, voir Les fiches de préparation du fichier de différenciation, Séquence type « Les lettres ou graphies et leurs valeurs sonores », p. 186).

Séance 4 Production d'écrits

Durée : 45 min
Matériel :
- Manuel p. 76
- Cahier d'essai
- Cahier de productions d'écrits

Organisation :
- Groupe classe : introduction, découverte
- Temps individuels pour le passage à l'écrit
- Ateliers différenciés, si nécessaire, pour un groupe en difficulté, avec l'aide de l'enseignant·e

Déroulement de la séance

1 Rappel de la séance précédente (5 min)

Procéder comme d'habitude.

2 Exercice 11 : consignes d'écriture et recherches collectives (20 min)

Lecture de la consigne : « À ton tour, écris une interview en imaginant que tu es journaliste. Demande à un ou une camarade de classe ce qu'il ou elle pense du gâchis de nourriture à la cantine et ce qui pourrait être fait pour y remédier. Pose trois questions et imagine les réponses. »
Trame :
Pour faire une interview, il faut un sujet et une personne à interviewer.
« Quel est ton sujet ? » ➜ Le gâchis de nourriture à la cantine.

« Qui vas-tu interviewer ? » ➜ Un ou une élève qui mange à la cantine et qui a des restes dans son plateau (pain, entrée, plat, dessert non mangés ou peu…).
« Quand et où vas-tu faire cette interview ? » ➜ À la cantine, à la fin du temps du repas, au moment où les élèves ramènent leur plateau pour les débarrasser et jeter leurs déchets.
« Comment vas-tu t'organiser ? »
Pour commencer : Se présenter et présenter le sujet. « Je suis… de la classe de… Je fais une interview sur le gâchis alimentaire à la cantine, acceptes-tu de répondre à quelques questions ? »
Déroulement de l'interview : Poser des questions dans un ordre chronologique, ne pas agresser l'élève, ne pas le culpabiliser.

1. As-tu bien mangé ?
2. Que reste-t-il dans ton plateau ?
3. Pourquoi n'as-tu pas mangé ?
4. Que penses-tu de la nourriture que tu vas jeter ?
5. Penses-tu que tu pourrais faire autrement ?
6. As-tu des solutions à proposer ?

En profiter pour faire un rappel sur la forme interrogative : elle permet de poser des questions. Elle se termine par un point d'interrogation. Lister les mots interrogatifs : *qui, quoi, comment, pourquoi…*

Réfléchir aux réponses possibles, au besoin en s'appuyant sur un essai d'interview à la cantine, pour récolter des réponses réelles sur le sujet. Voici quelques propositions :

1. Oui, mais je n'ai pas tout mangé aujourd'hui. Non, ce n'était pas à mon gout. Pas trop, je n'avais pas très faim.
2. Il reste : un morceau de pain, l'entrée, mes légumes, la viande, le poisson, le fromage, le dessert, un fruit…
3. Je n'avais pas faim, je n'aime pas, il y en avait trop, j'ai pris une trop grosse part, j'ai cru que j'allais tout manger…
4. Je pense que ce n'est pas bien de jeter de la nourriture. Ce n'est pas grave, c'est comme ça ! Je ne peux pas me forcer quand je n'aime pas, alors tant pis. De toute façon, ce n'est pas bon…
5. Oui, je pourrais prendre que ce que je vais manger. Oui, je pourrais prendre moins et si j'ai encore faim aller me resservir. Non, parce que, quand ce n'est pas bon, on ne le sait pas à l'avance !
6. On pourrait le proposer à tous les élèves. On pourrait peser les déchets que nous produisons, faire le projet « moins de déchets » et voir dans un mois si on a fait des progrès !

Pour finir : Remercier et proposer la participation au projet ou au moins réfléchir sur le sujet et un effort à faire la prochaine fois.
« Pendant l'interview, tu dois parler correctement, être poli et respectueux. »
Vocabulaire :

nourriture	questions	autres
pain, viande, poisson, légumes, haricots, frites, purée, petits pois, carottes, fromage, dessert, fruits, pomme, yaourt, salade…	Que penses-tu ? qu'est-ce que ? quoi ? quand ? pourquoi ? comment ? peux-tu ? veux-tu ?	plateau, self, gâchis, jeter, recycler, gâcher, gouter, resservir, peser, mettre de côté, refuser

3 Premier jet (10 min)

Même consigne.

4 Correction et finalisation (10 min)

Même démarche. Exemple d'interview :
Interview réalisée à la sortie du self quand les élèves débarrassent leur plateau. Choix d'élèves ayant laissé sur leur plateau des aliments qu'ils vont devoir jeter.

1. *Qu'est-ce que tu as laissé dans ton plateau ?*
   J'ai laissé mon pain, un peu de haricots et la moitié du poisson.
2. *Comment as-tu choisi les aliments que tu allais manger ?*
   Je les ai choisis parce que c'est ce que j'aime manger.
3. *Et du coup, pourquoi les jettes-tu ?*
   Je n'avais plus faim !

4. *Que penses-tu de la nourriture que tu vas jeter ?*
   Je pense que ce n'est pas bien de gâcher de la nourriture. J'aurais dû faire attention !
5. *Comment aurais-tu pu faire pour éviter ce gâchis ?*
   J'aurais dû demander qu'on m'en mette moins et je n'aurais pas dû prendre de pain, je le jette presque à chaque fois !
6. *Serais-tu d'accord pour participer à un projet « anti gaspillage » à la cantine ?*
   Oui, bien sûr et en plus, c'est important de ne pas gaspiller…

5 Prolongements

- Faire jouer l'interview.
- Faire rechercher et réfléchir à quelques expressions imagées autour de la nourriture, des repas, etc. Par exemple : *avoir les yeux plus gros que le ventre, en faire tout un fromage, avoir du pain sur la planche, raconter des salades, se faire rouler dans la farine, arriver comme un cheveu sur la soupe*, etc.
- Faire des affiches contre le gaspillage.
- Faire un livret « Trions nos déchets » pour la classe.
- Réaliser un film (à destination des autres classes de l'école) sur le tri des déchets.

Semaine 20 — Révisions

Pour rappel, cette semaine est dédiée aux révisions (*cf.* fin de la période 1, p. 53).
Les jeux « Je révise en m'amusant » sont à la page 77 du manuel, les corrigés sont proposés en annexe.
Attention ! Certaines devinettes de la page 77 anticipent sur la semaine 21, période 4. Pour ceux à qui cela poserait problème, nous proposons de nouvelles devinettes adaptées à la période 3 :

Je révise en m'amusant

Trouve et écris les réponses sur ton cahier.

1. Intrus

a. Quel mot ne contient pas une double consonne ?

b. Quel mot ne s'écrit pas avec un a ?

c. Quel mot ne s'écrit pas avec un o ?

2. Mélimélo

Quels mots en an ou en se cachent derrière ces lettres ?

TNDE APENLT NEPEDLU TAPLONAN

3. Le bon choix

Quelles sont les lettres manquantes : ph, th ou ch ?

dau _ _ in mé _ _ ode _ _ élère
é _ _ arpe _ _ oisir

4. Devinettes

a. Bon compagnon, il est en laisse et il aime les restes.
b. On le double sur des lacets de chaussures ou il décore le paquet cadeau.
c. Il brule, il est rouge, jaune et même vert sur la route.
d. C'est une trace qui peut être laissée dans le sol par un pied ou sur le papier par une main.

77

1/ En été, j'adore en manger, ma préférée est celle à la fraise !
➜ GLACE
2/ Il n'a ni bras ni jambes, mais il a une langue fourchue.
➜ SERPENT
3/ On les met en arrivant à la maison. Ils sont toujours par deux et on est à l'aise dedans.
➜ CHAUSSONS
4/ On les trouve en paquet ou en boite. Une fois utilisés, on les jette à la poubelle. Ils sont très utiles pour les nez qui coulent !
➜ MOUCHOIRS

Période 4

Compétences attendues en fin de cycle :
- Savoir discriminer de manière auditive les constituants des mots (conscience phonologique).
- Connaitre le nom des lettres ainsi que le son qu'elles produisent.
- Établir les correspondances graphophonologiques (syllabes simples et complexes).
- Mémoriser les composantes du code.
- Mémoriser les mots fréquents.

Compétence travaillée :
- Identifier des mots de manière de plus en plus aisée.

Objectifs généraux :
- Associer un graphème au son qu'il produit (lien oral/écrit).
- Lire des syllabes, des mots.
- Encoder des mots.
- Améliorer sa vitesse de lecture.

Objectifs spécifiques de chaque séquence :
- Connaitre les valeurs sonores d'une même lettre ou graphie.
- Connaitre les graphies d'un même son.
- Lire des syllabes, des mots contenant ces graphies.
- Lire des textes et les comprendre.
- S'exercer à la lecture rapide.
- Produire des textes en lien avec la séquence.

Durée hebdomadaire : 4 séances de 40 à 45 min (sauf la semaine 21, constituée de deux séances 1)

Semaine 21 La lettre E : e – é – er – ed – ez – è – ê – et – ei – en/em – ein/ien – eu/œu

Séance 1a Le code (1)[1]

Durée : 40 à 45 min

Matériel :
- Manuel p. 78
- Panneau référent CE1 de la lettre E (1)
- Panneau du dessin du bandeau
- Affiche des mots à retenir et/ou flashcards
- Tableau de fluence pour les syllabes et les mots
- Fichier de différenciation (p. 60-62)

Organisation :
- Groupe classe : introduction, découverte, rebrassage de la notion
- Ateliers différenciés, si nécessaire
- Temps individuels selon le besoin des élèves

Déroulement de la séance

1 Introduction (10 min)

Manuel ouvert, dessin du bandeau de la p. 78 affiché, faire citer les mots contenant les graphies de la lettre E dans l'image, les noter au tableau : *Hélène, chemin, barrière, neige, bonnet, pied, nez, forêt, glacée, chalet, réchauffer, geler…*
Faire trouver une phrase, par exemple : « Hélène est gelée, elle piétine sur le chemin enneigé près de la barrière, elle a froid au nez et aux pieds, elle doit couper du bois pour se réchauffer dans le chalet de la forêt. »

1. Attention : les graphies étant nombreuses, il y a **deux séances de code** pour cette séquence.

Résumer les différentes valeurs sonores de la lettre E : e – é – è.
Afficher le premier panneau référent de la lettre E.
Faire trouver d'autres mots contenant les différentes graphies associées à la lettre E, les noter dans un tableau, par exemple :

e	é	er	ed	ez
genou, cheval, amener, chenapan, chevreuil…	été, bébé, épi, école, épine, éclair, égalité	fermier, janvier, casier, cahier, boucher, danser…	pied, trépied, marchepied…	nez, chez, assez, vous jouez, vous parlez…
	è	**ê**	**et**	**ei**
	mère, père, frère, zèbre, vipère, lèvre, chèvre…	tête, fête, rêve, crêpe, forêt, fenêtre…	volet, objet, gilet, fouet, jouet, poulet…	treize, seize, beige, seigle, peigne, baleine…

Il est possible que les élèves choisissent des noms terminant par « -ée » pour la graphie « é ». Si c'est le cas, leur expliquer qu'il y a un « e » muet à la suite du « é ». Exemples : *fée, épée, idée, buée, fusée, bouée, dictée, année, fumée, entrée, journée, matinée, soirée, musée, lycée, poupée, cheminée…*

2 Exercice 1 : Je lis des syllabes / fluence (5 min)

La démarche est toujours la même pour la lecture de ces syllabes.
Fluence : avec les syllabes (*cf.* Fiche de préparation sur la fluence, p. 191 de ce guide).

3 Exercice 2 : Je lis des syllabes et des mots (10 min)

Procéder comme d'habitude. Exemples de mots contenant les syllabes du manuel :

- *che* ➜ *cheval, chemise, chenil*
- *gré* ➜ *degré, malgré, tigré*
- *quet* ➜ *hoquet, paquet, piquet*
- *bê* ➜ *bêcher, bêtise, embêter*
- *ter* ➜ *compter, chanter, porter*
- *pê* ➜ *pêcher, empêcher, dépêcher*
- *nei* ➜ *neigeux, déneiger*
- *let* ➜ *boulet, mulet, violet*
- *pied* ➜ *trépied, clochepied*

4 Exercice 3 : Je lis des mots / fluence (10 min)

Même démarche. Donner éventuellement quelques définitions : *(N1) évier (= bac où coule l'eau de la cuisine ; on peut y faire la vaisselle) ; (N2) atmosphère (= air/ambiance), haleine (= air, souffle qui sort de la bouche), bosquet (= petit bois).*
Fluence : passer au chronométrage des mots (*cf.* Fiches de préparation sur la fluence, p. 191).

5 Les mots à retenir (5 min)

Même procédure. Exemples de phrases : *<u>Hélas</u>, il pleut, nous n'irons pas en forêt ! <u>Peut-être</u> fera-t-il beau demain ?*

Fichier de différenciation, exercices 1 à 3, p. 60-62 (pour le déroulement, voir Les fiches de préparation du fichier de différenciation, Séquence type « Les lettres ou graphies et leurs valeurs sonores », p. 186).

Séance 1b Le code (2)[2]

Durée : 40 min
Matériel :
- Manuel p. 79
- Panneau référent CE1 de la lettre E (2)
- Panneau du dessin du bandeau
- Affiche des mots à retenir et/ou flashcards
- Tableau de fluence pour les syllabes et les mots
- Fichier de différenciation (p. 63-64)

Organisation :
- Groupe classe : introduction, découverte, rebrassage de la notion
- Ateliers différenciés, si nécessaire
- Temps individuels selon le besoin des élèves

2. Attention : les graphies étant nombreuses, il y a **deux séances de code** pour cette séquence.

Déroulement de la séance

1 Introduction (10 min)

Faire un rappel des graphies vues dans la séance précédente. Puis manuel ouvert, dessin du bandeau de la p. 79 affiché, faire citer les mots contenant les graphies de la lettre E dans l'image, les noter au tableau : *chien, fleurs, nœud, peinture, dent, embêtant…*

Faire trouver une phrase, par exemple : « Ce chien est embêtant, il a fait tomber le pot de peinture et a attrapé le nœud du bouquet de fleurs entre ses dents tout en le trainant sur le sol ! »

Résumer les différentes valeurs sonores de la lettre E : e – é – è.

Afficher le deuxième panneau référent de la lettre E (en rappel l'enseignant·e peut remettre le panneau référent de la séance précédente).

Faire trouver d'autres mots contenant les différentes graphies associées à la lettre E, les noter dans un tableau, par exemple :

en/em	ein	ien	eu/œu
cent, centre, agent, gentil, empire, décembre, tremper…	sein, rein, frein, teinte, éteindre, teinture, ceinture…	sien, rien, lien, Indien, aérien, combien, ancien, sibérien…	feu, jeudi, bleu, creux, cœur, bœuf, sœur, œuf, œuvre…

2 Exercice 1 : Je lis des syllabes (5 min)

La démarche est toujours la même pour la lecture de ces syllabes.

Fluence : avec les syllabes (*cf.* Fiche de préparation sur la fluence, p. 191 de ce guide).

3 Exercice 2 : Je lis des syllabes et des mots (10 min)

Procéder comme d'habitude. Exemples de mots contenant les syllabes du manuel :

- *jeu ➜ déjeuner, jeudi, rajeunir*
- *len ➜ lenteur, talent, violent*
- *dien ➜ Indien, méridien, Canadien*
- *tein ➜ éteindre, teinter, déteindre*
- *leur ➜ râleur, valeur, voleur*
- *nœu ➜ manœuvre, manœuvrable*
- *teur ➜ facteur, acteur, chanteur*
- *tem ➜ printemps, température, contempler*
- *rien ➜ vaurien, terrien, acarien*

4 Exercice 3 : Je lis des mots / fluence (10 min)

Même démarche. Donner éventuellement quelques définitions : *(N1) embout (= protection ajoutée au bout de certains objets comme une canne), demeurer (= habiter / rester), chœur (= ensemble de personnes qui chantent) ; (N2) embouchure (= entrée, ouverture d'un objet / extrémité, partie finale d'un fleuve), aïeux (= ancêtres), feinte (= ruse, action de faire semblant), fameux (= célèbre), savoureux (= bon, délicieux).*

Fluence : passer au chronométrage des mots (*cf.* Fiches de préparation sur la fluence, p. 191).

5 Les mots à retenir (5 min)

Même procédure. Exemples de phrases : *J'ai très faim, je n'ai rien mangé depuis hier soir ! Il va mieux depuis qu'il a pris ce médicament. Même si son grand-père est sportif, après sa longue marche, il était un peu fatigué.*

Fichier de différenciation, exercices 4 à 7, p. 63-64 (pour le déroulement, voir Les fiches de préparation du fichier de différenciation, Séquence type « Les lettres ou graphies et leurs valeurs sonores », p. 186).

Séance 2 Lecture et fluence

Durée : 45 min

Matériel :
- Manuel p. 80-83
- Panneaux référents CE1 de la lettre E
- Tableaux des séances 1
- Outils pour la fluence : tableau, textes, grille

Organisation :
- Groupe classe : introduction, découverte, rebrassage de la notion
- Ateliers différenciés, si nécessaire en lecture et en fluence

Déroulement de la séance

1 Rappel des deux séances précédentes (5 min)

Demander à un élève de rappeler les sons et graphies étudiés autour de la lettre E. Remettre les panneaux référents au tableau et compléter éventuellement les tableaux.

2 Exercice 4 : Je vais découvrir un texte (5 min)

Procéder comme d'habitude. Rappeler les documentaires déjà vus dans le manuel. Le documentaire présenté ici informe sur le réchauffement climatique.

3 Exercice 5 : Je découvre des mots du texte (5 min)

Même démarche. Exemple de phrases avec mots définis : *Roxane a mis ses roses dans une serre pour les protéger du froid de l'hiver. Il y a de moins en moins d'orangs-outangs car ils subissent un bouleversement de leur habitat naturel. La forêt amazonienne subit une déforestation intensive, quelle tristesse ! Lorsque l'on chauffe trop fort son appartement, on ne respecte pas notre environnement ni l'écologie.*

4 Exercice 6 : Choix du niveau de lecture et lecture silencieuse (10 min)

Même démarche.

5 Échange collectif sur les mots difficiles (8 min)

Procéder comme d'habitude et interroger sur le sens des mots en gras dans ces extraits : Niveau 1 : « L'effet de serre est un **phénomène** naturel… » « …grâce aux gaz contenus dans **l'atmosphère**. » « Notre planète a déjà connu de grands bouleversements climatiques, **alternant** période glaciaire et réchauffement. » « Lutter contre est un **enjeu** majeur. » « Rien n'est plus **alarmant** que le réchauffement climatique. » « Ces activités sont, par exemple : la **combustion** du pétrole… »
Faire remplacer par un synonyme dans la phrase, par exemple : *L'effet de serre est une manifestation naturelle… ; …grâce aux gaz contenus dans l'air. Notre planète a déjà connu de grands bouleversements climatiques, passant d'une période glaciaire à une période de réchauffement. Lutter contre est un objectif majeur. Rien n'est plus inquiétant que le réchauffement climatique. Ces activités sont par exemple le brulage du pétrole…*

6 Lecture orale du texte (5 min)

Même démarche.

7 Fluence : chronométrage en atelier (10 min)

(Pour les modalités, *cf.* Fiche préparation sur la fluence, p. 191.)

Séance 3 Compréhension

Durée : 45 min
Matériel :
- Manuel p. 83-84
- Fichier de différenciation (p. 65-66)

Organisation :
- Groupe classe : introduction, rebrassage de la notion
- Temps individuels selon le besoin des élèves
- Ateliers différenciés, si nécessaire

Déroulement de la séance

1 Rappel de la séance précédente (5 min)

Même démarche.

2 Exercice 7 : Je comprends le texte (10 min)

Même démarche. Propositions de réponses :
- « Quel phénomène permet de maintenir la chaleur sur Terre ? » ➜ C'est l'effet de serre.
- « Quelle température ferait-il sur Terre s'il n'y avait pas d'effet de serre ? » ➜ Il ferait – 18 degrés.

– « Qu'est-ce qui retient la chaleur dans une serre ? » ➜ Les parois de verre retiennent la chaleur dans une serre.
– « De quoi sont responsables les activités humaines ? » ➜ Elles sont responsables du changement climatique car elles modifient l'effet de serre en augmentant les gaz présents dans l'atmosphère, et de ce fait la quantité de chaleur retenue.
– « Quelles sont ces activités ? » ➜ La combustion du pétrole, du charbon et du gaz (usine, transports, voitures, avion, chauffage…).
– « Qui est Yann Arthus-Bertrand ? » ➜ C'est un photographe écologiste, réalisateur de photos et de films qui défendent la planète et cherchent à la protéger.

3 Exercice 8 : Je recherche dans le texte (5 min)

Même démarche. Propositions de réponses :
– « Trouve la phrase qui explique l'effet de serre. » ➜ L'effet de serre est un phénomène naturel, il permet à la Terre de garder la chaleur du soleil dans notre atmosphère.
– « Cite trois observations qui montrent que le climat change. » ➜ La fonte des glaciers, la montée du niveau de la mer, l'augmentation des tempêtes, le déplacement de certaines espèces animales ou leur disparition.
– « Indique quel est l'enjeu majeur pour Yann Arthus-Bertrand. » ➜ L'enjeu majeur est la lutte contre le réchauffement climatique.

4 Exercice 9 : Je choisis la phrase qui résume le texte (5 min)

La phrase réponse est la n° 1 : *Les activités humaines ont un impact sur le réchauffement climatique et augmentent l'effet de serre sur Terre.*

5 Exercice 10 : J'exprime ce que j'ai compris (10 min)

Même démarche. Voici des propositions de réponses :
Pour réduire l'effet de serre, on pourrait adopter des habitudes de consommation et de déplacement différentes afin de devenir un·e écocitoyen·ne en :
– prenant les transports en commun comme le bus ou le train, plutôt que la voiture et en se déplaçant à pied ou à vélo autant que possible ;
– en éteignant les lumières inutiles à la maison et à l'école, et en utilisant des ampoules basse consommation (*elles consomment six fois moins d'énergie que les ampoules classiques*) ;
– en évitant d'utiliser la climatisation en voiture et à la maison en été ;
– en ne laissant pas les appareils électriques en veille (*télévision, décodeur, téléphone portable, tablette, ordinateur…*) ;
– en baissant le chauffage en hiver et en choisissant de se couvrir davantage ;
– en prenant des douches plutôt que des bains ;
– en coupant l'eau de la douche pendant que l'on se lave ;
– en coupant l'eau pendant que l'on se lave les dents ;
– en évitant les produits ou aliments qui contiennent des emballages individuels ;
– en buvant l'eau du robinet plutôt que l'eau en bouteille ;
– en utilisant des gourdes lavables ;
– en triant correctement les déchets ;
– en achetant des fruits et des légumes de saison qui ont poussé près de chez soi.
Prolongement : Élaborer une charte d'écocitoyen pour la classe.

6 Je lis très vite (5 min)

Même démarche.

7 Prolongements

- Utiliser les posters de Yann Arthus Bertrand proposés au corps enseignant par l'Éducation nationale ainsi que les guides pédagogiques qui vont avec[3].

3. https://eduscol·education.fr/cid146870/17-posters-de-la-fondation-goodplanet-qui-illustrent-les-17-objectifs-de-developpement-durable.html et http://www.ledeveloppementdurable.fr/developpementdurable/

- S'inscrire sur le site de *Eco-Ecole*[4] dans des projets sur l'environnement et/ou utiliser des jeux collaboratifs (proposés sur ce site dans la rubrique « Jeux coopératifs ») qui permettent de se familiariser à une démarche de développement durable.
- Mêmes prolongements que précédemment : dictée, copie.

Fichier de différenciation, exercices 8 à 11, p. 65-66 (pour le déroulement, voir Les fiches de préparation du fichier de différenciation, Séquence type « Les lettres ou graphies et leurs valeurs sonores », p. 186).

Séance 4 Production d'écrits

Durée : 45 min
Matériel :
- Manuel p. 84
- Cahier d'essai
- Cahier de productions d'écrits
- Les 3 photos du manuel p. 84 à projeter

Organisation :
- Groupe classe : introduction, découverte
- Temps individuels pour le passage à l'écrit
- Ateliers différenciés, si nécessaire, pour un groupe en difficulté, avec l'aide de l'enseignant·e

Déroulement de la séance

1 Rappel de la séance précédente (5 min)

Procéder comme d'habitude.

2 Consignes d'écriture et recherches collectives (20 min)

11 J'écris.
Choisis une image. Décris en une phrase ce que tu y vois, ce qu'il s'y passe. Et écris en deux phrases pourquoi elle te fait penser au réchauffement climatique, en quoi c'est un problème.

Lecture de la consigne : « Choisis une image. Décris en une phrase ce que tu vois, ce qu'il s'y passe. Et écris en deux phrases pourquoi elle te fait penser au réchauffement climatique, en quoi c'est un problème. »

Trame :
- Pour commencer : Choisir une image et expliquer son choix. Proposer de faire trois (ou six) groupes dans la classe pour chacune des images. Faire une phrase pour dire pourquoi les élèves ont choisi cette image.
- Déroulement : Décrire l'image : ce que l'on voit, ce à quoi l'image fait penser, quelle émotion elle fait ressentir…
- Pour finir : Expliquer le lien avec le réchauffement climatique. Il est aussi possible de donner un avis sur la manière d'agir, des solutions à apporter…

Vocabulaire :

	Photo 1	Photo 2	Photo 3
Choix	Envie de parler de la pollution, des embouteillages, des moyens de transport	Envie de parler de la protection des animaux, de l'action de l'homme sur leur disparition, sur leur condition de vie	Envie de faire prendre conscience de la transformation des paysages : désertification, déforestation…
Description	Embouteillage, voitures, fumée, pollution, gaz, stress, surpopulation…	Ours polaire, banquise, mer, isolement, survie, détresse	Désert, sécheresse, disparition des végétaux, aridité, sol craquelé
Lien	Gaz émis, augmentation de la pollution, dérèglement climatique	Fonte des glaces, montée de l'eau	Désertification, disparition de la vie animale et végétale

3 Premier jet (10 min)

Même consigne.

4 Correction et finalisation (10 min)

Même démarche. Exemples :

Image 1 : *J'ai choisi cette photo d'embouteillage parce que je veux lutter contre la pollution. Les activités humaines sont souvent responsables du climat qui se dérègle. Sur cette photo, on peut observer*

4. https://www.eco-ecole.org

la pollution provoquée par les importants embouteillages de véhicules près des grandes villes. Les gaz émis par les voitures augmentent l'effet de serre. On peut trouver des solutions en utilisant les transports en commun.

***Image 2 :** J'aime les animaux, c'est pour ça que j'ai choisi cette photo. Je vois un ours polaire sur de la glace. Il est tout seul, il y a la mer autour de lui et peut-être qu'il ne sait pas nager. Le problème, c'est que l'ours est tout seul, il n'a plus de banquise pour marcher et voir les autres ours. Il ne peut pas chasser pour manger. Si la glace fond, il ne pourra plus rester là. Je crois qu'il va mourir alors il n'y aura plus d'ours.*

***Image 3 :** J'ai choisi cette photo parce qu'il est important de se rendre compte de ce que notre planète subit. Avec les changements climatiques, liés aux activités humaines, les zones désertiques qui sont de plus en plus chaudes sont aussi de plus en plus nombreuses ; il y a une grande sécheresse. Il n'y a plus d'eau, il n'y a pas assez de pluie pour que la végétation pousse et les espèces vivantes disparaissent. Pour éviter que les déserts avancent, il faut tout faire pour réduire l'effet de serre.*

On peut aussi préciser aux élèves que l'homme n'est pas le seul responsable. La Terre subit elle-même des changements climatiques, des réchauffements et des refroidissements, c'est cyclique. Mais ce phénomène est anormalement accéléré. Pour terminer sur des exemples plus positifs et chargés d'espoir, on peut citer des personnes engagées pour mener des actions concrètes et locales. Par exemple, le film *Demain* est un bon moyen de montrer que « des solutions existent » ; de même, le photographe Sebastiao Salgado, qui a fondé avec sa compagne l'institut Terra, a permis de reboiser la forêt de son enfance (au Brésil, près de Rio).

5 Prolongements

- Exposer dans l'école les panneaux de Yann Arthus-Bertrand (si cela n'est pas déjà fait).
- Inviter à faire un exposé sur une affiche de l'exposition.

Semaine 22 Le son è : es – er – el – ec – ep – ef – ex

Séance 1 Le code

Durée : 40 à 45 min
Matériel :
– Manuel p. 85-86
– Panneau référent CE1 du son è
– Panneau du dessin du bandeau
– Affiche des mots à retenir et/ou flashcards
– Tableau de fluence pour les syllabes et les mots
– Fichier de différenciation (p. 67-69)

Organisation :
– Groupe classe : introduction, découverte, rebrassage de la notion
– Ateliers différenciés, si nécessaire
– Temps individuels selon le besoin des élèves

Déroulement de la séance

1 Introduction (10 min)

Manuel ouvert, dessin du bandeau de la p. 85 affiché, faire citer les mots contenant les graphies du son è dans l'image, les noter au tableau : *escargot, ver, reptile (caméléon), escarbot (scarabée), chef, texte, miel, lecture…*
Faire trouver une phrase : « À l'école des insectes, le chef escarbot (scarabée) a accepté de lire un texte documentaire sur le miel à ses amis l'escargot, le reptile (caméléon) et le ver de terre. »
Afficher le panneau référent du son è afin de valider ou compléter ce qui a été cité.

Faire trouver d'autres mots contenant ces graphies :

es	er	el	ec
espion, espace, espèce, escale, estomac	ermite, bergère, alerte, cerceau, dernier	elfe, réel, duel, hôtel, rappel, pluriel, matériel	bec, sec, grec, échec, secte, infect, direct
ep	**ef**	**ex**	
biceps, exception, septembre, réception	relief, chef, astronef, grief, bref	exercice, extra, exclu, silex, expérience, texte	

Rappel : à partir de là, il n'y a plus de lecture de syllabes seules.

2 Exercice 1 : Je lis des syllabes et des mots (10 min)

1 Je lis des syllabes et des mots.

res → rester	ver → vertèbre	mel → caramel
rec → rectangle	nef → aéronef	tex → texto
per → permis	cep → réception	quel → quelques fois
mer → mercredi	ex → extrait	sep → septembre

Procéder comme d'habitude. Exemples de mots contenant les syllabes du manuel :

- *res* ➜ *restaurant, respect, rescapé*
- *ver* ➜ *verbe, verger, ouverture*
- *mel* ➜ *béchamel, formel, informel*
- *rec* ➜ *rectifier, directement, correctement*
- *nef* ➜ *astronef, nef*
- *tex* ➜ *textile, texto, prétexter*
- *per* ➜ *perdu, perdrix, percer*
- *cep* ➜ *excepter, réception*
- *quel* ➜ *lequel, duquel, auquel*
- *mer* ➜ *merci, merguez, mercerie*
- *ex* ➜ *exposé, exercice, exister*
- *sep* ➜ *antiseptique, septennat*

3 Exercice 2 : Je lis des mots / fluence (10 min)

Même démarche. Donner éventuellement quelques définitions : *N1 : cep (= pied de vigne) ; N2 : esplanade (= terrain vide, place devant un monument), concept (= idée, projet), berlingot (= bonbon), germe (= sorte de graine), fertile (= qui produit beaucoup, riche).*

Fluence : passer au chronométrage des mots (*cf.* Fiches de préparation sur la fluence, p. 191).

4 Les mots à retenir (5 min)

Même procédure. Exemples de phrases : *<u>Lequel</u> de vous deux a mangé ce pain au chocolat ? Dans cet exercice, <u>presque</u> tous les mots prennent un X au pluriel sauf un, <u>lequel</u> ?*

5 Exercice 3 : je lis des phrases (5 min)

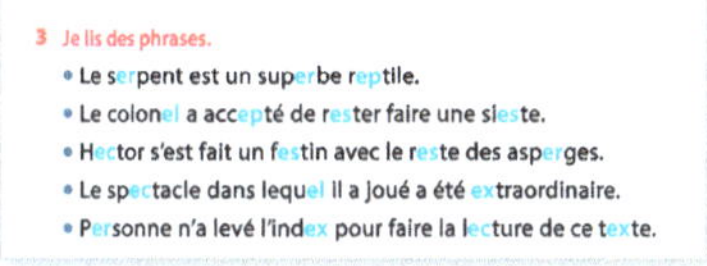

3 Je lis des phrases.

- Le serpent est un superbe reptile.
- Le colonel a accepté de rester faire une sieste.
- Hector s'est fait un festin avec le reste des asperges.
- Le spectacle dans lequel il a joué a été extraordinaire.
- Personne n'a levé l'index pour faire la lecture de ce texte.

« Nous allons maintenant découvrir un nouvel exercice de lecture de phrase avec des mots contenant les graphies que nous venons de voir. »

Faire lire les phrases par des élèves volontaires.

Fichier de différenciation, exercices 1 à 6, p. 67-69 (pour le déroulement, voir Les fiches de préparation du fichier de différenciation, Séquence type « Les sons et leurs graphies », p. 184).

Séance 2 Lecture et fluence

Durée : 45 min

Matériel :
- Manuel p. 86-90
- Panneau référent CE1 du son è
- Tableau complété en séance 1
- Outils pour la fluence : tableau, textes, grille

Organisation :
- Groupe classe : introduction, découverte, rebrassage de la notion
- Ateliers différenciés, si nécessaire en lecture et en fluence

Déroulement de la séance

1 Rappel de la séance précédente (2 min)

Remettre le panneau référent au tableau et procéder comme d'habitude. Compléter le tableau rempli en séance 1, éventuellement.

2 Exercice 4 : Je vais découvrir un texte (5 min)

Même démarche. Il s'agit d'une règle de jeu. Faire lister les jeux dont les élèves connaissent les règles.

3 Exercice 5 : Je découvre des mots du texte (5 min)

Même démarche. Exemple de phrases avec mots définis : *J'ai vu un spectacle avec des éperviers, le soigneur les faisait voler au-dessus de nos têtes, c'était impressionnant ! Ce documentaire animalier explique comment les lionnes cachent leurs petits pour que leurs prédateurs ne les attrapent pas. Les prédateurs se cachent et attendent le bon moment pour se jeter sur leur proie. Le soignant a dû exclure ce jeune singe du groupe parce que les autres le rejetaient.*

4 Exercice 6 : Choix du niveau de lecture et lecture silencieuse (10 min)

Même démarche.

5 Échange collectif sur les mots difficiles (8 min)

Procéder comme d'habitude et interroger sur le sens des mots en gras dans ces extraits :
Niveau 1 : « Ils aideront le chef à traverser sans se faire **capturer.** »
Niveau 2 : « Le prédateur attrapera sa proie par le foulard pour éviter les chutes et les **contestations.** »
Niveau 3 : « Pour plus de **coopération**, on peut proposer aux éperviers de choisir un chef… » « … les éperviers pourront se **réfugier** un bref instant… » « … s'ils sont **exténués** ou en danger. »
Si les élèves ne trouvent pas, donner une définition des mots et les remplacer par des synonymes dans la phrase. Par exemple : *Ils aideront le chef à traverser sans se faire attraper par le prédateur. Le prédateur attrapera sa proie par le foulard pour éviter les chutes et les reproches, les désaccords. Pour que les joueurs aient encore plus envie de jouer ensemble, on peut proposer aux éperviers de choisir un chef… – …les éperviers pourront se mettre à l'abri un bref instant… – …s'ils sont très fatigués ou en danger.*

6 Lecture orale du texte (5 min)

Même démarche.

7 Fluence : chronométrage en atelier (10 min)

(Pour les modalités, *cf.* Fiche préparation sur la fluence, p. 191.)

Séance 3 Compréhension

Durée : 45 min
Matériel :
- Manuel p. 90-91
- Fichier de différenciation (p. 69-71)

Organisation :
- Groupe classe : introduction, rebrassage de la notion
- Temps individuels selon le besoin des élèves
- Ateliers différenciés, si nécessaire

Déroulement de la séance

1 Rappel de la séance précédente (5 min)

Même démarche.

2 Exercice 7 : Je comprends le texte (10 min)

Même démarche. Propositions de réponses :
– « Qu'est-ce qu'un épervier ? » ➜ C'est un petit rapace, un des prédateurs de petits oiseaux comme les mésanges, et la proie de la chouette effraie !
– « Pourquoi le texte parle-t-il de la chouette effraie ? » ➜ Parce que c'est le prédateur des éperviers et, dans le jeu, c'est celui ou celle qui doit attraper ses camarades.
– « Comment est organisé le terrain de jeu ? » ➜ Le terrain est composé d'un terrain de chasse et de deux espaces de repos de part et d'autre.

– « Comment le prédateur attrape-t-il les éperviers ? » ➜ Il les attrape par le foulard qui est attaché à l'épervier pour éviter de le toucher directement ou de lui faire mal.
– « Que peut-on utiliser pour faire des zones de repos ? » ➜ Il est possible d'utiliser des cerceaux mais seulement si le terrain est très grand !
– « Quand le jeu est-il terminé ? » ➜ Le jeu est terminé quand il ne reste plus qu'un seul et dernier épervier, c'est le vainqueur qui devient ensuite prédateur.

3 Exercice 8 : Je recherche dans le texte (5 min)

Même démarche. Propositions de réponses :
– « Indique le nombre de joueurs du jeu de l'épervier. » ➜ Au moins 7 personnes ou plus.
– « Cite le matériel nécessaire au jeu. » ➜ Il faut des foulards, une craie, des cerceaux.
– « Trouve le mot qui correspond à la forme du terrain de jeu. » ➜ Un rectangle.
– « Relève la phrase qui permet de démarrer le jeu. » ➜ La chouette dit : « Éperviers sortez ! »
– « Trouve la phrase indiquant ce que deviennent les éperviers attrapés. » ➜ Les personnes qui se font attraper sont exclues du jeu.

4 Exercice 9 : Je choisis la phrase qui résume le texte (5 min)

La phrase réponse est la n° 3 : *L'épervier est un jeu collectif où des joueurs éperviers doivent éviter de se faire attraper par un prédateur lorsqu'ils sortent de leur camp.*

5 Exercice 10 : J'exprime ce que j'ai compris (10 min)

Même démarche. Propositions de réponses :
– « À ton avis, pourquoi a-t-on choisi de faire un terrain en forme de rectangle et non en forme de cercle ? » ➜ Le terrain en forme de rectangle permet d'avoir deux camps opposés séparés par le terrain de chasse du prédateur. Les éperviers sont obligés de traverser le terrain de chasse d'un bout à l'autre. Dans un cercle, le jeu ne serait pas possible, les éperviers n'auraient pas de but à atteindre.
– « Et quel est l'intérêt de nommer un chef dans le camp des éperviers ? » ➜ L'intérêt d'un chef de camp est de faire un projet de groupe avec plus de solidarité. Tous les éperviers ont un but commun, celui de faire gagner celui qu'ils ont choisi.
– « Quelles sont les règles importantes à respecter dans le jeu ? » ➜ Laisser les élèves faire des propositions, ils ont généralement l'habitude de rappeler les consignes en début de jeu. Et compléter si besoin, à l'aide de cette liste :

- Suivre les consignes du prédateur quand il demande aux éperviers de sortir.
- Ne pas se bousculer ou se faire mal.
- Coopérer entre éperviers quand on choisit un chef.
- Accepter de se faire prendre. Ne pas être « mauvais joueur » !
- Ne pas tricher.
- Ne pas se moquer de ceux qui se font attraper.
- Respecter les différences de chaque joueur (ceux qui courent moins vite, qui ont peur, qui hésitent, etc.).
- Ne pas sortir du terrain.
- Ne pas rester trop longtemps dans une zone de repos quand elles sont installées dans le terrain.

6 Je lis très vite (5 min)

Même démarche.

7 Prolongements (5 min)

• Élaborer une charte/règle des bonnes consignes à respecter dans un jeu, à afficher dans la classe.
• En séance d'EPS, tester d'autres jeux coopératifs[5].
• Mêmes prolongements que précédemment : dictée, copie.

Fichier de différenciation, exercices 7 à 11, p. 69-71 (pour le déroulement, voir Les fiches de préparation du fichier de différenciation, Séquence type « Les sons et leurs graphies », p. 184).

5. De nombreux jeux sont proposés sur : http://www.servicejeunesse.asso.fr/Ressources/Espace_jeux.

Séance 4 Production d'écrits

Durée : 45 min
Matériel :
- Manuel p. 91
- Cahier d'essai
- Cahier de productions d'écrits
- Facultatif : exemple de règle de jeu (balle assise) et canevas pour écrire une règle du jeu

Organisation :
- Groupe classe : introduction, découverte
- Temps individuels pour le passage à l'écrit
- Ateliers différenciés, si nécessaire, pour un groupe en difficulté, avec l'aide de l'enseignant·e

Déroulement de la séance

1 Rappel de la séance précédente (5 min)

Procéder comme d'habitude.

2 Consignes d'écriture et recherches collectives (20 min)

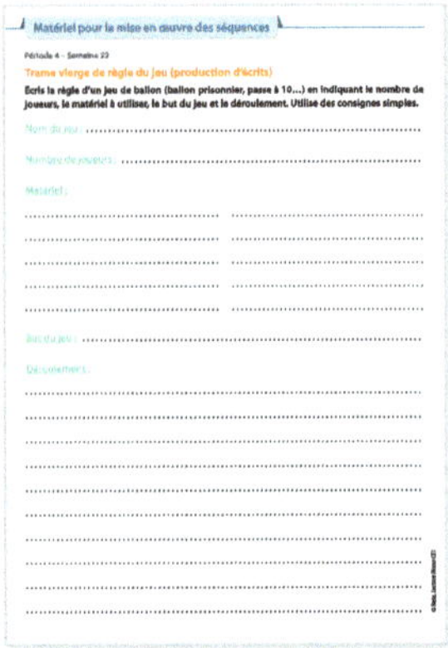

Lecture de la consigne : « Écris la règle d'un jeu de ballon (ballon prisonnier, passe à 10…) en indiquant le nombre de joueurs, le matériel à utiliser, le but du jeu et le déroulement. Utilise des consignes simples. »
Les élèves peuvent travailler individuellement, par deux ou en groupe. Proposer à chaque élève ou groupe de travailler sur un jeu déjà connu et réalisé en activité physique. Un canevas à compléter est proposé en annexe.

Trame :
- Indiquer le nom du jeu.
- Lister le matériel nécessaire : *un ballon, des dossards, des foulards, une craie, un sifflet, un arbitre, un chef…*
- Préciser le nombre de joueurs, l'organisation des équipes : Combien d'enfants peuvent jouer ? Combien d'équipes ? Nombre de joueurs par équipe ? Comment différencier les équipes ?
- Donner un nom aux joueurs, aux équipes *(chasseur, lapins ou des noms inventés…)*.
- Indiquer la chronologie du jeu et de son déroulement étape après étape : Qui lance la balle ? Comment attrape-t-on la balle ? À qui lance-t-on la balle ? Y a-t-il des prisonniers ? Que font les prisonniers ? Peut-on les délivrer ?
- Préciser le but du jeu : Comment détermine-t-on les gagnants ?

Vocabulaire :

actions sur le ballon	autres actions	matériel/vocabulaire divers
lancer, tirer, attraper, réceptionner, recevoir, toucher, récupérer, passer, dribbler…	courir, sauter, s'assoir, toucher, se lever, se déplacer, coopérer, esquiver, se déplacer, s'échapper, se démarquer, se protéger, se placer, attaquer, (se) défendre, perdre, gagner, être éliminé/exclu…	terrain, camp, zone, espace, buts, cible, limites, cerceaux, plots, craie, but, rôle, camarades, coéquipiers, adversaires, attaquant, défenseur, vainqueur, arbitre, premier, dernier, ensemble, solidaire, opposé, tricher…

3 Premier jet (10 min)

Même consigne.

4 Correction et finalisation (10 min)

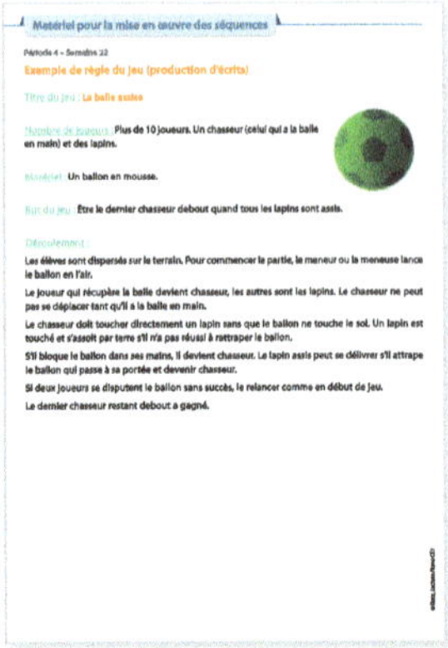

Même démarche. Exemple de règle du jeu (disponible en annexe, au besoin, pour une distribution aux élèves) :
<u>Titre du jeu</u> : ***La balle assise***
<u>Nombre de joueurs</u> : Plus de 10 joueurs. Un chasseur (celui qui a la balle en main) et des lapins.
<u>Matériel</u> : Un ballon en mousse.
<u>But du jeu</u> : Être le dernier chasseur debout quand tous les lapins sont assis.
Déroulement :
Les élèves sont dispersés sur le terrain.
Pour commencer la partie, le meneur ou la meneuse lance le ballon en l'air. Le joueur qui récupère la balle devient chasseur, les autres sont les lapins. Le chasseur ne peut pas se déplacer tant qu'il a la balle en main.

Le chasseur doit toucher directement un lapin sans que le ballon ne touche le sol. Un lapin est touché et s'assoit par terre s'il n'a pas réussi à rattraper le ballon. S'il bloque le ballon dans ses mains, il devient chasseur. Le lapin assis peut se délivrer s'il attrape le ballon qui passe à sa portée et devenir chasseur. Si deux joueurs se disputent le ballon sans succès, le relancer comme en début de jeu. Le dernier chasseur restant debout a gagné.

5 Prolongements

- Écrire des règles de jeux de société.
- Se repérer dans l'espace : réaliser des plans (représentation de l'espace).
- Se repérer dans le temps : programmation, déroulement d'une activité, chronométrage.
- Réaliser des photos pour illustrer les règles de jeu et les déroulements.

Semaine 23 — Les sons in et un : in/im – ain/aim – ein – yn/ym – un/um

Séance 1 — Le code

Durée : 45 min

Matériel :
- Manuel p. 92-93
- Panneau référent CE1 des sons in et un
- Panneau du dessin du bandeau
- Affiche des mots à retenir et/ou flashcards
- Tableau de fluence pour les syllabes et les mots
- Fichier de différenciation (p. 72-74)

Organisation :
- Groupe classe : introduction, découverte, rebrassage de la notion
- Ateliers différenciés, si nécessaire
- Temps individuels selon le besoin des élèves

Déroulement de la séance

1 Introduction (10 min)

Au préalable, faire prendre conscience de la différence entre le son in et le son un. Dans certaines régions et pour certains élèves, cette distinction n'est pas probante. Préciser seulement qu'il arrive que ces sons soient prononcés différemment et qu'ils ne s'écrivent pas de la même façon ; noter les graphies correspondantes au tableau.

in ➜ ain/aim – ein – in/im – yn/ym   un ➜ un/um

Puis faire ouvrir le manuel, afficher le dessin du bandeau de la p. 92, faire citer les mots contenant les graphies abordées dans l'image, les noter au tableau : *pain, daim, peinture, lapin, timbre, jungle, parfum, lynx, thym…*

Faire trouver une phrase, par exemple : « C'est une drôle de jungle où un daim, un lapin et un lynx, attirés par un doux parfum de thym et de pain, se sont approchés d'un pot de peinture et d'un timbre perdus par un humain. »

Afficher le panneau référent des sons in et un.

Faire trouver d'autres mots et les noter dans un tableau :

ain/aim	ein	in/im	un/um	yn/ym
nain, bain, certain, grain, soudain, prochain, demain, faim, essaim…	sein, rein, plein, frein, teinture, éteindre…	fin, câlin, chemin, sapin, invités, quinze, coussin, coquin, vingt, impoli, impasse, imprimer, imbécile, imperméable…	brun, aucun, chacun, lundi, embrun, commun, parfum…	synthétiseur, synchroniser, thym, olympique, tympan…

2 Exercice 1 : Je lis des syllabes et des mots (10 min)

Procéder comme d'habitude. Exemples de mots contenant les syllabes du manuel (on peut se passer des syllabes associées à des mots rares et difficiles, ou les donner pour l'exemple) :

- *tim ➜ timbrer, saltimbanque*
- *syn ➜ syntaxe, syndicat*
- *quin ➜ requin, coquin, rouquin*
- *cein ➜ enceinte, ceinturer, ceinturon*

– *rin* ➜ *tambourin, pèlerin, burin*
– *main* ➜ *humain, Roumain, Romain*
– *fum* ➜ *parfum* (c'est tout !)
– *lun* ➜ *alun (+ mesclun)*
– *cym* ➜ *cymbalier*
– *rynx* ➜ *larynx*
– *tein* ➜ *il éteindra, j'atteindrai, déteint*
– *tin* ➜ *matin, patin, festin*

3 Exercice 2 : Je lis des mots / fluence (10 min)

Même démarche. Donner éventuellement quelques définitions : *(N1) alpin (= qui concerne les Alpes / escarpé), impôt (= taxe, argent prélevé sur un salaire pour le fonctionnement de l'État) ; (N2) essaim (= groupement d'abeilles), tympan (= membrane, petite peau tendue dans le conduit de l'oreille), larynx (= organe situé dans le cou qui sert notamment pour parler), ceinturon (= ceinture militaire), riverain (= qui habite près d'une rivière, d'une rue), syndicat (= groupe qui défend les intérêts des salariés), étreinte (= embrassade), humble (= qui est modeste, timide / pauvre / respectueux).*
Fluence : passer au chronométrage des mots (*cf.* Fiches de préparation sur la fluence, p. 191).

4 Les mots à retenir (5 min)

Même procédure. Exemple de phrase : *Tu as tort d'agir ainsi, ça ne te permettra pas d'obtenir ce que tu veux !*

5 Encadré « Ne confonds pas ! » (5 min)

Cet encadré est connu des élèves qui ont utilisé la méthode CP, il permet de prendre conscience de confusions possibles dans l'écriture et la lecture de certains mots.
En effet, si on ajoute un E à la suite des graphies IN, AIN, UN ou UM, elles se prononcent différemment, ce sur quoi il faut être vigilant à la lecture. Pour l'expliquer aux élèves, le découpage syllabique (basé sur l'écrit) s'impose :
ma-rin / ma-ri-ne
cer-tain / cer-tai-ne
au-cun / au-cu-ne
par-fum / par-fu-mer
Il est possible de faire trouver d'autres exemples aux élèves.

6 Exercice 3 : Je lis des phrases (5 min)

Même démarche qu'en semaine précédente.

Fichier de différenciation, exercices 1 à 6, p. 72-74 (pour le déroulement, voir Les fiches de préparation du fichier de différenciation, Séquence type « Les sons et leurs graphies », p. 184).

Séance 2 Lecture et fluence

Durée : 45 min
Matériel :
– Manuel p. 93-96
– Panneau référent CE1 des sons in et un
– Tableau de la séance 1
– Outils pour la fluence : tableau, textes, grille

Organisation :
– Groupe classe : introduction, découverte, rebrassage de la notion
– Ateliers différenciés, si nécessaire en lecture et en fluence

Déroulement de la séance

1 Rappel de la séance précédente (2 min)

Même démarche.

2 Exercice 4 : Je vais découvrir un texte (5 min)

Procéder comme d'habitude. Faire rappeler la recette déjà vue dans le manuel (le crumble pommes bananes à la cannelle).

3 Exercice 5 : Je découvre des mots du texte (5 min)

Même démarche. Exemple de phrases avec les mots définis : *J'ai passé ma journée avec un boulanger, il m'a expliqué comment faire du pain au levain. Le docteur a dit qu'il fallait dissoudre ce médicament dans du jus d'orange pour que ce soit meilleur. Ma sœur joue avec de la pâte à modeler, elle la malaxe tellement qu'elle est toute molle !*

4 Exercice 6 : Choix du niveau de lecture et lecture silencieuse (10 min)

Même démarche.

5 Échange collectif sur les mots difficiles (8 min)

Procéder comme d'habitude et interroger sur le sens des mots en gras dans ces extraits :
Niveau 1 : « Dans une **timbale**, dissous le levain avec une peu d'eau tiède. »
Niveau 2 : « … dans un grand saladier et **incorpore** tout doucement l'eau. » « Fais cinq ou six boules de pain en les roulant avec la **paume** de la main. »
Niveau 3 : « Malaxe le tout à la main jusqu'à **l'obtention** d'une pâte **homogène**. » « … laisse-la reposer à température **ambiante**… »
Faire remplacer par un synonyme dans la phrase, par exemple : *Dans un gobelet en métal, dissous le levain avec une peu d'eau tiède – … dans un grand saladier et ajoute tout doucement l'eau. Fais cinq ou six boules de pain en les roulant avec le creux de la main. Malaxe le tout à la main jusqu'à ce que tu obtiennes une pâte lisse et sans grumeau. – … laisse-la reposer à la température de la pièce.*

6 Lecture orale du texte (5 min)

Même démarche.

7 Fluence : chronométrage en atelier (10 min)

(Pour les modalités, *cf.* Fiche préparation sur la fluence, p. 191.)

Séance 3 Compréhension

Durée : 45 min
Matériel :
– Manuel p. 96-97
– Fichier de différenciation (p. 75-76)

Organisation :
– Groupe classe : introduction, rebrassage de la notion
– Ateliers différenciés, si nécessaire

Déroulement de la séance

1 Rappel de la séance précédente (5 min)

Même démarche.

2 Exercice 7 : Je comprends le texte (10 min)

Même démarche. Propositions de réponses :
– « Que doit-on dissoudre ? » ➜ On dissout le levain avec de l'eau tiède.
– « Qu'est-ce qui doit être recouvert d'un linge ? » ➜ La pâte qu'il faut laisser reposer et lever.
– « Que faut-il malaxer ? » ➜ Il faut malaxer la farine, le levain et l'eau pour obtenir la pâte à pain.
– « Que fait la pâte après une heure de repos ? » ➜ La pâte lève, elle doit doubler de volume.
– « Comment éviter que la pâte colle aux doigts ? » ➜ On met un peu de farine sur ses mains.
– « Combien de pains peut-on faire avec la pâte ? » ➜ On peut faire cinq ou six boules de pain.

3 Exercice 8 : Je recherche dans le texte (5 min)

Même démarche. Propositions de réponses :
– « Cite les ingrédients nécessaires pour faire le pain. » ➜ De la farine de blé, du levain, du sel fin, de l'eau tiède.
– « Fais la liste des ustensiles dont tu auras besoin. » ➜ Une timbale, un grand saladier, un récipient, un linge, une plaque, un couteau, un pinceau et tes mains !

– « Donne le numéro de l'étape ou tu dois mettre du sel. » ➜ Étape n° 1.
– « Trouve un synonyme de malaxer. » ➜ Pétrir.
– « Donne le temps de cuisson. » ➜ 12 à 15 minutes.

4 Exercice 9 : Je choisis la phrase qui résume le texte (5 min)

La phrase réponse est la n° 3 : *La fabrication du pain est un procédé simple qui sert à transformer de la farine et de l'eau en pain, en utilisant ses mains.*

5 Exercice 10 : J'exprime ce que j'ai compris (10 min)

Même démarche. Voici des propositions de réponses :
– « Qu'est-ce qui explique que la pâte lève ? » ➜ La pâte lève grâce au levain. Le levain produit avec la farine une réaction chimique (la fermentation) qui permet à la pâte de gonfler.
– « Pourquoi doit-on humidifier le pain avant de le cuire ? » ➜ On humidifie le pain avant de le mettre au four pour avoir une belle croute et pour éviter qu'elle se dessèche trop vite dans le four.
– « Pourquoi faut-il faire des traits au couteau sur le pain avant de le cuire ? » ➜ La pâte va gonfler en cuisant, les traits ou dessins vont permettre d'éviter à la pâte de craquer ou d'éclater.

6 Je lis très vite (5 min)

Même démarche.

7 Prolongements

- Réaliser la recette en classe. Il est possible de faire deux groupes, un qui fait le pain, l'autre qui fait du beurre à partir d'une crème fraiche. Ensuite les élèves peuvent déguster des tartines de pain beurré !
- Faire le test d'un pain avec de la levure et un autre sans levure pour voir la différence et comprendre l'action du levain.
- Réaliser le levain en classe.
- Mêmes prolongements que précédemment : dictée, copie.

Fichier de différenciation, exercices 7 à 11, p. 75-76 (pour le déroulement, voir Les fiches de préparation du fichier de différenciation, Séquence type « Les sons et leurs graphies », p. 184).

Séance 4 Production d'écrits

Durée : 45 min
Matériel :
– Manuel p. 97
– Cahier d'essai
– Cahier de productions d'écrits
– Facultatif : exemples de recette et canevas pour écrire une recette

Organisation :
– Groupe classe : introduction, découverte
– Temps individuels pour le passage à l'écrit (ou en binôme ou en groupe)
– Ateliers différenciés, si nécessaire, pour un groupe en difficulté, avec l'aide de l'enseignant·e

Déroulement de la séance

1 Rappel de la séance précédente (5 min)

Procéder comme d'habitude.

2 Consignes d'écriture et recherches collectives (20 min)

Lecture de la consigne : « Écris la recette de la pâte à sel. Liste les ingrédients, les ustensiles et indique les différentes étapes en utilisant des verbes d'action à l'infinitif. »
Trame : Proposer aux élèves de réfléchir à ce qu'il faudrait pour faire une pâte à sel (s'appuyer sur des élèves qui auraient pu en faire avec leurs parents ou élaborer une logique de réflexion commune).
– Ingrédients : sel, farine, eau.
– Proportions : recherche sur Internet ou par essais-tâtonnements…

Vocabulaire :

ingrédients	ustensiles	verbes d'action	consistance
sel, farine, eau	verre, récipient, saladier, cuillère, mains, doigts	verser, diluer, incorporer, ajouter, mélanger, malaxer, pétrir	tiède, molle, souple, friable, collante, sablée

3 Premier jet (10 min)

Même consigne. Les élèves peuvent utiliser le canevas proposé en annexe, si nécessaire.

4 Correction et finalisation (10 min)

Même démarche. Exemple (proposé en annexe, au besoin, pour une distribution aux élèves) :

ingrédients	ustensiles
– Un verre de sel fin. – Un verre d'eau tiède. – Deux verres de farine. – Colorants alimentaires ou craies…	– Un verre. – Un saladier. – Les mains.

Recette de la pâte à sel :

– Mélanger 2 verres de farine et un verre de sel fin dans un saladier.
– Verser un verre d'eau tiède.
– Malaxer jusqu'à obtenir une belle boule de pâte souple. La pâte à sel ne doit pas coller aux doigts.
– Si la pâte à sel est trop molle : rajouter de la farine.
– Si la pâte à sel est friable : rajouter de l'eau.

5 Prolongements

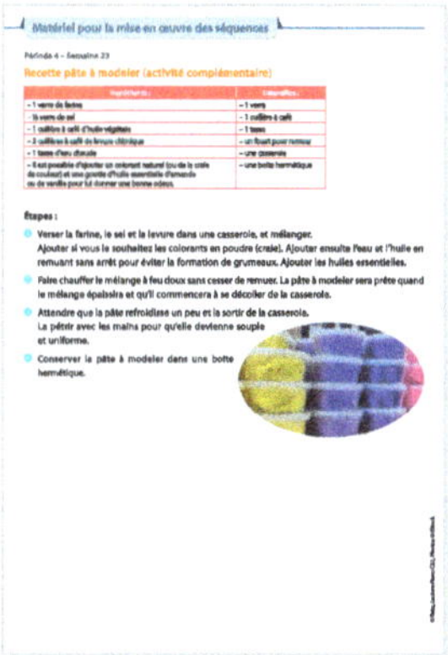

- Réaliser des objets en pâte à sel (les laisser sécher ou les cuire 1 h au four à 100 °C afin que l'eau s'évapore, puis les peindre).
- Réaliser de la pâte à modeler. Voici une recette simple de **pâte à modeler** (recette complète en annexe) :

– 1 verre de farine
– ½ verre de sel
– 1 cuillère à café d'huile végétale
– 2 cuillères à café de levure chimique
– 1 tasse d'eau chaude

Il est possible d'ajouter un colorant naturel (ou de la craie de couleur) et une goutte d'huile essentielle d'amande ou de vanille pour lui donner une bonne odeur.
Conserver la pâte à modeler dans une boite hermétique.

- Réaliser des photos de l'atelier pâte à sel et prévoir une exposition des objets pour une fête.

Semaine 24 — Les sons g et j : g – gu – j – ge

Séance 1 — Le code

Durée : 45 min
Matériel :
– Manuel p. 98-89
– Panneau référent CE1 des sons g et j
– Panneau du dessin du bandeau
– Affiche des mots à retenir et/ou flashcards
– Tableau de fluence pour les syllabes et les mots
– Fichier de différenciation (p. 77-78)

Organisation :
– Groupe classe : introduction, découverte, rebrassage de la notion
– Ateliers différenciés, si nécessaire
– Temps individuels selon le besoin des élèves

Déroulement de la séance

1 Introduction (10 min)

Manuel ouvert, dessin du bandeau de la p. 98 affiché, faire citer les mots contenant les graphies des sons g et j dans l'image, les noter au tableau : *orangeade, pigeon, manger, guitare, jouer, regarder, jupe, gilet, rouge.*

Faire trouver une phrase, par exemple : « Gabrielle a mis sa jupe et son gilet rouges, elle joue de la guitare en dégustant une orangeade et en regardant les pigeons qui mangent les graines qu'elle a jetées gentiment pour eux. »

Afficher le panneau référent des sons g et j.

Faire trouver d'autres mots contenant ces sons et graphies les noter dans un tableau :

J'entends j			J'entends g		
j	gi –gy	gé – ge	ga	go	gu
déjeuner, majuscule, jupon, jumelles, jus, janvier, projet…	magie, gilet, gifle, angine, **gyrophare, gymnase**…	géant, dragée, rangée, gens, dangereux, cage, fromage, **geai, mangeable, plongeoir, nous mangeons**…	gaz, gare, gazon, garde, bagarre, galipette, gambader, gauche…	golf, gomme, rigolade, fagot, mégot, cargo, kangourou, goudron, dragon, gonfler…	aigu, figure, légume, virgule, singulier, **guenon, guérir, guide, guidon, algue, guépard, guérir, aiguille, guichet, déguisement**…

2 Exercice 1 : Je lis des syllabes et des mots (10 min)

Procéder comme d'habitude. Exemples de mots contenant les syllabes du manuel :

- *jar* ➜ *jardin, jargon*
- *join* ➜ *joint, adjoint, jointure*
- *gra* ➜ *graver, gratter, agrafer*
- *gen* ➜ *urgent, argent, sergent*
- *jon* ➜ *jongler, donjon, Dijon*
- *geo* ➜ *negeoter, flageolet, bougeotte*
- *gi* ➜ *rugissement, logis, gitane*
- *gea* ➜ *orangeade, orgeat*

3 Exercice 2 : Je lis des mots / fluence (10 min)

Même démarche. Donner éventuellement quelques définitions : *(N1) grade (= degré d'une hiérarchie), jonc (= grande tige d'une herbe marécageuse) ; (N2) pagaie (= rame), geôle (= prison), rougeoyer (= devenir rouge).*

Fluence : passer au chronométrage des mots (*cf.* Fiches de préparation sur la fluence, p. 191).

4 Les mots à retenir (5 min)

Même procédure. Exemples de phrases : *Si tu demandes gentiment à ta tante de t'emmener à la fête foraine, elle le fera pour te faire plaisir. Il n'a guère d'argent, il ne pourra pas partir en vacances.*

5 Exercice 3 : Je lis des phrases (5 min)

Même démarche.

Fichier de différenciation, exercices 1 à 6, p. 77-78 (pour le déroulement, voir Les fiches de préparation du fichier de différenciation, Séquence type « Les sons et leurs graphies », p. 184).

Séance 2 Lecture et fluence

Durée : 45 min

Matériel :
- Manuel p. 99-102
- Panneau référent CE1 des sons g et j
- Tableau de la séance 1
- Outils pour la fluence : tableau, textes, grille
- Affiche du manuel p. 99 à projeter

Organisation :
- Groupe classe : introduction, rebrassage de la notion
- Ateliers différenciés, si nécessaire, en lecture et en fluence

Déroulement de la séance

1 Rappel de la séance précédente (5 min)

Même démarche.

2 Exercice 4 : Je vais découvrir un texte et une affiche (5 min)

Questionner la classe :
« Quel type de texte allons-nous rencontrer ? » ➜ Une affiche et un programme.
« Avez-vous déjà rencontré des affiches et des programmes ? Dans quel cadre ? » ➜ Affiches publicitaires, programmes de fêtes de l'école, de la commune, publicités…

3 Exercice 5 : Je découvre des mots du texte (5 min)

Même démarche. Exemple de phrases avec mots définis : *Toute la famille de cet homme est venue célébrer ses 90 ans ! Je suis allé à la bibliothèque pour trouver un livre sur l'ornithologie, pour reconnaitre les oiseaux qui viennent dans mon jardin. Mon oncle à un grand verger dans lequel nous ramassons des abricots pendant les vacances d'été.*

4 Exercice 6 : Choix du niveau de lecture et lecture silencieuse (10 min)

Même démarche. Attention, préciser aux élèves de ne pas oublier de regarder l'affiche !

5 Échange collectif sur les mots difficiles (10 min)

Indiquer que le **Comité français de l'Union internationale de conservation de la nature** est une association de protection de la nature.
Puis procéder comme d'habitude et interroger sur le sens des mots en gras dans ces extraits :
(N1) « Et aussi le ramassage des déchets le long des **berges**. »
(N2) « Des présentations de projets **innovants** pour préserver la nature. »
(N3) « … pour permettre à tous d'apprécier la beauté de la **biodiversité** dans notre entourage. »
Faire remplacer par un synonyme dans la phrase, par exemple : *Et aussi le ramassage des déchets le long des bords de cours d'eau. Des présentations de projets originaux pour préserver la nature. … pour permettre à tous d'apprécier la beauté des différentes espèces vivants dans notre entourage.*
Puis demander :
« Nous avons déjà découvert des fruits, des fleurs, nous découvrons dans ce texte de noms d'oiseaux, les connaissez-vous ? En connaissez-vous d'autres ? » ➜ Faire une recherche sur les oiseaux : le geai, la grive, le rouge-gorge, la bergeronnette, la mésange, la pie, le merle, l'hirondelle, le rossignol… (quelques images sont proposées en annexe).

6 Lecture orale du texte (5 min)

Avant de commencer, faire commenter l'affiche en posant des questions aux élèves (projeter l'affiche, si possible, disponible en annexe) :

– « Que représente cette affiche ? » ➜ Une présentation publicitaire pour la Fête de la Nature, afin d'y attirer un grand nombre de personnes.
– « Quelles informations donne l'affiche ? » ➜ Elle donne la date et le lieu de la Fête de la Nature.
– « Pourquoi y a-t-il des oiseaux, des insectes et des plantes ? » ➜ Pour faire un lien avec le contenu et mettre en évidence la nature, qui est le thème principal de cet évènement.
– « Quels sont les animaux représentés ? » ➜ Aigle, rouge-gorge, geai.
– « Quels sont les insectes représentés ? » ➜ Gendarme, guêpe, grillon.
– « Quels sont les plantes, les fruits et les légumes représentées ? » ➜ Muguet, courgette, oignon, mangue, jonquille, jacinthe, asperge.
– « Que font les enfants ? » ➜ Ils observent la nature, ils admirent sa beauté.
Puis procéder comme d'habitude.
Prolongement : Faire trouver tous les mots avec g et j sur l'affiche : *rouge-gorge, aigle, gendarme, geai, gentiane, muguet, courgette, mangue, cigale, asperge, guêpe, jonquilles, jumelles, jeunes, garçon, jaune, rouge, joyeux…*

7 Fluence : chronométrage en atelier (10 min)

(Pour les modalités, *cf.* Fiche préparation sur la fluence, p. 191.)

Séance 3 Compréhension

Durée : 45 min
Matériel :
- Manuel p. 102-103
- Fichier de différenciation (p. 79-80)
- Affiche du manuel p. 99 à projeter

Organisation :
- Groupe classe : introduction, rebrassage de la notion
- Ateliers différenciés, si nécessaire

Déroulement de la séance

1 Rappel de la séance précédente (5 min)

Même démarche.

2 Exercice 7 : Je comprends le texte et l'affiche (10 min)

Même démarche. Propositions de réponses :
– « En quelle année a été créée la Fête de la Nature ? » → En 2007.
– « En quelle saison a-t-elle lieu ? Combien de jours dure-t-elle ? » → La Fête de la Nature a lieu au mois de mai et dure cinq jours.
– « Quelles activités propose-t-on dans les jardins ? » → Des visites guidées.
– « Sur quel sujet sont donnés des conseils ? » → Des conseils sont donnés pour mieux reconnaitre et cultiver les fruits et les légumes.
– « Quelle activité proposée permet d'agir pour protéger la planète ? » → Le nettoyage des berges permet de protéger la planète.

3 Exercice 8 : Je recherche dans le texte ou sur l'affiche (5-10 min)

Même démarche. Propositions de réponses :
– « Trouve la date de la Fête de la Nature proposée dans le jardin des Tournelles. » → Le jeudi 21 mai.
– « Trouve deux noms d'endroit où il est possible de faire des promenades à vélo. » → Des lacs, des étangs.
– « Trouve la phrase qui incite les gens à venir. » → La dernière phrase : *Venez nous rejoindre nombreux !*

4 Exercice 9 : Je choisis la phrase qui résume le texte (5 min)

La phrase réponse est la n° 1 : *Présentation du programme des actions organisées pour un évènement national dédié à la nature.*

5 Exercice 10 : J'exprime ce que j'ai compris (10 min)

Même démarche. Voici des propositions de réponses :
– « À ton avis, pourquoi cette fête est-elle utile ? » → Cette fête est utile parce qu'elle permet, dans un premier temps, d'attirer l'attention du public sur la nature et ses richesses, sa beauté et, dans un second temps, de rappeler qu'il faut la protéger tous ensemble (et non la malmener).
– « Quel est le rôle de l'affiche ? » → L'affiche est une « publicité », elle attire l'œil, elle est visuelle et donc explique son message par des dessins ; elle donne les informations utiles pour participer à un évènement.
– « À quoi sert le texte qui accompagne l'affiche ? » → Il donne le programme des journées de la Fête de la Nature ; il permet de présenter plus en détail les festivités afin que les gens choisissent ce qu'ils ont envie de faire.

6 Je lis très vite (5 min)

Même démarche.

7 Prolongements

- Faire réaliser par les élèves des posters ou affiches sur des oiseaux, des fruits, des fleurs, des légumes, des insectes… à l'aide d'images découpées, de photos réalisées, de recherches sur Internet… Les exposer.
- Mêmes prolongements que précédemment : dictée, copie.

Fichier de différenciation, exercices 7 à 11, p. 79-80 (pour le déroulement, voir Les fiches de préparation du fichier de différenciation, Séquence type « Les sons et leurs graphies », p. 184).

Séance 4 Production d'écrits

Durée : 45 min

Matériel :
- Manuel p. 103
- Cahier d'essai
- Cahier de productions d'écrits
- Exemple d'affiche à projeter

Organisation :
- Groupe classe : introduction, découverte
- Temps individuels pour le passage à l'écrit
- Ateliers différenciés, si nécessaire, pour un groupe en difficulté, avec l'aide de l'enseignant·e

Déroulement de la séance

1 Rappel de la séance précédente (5 min)

Même démarche.

2 Consignes d'écriture et recherches collectives (20 min)

Lecture de la consigne : « Prépare une affiche pour la fête de l'école. Fais une illustration en lien avec la fête. Écris les informations importantes : date et lieu, activités. Utilise des styles d'écriture différents (capitale, minuscule, gras, italique, grands ou petits caractères). »

Trame :

Le contenu : Décider (les exemples sont développés dans le vocabulaire) :
- de la date de la fête de l'école, des horaires ;
- des activités qui auront lieu pendant la fête (jeux, concours…) ;
- du lieu où elle se fera (école, gymnase, parc…) ;
- du matériel pour la réaliser : papier ou carton, crayons de couleurs, marqueurs de couleurs, images, photos…

Les styles d'écriture : Faire un point sur le vocabulaire : capitale, minuscule, gras, italique, script, manuscrite, grands ou petits caractères, polices, corps, taille…

Vocabulaire :

stands / animations	programmes	verbes d'action	lieux
chamboule-tout, maquillage, babyfoot géant, pêche aux canards, jeu des cibles, planche à savon, course à l'œuf, barbecue, buffet, buvette…	spectacle, chorale, stand de jeux, danses, exposition, tombola, défi…	chanter, lancer, bouger, sauter, attraper, courir, observer, manger, boire…	grande cour, petite cour, gymnase, stade, parc municipal, salle de spectacle, jardin municipal, berges de la rivière…

3 Premier jet (10 min)

Même consigne.

4 Correction et finalisation (10 min)

Même démarche. Exemple :

5 Prolongements

- Faire étudier différentes affiches ou publicités.
- Ateliers d'art visuel sur « les affiches d'autrefois » (il existe quelques sites Internet consacrés aux affiches anciennes).

Semaine 25 — La lettre G : g – gn – gu – ge – gg – g

Séance 1 — Le code

Durée : 45 min

Matériel :
- Manuel p. 104
- Panneau référent CE1 de la lettre G
- Panneau du dessin du bandeau
- Affiche des mots à retenir et/ou flashcards
- Tableau de fluence pour les syllabes et les mots
- Fichier de différenciation (p. 81-83)

Organisation :
- Groupe classe : introduction, découverte, rebrassage de la notion
- Ateliers différenciés, si nécessaire
- Temps individuels selon le besoin des élèves

Déroulement de la séance

1 Introduction (10 min)

Manuel ouvert, dessin du bandeau de la p. 104 affiché, faire citer les mots contenant les graphies de la lettre G dans l'image, les noter au tableau : *garçon, jogging montagne, grimper, pigeon, mangue, coing, manger…*
Faire trouver une phrase : « Un garçon en jogging bleu a grimpé au sommet de la montagne, il est en colère parce qu'un pigeon veut lui manger sa mangue et ses coings. »
Afficher le panneau référent de la lettre G et faire résumer les valeurs sonores de la lettre.

Bien faire remarquer que le G en gris est muet et n'est pas un son ! Mais il est étudié ici car il est important de savoir que quelques mots ont un G muet final. Faire trouver des mots de la même famille pour justifier la présence de ce G et amener à le retenir (pour certains cas du moins). Par exemple : *long* ➜ *longueur* ; *sang* ➜ *sanguin* ; etc.

Faire trouver d'autres mots contenant la lettre G, les noter dans un tableau :

g	gn	gu	ge	gg	g (muet)
garage, gage, galop, gradin, pingpong, zigzag, parking…	vigne, ligne, agneau, poignet, lasagne, peigne, grogner, signer, témoigner…	guépard, guérir, aiguille, guichet, guide, déguisement, guimauve…	geai, orgeat, mangeable…	toboggan, aggraver, agglutiner, agglomérer, legging…	rang, long, poing, bourg, étang, hareng…

2 Exercice 1 : Je lis des syllabes et des mots (10 min)

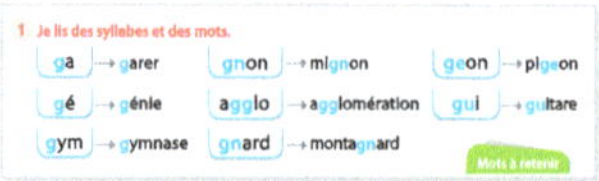

Procéder comme d'habitude. Exemples de mots contenant les syllabes du manuel :
- *ga* ➜ *Magali, galop, galère*
- *gnon* ➜ *chignon, grognon, compagnon*
- *geon* ➜ *esturgeon, plongeon, bourgeon*
- *gé* ➜ *géant, congé, génial*
- *agglo* ➜ *agglomérer, agglomération*
- *gui* ➜ *guider, guignol, aiguisé*
- *gym* ➜ *gymnastique, aquagym, gymnaste*
- *gnard* ➜ *poignard, campagnard, charognard*

3 Exercice 2 : Je lis des mots / fluence (10 min)

Même démarche. Donner éventuellement quelques définitions : *(N1) mangeoire (= grand bac où sont déposés la nourriture ou l'eau des bêtes) ; (N2) gouvernail (= objet plat permettant de diriger un bateau), logis (= maison, demeure), faubourg (= banlieue, périphérie d'une ville), agglomération (= assemblage / ensemble formé d'une grande ville et des villes autour), épargner (= économiser / laisser tranquille ou en vie, éviter), agglomérer (= mettre ensemble, réunir), subjuguer (= étonner, admirer), agglutiner (= réunir, coller)…*
Fluence : passer au chronométrage des mots (*cf.* Fiches de préparation sur la fluence, p. 191).

4 Les mots à retenir (5 min)

Même procédure. Exemples de phrases : *Il y a très longtemps, les hommes se déplaçaient à cheval. J'ai besoin de davantage de pommes pour faire cette tarte, ces deux-là ne sont pas suffisantes.*

5 Exercice 3 : Je lis des phrases (5 min)

Même consigne.

Fichier de différenciation, exercices 1 à 7, p. 81-83 (pour le déroulement, voir Les fiches de préparation du fichier de différenciation, Séquence type « Les lettres ou graphies et leurs valeurs sonores », p. 186).

Séance 2 Lecture et fluence

Durée : 45 min
Matériel :
- Manuel p. 105-110
- Panneau référent CE1 de la lettre G
- Tableau complété en séance 1
- Outils pour la fluence : tableau, textes, grille

Organisation :
- Groupe classe : introduction, découverte, rebrassage de la notion
- Ateliers différenciés, si nécessaire, en lecture et en fluence

Déroulement de la séance

1 Rappel de la séance précédente (5 min)

Remettre le panneau référent au tableau et procéder comme d'habitude. Compléter le tableau rempli en séance 1, éventuellement.

2 Exercice 4 : Je vais découvrir un texte et une affiche (5 min)

Même démarche. Autre conte déjà rencontré dans le manuel : « Le chat sauvage et la souris ». L'enseignant·e peut présenter (ou rappeler) les principaux types de conte existants :
- Les contes des origines (genre proposé ici) expliquent de façon fantaisiste l'origine des éléments naturels en y répondant par le merveilleux. Exemples : *Pourquoi le corbeau est-il noir ? Pourquoi l'eau de mer est-elle salée ?…*
- Les contes merveilleux sont de l'ordre de l'irréel, de l'imaginaire ; on y trouve des fées, des sorcières, des ogres… de la magie, du surnaturel… Par exemple : *Blanche-Neige, Aladin ou la lampe merveilleuse…*
- Les contes réalistes se rapprochent de la réalité, les sujets appartiennent quotidien des gens… Par exemple : *Le Gueux* de Maupassant.
- Les contes d'animaux sont des contes dans lesquels les personnages mis en scène sont des animaux personnifiés (ils parlent), comme *Les Trois Petits Cochons.*
- Les contes facétieux sont des farces dans lesquelles la force et le pouvoir sont tournés en dérision comme dans *Les Habits neufs de l'empereur.*
- Les contes de randonnée sont particuliers et ont une structure répétitive et énumérative… Par exemple : *Le Pou et la puce, La Moufle.*
- Les contes philosophiques ou de sagesse sont des histoires fictives mais critiques qui font réfléchir sur la vie, la société, le pouvoir… Ils peuvent donner une leçon de vie. Parmi eux, *Le Petit Prince* de Saint-Exupéry ou *Le Roi Tisserand.*

3 Exercice 5 : Je découvre des mots du texte (5 min)

Même démarche. Exemple de phrases avec mots définis : *Il faut mettre le sel dans cet égrugeoir en bois, ce sera plus joli sur la table ! Il s'est réfugié dans son logis à la montagne. Le gouvernail de ce bateau et en forme de roue. Je suis montée sur la Belle Poule, c'est une goélette construite en 1932.*

4 Exercice 6 : Choix du niveau de lecture et lecture silencieuse (10 min)

Même démarche.

5 Échange collectif sur les mots difficiles (5 à 10 min)

Procéder comme d'habitude et interroger sur le sens des mots en gras dans ces extraits :
(N1) « Le sel **s'agglutina** dans le bateau. » « La goélette se mit à **tanguer** si fort que les poissons purent s'échapper. »
(N2) « … un gardien de phare très pauvre qui vivait dans un petit **gite** au bord d'une plage. » « Ils **dégustèrent** ensemble quelques légumes et une orangeade. »
(N3) « Le moulin se mit à moudre le gouvernail sous le regard **subjugué** du navigateur. » « … j'aurai de quoi saler toutes les **anguilles** et tous les harengs que je pêcherai. »
Faire remplacer par un synonyme dans la phrase, par exemple : *Le sel se collait partout dans le bateau. La goélette se mit à se balancer si fort que les poissons purent s'échapper – … un gardien de phare très pauvre qui vivait dans un petit logement au bord d'une plage. Ils goûtèrent ensemble quelques légumes et une orangeade. Le moulin se mit à moudre le gouvernail sous le regard admiratif du navigateur. … j'aurai de quoi saler tous les poissons en forme de serpents et tous les harengs que je pêcherai.*

6 Lecture orale du texte (5 min)

Même démarche.

7 Fluence : chronométrage en atelier (10 min)

(Pour les modalités, *cf.* Fiche préparation sur la fluence, p. 191.)

Séance 3 Compréhension

Durée : 45 min
Matériel :
- Manuel p. 110-111
- Fichier de différenciation (p. 84-85)

Organisation :
- Groupe classe : introduction, rebrassage de la notion
- Ateliers différenciés, si nécessaire

Déroulement de la séance

1 Rappel de la séance précédente (5 min)

Même démarche.

2 Exercice 7 : Je comprends le texte (10 min)

Même démarche. Propositions de réponses :
- « Qui sont les trois personnages du conte ? » ➜ Le gardien de phare, le génie Gagnegro et le navigateur.
- « Qui vient manger avec le gardien de phare ? » ➜ Le génie Gagnegro.
- « Quel objet va changer la vie du gardien ? » ➜ L'égrugeoir magique (un moulin magique).
- « Que demande le gardien en premier à cet objet ? » ➜ Il demande un nouveau/beau logis.
- « Que veut le navigateur en arrivant chez le gardien ? » ➜ Le navigateur veut trouver quelqu'un pour lui construire un nouveau gouvernail.
- « Pourquoi le navigateur n'arrive pas à arrêter le moulin ? » ➜ Parce qu'il n'a pas entendu la formule magique pour arrêter le moulin.

3 Exercice 8 : Je recherche dans le texte (5 min)

Même démarche. Propositions de réponses :
– « Trouve la phrase dans laquelle le génie se présente. » ➜ « Je suis le génie Gagnegro et j'ai grand faim ! »
– « Trouve la formule magique qui déclenche le moulin. » ➜ « Joli moulin, peux-tu me moudre ceci ? »
– « Trouve la formule magique qui arrête le moulin. » ➜ « Garaga magnana ! »
– « Indique l'autre nom donné au moulin magique. » ➜ L'égrugeoir.

4 Exercice 9 : Je choisis la phrase qui résume le texte (5 min)

La phrase réponse est la n° 3 : *Un navigateur vole un moulin magique pour fabriquer du sel, il ne réussit pas à l'arrêter et le jette à la mer. Le sel envahit la mer qui devient salée.*

5 Exercice 10 : J'exprime ce que j'ai compris (10 min)

Même démarche. Voici des propositions de réponses :
– « Quelle explication donne ce conte des origines ? » ➜ Ce conte des origines explique comment l'eau de la mer est devenue salée.
– « À ton avis, quel personnage est puni dans ce conte et pourquoi ? » ➜ C'est le navigateur qui est puni, parce qu'il a volé l'égrugeoir ; ainsi, il perd tous les poissons qu'il a pêchés.

6 Je lis très vite (5 min)

Même démarche.

7 Prolongements

- Mêmes prolongements que précédemment : dictée, copie.
- Inventer des formules magiques.
- Trouver d'autres contes des origines.
- Faire rechercher en bibliothèque et lire (ou faire lire) d'autres types de contes.

Fichier de différenciation, exercices 8 à 11, p. 84-85 (pour le déroulement, voir Les fiches de préparation du fichier de différenciation, Séquence type « Les lettres ou graphies et leurs valeurs sonores », p. 186).

Séance 4 Production d'écrits

Durée : 45 min
Matériel :
- Manuel p. 111
- Cahier d'essai
- Cahier de productions d'écrits

Organisation :
- Groupe classe : introduction, découverte
- Temps individuels (ou en binômes) pour le passage à l'écrit
- Ateliers différenciés, si nécessaire, pour un groupe en difficulté, avec l'aide de l'enseignant·e

Déroulement de la séance

1 Rappel de la séance précédente (5 min)

Même démarche.

2 Consignes d'écriture et recherches collectives (20 min)

Lecture de la consigne : « Écris un petit conte des origines. Explique, par exemple : pourquoi les nuages donnent de la pluie ; pourquoi les cigognes ont un long bec ; pourquoi il neige en hiver ; pourquoi il y a des dunes dans le désert ; etc. »

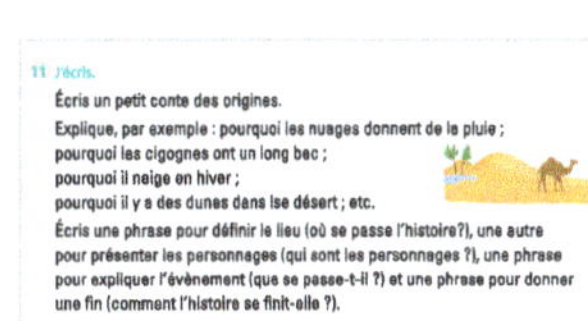

11 J'écris.
Écris un petit conte des origines.
Explique, par exemple : pourquoi les nuages donnent de la pluie ;
pourquoi les cigognes ont un long bec ;
pourquoi il neige en hiver ;
pourquoi il y a des dunes dans lse désert ; etc.
Écris une phrase pour définir le lieu (où se passe l'histoire?), une autre pour présenter les personnages (qui sont les personnages ?), une phrase pour expliquer l'évènement (que se passe-t-il ?) et une phrase pour donner une fin (comment l'histoire se finit-elle ?).

Trame :
– « De quoi voulez-vous parler ? » ➜ d'un animal, d'une fleur/plante, d'un objet, d'un élément (vent, pluie, eau, feu…)…
– « Choisissez une question qui sera le titre de votre conte des origines. »
• Pourquoi les nuages donnent de la pluie ?
• Pourquoi les cigognes ont un long bec ?
• Pourquoi il neige en hiver ?
• Pourquoi il y a des dunes dans le désert ?
• Pourquoi les chats ont des moustaches ?
• Pourquoi les moustiques piquent ?
• Pourquoi les roses ont des épines ? Etc.
– (Situation de départ) « Choisissez le lieu. » ➜ Sur terre, en mer, à la montagne, dans un jardin, dans une forêt, un désert, dans une maison/un château, une grotte, dans l'espace…
« Choisissez les personnages. » ➜ Un personnage principal (le héros) : un être humain, un animal, une fleur ; un personnage magique : un génie, un magicien, une fée, un lutin ; un méchant : idem personnage principal.
– (Déroulement du conte) « Choisissez l'évènement. » ➜ Un évènement imprévu/magique va déclencher un problème à résoudre. Une solution sera trouvée.
– « Choisissez la situation finale. » ➜ La situation imaginaire du début de l'histoire va expliquer un fait réel qui se produit encore aujourd'hui.

Vocabulaire :
– Formules de début : *Il y a très (fort, bien) longtemps…, autrefois…, jadis…, au commencement…*
– Formules de fin : *Voilà pourquoi…, et de nos jours encore…, depuis ce jour…, et c'est pourquoi aujourd'hui…, c'est depuis ce temps-là que…*

3 Premier jet (10 min)

Même consigne.

4 Correction et finalisation (10 min)

Même démarche. Exemple :
Pourquoi les hommes ont-ils un nez au milieu de la figure ?
Il y a très longtemps, les hommes n'avaient pas de nez, ils avaient juste un petit trou au-dessus de la bouche pour respirer.
Mais un jour, le roi Miro arriva tout essoufflé devant la demeure du grand magicien « Nezoti ».
« Mon cher Nezoti, mon fils ne voit presque plus rien, c'est un grand malheur pour notre royaume ! Pouvez-vous le sauver ? »
Le magicien se rendit près de l'enfant malvoyant, qui n'osait plus sortir de son lit.
Il se mit à travailler et trouva rapidement un remède magique. Il inventa deux grandes loupes de verre qu'il mettait devant les yeux de l'enfant. L'enfant se mit alors à sourire en criant : « Je vois ! »
Mais comment faire tenir ces loupes devant les yeux du fils du roi ?
Le magicien eut alors une idée : faire pousser un support sur le visage de l'enfant qui pourrait ainsi tenir les verres. Il chanta une longue formule magique et posa son doigt au milieu de la figure du jeune enfant.
Et c'est ainsi que l'homme eut un ***nez*** *(nom donné par le fils du roi en l'honneur du magicien Nezoti).*
Et c'est aussi à partir de ce jour que l'on fabriqua des lunettes !

5 Prolongements

• Faire illustrer le conte.
• En faire un mini-album pour le « vendre » à la fête de l'école.
• Lire le conte dans d'autres classes (maternelles, par exemple).
• Jouer le conte au théâtre (spectacle de fin d'année).

Semaine 26 Le son (k) : c – k – qu – q – cc – ch

Séance 1 Le code

Durée : 45 min

Matériel :

- Manuel p. 112-113
- Panneau référent CE1 du son (k)
- Panneau du dessin du bandeau
- Affiche des mots à retenir, et/ou flashcards
- Tableau de fluence pour les syllabes et les mots
- Fichier de différenciation (p. 86-88)

Organisation :

- Groupe classe : introduction, découverte, rebrassage de la notion
- Ateliers différenciés, si nécessaire
- Temps individuels selon le besoin des élèves

Déroulement de la séance

1 Introduction (10 min)

Procéder comme d'habitude.

Mots du dessin contenant le son (k) : *phoque, cochon, koala, coq, accordéon, musique, chœur, chorale…*

Phrase proposée : « Aujourd'hui, le phoque, le koala et le cochon ont réuni leur chorale pour chanter en chœur un petit refrain musical, accompagné du coq à l'accordéon. »

Afficher le panneau référent du son (k) et faire résumer les différentes graphies de ce son.

> Faire remarquer la présence du CH qui se dit (k), déjà vu avec la lettre H. Pour le distinguer du (ch), le H a été mis en gris. Préciser que les mots contenant cette graphie sont assez rares.

Faire trouver d'autres mots contenant le son (k), les noter dans un tableau :

c	k	qu	q	cc	ch
crabe, écouter, crevette, avec, capitale, couteau, facteur, vacances, beaucoup, docteur…	képi, judoka, kiwi, kangourou, anorak, kilo…	requin squelette, musique, équipe, qui, quoi, question, chaque magique, quatorze…	coq, cinq…	occupé, accoudoir, accorder, occasion…	chorale, chœur, choriste, orchestre, écho, chronomètre

2 Exercice 1 : Je lis des syllabes et des mots (10 min)

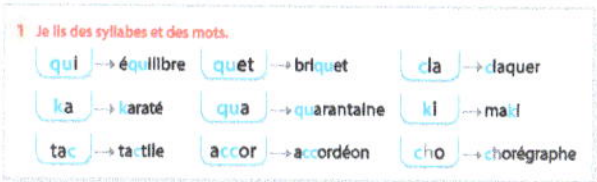

Procéder comme d'habitude. Exemples de mots contenant les syllabes du manuel :

- *qui ➜ équipement, équipier, marquis*
- *quet ➜ bouquet, loquet, bilboquet*
- *cla ➜ éclater, clarinette, clavier*
- *ka ➜ moka, polka, mikado*
- *qua ➜ quarante, qualité*
- *ki ➜ kiné, maki*
- *tac ➜ tactique, tactile*
- *accor ➜ accorder, accordeur*
- *cho ➜ chorale, choriste*

3 Exercice 2 : Je lis des mots / fluence (10 min)

Procéder comme d'habitude. Vérifier que les élèves comprennent les mots lus et donner éventuellement quelques définitions : *(N1) sirocco (= vent chaud et sec), accolade (= embrassade) ; (N2) polka (= danse polonaise), chorégraphie (= ballet, composition des pas de danse), parka (= manteau), paprika (= piment doux en poudre), compère (= ami, compagnon), archéologue (= personne qui étudie les civilisations anciennes, les peuples d'il y a très longtemps), jacasser (= parler beaucoup, bavarder).*

Fluence : passer au chronométrage des mots (*cf.* Fiches de préparation sur la fluence, p. 191).

4 Les mots à retenir (5 min)

Même procédure. Exemples de phrases : *Je ne suis pas d'accord avec cette personne ! Lorsque je serai grand, je serai archéologue.*

5 Exercice 3 : je lis des phrases (5 min)

Même démarche.

Fichier de différenciation, exercices 1 à 6, p. 86-88 (pour le déroulement, voir Les fiches de préparation du fichier de différenciation, Séquence type « Les sons et leurs graphies », p. 184).

Séance 2 Lecture et fluence

Durée : 45 min

Matériel :
- Manuel p. 113-119
- Panneau référent CE1 du son k
- Tableau de la séance 1
- Outils pour la fluence : tableau de suivi, textes préparés, grille de score

Organisation :
- Groupe classe : introduction, découverte, rebrassage de la notion
- Ateliers différenciés, si nécessaire en lecture et en fluence

Déroulement de la séance

1 Rappel de la séance précédente (5 min)

Procéder comme d'habitude. Compléter éventuellement le tableau de la séance 1.

2 Exercice 4 : Je vais découvrir un texte (5 min)

Même démarche.

Les élèves découvrent les éléments de la bande dessinée : les images dans des vignettes numérotées, les paroles et les pensées dans des bulles, les onomatopées. L'enseignant·e précise que la lecture se fait de gauche à droite et de haut en bas (comme dans un livre « classique »).

3 Exercice 5 : Je découvre des mots du texte (5 min)

Même démarche. Exemples de phrases avec les mots définis : *Je ne savais pas que le coq coqueriquait : c'est un drôle de mot ! J'ai mis ma sœur au défi de courir avec moi tous les dimanches matin ! Dans la classe, je vois bien qu'il y a un ou deux kékés qui se vantent à la récré ! Je suis estomaqué d'apprendre que cet animal a sauvé son maitre de la noyade !*

4 Exercice 6 : Choix du niveau de lecture et lecture silencieuse (10 min)

Même démarche. Si besoin, présenter le sens de lecture de la BD (suivre les numéros des cases).

5 Échange collectif sur les mots difficiles (5 à 10 min)

Procéder comme d'habitude et interroger sur le sens des mots en gras dans ces extraits :

(N1) « Dans la forêt **tropicale**, un koala, un kangourou… »

(N3) « Arrêtez de **jacasser** ! » « Je ne peux pas **concurrencer** mes camarades… »

Exemple de définitions : *Dans la forêt d'une région très chaude, un koala, un kangourou… ; Arrêtez de parler aussi fort ! Je ne peux pas être le rival de mes camarades…*

6 Lecture orale du texte (5 min)

Même démarche.

7 Fluence : chronométrage en atelier (10 min)

Les trois niveaux de texte préparés sont disponibles dans les ressources numériques. (Pour les modalités, *cf.* Fiche préparation sur la fluence, p. 191.)

Séance 3 Compréhension

Durée : 45 min
Matériel :
- Manuel p. 119-120
- Fichier de différenciation (p. 88-90)

Organisation :
- Groupe classe : introduction, rebrassage de la notion
- Ateliers différenciés, si nécessaire

Déroulement de la séance

1 Rappel de la séance précédente (5 min)

Même démarche.

2 Exercice 7 : Je comprends le texte (10 min)

Même démarche. Exemples de réponses :
- « Pourquoi les quatre amis sont-ils réunis ? » ➜ Ils se sont réunis pour se lancer un défi afin de savoir lequel d'entre eux serait le meilleur kéké.
- « Comment le kangourou veut-il montrer qu'il est un kéké ? » ➜ Il montre sa manière de bondir.
- « Comment le koala veut-il montrer qu'il est un kéké ? » ➜ Il montre qu'il grogne incroyablement.
- « Comment le coq veut-il montrer qu'il est un kéké ? » ➜ Il montre sa façon de coqueriquer.
- « Qui va aider le lézard à devenir un kéké ? Comment ? » ➜ Le crocodile de la rivière va l'aider en se faisant passer pour lui.
- « Que boivent les quatre amis ? » ➜ Les quatre amis ne boivent pas, ils oublient de boire parce qu'ils sont pris par leur défi, seul le lézard à très soif…

3 Exercice 8 : Je recherche dans le texte (5 min)

Même démarche. Exemples de réponses :
- « Trouve la phrase que répète sans arrêt le petit lézard. » ➜ « J'ai soif ! »
- « Trouve la phrase qui est la plus vexante pour le petit lézard. » ➜ « Tu ne sais rien faire de particulier, Lézard ? » (Mais aussi : « Tu es si peureux que tu ne peux pas aller boire tout seul ! »)
- « Donne la phrase montrant que le crocodile et le lézard font partie de la même famille. » ➜ « On a la même couleur, les mêmes écailles, la même forme. »

4 Exercice 9 : Je choisis la phrase qui résume le texte (5 min)

La phrase réponse est la n° 1 : *Un lézard joue un tour à ses amis en faisant croire qu'il s'est transformé en crocodile après avoir bu toute l'eau d'une rivière.*
Attention ! La réponse 2 n'est pas valide, parce que ce n'est pas le lézard qui demande au crocodile de faire peur à ses amis.

5 Exercice 10 : J'exprime ce que j'ai compris (10 min)

Même démarche. Exemples de réponses :
- « À ton avis, que dit le crocodile à l'oreille du lézard ? » ➜ Le crocodile explique au lézard comment il va surprendre ses camarades en se faisant passer pour le lézard.
- « Cette bande dessinée est une blague : pourrais-tu la raconter en quelques mots ? » ➜ C'est l'histoire d'un lézard, d'un koala, d'un kangourou et d'un coq qui se lancent des défis pour devenir le plus fort des kékés. Le lézard a de plus en plus soif, mais ses amis, au lieu de l'écouter, se moquent de lui parce qu'il est vraiment tout petit et qu'il n'a aucune chance de devenir grand et fort. Alors le lézard part tout seul boire à la rivière. Il rencontre un crocodile. Quelques minutes plus tard, le crocodile se rapproche des amis du lézard et dit : « Hé, regardez-moi, ne suis-je pas le roi des kékés maintenant que j'ai bu toute l'eau de la rivière ? » Il se fait donc passer pour le lézard !

6 Je lis très vite (5 min)

Même démarche.

7 Prolongements (5 min)

- Mêmes prolongements que précédemment : dictée, copie.
- Faire jouer la scène.
- Faire participer la classe au festival international de la BD d'Angoulême ou à défaut le présenter aux élèves.

Fichier de différenciation, exercices 7 à 11, p. 88-90 (pour le déroulement, voir Les fiches de préparation du fichier de différenciation, Séquence type « Les sons et leurs graphies », p. 184).

Séance 4 Production d'écrits

Durée : 45 min

Matériel :
- Manuel p. 120
- Cahier d'essai
- Cahier de productions d'écrits
- Facultatif : texte de la BD proposé en exemple et canevas pour l'illustrer

Organisation :
- Groupe classe : introduction, découverte
- Temps individuels pour le passage à l'écrit
- Ateliers différenciés, si nécessaire, pour un groupe en difficulté, avec l'aide de l'enseignant·e

Déroulement de la séance

1 Rappel de la séance précédente (5 min)

Procéder comme d'habitude.

2 Consignes d'écriture et recherches collectives (20 min)

Lecture de la consigne : « Transforme cette blague en BD » :

Une poule se promène dans la neige avec son ami le canard :

Quel froid de canard ! — *la poule*

Tu as raison. J'ai la chair de poule ! — *le canard*

Trame :

- « Qu'est-ce qu'une BD ? »

➜ Une bande dessinée (BD) est une histoire courte ou longue racontée à l'aide d'un ensemble d'images (*cf.* Astérix, Tintin, mais aussi Ariol, Anatole Latuile…).

- « Quels sont les éléments de la BD ? »

➜ Dans une BD on trouve :

– Une planche : c'est une page constituée de plusieurs images.
– Les images : dans une planche on trouve plusieurs lignes d'images, ce sont les bandes.
– Les bandes : elles comportent une ou plusieurs images, les vignettes.
– Les vignettes : elles contiennent le dessin, les bulles, les cartouches.
– Les bulles : elles peuvent avoir des formes différentes (bulles, nuages, éclairs) dans lesquelles on trouve le texte qui fait parler les personnages.

Les bulles contiennent les paroles des personnages, les nuages contiennent les pensées et les éclairs les cris ou les bruits.

– Les cartouches : ce sont des cases rectangulaires situées en haut de la vignette qui donnent des informations sur le lieu, les actions passées.

– Les <u>onomatopées</u> : ce sont des mots inventés, qui imitent un son produit par une personne ou une chose. Par exemple : *Boum ! Crac ! Pchittt ! Chut ! Toc, toc, toc ! Gla, gla !*
– Les <u>signes et les petits dessins (= idéogrammes)</u> : ils donnent des informations sur les sentiments des personnages. Exemple : *les cœurs, les gouttes de sueurs, les points d'exclamation ou d'interrogation, les nuages, les étoiles, les éclairs…*
– On y trouve aussi les <u>personnages</u> et une <u>histoire</u>.
• « Comment organiser notre BD ? »
– Les <u>personnages</u> : le canard et la poule
– <u>Nombre de vignettes et découpage</u> de l'histoire, par exemple :
1. Vignette de présentation : le lieu et les personnages.
2. Vignette de la poule qui parle.
3. Vignette pour le canard qui répond.
4. Vignette pour le canard qui parle.
5. Vignette pour la poule qui répond.
6. Vignette de conclusion.
On peut donc réaliser une seule planche avec quatre vignettes.
– Le <u>contenu des vignettes</u> : On peut faire apparaitre dans les vignettes :

personnages	cartouche	onomatopées	signes	bulles
poule, canard	présentation du lieu : la ferme en hiver	Brrrr ! Gla gla ! Ha ! ha ! ha !	tremblements, point d'exclamations…	bulle et nuage

• « Quel titre allez-vous donner ? »

3 Premier jet (10 min)

Même consigne.

4 Correction et finalisation (10 min)

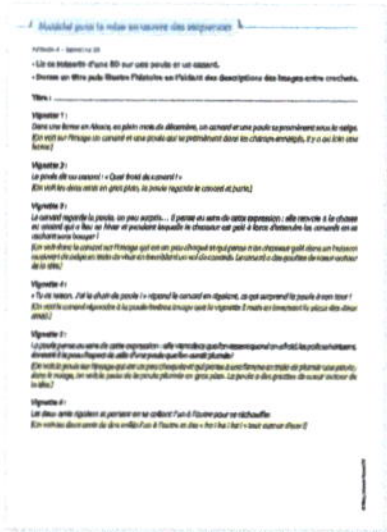

Même démarche. Exemple de scénario (entre crochets, la description de l'image) :

Vignette 1 :
Dans une ferme en Alsace, en plein mois de décembre, un canard et une poule se promènent sous la neige.
[On voit sur l'image un canard et une poule qui se promènent dans les champs enneigés, il y a au loin une ferme.]
Vignette 2 :
La poule dit au canard : « Quel froid de canard ! »
[On voit les deux amis en gros plan, la poule regarde le canard et parle.]
Vignette 3 :
Le canard regarde la poule, un peu surpris… Il pense au sens de cette expression : elle renvoie à la chasse au canard qui a lieu en hiver et pendant laquelle le chasseur est gelé à force d'attendre les canards en se cachant sans bouger !
[On voit donc le canard sur l'image qui est un peu choqué et qui pense à un chasseur gelé dans un buisson recouvert de neige en train de viser en tremblant un vol de canards. Le canard a des gouttes de sueur autour de la tête.]
Vignette 4 :
« Tu as raison. J'ai la chair de poule ! » répond le canard en rigolant, ce qui surprend la poule à son tour !
[On voit le canard répondre à la poule (même image que la vignette 2 mais en inversant la place des deux amis).]
Vignette 5 :
La poule pense au sens de cette expression : elle vient de ce que l'on ressent quand on a froid, les poils se hérissent, donnant à la peau l'aspect de celle d'une poule que l'on aurait plumée !
[On voit la poule sur l'image qui est un peu choquée et qui pense à une femme en train de plumer une poule ; dans le nuage, on voit la peau de la poule plumée en gros plan. La poule à des gouttes de sueur autour de la tête.]
Vignette 6 :
Les deux amis rigolent et partent en se collant l'un à l'autre pour se réchauffer.
[On voit les deux amis de dos collés l'un à l'autre et des « ha ! ha ! ha ! » tout autour d'eux !]

5 Prolongements

- Présenter et faire lire des BD.
- Illustrer la BD sur la poule (vue ci-dessus) : texte proposé en annexe, à distribuer aux élèves si nécessaire, avec cases vides pour les illustrations.
- Faire trouver des expressions en rapport avec les animaux : *Être doux comme un agneau. Donner sa langue au chat. Se regarder en chiens de faïence. Sauter du coq à l'âne. Être têtu comme un âne. Il y a anguille sous roche. Avoir le cafard. Avoir une fièvre de cheval. Prendre quelqu'un sous son aile. Rire comme une baleine ! Reprendre du poil de la bête. Mettre la charrue avant les bœufs. Être fort comme un bœuf. Qui vole un œuf vole un bœuf. Être muet comme une carpe. Avoir le bourdon. S'entendre comme chien et chat. Chat échaudé craint l'eau froide. Avoir un chat dans la gorge. Il fait un temps à ne pas mettre un chien dehors. Avoir une mémoire d'éléphant. Avoir des fourmis dans les jambes. Avoir une taille de guêpe. Avoir une faim de loup. Etc.*

Le texte est proposé en annexe pour une distribution aux élèves, si nécessaire.

Semaine 27 Révisions

Pour rappel, cette semaine est dédiée aux révisions (*cf.* fin de la période 1, p. 53).

Les jeux « Je révise en m'amusant » sont à la page 121 du manuel, les corrigés sont proposés en annexes.

Je révise en m'amusant

1. Intrus

A. Quels mots s'écrivent avec [n] ? (Indique leur lettre.)

a. b. c. d. e. f.

B. Quel mot ne s'écrit pas avec [g] ? (Indique sa lettre.)

a. b. c. d. e. f.

2. Devinettes

a. Il bave et sort la tête de sa maison quand il pleut.
b. Les ours l'adorent mais ils se font piquer quand ils le mangent.
c. Quand on la trouve bien cachée dans une huître, on l'enfile sur un fil.
d. Figure qui a quatre angles droits et qui est plus longue que large.
e. C'est un court message envoyé en un clic par un réseau mobile.

3. Série-mots

Trouve le plus vite possible un mot pour chaque écriture du son [k].

[k] : c, qu, q, k, cc, ch

4. Le bon choix

Que choisis-tu pour chaque dessin : [g] ou [j] ?

a. b. c. d. e. f.

121

Période 5

Compétences attendues en fin de cycle :

- Savoir discriminer de manière auditive les constituants des mots (conscience phonologique).
- Connaitre le nom des lettres ainsi que le son qu'elles produisent.
- Établir les correspondances graphophonologiques (syllabes simples et complexes).
- Mémoriser les composantes du code.
- Mémoriser les mots fréquents.

Compétence travaillée :

- Identifier des mots de manière de plus en plus aisée.

Objectifs généraux :

- Associer un graphème au son qu'il produit (lien oral/écrit).
- Lire des syllabes, des mots.
- Encoder des mots.
- Améliorer sa vitesse de lecture.

Objectifs spécifiques à chaque séquence (S28 à S32) :

- Connaitre les valeurs sonores d'une même lettre ou graphie.
- Connaitre les graphies d'un même son.
- Lire des syllabes, des mots contenant ces graphies.
- Lire des textes et les comprendre.
- S'exercer à la lecture rapide.
- Produire des textes en lien avec la séquence.

Objectifs spécifiques aux séquences de lecture suivie (S34 à S36) :

- Lire des textes et les comprendre.
- Aborder le détournement d'un conte traditionnel.
- S'exercer à la lecture rapide.
- Produire des textes en lien avec la séquence.

Durée hebdomadaire : 4 séances de 40 à 45 min, puis 3 séances de 45 min à partir de S34

Semaine 28 — La lettre S : s - ss

Séance 1 — Le code

Durée : 45 min

Matériel :

- Manuel p. 122-123
- Panneaux référents CP de la lettre S et du son [z]
- Panneau du dessin du bandeau
- Affiche des mots à retenir et/ou flashcards
- Tableau de fluence pour les syllabes et les mots
- Fichier de différenciation (p. 91-93)

Organisation :

- Groupe classe : introduction, découverte, rebrassage de la notion
- Ateliers différenciés, si nécessaire
- Temps individuels selon le besoin des élèves

Déroulement de la séance

1 Introduction (10 min)

Avant de projeter le dessin du bandeau, s'attarder sur le rappel proposé en haut de la page 122 et/ou projeter le panneau référent CP sur la lettre S.

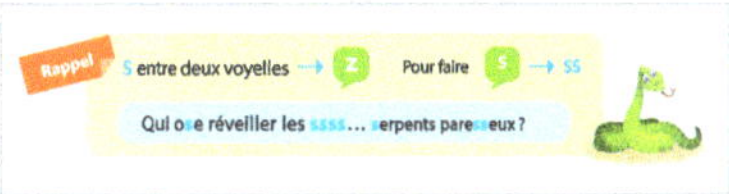

Faire lire la phrase (rappel du CP) et noter au tableau les deux valeurs sonores de la lettre S : s et z.

Explication du panneau (le s de *serpent* entre deux voyelles) :

– Le premier serpent est tout seul, il s'ennuie… donc il dort et quand il dort, il fait « zzzzzz » ! Ainsi, quand il n'y a qu'un seul S entre deux voyelles, il se prononce z comme dans *oser*.

– Les deux serpents, quand ils sont ensemble, s'amusent et donc ils sifflent « sssss » ! Donc il faut mettre deux SS entre deux voyelles pour avoir le son s, comme dans *paresseux*.

Puis afficher le dessin du bandeau de la p. 122, faire citer les mots contenant les sons s et z dans l'image, les noter au tableau : *sorcier, singe, poussin, poisson, valise, chaise, installer/disposer…*

Faire trouver une phrase : « Le singe déguisé en sorcier s'est dressé sur une chaise pour observer la valise où sont installés des poussins et des poissons en chocolat. »

Afficher le panneau référent de la lettre S afin de valider ou compléter ce qui a été cité.

Faire trouver d'autres mots contenant la lettre S, les noter dans un tableau :

s dans un mot	s entre deux voyelles	ss entre deux voyelles	s final
veste, esquimau, dentiste, bonsoir, instrument, salopette, risque, instrument, mensonge, course, casque, poste, danseur, réponse, respirer, penser, indispensable, corsaires, sensible, conseil, verser, sursauter, liste…	base, cousin, ruse, désert, baiser, poison, viser, ardoise, voisin, cerise, ruse, bison, blouse, hasard, chemise, fusée, raisin, ciseaux, usine, prise, église, musée, chaise, déguisement, visite, présence, hésiter, arrosage, pelouse, fraise…	basse, coussin, russe, dessert, baisser, poisson, visser, caresse, promesse, masse, poussière, tasse, tissu, dessin, buisson, embrasser, brosse, profession, casserole, buisson, passage, essai, classe, ramasser, posséder, réussir, vaisseau…	as, anis, ananas, ours, vis, couscous, lys, virus, stress, bus, sens, mars, tennis, os, campus, oasis, tournevis, hélas, jadis…

2 Exercice 1 : Je lis des syllabes et des mots (10 min)

Procéder comme d'habitude. Exemples de mots contenant les syllabes du manuel :

- – sou ➜ *souvenir, souplesse, soutenir*
- – escar ➜ *escarpé, escarpins*
- – las ➜ *lascar, Alaska, hélas*
- – quise ➜ *marquise, exquise, conquise*
- – sta ➜ *stagiaire, stagner, statue*
- – sty ➜ *stylisé, polystyrène, stylet*
- – assé ➜ *asséner*
- – musé ➜ *musée, écomusée, muséum*
- – cos ➜ *cosmos, costaud, cosmétique*

3 Exercice 2 : Je lis des mots / fluence (10 min)

Même démarche. Donner éventuellement quelques définitions : *(N2) safran (cf. p. 123 du manuel), engraissé (= faire grossir, mettre de l'engrais).*

Fluence : passer au chronométrage des mots (*cf.* Fiches de préparation sur la fluence, p. 191).

4 Les mots à retenir (5 min)

Même procédure. Exemples de phrases : *Dans le métro, vous restez bien ensemble pour ne pas vous perdre. Va vite chercher du pain avant midi sinon la boulangerie sera fermée. Je suis partie de la réunion aussitôt que j'ai pu.*

5 Exercice 3 : Je lis des phrases (5 min)

Même démarche.

Fichier de différenciation, exercices 1 à 7, p. 91-93 (pour le déroulement, voir Les fiches de préparation du fichier de différenciation, Séquence type « Les lettres ou graphies et leurs valeurs sonores », p. 186).

Séance 2 Lecture et fluence

Durée : 45 min
Matériel :
– Manuel p. 123-125
– Panneaux référents CP de la lettre S et du son z
– Tableau complété en séance 1
– Outils pour la fluence : tableau, textes, grille

Organisation :
– Groupe classe : introduction, découverte, rebrassage de la notion
– Ateliers différenciés, si nécessaire, en lecture et en fluence

Déroulement de la séance

Remarque : En période 5, nous avons choisi de proposer seulement deux niveaux de lecture. Le niveau 2 a été supprimé. Ainsi, les élèves « intermédiaires » peuvent commencer à se familiariser avec des textes plus longs, plus complexes.

1 Rappel de la séance précédente (5 min)

Même démarche.

2 Exercice 4 : Je vais découvrir un texte (5 min)

Même démarche, avec rappel des contes déjà vus dans le manuel.

3 Exercice 5 : Je découvre des mots du texte (5 min)

Même démarche. Exemple de phrases avec mots définis : *J'ai fait du riz au safran, il est devenu tout jaune orangé ! Il ne faut pas se fier à toutes les personnes que l'on rencontre. Dans ce film, le sorcier prend l'apparence d'un prince charmant !*

4 Exercice 6 : Choix du niveau de lecture et lecture silencieuse (10 min)

Même démarche.

5 Échange collectif sur les mots difficiles (10 min)

Procéder comme d'habitude et interroger sur le sens des mots en gras dans ces extraits :
(N1) « … et elle s'est **teinte** en rousse. » « … une chose est sure : pour **être sincère**, notre amitié n'a pas besoin de déguisement. »
(N2) « La première souris était une souris grise très **banale** mais d'une grande sagesse. » « La souris rousse toujours en blouse qui regardait avec **convoitise** la souris verte a mis une blouse verte. »
Remplacer par des synonymes, par exemple : *… et elle s'est peinte/colorée en rousse … une chose est sure : pour être honnête/pour dire la vérité, notre amitié n'a pas besoin de déguisement. La première souris était une souris grise très commune/comme les autres mais d'une grande sagesse. La souris rousse toujours en blouse qui regardait avec envie la souris verte a mis une blouse verte.*

6 Lecture orale du texte (5 min)

Même démarche.

7 Fluence : chronométrage en atelier (10 min)

(Pour les modalités, *cf.* Fiche préparation sur la fluence, p. 191.)

Séance 3 Compréhension

Durée : 45 min
Matériel :
– Manuel p. 125-126
– Fichier de différenciation (p. 93-94)

Organisation :
– Groupe classe : introduction, rebrassage de la notion
– Ateliers différenciés, si nécessaire

Déroulement de la séance

1 Rappel de la séance précédente (5 min)

Même démarche.

2 Exercice 7 : Je comprends le texte (10 min)

Même démarche. Propositions de réponses :
– « Où vivent les trois souris ? » ➜ Elles vivent dans la cave de la maison du narrateur/de la narratrice (de celui/celle qui raconte l'histoire).
– « Que fait la souris grise quand elle rencontre les autres souris ? » ➜ La souris grise, qui a trouvé les deux autres souris très originales, les a observées tranquillement.
– « Qui veut changer de couleur ? Pourquoi ? » ➜ La souris verte et la souris rousse, parce qu'elles trouvent les couleurs de leurs voisines très belles.
– « En quelle couleur les souris se sont-elles teintes ? » ➜ La souris verte s'est teinte en rousse (en orange plus exactement, avec du safran des Indes ; *cf.* N2). La souris rousse s'est teinte en vert (avec du persil séché ; *cf.* N2).
– « À la fin, les souris sont-elles fâchées ? » ➜ Non, elles ne sont pas fâchées ! Elles sont même devenues amies.

3 Exercice 8 : Je recherche dans le texte (5 min)

Même démarche. Propositions de réponses :
– « Trouve les mots qui indiquent les qualités de chacune des souris. » ➜ Souris grise : sage. Souris verte : stressée (ici, *qualité* désigne plutôt une caractéristique ; mais pour rendre cette particularité positive, on peut dire qu'elle est énergique et curieuse, car elle surveille les messieurs en N2). Souris rousse : rusée.
– « Trouve le mot qui montre que la souris verte est "envieuse". » ➜ La souris verte est un peu *jalouse* !
– « Relis la phrase de conclusion pour chacune des souris. » ➜ « Une chose est sure : pour être sincère, notre amitié n'a pas besoin de déguisement ! »

4 Exercice 9 : Je choisis la phrase qui résume le texte (5 min)

La phrase réponse est la n° 2 : *Ce conte nous montre comment trois souris sont devenues amies en acceptant leurs différences.*

5 Exercice 10 : J'exprime ce que j'ai compris (10 min)

Même démarche. Voici des propositions de réponses :
– « Que penses-tu du début du conte quand, au premier regard, les souris ne s'apprécient pas ? » ➜ Il est important de ne pas juger les gens avant de les connaitre. Le premier jugement est un ressenti personnel qui n'est fondé que sur une impression, et non sur la réalité.
– « Pourquoi est-ce important de s'accepter comme on est ? » ➜ Parce que l'on n'a pas à devenir une autre personne ! Et parce qu'il est important de s'accepter soi-même pour pouvoir accepter les autres.
– « À ton avis, quelle est la morale de cette histoire ? » ➜ Il faut s'accepter comme on est, avec ses qualités et ses défauts, sans aspirer à être une personne idéale !

6 Je lis très vite (5 min)

Même démarche.

7 Prolongements

- Organiser des débats sur l'estime de soi.
- Proposer des activités de bienveillance : par exemple, choisir de féliciter des élèves chaque jour pour une raison[1].

1. Voir aussi : le site https://ecolepositive.fr/category/bienveillance/ (notamment le jeu du copain mystère) ; la collection de Cécile Alix « Mieux être à l'école », *Accueillir les émotions* (Retz, 2020).

• Travailler sur les contraires autour des « qualités » et des « défauts » :

intelligent / bête (stupide)
travailleur / paresseux
patient / impatient
calme / actif
gentil / méchant
doux / agressif
généreux / égoïste
heureux / malheureux
poli / impoli (malpoli)…

• Mêmes prolongements que précédemment : dictée, copie.

Fichier de différenciation, exercices 8 à 11, p. 93-94 (pour le déroulement, voir Les fiches de préparation du fichier de différenciation, Séquence type « Les lettres ou graphies et leurs valeurs sonores », p. 186).

Séance 4 Production d'écrits

Durée : 45 min
Matériel :
- Manuel p. 126
- Cahier d'essai
- Cahier de productions d'écrits
- Facultatif : exemple de tableau (trame du conte) complété et à compléter

Organisation :
- Groupe classe : introduction, découverte
- Temps individuels (ou en binômes) pour le passage à l'écrit
- Ateliers différenciés, si nécessaire, pour un groupe en difficulté, avec l'aide de l'enseignant·e

Déroulement de la séance

1 Rappel de la séance précédente (5 min)

Même démarche.

2 Consignes d'écriture et recherches collectives (20 min)

Lecture de la consigne : « Écris un petit conte : *Un enfant qui est très seul rencontre un personnage. Il le sauve d'une situation difficile et s'en fait un ami.*
Donne le titre de ce conte, le lieu où se passe l'histoire, le problème du personnage principal, la rencontre avec un personnage qui aide le héros, l'action qui résout le problème et la fin de l'histoire. »

Trame :
• « Comment se construit un conte ? » ➜ (Rappel de la S11 et S25.) Un conte se construit souvent en 5 étapes : une situation de départ, un problème, des aventures, la résolution du problème, la fin du conte.
• « Quels sont les éléments dont on doit tenir compte dans de ce conte ? »
– « Quel est le titre ? » ➜ Le titre se trouve à la fin quand on a tous les éléments de l'histoire.
– « Où se passe l'histoire ? » ➜ Le lieu peut être imaginaire ou réel (dans une forêt, un village, une ferme, un désert, sur une route…).
– « Qui sont les personnages ? » ➜ Le héros (un enfant, un adulte, un animal…), le personnage secondaire que le héros rencontre (un enfant, un adulte, un animal, un personnage magique comme une fée, un lutin, un génie…).
– « Quel est le problème du héros ? » ➜ Le héros est seul et triste.
– « Qui rencontre-t-il ? Et que se passe-t-il ? » ➜ Il rencontre le personnage secondaire qui a un problème (il est blessé, il est perdu, il est en danger, il a besoin d'aide, il a faim…). Le héros va l'aider.
– « Comment le héros résout son problème ? » ➜ Il aide le personnage secondaire et s'en fait un ami.
– « Quelle est la fin de l'histoire ? » ➜ Le héros n'est plus seul. La fin est heureuse pour le héros.

Les élèves doivent commencer à travailler seuls. Ils ont déjà écrit des contes et peuvent s'en inspirer. Il est possible de faire un groupe pour les élèves qui ont plus de mal pour qu'ils réfléchissent ensemble et de laisser les autres en individuel.
Il est préférable, à ce stade, de ne pas faire de recherche de vocabulaire car elle va induire l'histoire et limiter l'imagination des élèves. Le travail précédent aura déjà permis une réflexion et aura suscité des idées chez les élèves. Il est possible de proposer un tableau (photocopie ou au tableau) à remplir pour faciliter l'écriture (proposé vierge en annexe) :

Le héros ou l'héroïne	Le personnage secondaire	Le lieu	La rencontre	Le problème	La solution	La fin

• Puis réfléchir au titre (laisser libre court à l'imagination des élèves). Il est possible d'utiliser des titres de contes existants : *Les trois sœurs, Le chat botté, La petite poucette…*

3 Premier jet (10 min)

Même consigne.

4 Correction et finalisation (10 min)

Même démarche. Exemple (fourni également en annexe, au besoin) :

Le héros ou l'héroïne	Le personnage secondaire	Le lieu	La rencontre	Le problème	La solution	La fin
Une jeune fille, qui est muette, s'ennuie.	Une fée déguisée en vieille dame	Une route dans la campagne	La jeune fille rencontre une vieille dame fatiguée qui est assise sur le bord de la route.	La vieille dame a besoin d'aide pour rejoindre le village.	La jeune fille l'aide à marcher gentiment jusqu'au village.	La vieille dame redevient une fée, remercie la fille et lui donne la parole. Elles se mettent à discuter et deviennent amies.

Il était une fois, une jeune fille muette qui s'ennuyait seule chez elle. En fin d'après-midi, elle décida d'aller se promener. Sur le chemin, elle rencontra une vieille dame assise par terre sur le bord de la route. La jeune fille s'arrêta près d'elle, la salua avec un geste de la main et lui fit comprendre avec des gestes qu'elle voulait bien l'aider. La vieille dame, qui était une fée déguisée, lui répondit : « Bonjour, je suis tombée et je n'arrive plus à me relever, il faut que je rentrer chez moi avant que la nuit ne tombe. Veux-tu bien m'aider ? » La jeune fille prit la vieille femme sur son dos et l'emmena jusqu'à chez elle. Elle installa la vieille femme sur une chaise et lui proposa un verre d'eau. La vieille dame lui dit : « Bois, toi aussi tu dois être fatiguée… ». Et, alors que la jeune fille se désaltérait, elle murmura : « Bois, voix, bois, voix et parle-moi ! » Et sans s'en rendre compte la jeune fille lui répondit « Que ça fait du bien ! » Elle parlait désormais ! Au même moment, la vieille dame lui fit un sourire et retrouva son apparence de fée. Elles se mirent alors à discuter pendant des heures et devinrent les meilleures amies du monde.

Semaine 29 — Le son s : s – ss – sc – c – ç – ti – x

Séance 1 Le code

Durée : 45 min

Matériel :
- Manuel p. 127
- Panneau référent CE1 du son s
- Panneau du dessin du bandeau
- Éventuellement, le tableau complété en semaine 28
- Affiche des mots à retenir et/ou flashcards
- Tableau de fluence pour les syllabes et les mots
- Fichier de différenciation (p. 95-96)

Organisation :
- Groupe classe : introduction, découverte, rebrassage de la notion
- Ateliers différenciés, si nécessaire
- Temps individuels selon le besoin des élèves

Déroulement de la séance

1 Introduction (10 min)

Manuel ouvert, dessin du bandeau de la p. 127 affiché, faire citer les mots contenant les graphies du son s dans l'image, les noter au tableau : *dix-sept, soixante, six, addition, piscine, garçon, stressé, penser, ceinture de natation…*

Faire trouver une phrase : « Le garçon est stressé, il n'aime pas aller la piscine (et il a laissé ses brassards chez lui). Pour détourner son attention, la maitresse lui dit de penser à une addition difficile : 17 + 60 + 6 ! »

Afficher le panneau référent.

Faire trouver d'autres mots contenant le son (s), les noter dans un tableau :

s dans un mot (idem S28)	ss entre deux voyelles (idem S28)	sc	c/ç	ti	x
veste, esquimau, dentiste, bonsoir, instrument, salopette, risque, instrument, mensonge, course, casque, poste, danseur, réponse, respirer, penser, indispensable, corsaires, sensible, conseil, verser, sursauter, liste…	basse, coussin, russe, dessert, baisser, poisson, visser, caresse, promesse, masse, poussière, tasse, tissu, dessin, buisson, embrasser, brosse, profession, casserole, passage, essai, classe, ramasser, posséder, réussir, vaisseau…	sceau, scientifique, scie, scène…	citron, tracer, carapace, caprice ; leçon, maçon, pinçon, façon, leçon, rinçage, hameçon…	attention, station, patience, édition, action, partition, égyptien, dalmatien, martien…	six, dix

2 Exercice 1 : Je lis des syllabes et des mots (10 min)

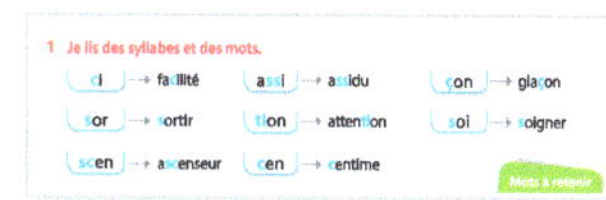

Procéder comme d'habitude. Exemples de mots contenant les syllabes du manuel :

- *ci ➜ saucisson, ciré, citron*
- *assi ➜ assigner, assimiler*
- *çon ➜ caleçon, soupçon tronçon*
- *sor ➜ sorbet, sorcier, sortilège*
- *tion ➜ relation, nation, station*
- *soi ➜ assoiffé, soirée, soignant*
- *scen ➜ descendu, ascendant*
- *cen ➜ centimètre, incendie, récent*

3 Exercice 2 : Je lis des mots / fluence (10 min)

Même démarche. Donner éventuellement quelques définitions : *(N1) malicieux (= qui s'amuse, coquin), semer (= jeter, répandre / planter) ; (N2) farce (= ruse, blague), cernes (= marques bleues ou noires autour des yeux, signe de fatigue), symétrie (= deux points situés à la même distance d'un axe / ce qui est régulier, harmonieux), idiotie (= bêtise), espérance (= fait d'espérer, de croire à la réalisation de quelque chose), facétie (= plaisanterie).*

Fluence : passer au chronométrage des mots (*cf.* Fiches de préparation sur la fluence, p. 191).

4 Les mots à retenir (5 min)

Même procédure. Exemples de phrases : *Regarde cette carte postale, <u>ça</u> me rappelle nos vacances. <u>Ceci</u> n'est pas un aliment mais une sculpture !*

5 Exercice 3 : Je lis des phrases (5 min)

Même démarche.

Fichier de différenciation, exercices 1 à 6, p. 95-96 (pour le déroulement, voir Les fiches de préparation du fichier de différenciation, Séquence type « Les sons et leurs graphies », p. 184).

Séance 2 Lecture et fluence

Durée : 45 min

Matériel :
- Manuel p.128-130
- Panneau référent CE1 du son (s)
- Tableau de la séance 1
- Outils pour la fluence : tableau de suivi, textes préparés, grille de score

Organisation :
- Groupe classe : introduction, découverte, rebrassage de la notion
- Ateliers différenciés, si nécessaire en lecture et en fluence

Déroulement de la séance

1 Rappel de la séance précédente (5 min)

Même démarche.

2 Exercice 4 : Je vais découvrir un texte (5 min)

Il s'agit d'un récit descriptif sur une vieille dame. D'autres récits ont été vus dans le manuel (*La Poule blanche, Le Dindon dodu et la petite tortue*), mais pas des portraits. Un portrait est un texte qui détaille les caractéristiques physiques et morales d'une personne.

3 Exercice 5 : Je découvre des mots du texte (5 min)

Même démarche. Exemple de phrases avec mots définis : *Mon grand-père n'a pas beaucoup de rides sur le visage, pourtant il a 85 ans ! Tom est malicieux, il se fait souvent des moustaches avec son chocolat au lait. Camille est très coquette, elle met toujours du rouge à lèvres avant de sortir. Le bouquetin est un animal très agile, il se déplace facilement dans les montagnes. Mon frère est serein, il a enfin réussi son permis et peut se reposer. Mamie adore recevoir un bouquet de lys, ce sont ses fleurs préférées !*

4 Exercice 6 : Choix du niveau de lecture et lecture silencieuse (10 min)

Même démarche.

5 Échange collectif sur les mots difficiles (5 à 10 min)

Procéder comme d'habitude et interroger sur le sens des mots en gras dans ces extraits :
(N1) « … regard est malicieux et **perçant**. » « … elle **entrelace** ses cheveux. » « … des robes longues et **élancées**. » « … je les trouve **démodées**, elles lui vont bien. » « … ses gestes sont lents, **empreints** de douceur. » « Parfois, elle est **songeuse** et part dans ses souvenirs… »
(N2) « … au visage **parcheminé** par le soleil… » « Elle semble **nostalgique** et **se remémore** son enfance… »
Donner au besoin quelques définitions, par exemple : … *regard est malicieux et éclatant. – … elle tresse ses cheveux. – … des robes longues et allongées/fines. – … je les trouve vieilles/passées de mode, elles lui vont bien. – … ses gestes sont lents, plein de douceur. Parfois, elle est pensive et part dans ses souvenirs… – … au visage ridé par le soleil… Elle semble attristée/chagrinée et se remémore son enfance…*

6 Lecture orale du texte (5 min)

Même démarche.

7 Fluence : chronométrage en atelier (10 min)

(Pour les modalités, *cf.* Fiche préparation sur la fluence, p. 191.)

Séance 3 Compréhension

Durée : 45 min
Matériel :
– Manuel p. 130-131
– Fichier de différenciation (p. 97-98)

Organisation :
– Groupe classe : introduction, rebrassage de la notion
– Ateliers différenciés, si nécessaire

Déroulement de la séance

1 Rappel de la séance précédente (5 min)

Même démarche.

2 Exercice 7 : Je comprends le texte (10 min)

Même démarche. Propositions de réponses :
– « De quelle couleur sont les yeux de la grand-mère ? » ➜ Elle a les yeux couleur bleu piscine.
– « Qu'est-ce qui montre que la grand-mère est coquette ? » ➜ Elle se maquille avec du rose aux joues, du rouge à lèvres et elle souligne ses sourcils d'un trait de crayon.
– « Comment aime-t-elle s'habiller ? » ➜ Elle aime porter des robes longues et élancées, ainsi qu'un foulard en soie et un gilet gris.

– « Que fait la grand-mère quand elle est dans son fauteuil ? » ➜ Elle caresse tendrement son chat et discute avec sa petite fille.
– « De quels souvenirs la grand-mère aime-t-elle parler ? » ➜ Elle aime parler de son enfance avec ses dix frères et sœurs, son mariage, ses voyages en Croatie et tous les beaux moments de sa jeunesse. Elle se souvient aussi de ses six garçons devenus grands et papas à leur tour.

3 Exercice 8 : Je recherche dans le texte (5 min)

Même démarche. Propositions de réponses :
– « Trouve la phrase qui explique comment la grand-mère fait son chignon ». ➜ « Elle entrelace ses cheveux cendrés en une tresse qu'elle enroule en chignon à la base de sa nuque. »
– « Donne le nom de la fleur du parfum de la grand-mère. » ➜ La fleur de lys.
– « Donne le nom du pays où elle a voyagé. » ➜ La Croatie.
– « Trouve les deux nombres cités dans le texte (au sujet de sa famille). » ➜ « Dix frères et sœurs », « ses six garçons ».
– « Trouve un synonyme de *douce.* » (« … sa voix est douce ») ➜ Sa voix est calme, sereine.
– « Trouve à quoi est comparé le rire de la grand-mère. » ➜ Il est comparé à une cascade.

4 Exercice 9 : Je choisis la phrase qui résume le texte (5 min)

La phrase réponse est la n° 1 : *Portrait d'une grand-mère douce et plutôt coquette qui aime parler de ses souvenirs.*
Attention ! La réponse 2 est non valide : « une vieille dame » n'est pas forcément une grand-mère !

5 Exercice 10 : J'exprime ce que j'ai compris (10 min)

Même démarche. Voici des propositions de réponses :
– « À ton avis, qui fait le portrait de la grand-mère ? » ➜ C'est la petite-fille de la grand-mère puisqu'elle dit « ma » grand-mère.
– « Quel sentiment ressens-tu en lisant la description de cette vieille femme ? » ➜ Les sentiments sont personnels. Laisser les élèves s'exprimer : ils peuvent dire tristesse, bonheur, joie, tendresse…
– « Pourquoi la grand-mère parle-t-elle de ses souvenirs ? » ➜ C'est une vieille personne qui a du temps pour se tourner vers son passé, qui aime se remémorer les moments heureux de sa vie et les partager avec un être cher, sa petite-fille.

6 Je lis très vite (5 min)

Même démarche.

7 Prolongements

- Faire le portrait d'une personne que l'on aime bien : un membre de sa famille, un·e camarade de classe.
- Jouer au *Qui est-ce ?*®, éventuellement le réaliser avec les élèves de la classe.
- Mêmes prolongements que précédemment : dictée, copie.

Fichier de différenciation, exercices 7 à 11, p. 97-98 (pour le déroulement, voir Les fiches de préparation du fichier de différenciation, Séquence type « Les sons et leurs graphies », p. 184).

Séance 4 Production d'écrits

Durée : 45 min
Matériel :
– Manuel p. 131
– Cahier d'essai
– Cahier de productions d'écrits
– Tableau des éléments descriptifs du portrait à compléter

Organisation :
– Groupe classe : introduction, découverte
– Temps individuels pour le passage à l'écrit
– Ateliers différenciés, si nécessaire, pour un groupe en difficulté, avec l'aide de l'enseignant·e

Déroulement de la séance

1 Rappel de la séance précédente (5 min)

Même démarche.

2 Consignes d'écriture et recherches collectives (20 min)

Lecture de la consigne : « Fais un portrait physique du petit lutin illustré ci-contre. Décris ses vêtements, son attitude, son visage. Tu peux faire trois listes (vêtements, visage, attitude) de tous les adjectifs que tu pourras utiliser. »
Les élèves doivent commencer à travailler seuls. Leur proposer de bien regarder le personnage et de remplir individuellement le tableau (il est proposé vierge, en annexe, au besoin).

vêtements	visage	attitude

Il est préférable, à ce stade, de ne pas faire de recherche de vocabulaire en collectif pour ne pas induire la description du personnage.
Cependant, il est possible de faire chercher des synonymes de *s'habiller* pour permettre aux élèves d'enrichir la description qu'ils feront : *porter, mettre, enfiler, s'habiller, se vêtir, se parer…*

3 Premier jet (10 min)

Même consigne.

4 Correction et finalisation (10 min)

Même démarche. Exemple :

vêtements	visage	attitude
pantalon noir moulant, veste étroite verte, nœud papillon vert, chaussures pointues et vertes, chemise jaune (ou vert anis), grand chapeau haut de forme vert avec un bandeau noir et jaune…	visage rond, cheveux roux/bruns et bouclés, yeux ronds et noirs, sourcils bruns relevés, bouche ouverte et souriante, oreille ronde et décollée, nez pointu et allongé…	souriant, gai, vif, malicieux, espiègle, agréable, content, drôle, aimable, gentil, charmant, sympathique…

Samuel est un petit lutin toujours habillé en vert. Il porte sur sa grosse tête un chapeau haut de forme vert, une belle veste verte qu'il met par-dessus sa magnifique chemise jaune. Avant de mettre ses chaussures vertes et pointues, il enfile son élégant pantalon moulant noir. Il n'oublie jamais de se vêtir de son exceptionnel petit nœud papillon vert ! Samuel est adorable ! Il est très souriant et, comme il est malicieux, il fait souvent des blagues rigolotes ! Il est vraiment très gentil. Son visage est rond comme un ballon, tout comme ses yeux noirs et ses petites oreilles décollées. Ses cheveux roux sont courts et bouclés, et ses sourcils relevés lui donnent un air charmant. C'est ma petite mascotte !

5 Prolongement

Faire lire des portraits de personnages de littérature : un ogre, une sorcière, une fée, un détective, une marâtre, un personnage d'une série (albums, bandes dessinées…). Par exemple : *Le Géant de Zéralda* de Tomi Ungerer, *Le Monstre poilu* d'Henriette Bichonnier.

Semaine 30 Le son è : ett – ell – enn – ess

Séance 1 Le code

Durée : 45 min
Matériel :
- Manuel p. 132
- Panneau référent CE1 du son è (2)
- Panneau du dessin du bandeau
- Affiche des mots à retenir et/ou flashcards
- Tableau de fluence pour les syllabes et les mots
- Fichier de différenciation (p. 99-101)

Organisation :
- Groupe classe : introduction, découverte, rebrassage de la notion
- Ateliers différenciés, si nécessaire
- Temps individuels selon le besoin des élèves

Déroulement de la séance

1 Introduction (10 min)

Manuel ouvert, dessin du bandeau de la p. 132 affiché, faire citer les mots contenant les graphies du son è dans l'image, les noter au tableau : princesse, jumelles, renne, mouette, perruche, ficelle, belle…
Faire trouver une phrase : « La belle princesse utilise ses jumelles pour voir la perruche et la mouette qui est sur la tête du renne ! »
Afficher le panneau référent du son è afin de valider ou compléter ce qui a été cité.
Faire remarquer que des graphies du son è ont été déjà vues (S22), mais que, ici, la lettre E est associée à des consonnes doublées, c'est pourquoi elle se prononce è.
Faire trouver d'autres mots contenant le son è, associé à des consonnes doublées, les noter dans un tableau :

ett dans un mot	ell dans un mot	err dans un mot	ess dans un mot	enn dans un mot
violette, vinaigrette, vedette, fourchette, toilette, tartelette, squelette, statuette, savonnette, serviette, sonnette, remettre, regretter, recette, pommette, crevette, pirouette, pochette, pipelette, paillette, noisette, omelette, navette, moquette, marionnette	poubelle, belle, rebelle, actuelle, cannelle, citadelle, coupelle, mademoiselle, dentelle, échelle, étincelle, gazelle, gamelle, marelle	verrue, verrouiller, verrine, verrière, terroir, terrifier, terreau, terrasse, terrain, souterrain, serrurier, serrer, perron, perroquet, lierre, interroger	vitesse, tristesse, maladresse, tigresse, transgresser, suppression, stresser, succession, sagesse, souplesse, délicatesse, pression, vessie, professeur, progresser	viennoiserie, végétarienne, benne, vietnamienne, antenne, terrienne, sienne, mienne, tienne, ennemi, moyenne, ancienne, éolienne, persienne, musicienne

Rappel : à partir de là, il n'y a plus de lecture de syllabes associées à des mots.

2 Exercice 1 : Je lis des mots / fluence (10 min)

Même démarche. Donner éventuellement quelques définitions : *(N1) hennir (= crier pour le cheval), terrine (= pâté), perron (= entrée qui se fait par un petit escalier et une petite plateforme) ; (N2) rébellion (= fait de se révolter, de dire non), presse (= ensemble des journaux), décennie (= 10 ans), bohémienne (= nomade vivant en roulotte), andouillette (= sorte de saucisse de porc), embellir (= rendre beau).*

3 Les mots à retenir (5 min)

Même procédure. Exemples de phrases : *Tu as perdu ta montre, je te prête la mienne. J'ai retrouvé une trousse, est-ce que c'est la tienne ? Lucie a pris ma trottinette et Ali va prendre la sienne. Voici deux raquettes, laquelle préfères-tu ?*

4 Exercice 2 : Je lis des phrases (5 min)

Même démarche.

Fichier de différenciation, exercices 1 à 6, p. 99-101 (pour le déroulement, voir Les fiches de préparation du fichier de différenciation, Séquence type « Les sons et leurs graphies », p. 184).

Séance 2 Lecture et fluence

Durée : 45 min
Matériel :
- Manuel p. 133-135
- Panneau référent CE1 du son (è) (2)
- Tableau complété en séance 1
- Outils pour la fluence : tableau, textes, grille

Organisation :
- Groupe classe : introduction, découverte, rebrassage de la notion
- Ateliers différenciés, si nécessaire, en lecture et en fluence

Déroulement de la séance

1 Rappel de la séance précédente (5 min)

Même démarche.

2 Exercice 3 : Je vais découvrir un texte (5 min)

Présenter le texte : fiche de bricolage pour construire une girouette-mouette. Nouveau genre abordé ici (type mode d'emploi).

3 Exercice 4 : Je découvre des mots du texte (5-10 min)

Même démarche. Exemple de phrases avec mots définis : *Sur le toit de la maison, j'aperçois une girouette en forme de coq. J'ai fait des petits pains et avant de les mettre au four, j'ai incisé la surface pour créer des petites lignes. Lorsque j'ai inséré la clé dans la serrure, je l'ai cassée ; j'ai dû appeler un serrurier.*

4 Exercice 5 : Choix du niveau de lecture et lecture silencieuse (10 min)

Ici, il n'y a pas de niveau de différenciation car le texte ne s'y prêtait pas. Cependant, le niveau 1 peut comprendre uniquement le matériel et les schémas 1 à 4 (lecture d'images) et pour le niveau 2, on peut ajouter la lecture des 4 étapes (p. 134-135).

5 Échange collectif sur les mots difficiles (5-10 min)

Procéder comme d'habitude et interroger sur le sens des mots en gras dans ces extraits :
« … et des initiales des **points cardinaux**. » « Avec des ciseaux pointus, découper des **fentes**… » « Décorer cette belle mouette au crayon de couleur ou à l'**aquarelle** avant de la monter. » « Ramener les deux éléments du corps à la **verticale**. »
Exemple de définitions : *… et des initiales du nord, du sud, de l'est et de l'ouest. Avec des ciseaux pointus, découper des ouvertures/trous… Décorer cette belle mouette aux crayons de couleur ou à la peinture à l'eau avant de la monter. Ramener les deux éléments du corps dressés vers le haut.*

6 Lecture orale du texte (5 min)

Même démarche.

7 Fluence : chronométrage en atelier (10 min)

(Pour les modalités, *cf.* Fiche préparation sur la fluence, p. 191.)

Séance 3 Compréhension

Durée : 45 min
Matériel :
- Manuel p. 136
- Fichier de différenciation (p. 102-103)
- Facultatif : gabarit en A4

Organisation :
- Groupe classe : introduction, rebrassage de la notion
- Ateliers différenciés, si nécessaire

Déroulement de la séance

1 Rappel de la séance précédente (5 min)

Même démarche.

2 Exercice 6 : Je comprends le texte (10 min)

Même démarche. Propositions de réponses :

– « Que vas-tu fabriquer avec cette fiche de bricolage ? » ➜ Une girouette-mouette.

– « Après avoir imprimé les silhouettes, que dois-tu faire ? » ➜ Il faut découper toutes les silhouettes.

– « Que faut-il faire dans le schéma 2 avec la ficelle ? » ➜ Il faut faire un nœud en serrant les deux piques.

– « À quelle étape construiras-tu la flèche ? » ➜ La flèche est construite à l'étape 2.

3 Exercice 7 : Je recherche dans le texte (5 min)

Même démarche. Propositions de réponses :

– « Trouve dans le matériel ce qui peut remplacer la paille. » ➜ Un tube de stylo feutre vidé.

– « Indique les outils conseillés pour décorer la silhouette imprimée. » ➜ L'aquarelle ou les crayons de couleur.

– « Relève la phrase indiquant ce qu'il faut glisser dans la paille (à l'étape 3). » ➜ « Glisser la pique en bois dans la paille. » (l. 315)

4 Exercice 8 : Je choisis la phrase qui résume le texte (5 min)

La phrase réponse est la n° 2 : *Pour fabriquer une girouette-mouette, tu dois te procurer le matériel, regarder les schémas et lire les étapes de construction dans l'ordre.*

5 Exercice 9 : J'exprime ce que j'ai compris (10 min)

Même démarche. Voici des propositions de réponses :

– « De quoi est constituée une fiche de bricolage ? » ➜ D'une liste de matériel et d'une notice de montage à suivre étape par étape.

6 Je lis très vite (5 min)

Même démarche.

7 Prolongements

- Même prolongements que précédemment : dictée, copie.
- Construire la girouette (le gabarit à découper est proposé en annexe).

Fichier de différenciation, exercices 7 à 11, p. 102-103 (pour le déroulement, voir Les fiches de préparation du fichier de différenciation, Séquence type « Les sons et leurs graphies », p. 184).

Séance 4 Production d'écrits

Durée : 45 min

Matériel :
- Manuel p. 136
- Cahier d'essai
- Cahier de productions d'écrits

Organisation :
- Groupe classe : introduction, découverte
- Temps individuels (ou en binômes) pour le passage à l'écrit
- Ateliers différenciés, si nécessaire, pour un groupe en difficulté, avec l'aide de l'enseignant·e

Déroulement de la séance

1 Rappel de la séance précédente (5 min)

Même démarche.

2 Consignes d'écriture et recherches collectives (20 min)

Lecture de la consigne : « Fais la liste du matériel nécessaire pour construire un moulin à vent. Puis écris une phrase sur les trois premiers dessins pour expliquer les étapes de sa construction. »

Il est possible, en fonction du niveau des élèves, de faire écrire une phrase pour chacune des 6 étapes (une par étape).

Sur cette activité, les élèves travaillent complètement en autonomie.

3 Premier jet (10 min)

Même consigne.

4 Correction et finalisation (10 min)

Même démarche. Exemple :

Matériel : une feuille de papier carrée, un crayon, des ciseaux (+ un bouchon de liège, une épingle).
– Étape 1 : écrire son prénom sur la feuille (en petit).
– Étape 2 : plier la feuille selon la diagonale : on obtient un triangle rectangle.
– Étape 3 : inciser les quatre coins de la feuille comme indiqué sur le schéma. (L'incision peut se faire en pliant la feuille en deux pour couper deux coins en même temps et en incisant jusqu'à la moitié de la pliure.)
– Étape 4 : ramener un coin sur deux au centre de la feuille.
– Étape 5 : avec une épingle, piquer les bouts des quatre coins sur un bouchon placé en dessous de la feuille. (Attention de ne pas te piquer !)
– Étape 6 : souffler et faire tourner le moulin à vent.

5 Prolongements

- Faire des fiches de bricolage pour fabriquer d'autres objets.
- Construire le moulin à vent. Pour faire la feuille carrée, il est possible de proposer aux élèves de partir d'une feuille A4 et de la découper après l'avoir pliée selon la technique de la diagonale.

Semaine 31 Le son ill : euil/euille – ouil/ouille – ail/aille – eil/eille

Séance 1 Le code

Durée : 45 min

Matériel :
- Manuel p. 137
- Panneau référent CP du son ill (1)
- Panneau du dessin du bandeau
- Affiche des mots à retenir et/ou flashcards
- Tableau de fluence pour les syllabes et les mots
- Fichier de différenciation (p. 104-106)

Organisation :
- Groupe classe : introduction, découverte, rebrassage de la notion
- Ateliers différenciés, si nécessaire
- Temps individuels selon le besoin des élèves

Déroulement de la séance

1 Introduction (10 min)

Manuel ouvert, dessin du bandeau de la p. 137 affiché, faire citer les mots contenant les graphies du son ill dans l'image, les noter au tableau : *grenouille, feuille, vieil, fauteuil, œil, chandail…*
Faire trouver une phrase : « Le vieil homme qui porte un chandail et qui est assis sur un fauteuil fait de l'œil à la grenouille cachée sous une feuille. »
Afficher le premier panneau référent du son ill (celui du CP).

Faire trouver d'autres mots contenant ces graphies :

ouil/ouille	euil/euille	ail/aille	eil/eille
fenouil / fouille, bouille, il se mouiller, la brouille, andouille, je touille, la tambouille, je gribouiller, des papouilles…	seuil, treuil, deuil / qu'il veuille, un portefeuille, un chèvrefeuille, un millefeuille…	rail, émail, éventail, gouvernail, télétravail / taille, paille, maille, volaille, pagaille, cisaille, tenailles, elle taille…	réveil, vermeil, / veille, treille, oseille, oreille, merveille, corbeille… *Mais aussi :* cercueil, orgueil, je cueille

Faire remarquer que certains noms en « eil » ne se prononcent pas pareil : *cercueil, cueille…* ; les noter dans le tableau, de la même façon que dans le manuel.

2 Exercice 1 : Je lis des mots / fluence (10 min)

Même démarche. Donner éventuellement quelques définitions (pour les animaux, les agrémenter de photos, si possible) : *(N1) seuil (= le pas/bord de la porte, le palier) ; (N2) vitrail (= vitre décorée, généralement dans les églises), caille (= petit oiseau proche de la perdrix), bouvreuil (= oiseau), cerfeuil (= plante aromatique), corneille (= oiseau proche du corbeau), recueil (= livre qui rassemble des écrits).*

3 Exercice 2 : Je lis des phrases (5 min)

Même démarche.

Fichier de différenciation, exercices 1 à 6, p. 104-106 (pour le déroulement, voir Les fiches de préparation du fichier de différenciation, Séquence type « Les sons et leurs graphies », p. 184).

Séance 2 Lecture et fluence

Durée : 45 min
Matériel :
- Manuel p. 138-139
- Panneau référent CP du son ill (1)
- Tableau complété en séance 1
- Outils pour la fluence : tableau, textes, grille

Organisation :
- Groupe classe : introduction, découverte, rebrassage de la notion
- Ateliers différenciés, si nécessaire, en lecture et en fluence

Déroulement de la séance

1 Rappel de la séance précédente (5 min)

Même démarche.

2 Exercice 3 : Je vais découvrir un texte (5 min)

Présenter le poème, là encore nouveau genre abordé.

3 Exercice 4 : Je découvre des mots du texte (5 à 10 min)

Même procédure. Exemples de phrases : *Les taches de la fourrure du jaguar lui permettent de se camoufler dans la nature. Mon grand-père porte toujours des chandails tricotés par ma grand-mère. Un petit bouvreuil a fait son nid dans la haie de mon jardin. Ma sœur guette le facteur, elle attend un courrier important.*

4 Exercice 5 : Choix du niveau de lecture et lecture silencieuse (10 min)

Même procédure.

5 Échange collectif sur les mots difficiles (5 à 10 min)

Procéder comme d'habitude et interroger sur le sens des mots en gras dans ces extraits :
(N1) « Chaque matin vient une **fripouille**. »
(N2) « Joyeux, tu cours sur mes **plans** d'ail. » « … à me **narguer** derrière ta feuille. »
Exemple de définitions : *Chaque matin vient un coquin. Joyeux, tu cours sur mes plantations d'ail. … à me provoquer derrière ta feuille.*

6 Lecture orale du texte (5 min)

Même démarche.

7 Fluence : chronométrage en atelier (10 min)

Attention ! La lecture d'une poésie n'est pas la plus appropriée à la lecture rapide. Il vaut mieux éviter et apprendre à la lire calmement sans précipitation pour jouer avec les mots et s'en délecter. Dans un second temps, éventuellement, on pourra tester la fluence sur ce texte.

Séance 3 Compréhension

Durée : 45 min
Matériel :
– Manuel p. 139-140
– Fichier de différenciation (p. 106-108)

Organisation :
– Groupe classe : introduction, rebrassage de la notion
– Ateliers différenciés, si nécessaire

Déroulement de la séance

1 Rappel de la séance précédente (5 min)

Même démarche.

2 Exercice 6 : Je comprends le texte (10 min)

Même démarche. Propositions de réponses :
– « Qui est la fripouille ? » ➜ C'est le petit écureuil.
– « Où se cache le petit écureuil ? » ➜ Sous les feuilles du fenouil.
– « Qui chante sur l'épouvantail ? » ➜ Des bouvreuils chantent sur l'épouvantail.
– « De quoi est vêtu l'épouvantail ? » ➜ Il porte un vieux chandail.
– « Pourquoi la poétesse traite-t-elle l'écureuil de coquin ? » ➜ C'est un coquin parce qu'il est malin et malicieux et qu'il se cache sous les feuilles pour prendre de la nourriture dans le potager.
– « Quel danger court le petit écureuil ? » ➜ Il risque de se faire attraper par le chat.
– « Quel conseil est donné au petit écureuil ? » ➜ L'autrice lui conseille de s'enfuir vite car le chat le guette.

3 Exercice 7 : Je recherche dans le texte (5 min)

Même démarche. Propositions de réponses :
– « Cherche le vers qui montre que le chat surveille l'écureuil. » ➜ « Le chat te guette sur le seuil. »
– « Trouve le nom de la plante sous laquelle se cache le petit écureuil. » ➜ Le fenouil.
– « Trouve trois mots qui qualifient le petit écureuil. » ➜ Fripouille, joli, petit, coquin, joyeux, bel.

4 Exercice 8 : Je choisis la phrase qui résume le texte (5 min)

La phrase réponse est la n° 3 : *Un petit écureuil visite un jardin sous l'œil attentif de la poétesse qui lui conseille de faire attention au chat.*

5 Exercice 9 : J'exprime ce que j'ai compris (10 min)

Même démarche. Voici des propositions de réponses :
- « À qui la poétesse parle-t-elle ? » ➜ Elle parle à un petit écureuil.
- « Quelles rimes utilise-t-elle ? » ➜ Des rimes en *ouil/ouille, euil/euille, ail/aille, eil/eille*.
- « À ton avis, l'autrice décrit-elle une situation réelle ? » ➜ Il est possible de voir des écureuils dans les potagers à la campagne. L'écureuil se nourrit principalement de graines, de fruits, de fleurs, de bourgeons, de noix, de glands, de marrons, de châtaignes, de noisettes. Il peut donc manger du fenouil. L'autrice a cependant inventé ce poème pour jouer avec les rimes en (ill).

6 Je lis très vite (5 min)

Même démarche.

7 Prolongements (5 min)

- Choisir avec les élèves d'autres poèmes sur les animaux.
- Faire un exposé sur l'écureuil.
- Mêmes prolongements que précédemment : dictée, copie.

Fichier de différenciation, exercices 7 à 11, p. 106-108 (pour le déroulement, voir Les fiches de préparation du fichier de différenciation, Séquence type « Les sons et leurs graphies », p. 184).

Séance 4 Production d'écrits

Durée : 45 min
Matériel :
- Manuel p. 140
- Cahier d'essai
- Cahier de productions d'écrits

Organisation :
- Groupe classe : introduction, découverte
- Temps individuels (ou en binômes) pour le passage à l'écrit
- Ateliers différenciés, si nécessaire, pour un groupe en difficulté, avec l'aide de l'enseignant·e

Déroulement de la séance

1 Rappel de la séance précédente (5 min)

Même démarche.

2 Consignes d'écriture et recherches collectives (20 min)

Lecture de la consigne : « Écris une petite poésie en rimes en utilisant les prénoms de tes camarades de classe et en disant ce qu'ils font. (Attention, n'écris rien de méchant !) Par exemple :
Dans la cour, Anabelle joue à la marelle.
Dans la classe, Frédéric fait des mathématiques.
À la cantine, Coralie mange des brocolis.
Dans l'escalier, Anaé tape des pieds… »

Les élèves travaillent complètement en autonomie.

3 Premier jet (10 min)

Même consigne.

4 Correction et finalisation (10 min)

Même démarche.

Semaine 32 Le son ill : ill – y – i

Séance 1 Le code

Durée : 45 min
Matériel :
- Manuel p. 141
- Panneau référent CE1 du son ill (2)
- Panneau du dessin du bandeau
- Affiche des mots à retenir et/ou flashcards
- Tableau de fluence pour les syllabes et les mots
- Fichier de différenciation (p. 109-110)

Organisation :
- Groupe classe : introduction, découverte, rebrassage de la notion
- Ateliers différenciés, si nécessaire
- Temps individuels selon le besoin des élèves

Déroulement de la séance

1 Introduction (10 min)

Manuel ouvert, dessin du bandeau de la p. 141 affiché, faire citer les mots contenant les graphies du son ill dans l'image, les noter au tableau : *crayon, fille, papillon, yeux, Camille…*
Faire trouver une phrase : « Cette jolie petite fille aux grands yeux s'appelle Camille : elle colorie joyeusement un papillon avec des crayons de couleur. »
Afficher le deuxième panneau référent du son ill (celui du CE1).

En phonétique le son [j] de *papillon* [papijɔ̃], de *yaourt* [ja-urt], de *février* [fevrije] s'appelle le **yod**.
Il y a plusieurs écritures possibles du son [j] :
1. Avec les 3 lettres **ILL**, que l'on retrouve par exemple dans le verbe *rouiller* [ruje]. C'est la graphie que nous avons adoptée dans le manuel (dans une bulle), pour les élèves, car c'est la plus courante et la moins ambigüe (à l'inverse du Y dont on apprend d'abord qu'il se prononce [i]).
Attention ! La combinaison des trois lettres **ILL** ne fait pas forcément le son [j].
Exemples : *tranquille, ville, mille, milliers, millions, Gilles, illuminer, illimité, illettré…*
2. Avec la lettre **Y**, que l'on retrouve par exemple dans le verbe *essuyer* [esɥije].
La lettre **Y** est généralement associée au son [i] dans la plupart des mots français, comme dans *cygne, pyjama, synonyme, physique…*
Mais, lorsque le Y est suivi d'une voyelle, il fait [j] : *crayon, noyau, joyeux…*
3. Avec la lettre **I** lorsqu'elle est associée à une autre voyelle (*ia, io, ié, ier…*) comme dans les mots comme *crié, riant, piano, attention, cahier…*
4. Avec la lettre ï (i tréma) suivi d'une voyelle comme dans *aïeul, paranoïa, aïoli…* Ce dernier cas de figure, plus rare, n'est pas traité dans le manuel.

Faire trouver d'autres mots contenant ces graphies :

ill	y	i + voyelle
grille, billet, brouillon, feuilleter, veiller, meilleur, oreiller, vanille, juillet, habiller, grillon, gorille, famille, cheville, lentille…	joyau, maya, boyau, voyage, royal, noyade, kayak, goyave, yéti, payer, loyer, soyeux, moyen, foyer, yoga, yoyo, voyou, rayon, rayure…	média, fiacre, caviar, glacial, fiancée, diamant, diable, cordial, coriace, cieux, chien, adieu, quartier, boulier, chiot, avion, brioche, cabriole, pliure, reliure…

Dans la première colonne, on peut ajouter certains mots de la semaine précédente.
De plus, il est possible d'ajouter une colonne avec le ï et de faire trouver des mots aux élèves : *aïe, bonzaï, païen, aïkido, faïence, camaïeu, monoï, aïeux, glaïeul…*

2 Exercice 1 : Je lis des mots / fluence (10 min)

Même démarche. Donner éventuellement quelques définitions : *(N1) gazouillis (= chant des oiseaux / babil du bébé) ; (N2) yak (= sorte de gros bœuf d'Asie centrale), gazouiller (= chanter, babiller), effeuiller (= enlever les feuilles), empailler (= garnir de paille un objet, un animal…).*

3 Exercice 2 : je lis des phrases (5 min)

Même démarche.

Fichier de différenciation, exercices 1 à 6, p. 109-110 (pour le déroulement, voir Les fiches de préparation du fichier de différenciation, Séquence type « Les sons et leurs graphies », p. 184).

Séance 2 Lecture et fluence

Durée : 45 min

Matériel :
- Manuel p. 142-143
- Panneau référent CE1 son ill (2)
- Tableau complété en séance 1
- Outils pour la fluence : tableau, textes, grille

Organisation :
- Groupe classe : introduction, découverte, rebrassage de la notion
- Ateliers différenciés, si nécessaire, en lecture et en fluence

Déroulement de la séance

1 Rappel de la séance précédente (5 min)

Même démarche.

2 Exercice 3 : Je vais découvrir un texte (5 min)

Il s'agit d'un documentaire animalier. Faire rappeler les documentaires déjà vus.

3 Exercice 4 : Je découvre des mots du texte (5 à 10 min)

Même procédure. Exemples de phrases : *Ce chaton est une petite femelle, elle s'appelle Zaïa. Savez-vous que le serpent est un ovipare ? J'ai trouvé dans le jardin une mue de serpent. J'ai acheté à la bourse aux insectes de belles chrysalides de papillons, mais il va falloir attendre qu'ils sortent !*

4 Exercice 5 : Choix du niveau de lecture et lecture silencieuse (10 min)

Même procédure.

5 Échange collectif sur les mots difficiles (5 à 10 min)

Procéder comme d'habitude et interroger sur le sens des mots soulignés dans ces extraits :
(N1) « Pour grandir, les chenilles **consomment** des quantités **considérables** de feuilles. » « Ils aspirent le **nectar** fabriqué par les fleurs. »
(N2) « Au bout de quelques jours, la **larve**, qu'on appelle chenille… » « La chrysalide est un stade de **métamorphose**, de transformation entre la chenille et le papillon. » « … les ***lépidoptères***, ce qui signifie "ailes couvertes d'écailles". »
Exemple de définitions : *Pour grandir, les chenilles mangent des quantités importantes de feuilles. Ils aspirent le liquide sucré fabriqué par les fleurs. Au bout de quelques jours, le premier stade de développement, qu'on appelle chenille… La chrysalide est un stade de transformation entre la chenille et le papillon. … Les* lépidoptères *(= insectes devenant des papillons), ce qui signifie « ailes couvertes d'écailles ».*

6 Lecture orale du texte (5 min)

Même démarche.

7 Fluence : chronométrage en atelier (10 min)

Même démarche.

Séance 3 Compréhension

Durée : 45 min
Matériel :
- Manuel p. 143-144
- Fichier de différenciation (p. 111-112)

Organisation :
- Groupe classe : introduction, rebrassage de la notion
- Ateliers différenciés, si nécessaire

Déroulement de la séance

1 Rappel de la séance précédente (5 min)

Même démarche.

2 Exercice 6 : Je comprends le texte (10 min)

Même démarche. Propositions de réponses :
- « De quoi parle ce texte ? » ➜ Du cycle de vie du papillon.
- « Que mange la chenille ? » ➜ Elle mange des feuilles.
- « En quoi se transforme la chenille ? » ➜ Elle se transforme en chrysalide et ensuite en papillon.
- « Qu'est-ce que la mue ? » ➜ La mue est le changement de peau d'un insecte ou d'un animal lorsqu'il grandit.
- « Qu'est-ce qu'une chrysalide ? » ➜ C'est un cocon dans lequel la chenille va se transformer en papillon.
- « Avec quoi les papillons aspirent-ils le nectar des fleurs ? » ➜ Ils l'aspirent avec une trompe.
- « Que trouve-t-on sur les ailes des papillons ? Et qu'est-ce que cela fait sur les ailes ? » ➜ On y trouve des écailles, c'est ce qui donne la couleur de leurs ailes.

3 Exercice 7 : Je recherche dans le texte (5 min)

Même démarche. Propositions de réponses :
- « Trouve le nom donné aux animaux qui pondent des œufs. » ➜ Ce sont des ovipares.
- « Trouve la phrase qui explique pourquoi la chenille mue ». ➜ « Cette extraordinaire croissance les oblige à remplacer leur peau quand elle devient trop petite. »
- « Relève le nom auquel est comparé la chrysalide dans le texte. » ➜ Elle est comparée à une enveloppe.
- « Cite le passage expliquant d'où vient le nectar qu'aspirent les papillons. » ➜ « Ils aspirent le nectar fabriqué par les fleurs. »

4 Exercice 8 : Je choisis la phrase qui résume le texte (5 min)

La phrase réponse est la n° 3 : *Caractéristiques et cycle de vie du papillon, de l'œuf à la chenille puis au papillon.*

5 Exercice 9 : J'exprime ce que j'ai compris (10 min)

Même démarche. Voici des propositions de réponses :
- « Pourquoi la chenille grossit-elle très rapidement et pourquoi mue-t-elle ? » ➜ Elle grossit très rapidement parce qu'elle passe son temps à manger des quantités considérables de feuilles. Et comme elle mange beaucoup, elle grossit et donc elle doit changer de peau (*mue*) régulièrement.
- « Les chenilles et les papillons se nourrissent-ils de la même façon ? » ➜ Non. Les chenilles mangent des feuilles et les papillons des aliments liquides comme le nectar de fleurs.
- « Pourquoi ? » ➜ Ils ne se nourrissent pas de la même façon parce qu'ils sont très différents.
- « À ton avis, que se passe-t-il dans la chrysalide ? » ➜ Dans la chrysalide, la chenille se transforme totalement, elle devient un papillon. Le corps se transforme et devient plus fin, et les ailes poussent.

6 Je lis très vite (5 min)

Même démarche.

7 Prolongements

- Copie, dictée.
- Lire ou faire lire *La Chenille qui fait des trous* ou *The very hungry caterpillar* de Eric Carle (de préférence en anglais, l'album étant plutôt destiné aux maternelles…).
- Organiser une sortie dans un musée ou un zoo où il y a des reptiles.
- Faire un élevage de papillons en classe.

Fichier de différenciation, exercices 7 à 11, p. 111-112 (pour le déroulement, voir Les fiches de préparation du fichier de différenciation, Séquence type « Les sons et leurs graphies », p. 184).

Séance 4 Production d'écrits

Durée : 45 min
Matériel :
– Manuel p. 144
– Cahier d'essai
– Cahier de productions d'écrits
– Dessin de la transformation du têtard en grenouille

Organisation :
– Groupe classe : introduction, découverte
– Temps individuels (ou en binômes) pour le passage à l'écrit
– Ateliers différenciés, si nécessaire, pour un groupe en difficulté, avec l'aide de l'enseignant·e

Déroulement de la séance

1 Rappel de la séance précédente (5 min)

Même démarche.

2 Consignes d'écriture et recherches collectives (20 min)

Lecture de la consigne : « Écris un documentaire sur la transformation du têtard en grenouille. Fais une petite recherche ou aide-toi de ce dessin, puis écris une phrase pour chaque étape de la transformation du têtard en grenouille. »
Découverte du cycle de la grenouille :
Que représente le schéma à côté de la consigne ? ➜ C'est le cycle de vie de la grenouille.
Combien y a-t-il d'étapes dans ce cycle ? ➜ Il y a six étapes.
L'enseignant·e peut proposer d'écrire une phrase pour chaque étape.
Distribuer, si possible, un dessin agrandi pour un ou deux élèves (proposé en annexe).
Expliquer collectivement le schéma : reprendre les images, faire une description rapide de chacune, puis les placer correctement selon les flèches.
Puis laisser les élèves travailler en autonomie.

3 Premier jet (10 min)

Même consigne.

4 Correction et finalisation (10 min)

Même démarche. Exemple :
1. *La grenouille pond des œufs dans l'eau. Ces œufs sont nombreux et collés les uns aux autres.*
2. *Des petits têtards se forment dans l'œuf. Quand les œufs éclosent, les têtards sortent et vivent dans l'eau.*
3. *La queue du têtard grossit pour qu'il puisse mieux se déplacer et se nourrir.*
4. *Les deux pattes arrière apparaissent en premier.*
5. *Puis les pattes avant sortent et la queue se réduit, le têtard se métamorphose petit à petit.*
6. *Une petite grenouille apparait, elle peut sortir de l'eau. Elle continue à grossir jusqu'au stade adulte.*

5 Prolongement

Étudier d'autres cycles : celui du jour et de la nuit, d'autres animaux (la poule, par exemple), celui de l'eau, etc.

Semaine 33 Des lettres difficiles : W et X

Séance 1 Le code

Durée : 45 min
Matériel :
- Manuel p. 145
- Panneau référent CE1 du W et du X
- Panneau du dessin du bandeau
- Affiche des mots à retenir et/ou flashcards
- Tableau de fluence pour les syllabes et les mots
- Fichier de différenciation (p. 113-115)

Organisation :
- Groupe classe : introduction, découverte, rebrassage de la notion
- Ateliers différenciés, si nécessaire
- Temps individuels selon le besoin des élèves

Déroulement de la séance

1 Introduction (10 min)

Manuel ouvert, dessin du bandeau de la p. 145 affiché, faire décrire l'image et noter seulement les mots contenant un X ou un W (aborder leurs valeurs sonores dans un second temps) : *xylophone, clown, bowling*.
Faire trouver une phrase : « Dans un excellent bowling, le clown joue du xylophone pour relaxer les joueurs. »
Afficher le panneau référent de ces lettres.
Passer un peu de temps pour lister les différentes valeurs sonores de ces graphies plus compliquées (*cf.* tableau ci-dessous). On peut préciser que beaucoup de mots avec W sont d'origine étrangère (anglaise notamment : *weekend, bowling, tramway*…).
Faire trouver d'autres mots contenant ces lettres (certains mots, compliqués, pourront être suggérés, voire définis, par l'enseignant·e, ou simplement non écrits, quelques exemples par colonne étant suffisants) :

x → s	x → gz	x → ks	x → z	w → v	w… → ou…
six, dix, soixante, soixantième, coccyx	exact, exaucer, exemple, exil, exhumer, exagérer, exercice, exemple, exiger, exister, exode, exotique, exubérant…	lynx, sphinx, texto, boxeur, oxygène, juxtaposer, taxi, texte, expédier, externe, phénix…	deuxième, sixième, dixième, dix-huit	wagon, wagonnet	tramway, Willy, wallaby, wapiti, water-polo, watt, web, weekend, western, whisky, wok…

Il est possible d'aborder ici le X muet : *choux, chevaux, doux, heureux, prix, voix, amoureux, creux, hiboux, mieux, choix, faux, prix, paix…*

2 Exercice 1 : Je lis des mots / fluence (10 min)

Même démarche. Donner éventuellement quelques définitions : *(N1) inox (= acier) ; (N2) wok (= poêle), wombat, wasabi (voir page du dictionnaire).*
Passer à la fluence.

3 Exercice 2 : Je lis des phrases (5 min)

Même démarche.

Fichier de différenciation, exercices 1 à 6, p. 113-115 (pour le déroulement, voir Les fiches de préparation du fichier de différenciation, Séquence type « Les lettres ou graphies et leurs valeurs sonores », p. 186).

Séance 2 Lecture et fluence

Durée : 45 min
Matériel :
- Manuel p. 146
- Panneau référent CE1 du W et du X
- Tableau complété en séance 1
- Outils pour la fluence : tableau, textes, grille

Organisation :
- Groupe classe : introduction, découverte, rebrassage de la notion
- Ateliers différenciés, si nécessaire, en lecture et en fluence

Déroulement de la séance

1 Rappel de la séance précédente (5 min)

Même démarche.

2 Exercice 3 : Je vais découvrir un texte (5 min)

Présenter le texte : une page de dictionnaire (extrait d'un dictionnaire).

3 Exercice 4 : Je lis un extrait du dictionnaire (10 min)

Ici, il n'y a pas de niveau de différenciation car le texte ne s'y prêtait pas. Cependant, il est possible de faire lire seulement la première page au niveau 1 et les deux pages au niveau 2.

4 Échange collectif sur les mots difficiles (5 à 10 min)

L'enseignant·e peut proposer des mots du dictionnaire dans une phrase et faire trouver leur sens. Par exemple :
« Pendant ce **weekend**, j'ai utilisé le **Web** pour mon exposé sur le **wombat**. Je n'ai pas pu le finir car le **Wifi** ne fonctionnait plus. »
Si les élèves ne trouvent pas, l'enseignant·e donne une définition des mots et les remplace par des synonymes dans la phrase. On obtient : *Pendant ce congé de fin de semaine, j'ai utilisé le réseau mondial d'accès à Internet pour mon exposé sur le petit mammifère australien. Je n'ai pas pu le finir, car le réseau sans fil ne fonctionnait plus.*

5 Lecture orale du texte (5 min)

Même démarche.

6 Fluence : chronométrage en atelier (10 min)

Attention ! La lecture du dictionnaire n'est pas appropriée à la lecture rapide. Il est préférable d'apprendre à lire cette page en s'attachant au sens.
La fluence pourra éventuellement être introduite dans un second temps.

Séance 3 Compréhension

Durée : 45 min
Matériel :
- Manuel p. 146-147
- Fichier de différenciation (p. 115-117)

Organisation :
- Groupe classe : introduction, rebrassage de la notion
- Ateliers différenciés, si nécessaire

Déroulement de la séance

1 Rappel de la séance précédente (5 min)

Même démarche.

2 Exercice 5 : Je comprends l'extrait (10 min)

Même démarche. Propositions de réponses :

– « Quel est le mot repère de la page de gauche ? Et celui de la page de droite ? » ➜ Le mot repère de gauche est : *wagon*. Le mot repère de droite est : *xoxo*.
– « Quel mot vient après le mot *Wifi* ? » ➜ C'est le mot *wok*.
– « Quel est le premier mot qui contient *we* ? » ➜ C'est le mot *Web*.
– « Combien de mot y a-t-il dans la liste des W ? » ➜ Il y en a 12.
– « Quel mot décrit un animal dans la liste des X ? » ➜ Le *xipho* qui est un poisson.

3 Exercice 6 : Je recherche dans l'extrait (5 min)

Même démarche. Propositions de réponses :
– « Trouve la définition du mot *xylophone.* » ➜ C'est le deuxième mot dans la deuxième colonne de la page de gauche.
– « Donne le nom d'une image de la page de gauche et cherche sa définition. » ➜ Trois images possibles : le wagon, le wasabi et le wok.
– « Indique où sont les lettres de l'alphabet. » ➜ On les trouve à droite et à gauche des doubles-pages, le W est encadré en rouge.

4 Exercice 7 : Je choisis la phrase qui résume le texte (5 min)

La phrase réponse est la n° 2 : *Le dictionnaire liste par ordre alphabétique tous les mots connus et utilisés dans une langue ; il en donne l'orthographe et la ou les définitions.*

5 Exercice 8 : J'exprime ce que j'ai compris (10 min)

Même démarche. Voici des propositions de réponses :
– « À ton avis, que représentent les initiales *n.m.* (qui viennent après le mot *wagon* par exemple) ? Et les autres abréviations ? » ➜ *n.m.* est l'abréviation de nom masculin. Les autres abréviations : *n.f.* (nom féminin) ; *abrev.* (abréviation) ; il existe aussi *adj.* (adjectif).
– « À quoi servent les illustrations dans un dictionnaire ? » ➜ Elles servent à voir un objet ou un animal inconnu que l'on ne peut pas forcément imaginer avec la définition.
– « Dans quel cas utilise-t-on un dictionnaire ? » ➜ Un dictionnaire est utilisé pour chercher la définition d'un mot que l'on ne connait pas.

6 Je lis très vite (5 min)

Même démarche.

7 Prolongements

• Copie, dictée
• Jouer au jeu du dictionnaire.
• Faire recherche d'autres mots dans le dictionnaire.

Fichier de différenciation, exercices 7 à 11, p. 115-117 (pour le déroulement, voir Les fiches de préparation du fichier de différenciation, Séquence type « Les lettres ou graphies et leurs valeurs sonores », p. 186).

Séance 4 Production d'écrits

Durée : 45 min
Matériel :
– Manuel p. 147
– Cahier d'essai
– Cahier de productions d'écrits

Organisation :
– Groupe classe : introduction, découverte
– Temps individuels (ou en binômes) pour le passage à l'écrit
– Ateliers différenciés, si nécessaire, pour un groupe en difficulté, avec l'aide de l'enseignant·e

Déroulement de la séance

1 Rappel de la séance précédente (5 min)

Même démarche.

2 Consignes d'écriture et recherches (20 min)

Lecture de la consigne : « Invente et écris, comme dans un dictionnaire, les définitions de ces deux " faux " mots ; un *wagoiture* et une *xylophoto*. Explique-les et donne ensuite un exemple en les utilisant dans une phrase. »
Les élèves travaillent en autonomie, mais peuvent se mettre en binômes pour la recherche.

3 Premier jet (10 min)

Même consigne.

4 Correction et finalisation (10 min)

Même démarche. Exemples :
Un wagoiture : *n.m. voiture en forme de wagon permettant de se déplacer à plusieurs sur une route. Sorte de bus amélioré dans lequel il est possible de manger et de dormir. Il est possible d'accrocher plusieurs wagoitures, comme les wagons d'un train.*
Une xylophoto : *n.f. c'est une photo animée qui permet de composer une petite musique à l'aide d'un clavier de xylophone. Utilisée pour envoyer des photos musicales pour des anniversaires, par exemple.*

Semaine 34 — Lecture suivie (1)

Séance 1 — Lecture et fluence[2]

Durée : 45 min
Matériel :
- Manuel p. 148-149
- Version du *Petit Poucet* par Ch. Perrault à lire éventuellement aux élèves
- Outils pour la fluence : tableau, textes, grille

Organisation :
- Groupe classe : introduction, découverte, rebrassage de la notion
- Ateliers différenciés, si nécessaire, en lecture et en fluence

Déroulement de la séance

1 Introduction (5 min)

Découverte d'une lecture suivie en trois séquences. Deux niveaux de lecture sont proposés.
« Nous allons, en cette fin d'année, travailler une lecture suivie. C'est une lecture qui se fait en trois étapes. Nous ne travaillerons plus le code. Vous allez lire l'histoire sur plusieurs séances et nous répondrons ensemble à des questions pour bien comprendre l'histoire. »
Si l'enseignant·e a travaillé sur des lectures suivies pendant l'année, il/elle peut faire un parallèle.

2 Je découvre un texte (10 min)

« Nous allons découvrir un conte traditionnel que vous connaissez surement, mais il a été réadapté. Il s'agit du conte du *Petit Poucet* que l'autrice a transformé en *Le Petit Pou sait*. »
Écrire les deux titres au tableau pour que les élèves comprennent le jeu de mot.
« Quelle différence y a-t-il entre les deux titres ? » ➜ Le titre se prononce de la même façon, mais ne s'écrit pas pareil. Il ne dit pas non plus la même chose.
« Qu'a voulu faire l'autrice ? » ➜ Un jeu de mots.
« À votre avis, de quoi va parler ce conte ? » ➜ Il va raconter l'histoire du Petit Poucet, mais en parlant d'un pou qui sait des choses.

2. Tous les sons et graphies ayant été revus au cours de l'année, les dernières semaines, consacrées à une lecture suivie, ne nécessitent plus de séance de code.

« Qui peut me raconter en quelques phrases l'histoire du *Petit Poucet* ? »
Les élèves doivent normalement connaitre ce conte. Rappeler que c'est un conte de Charles Perrault, écrit il y a très longtemps, et paru dans un recueil rassemblant plusieurs contes merveilleux appelés *Les Contes de ma mère l'Oye*.
Dans le cas où il ne serait pas connu, il est nécessaire de prendre un temps pour leur lire de manière à ce qu'ils puissent comprendre la version de l'autrice. La version de Ch. Perrault est proposée en annexe.

3 Je lis le texte (10 min)

Procéder comme d'habitude.

4 Lecture orale et échange collectif sur les mots difficiles (20 min)

Inviter les élèves qui le souhaitent à lire le texte à haute voix. Ne pas oublier de valoriser les lectures et d'aider ceux qui ont du mal ou qui buttent sur un mot. La lecture doit être un moment de plaisir.
Procéder comme d'habitude et interroger sur le sens des mots en gras dans ces extraits :
(N1) « … je rencontrai un vieil homme assis sur un tapis qui **méditait**. » « Les époux poux, qui vivaient autrefois heureux dans leur maison en nœuds de cheveux, regardent leur maison se **délabrer**. » « En effet, les **pellicules** de la tête du roi, qui avaient été **abondantes** en d'autres temps… »
(N2) « … (les pellicules) se sont raréfiées… »
Exemple de définitions : *Je rencontrai un vieil homme assis sur un tapis qui était concentré. Les époux poux, qui vivaient autrefois heureux dans leur maison en nœuds de cheveux, regardent leur maison s'abimer. En effet, les petites écailles/peaux de la tête du roi, qui avaient été nombreuses en d'autres temps, se sont fait rares…*

5 Fluence : chronométrage en atelier (10 min)

Procéder comme d'habitude.

Séance 2 Compréhension

Durée : 45 min
Matériel :
– Manuel p. 150

Organisation :
– Groupe classe : introduction, rebrassage de la notion
– Ateliers différenciés, si nécessaire

Déroulement de la séance

1 Rappel de la séance précédente (5 min)

Même démarche.

2 Exercice 2 : Je comprends le texte (10 min)

Même démarche. Propositions de réponses :
– « Dans quel pays se passe cette histoire ? Où vit la famille des poux ? » ➜ Dans un pays merveilleux qui n'existe plus aujourd'hui.
– « Comment s'appelle le roi dans la tête duquel vit la famille des poux ? » ➜ C'est le roi Tétapou.
– « Pourquoi les poux n'arrivent-ils plus à vivre sur la tête du roi ? » ➜ Parce que le roi vieillit et qu'il perd ses cheveux. La maison en nœuds de cheveux se délabre et il n'y a presque plus de pellicules sur la tête du roi pour se nourrir.
– « Que décide de faire le papa pou ? » ➜ Il décide d'abandonner ses enfants le plus loin possible dans la chevelure du vieux roi.
– « Que prévoit le petit pou ? » ➜ Petit pou sait que son père va les abandonner et il sort en pleine nuit pour ramasser des petits cailloux blancs.
– « À quel moment le papa pou s'enfuit-il ? » ➜ Le papa pou s'enfuit au moment où ses enfants se sont endormis parce qu'ils étaient fatigués, après plusieurs heures de marche.

3 Exercice 3 : Je recherche dans le texte (5 min)

Même démarche. Voici des propositions de réponses :

– « Trouve la phrase qui donne la composition de la famille des poux. » ➜ Dans ce pays vit une famille très connue, composée d'une maman pou, d'un papa pou et de leurs très nombreux enfants : tous des garçons.

– « Trouve la phrase qui dit de quoi est faite la maison des poux. » ➜ Les époux poux, qui vivaient autrefois heureux dans leur maison en nœuds de cheveux, regardent leur maison se délabrer.

– « Trouve la phrase qui montre que le roi est vieux. » ➜ Malheureusement, le roi est aujourd'hui un vieil homme et il perd ses cheveux !

4 Exercice 4 : Je choisis la phrase qui résume le texte (5 min)

La phrase réponse est la n° 2 : *Alors que sa famille manque de nourriture, un papa pou perd ses enfants dans la chevelure où ils vivent ; mais le petit pou sait…*

5 Exercice 5 : J'exprime ce que j'ai compris (10 min)

Même démarche. Voici des propositions de réponses :

– « Comment sait-on d'où vient ce conte ? À quoi te fait penser le titre du conte ? » ➜ On sait d'où vient le conte parce que l'autrice, au début, nous dit comment elle l'a entendu la première fois. C'est un conteur qui lui a raconté. Le titre fait penser au conte « Le Petit Poucet », c'est un jeu de mots.

– « À ton avis, les parents sont-ils heureux ? Pourquoi ? » ➜ Les parents ne sont plus heureux, car le roi vieillit et, par conséquent, sa tête n'est plus assez fertile pour nourrir les enfants poux et laisser une maison en bon état.

– « Qu'espèrent les parents poux en choisissant de perdre leurs enfants ? » ➜ Les parents espèrent que leurs enfants se débrouilleront mieux seuls et ne mourront pas de faim… Ils espèrent aussi qu'ils vont retrouver leur chemin pour rentrer à la maison…

6 Je lis très vite (5 min)

Même démarche.

7 Prolongement

Faire imaginer à l'oral, la suite de l'histoire… : « À votre avis, que va-t-il se passer la prochaine fois ? » Les élèves connaissent l'histoire et n'auront pas de mal à imaginer la suite. Mais ce qui peut être intéressant, c'est de voir s'ils font preuve d'imagination pour trouver des idées originales afin de continuer le récit…

Séance 3 Production d'écrits

Durée : 45 min

Matériel :
- Manuel p. 150
- Cahier d'essai
- Cahier de productions d'écrits

Organisation :
- Groupe classe : introduction, découverte
- Temps individuels (ou en binômes) pour le passage à l'écrit
- Ateliers différenciés, si nécessaire, pour un groupe en difficulté, avec l'aide de l'enseignant·e

Déroulement de la séance

1 Rappel de la séance précédente (5 min)

« Qu'avons-nous étudié cette semaine dans le manuel Piano lecture ? » ➜ Le début d'une lecture suivie : le petit pou sait.

« Qui peut me raconter en deux ou trois phrases, ce qu'il s'est passé ? » ➜ Une famille de poux vit depuis très longtemps sur la tête d'un roi nommé Tétapou. Mais le roi vieillit et perd ses cheveux. La famille manque de nourriture, le papa pou décide alors avec sa femme de perdre ses enfants dans la chevelure. Mais comme le petit pou sait, il ramasse des petits cailloux pour pouvoir retrouver son chemin quand son père se sera enfuit après les avoir abandonnés lui et ses frères.

Puis l'enseignant·e introduit la séance de production d'écrits.

2 Consignes d'écriture et recherches collectives (20 min)

Lecture de la consigne : « Raconte, en quelques lignes, comment la famille des poux vivait avant que le roi ne soit vieux. »
Trame : « De quoi faut-il parler ? » ➜ De l'âge du roi, des cheveux du roi, de la nourriture, de la maison.

Vocabulaire :

roi	cheveux	nourriture	maison
jeune, dynamique, voyageur…	noirs, épais, fournis, dense, crépus…	pellicules, peau, autres…	grande, belle, pleine de nœuds…

Puis les élèves travaillent en autonomie.

3 Premier jet (10 min)

Même consigne.

4 Correction et finalisation (10 min)

Même démarche. Exemple :
La famille des poux vivait autrefois dans l'épaisse chevelure du jeune roi Tétapou. Le roi était à cette époque en pleine forme ! Sur sa tête, il y avait d'abondantes nourritures, des pellicules, mais aussi, comme le roi se promenait souvent en forêt, d'abondantes nourritures tombaient dans ses cheveux. Leur maison était magnifique ! Le roi avait de nombreux nœuds dans ses cheveux noirs et épais, les parents poux avaient presque réussi à avoir un nœud douillet pour chacun de leurs garçons. La vie était douce !

Semaine 35 Lecture suivie (2)

Séance 1 Lecture et fluence

Durée : 45 min
Matériel :
– Manuel p. 151-153
– Outils pour la fluence : tableau, textes, grille

Organisation :
– Groupe classe : introduction, découverte, rebrassage de la notion
– Ateliers différenciés, si nécessaire, en lecture et en fluence

Déroulement de la séance

1 Introduction (5 min)

Même démarche : résumé du conte (voir séance 3 de la semaine précédente).

2 Je lis le texte (10 min)

Proposer aux élèves de choisir le niveau 1 p. 151, ou le niveau 2 p. 152-153 et d'en faire une première lecture silencieuse.

3 Lecture orale et échange collectif sur les mots difficiles (20 min)

Procéder comme d'habitude et interroger sur le sens des mots en gras dans ces extraits :
(N1) « Il prend dans le **garde-manger** la dernière réserve de pellicules qu'il coupe en petits morceaux. » « Le petit pou sait qu'ils vont être à nouveau abandonnés et il **sème** les pellicules. » « À leurs réveils, les garçons ne sont pas **inquiets**, le petit pou sait… » « … jusqu'à ce qu'ils se rendent compte qu'ils **sont parvenus** dans une épaisse forêt de cheveux ! »

Exemple de définitions : *Il prend dans l'armoire à nourriture la dernière réserve de pellicules qu'il coupe en petits morceaux. Le petit pou sait qu'ils vont être à nouveau abandonnés et il jette sur le chemin les pellicules. À leur réveil, les garçons ne sont pas affolés, le petit pou sait… – …jusqu'à ce qu'ils se rendent compte qu'ils sont arrivés dans une épaisse forêt de cheveux !*

Séance 2 Compréhension

Durée : 45 min
Matériel :
– Manuel p. 153-154

Organisation :
– Groupe classe : introduction, rebrassage de la notion
– Ateliers différenciés, si nécessaire

Déroulement de la séance

1 Rappel de la séance précédente (5 min)

Même démarche.

2 Exercice 2 : Je comprends le texte (10 min)

Même démarche. Propositions de réponses :
– « Qu'a fait le papa pou pour que son fils ne sorte pas de la maison ? » ➜ Il a fermé la porte de la maison à clé.
– « Qu'est-ce que le petit pou a emporté avec lui ? » ➜ Il a emporté avec lui la dernière réserve de pellicules du garde-manger.
– « Pourquoi les frères du petit pou ne sont pas inquiets ? » ➜ Parce qu'ils savent que le petit pou a tout prévu et qu'il va les ramener chez eux.
– « Que s'est-il passé dans la nuit ? » ➜ Le roi Tétapou s'est gratté la tête et il a fait s'envoler toutes les pellicules semées par le petit pou.
– « Où se retrouvent les frères poux ? » ➜ Ils se retrouvent dans l'épaisse chevelure de l'épouse du roi Tétapou. *Il est possible de compléter cette question avec : Pourquoi ? Parce que les époux se sont fait des bisous tête contre tête pendant la nuit et les garçons sont passés d'une chevelure à l'autre.*
– « Que mettent les garçons sur leur tête pour ne pas avoir froid ? » ➜ Ils mettent des bonnets.

3 Exercice 3 : Je recherche dans le texte (5 min)

Même démarche. Propositions de réponses :
– « Relève les mots qui indiquent que les parents sont contents de retrouver leurs enfants, la première fois. » ➜ *Heureux* et *bonheur*.
– « Trouve dans le texte le lieu exact où sont gardées les pellicules. » ➜ Elles sont gardées dans le garde-manger, c'est sans doute une armoire qui se trouve dans la cuisine ou dans la salle à manger.
– « Trouve la phrase qui explique pourquoi les petits poux ne sont plus sur la tête du roi. » ➜ Deux phrases sont possibles : « *Le petit pou sait… il comprend : dans la matinée, alors que les garçons marchaient, les époux Tétapou se sont fait des bisous.* » « *Et comme ils étaient tête contre tête, sans, le savoir, les garçons sont passés sur la tête de l'épouse Tétapou, dans son épaisse chevelure.* »

4 Exercice 4 : Je choisis la phrase qui résume le texte (5 min)

La phrase réponse est la n° 3 : *Après avoir sauvé une première fois ses frères, la deuxième ruse du petit pou est un échec et tous les petits poux se retrouvent perdus bien loin de la maison de leurs parents.*

5 Exercice 5 : J'exprime ce que j'ai compris (10 min)

Même démarche. Voici des propositions de réponses :
– « Pourquoi, alors que les petits poux réussissent à revenir chez eux, le bonheur des retrouvailles ne dure-t-il pas ? » ➜ Parce que le vieux Tétapou continue de perdre ses cheveux et, que la maison des poux commence à s'effondrer et qu'ils n'ont toujours rien à manger.
– « Que penses-tu de la deuxième ruse du petit pou ? » ➜ C'est une bonne ruse qui ressemble à la première sauf que, cette fois, les pellicules ne restent pas à leur place, le petit pou ne pouvait pas penser que le roi allait se gratter la tête ! Il aurait peut-être dû chercher une solution très différente, mais laquelle ? (On peut faire débattre les élèves sur une solution possible, à trouver collectivement.)

6 Je lis très vite (5 min)

Même démarche.

7 Prolongements

- Même prolongement que précédemment.
- Lire d'autres contes de Charles Perrault.
- Faire illustrer une scène du conte et exposer les œuvres.

Séance 3 Production d'écrits

Durée : 45 min
Matériel :
– Manuel p. 154
– Cahier d'essai
– Cahier de productions d'écrits

Organisation :
– Groupe classe : introduction, découverte
– Temps individuels (ou en binômes) pour le passage à l'écrit
– Ateliers différenciés, si nécessaire, pour un groupe en difficulté, avec l'aide de l'enseignant·e

Déroulement de la séance

1 Rappel de la séance précédente (5 min)

Proposition de résumé de l'épisode : Après le retour des enfants poux à la maison, les parents poux sont obligés de décider à nouveau de perdre leurs fils. La deuxième ruse du petit pou est un échec et tous les petits poux se retrouvent perdus, bien loin de la maison de leurs parents… Ils sont arrivés dans la chevelure de l'épouse Tétapou qui a collé sa tête contre celle de son époux pour l'embrasser.

2 Consignes d'écriture et recherches collectives (20 min)

Lecture de la consigne : « Écris un dialogue entre les enfants (au moins six répliques) quand ils arrivent devant le nœud de cheveux après leur journée de marche (ils sont fatigués, ils ont froid…). »

Trame :
– « Quelles sont les inquiétudes que peuvent avoir les petits poux devant cette maison inconnue ? » ➜ Les petits poux peuvent avoir peur, être inquiets, ne pas oser frapper, ils peuvent avoir envie de s'enfuir…
– « Comment se sentent les petits poux après des heures de marche ? » ➜ Ils sont fatigués/épuisés, ils ont mal aux pieds, ils ont faim, ils ont froid, ils sont tristes, ils sont inquiets, ils ont peur…
– « Que peuvent-ils espérer ? » ➜ Ils peuvent espérer rencontrer quelqu'un de gentil. Ils peuvent espérer manger et se reposer.
Dans le dialogue, on peut prévoir : des phrases où les plus jeunes poux se plaignent (de la faim, du froid, d'avoir mal aux pieds…) ; des phrases qui sont des questions (« Qu'est-ce qu'on fait ? Et si… ? ») ; des réponses aux questions ; une phrase finale où les enfants décident de frapper à la porte.
Puis les élèves travaillent travailler en autonomie.

3 Premier jet (10 min)

Même consigne.

4 Correction et finalisation (10 min)

Même démarche. Exemple :
– Qu'est-ce qu'on fait ?
– On frappe ?
– Et si c'était quelqu'un de méchant ?
– Moi, j'ai faim !
– Moi, j'ai froid !
– Moi, j'ai mal aux pieds !
– Si c'est quelqu'un de méchant, on n'aura qu'à s'enfuir en courant !
– Si c'est quelqu'un de gentil, on peut demander de l'aide !
– Et s'il demande de l'argent ? On n'a rien, nous…
– C'est pas grave, on peut aussi juste demander notre chemin…
– Bon, alors, on frappe ?
Ils frappent à la porte.

Semaine 36 Lecture suivie (3)

Séance 1 Lecture et fluence

Durée : 45 min
Matériel :
– Manuel p. 155-157
– Outils pour la fluence : tableau, textes, grille

Organisation :
– Groupe classe : introduction, découverte, rebrassage de la notion
– Ateliers différenciés, si nécessaire, en lecture et en fluence

Déroulement de la séance

1 Introduction (5 min)

Même démarche : résumé du conte (voir séance 3 de la semaine précédente).

2 Je lis le texte (10 min)

Proposer aux élèves de choisir le niveau 1 p. 155, ou le niveau 2 p. 156-157 et d'en faire une première lecture silencieuse.

3 Lecture orale et échange collectif sur les mots difficiles (20 min)

Procéder comme d'habitude et interroger sur le sens des mots en gras dans ces extraits :
(N1) « La femme qui habite cette maison est une énorme **ogresse** pou, toute rouge. »
(N2) « … elle installe les garçons dans un grand lit où dorment aussi ses filles avec l'espoir d'en faire, dans la nuit, son prochain **festin**. » « L'ogresse retourne se coucher et s'endort, bien **repue**. »
Exemple de définitions : *La femme qui habite cette maison est une énorme femme ogre pou, toute rouge … elle installe les garçons dans un grand lit où dorment aussi ses filles avec l'espoir d'en faire, dans la nuit, son prochain repas. L'ogresse retourne se coucher et s'endort, satisfaite de son repas.*

Séance 2 Compréhension

Durée : 45 min
Matériel :
– Manuel p. 157-158

Organisation :
– Groupe classe : introduction, rebrassage de la notion
– Ateliers différenciés, si nécessaire

Déroulement de la séance

1 Rappel de la séance précédente (5 min)

Même démarche.

2 Exercice 2 : Je comprends le texte (10 min)

Même démarche. Propositions de réponses :
– « Où arrivent les frères poux ? » ➜ Ils arrivent devant la maison d'une énorme ogresse.
– « À quel moment le petit pou échange-t-il les couronnes contre les bonnets ? » ➜ Il fait l'échange lorsque les filles de l'ogresse et ses frères se sont endormis.
– « Que fait l'ogresse pendant la nuit ? » ➜ Elle va dans les chambres où dorment tous les enfants avec l'idée de manger les garçons, mais comme elle ne voit rien, elle mange les enfants qui portent des bonnets et ce sont ses filles !
– « Comment les garçons rentrent-ils chez eux ? » ➜ Ils rentrent chez eux avec les bottes magiques de sept lieues.

– « Comment se termine l'histoire ? » ➜ L'histoire se termine bien : les enfants poux rentrent chez eux et toute la famille devient riche grâce au petit pou ! Ils vont aller vivre dans la chevelure épaisse de l'épouse du roi Tétapou.

Pour cette dernière séance de lecture, on a volontairement réduit les questions de compréhension : ainsi, l'exercice « Je recherche dans le texte » a été supprimé. En effet, il faut prévoir un temps pour une éventuelle petite séance révision à la fin de la séquence.

3 Exercice 3 : Je choisis la phrase qui résume le texte (5 min)

La phrase réponse est la n° 3 : *Le petit pou très rusé s'empare de la maison d'une ogresse, sur la tête de la reine Tétapou, où il installe sa famille et y vit très heureux.*

4 Exercice 5 : J'exprime ce que j'ai compris (10 min)

Même démarche. Voici des propositions de réponses :

– « À ton avis, qu'est-ce que l'ogresse a en tête quand elle invite les garçons poux à entrer chez elle ? » ➜ Elle se dit, comme tous les ogres qui ont toujours faim, qu'elle en ferait bien son repas…

– « Pourquoi le petit pou échange-t-il les couronnes et les bonnets ? » ➜ Il échange les couronnes et les bonnets parce qu'il se doute que l'ogresse a décidé de les manger, lui et ses frères, pendant la nuit.

– « Pourquoi le père est-il malheureux quand il voit ses fils arriver ? » ➜ Il est malheureux parce qu'il sait que si ces enfants reviennent, il ne pourra toujours pas les nourrir et qu'il va encore devoir trouver une solution pour ne pas les voir mourir de faim. Il ne sait pas encore qu'il va devenir riche !

– « Pourquoi dit-on que c'est depuis ce jour que les poux se déplacent en sautant ? » ➜ Parce que c'est un conte et que l'on peut imaginer ce que l'on veut ! Et comme les poux ont des bottes de sept lieues, on peut penser qu'ils les gardent tout le temps et qu'ils ne se déplacent plus qu'en sautant… (Il faut juste savoir qu'en réalité les poux ne sautent pas, de même qu'ils ne se nourrissent pas de pellicules mais de sang… mais ça c'est une autre histoire !)

5 Je lis très vite (5 min)

Même démarche.

6 Prolongement

- Faire rechercher dans le texte toutes les fois où on peut lire « le petit pou sait » en pensant « le Petit Poucet ».
- Faire une recherche documentaire sur le pou, ce qui permet de réinvestir le cycle de vie vu avec la grenouille et le papillon, et faire faire un schéma. Proposer de faire intervenir l'infirmière scolaire pour en discuter.

Séance 3 Production d'écrits

Durée : 45 min
Matériel :
- Manuel p. 158
- Cahier d'essai
- Cahier de productions d'écrits

Organisation :
- Groupe classe : introduction, découverte
- Temps individuels (ou en binômes) pour le passage à l'écrit
- Ateliers différenciés, si nécessaire, pour un groupe en difficulté, avec l'aide de l'enseignant·e

Déroulement de la séance

1 Rappel de la séance précédente (5 min)

Proposition de résumé de l'épisode : Les garçons arrivent dans la maison d'une ogresse et de ses horribles filles qui les invite à manger et à dormir. Pendant la nuit, le Petit Poucet échange les couronnes des filles avec les bonnets des garçons et lorsque l'ogresse décide d'aller les dévorer, comme elle ne voit rien, elle mange les enfants qui portent un bonnet : ses filles ! Le Petit Poucet aide alors ses frères à s'échapper en leur donnant des bottes de sept lieues et ils retournent tous chez eux. Le Petit Poucet, qui a tué l'ogresse, récupère sa maison et ses richesses, et y installe sa famille.

2 Consignes d'écriture et recherches collectives (20 min)

Lecture de la consigne : « Écris la conversation entre le petit pou et son papa quand le petit pou lui explique les ruses qu'il a utilisées pour revenir chez lui. »

Trame :
– « Quelles sont les ruses du petit pou ? » ➜ Le changement des couronnes et des bonnets ; la fuite avec les bottes magiques (il réveille ses frères, il a tout préparé pendant la nuit) ; le piège mortel tendu à l'ogresse ; le passage de la tête de l'épouse du roi à celle du roi Tétapou.
– « Comment va réagir le père du petit pou ? » ➜ Il est fier, étonné, heureux, impressionné, effrayé, mécontent…
Dans le dialogue, on peut prévoir la dernière phrase qui va permettre de comprendre la fin de l'histoire (« Et c'est comme ça que… »).
Puis les élèves travaillent en autonomie.

3 Premier jet (10 min)

Même consigne.

4 Correction et finalisation (10 min)

Même démarche. Exemple :
– Le papa pou : Veux-tu me raconter comment tu t'y es pris pour revenir à la maison ?
– Le petit pou : Quand nous sommes arrivés chez l'ogresse, j'ai tout de suite compris qu'elle avait une idée en tête et qu'elle allait nous manger pendant la nuit.
– Le papa pou : Qu'as-tu fait alors ?
– Le petit pou : Quand mes frères et les filles de l'ogresse se sont endormis, j'ai mis les couronnes des filles sur la tête de mes frères et nos bonnets sur la tête des filles. Je savais que, pendant la nuit, l'ogresse ne verrait rien et qu'elle nous reconnaitrait en touchant nos têtes ! Du coup, elle a mangé ses filles !
– Le papa pou : Mais tu te doutais bien qu'elle allait se venger ?
– Le petit pou : Oui, bien sûr ! J'ai donc visité la maison pendant qu'elle dormait et j'ai découvert les bottes de sept lieues, des richesses énormes, de la nourriture et un grand puits tout noir fermé par une grosse pierre. Je l'ai ouvert en tournant la manivelle, il était très profond.
– Le papa pou : Et comment l'as-tu piégée ?
– Le petit pou : J'ai réveillé mes frères, je leur ai donné les bottes magiques en leur disant de partir et de m'attendre plus loin. J'ai pris les couronnes que j'ai semées jusqu'au puits pour que l'ogresse pense que nous nous cachions dedans. Quand elle s'est réveillée, elle a suivi les couronnes, elle était très en colère ! Elle est entrée dans le puits et je l'ai refermé et condamné ! Elle ne pourra jamais en sortir !
– Le papa pou : Et comment avez-vous retrouvé votre chemin pour venir ici ?
– Le petit pou : Quand j'ai rejoint mes frères, on a attendu que les époux Tétapou s'embrassent et, avec nos bottes, on a sauté sur la tête du roi. Et voilà, maintenant on est là !
– Le papa pou : Je suis très fier de toi, maintenant nous allons tous partir dans cette maison sur la tête de la reine Tétapou et nous vivrons très heureux grâce à toi !

5 Révision : « Je révise en m'amusant »

Pour cette dernière semaine, plutôt que de prévoir des révisions, utiliser ces pages (p. 159-160) comme des pages de jeux à faire à deux, en ateliers ou collectivement, pour le plaisir !

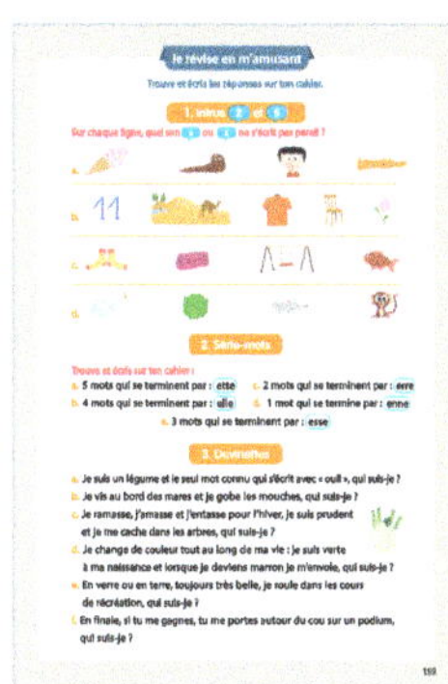

FICHES DE PRÉPARATION DU FICHIER DE DIFFÉRENCIATION

Ces fiches s'articulent autour des 6 entrées spécifiques aux séquences du manuel : les révisions ; les confusions de sons et de lettres ; les sons et leurs graphies ; les doubles consonnes ; les graphies et leurs valeurs sonores ; les lettres difficiles.
Dans ce guide sont donc proposées des mises en œuvre pour chacune des 6 séquences types, avec des renvois de l'une à l'autre quand les modalités sont similaires.

L'utilisation (pour qui, pour quoi, comment ?)

Le fichier permet à l'enseignant·e d'organiser sa classe et de prendre en compte l'hétérogénéité des élèves dans le domaine de la lecture.
La classe de CE1, deuxième année du cycle des apprentissages fondamentaux, est une classe généralement très hétérogène, accueillant des élèves aux profils de lecteurs très variés. L'encodage et le décodage sont en cours d'acquisition pour encore de nombreux élèves et il est nécessaire de s'adapter à leurs besoins, et de les faire progresser selon leur niveau.
Que ce soit en atelier, en binôme ou lors des séances d'APC, l'enseignant·e peut utiliser le fichier pour un élève ou un groupe d'élèves spécifiques. Il s'agit notamment de prendre en compte les besoins éducatifs particuliers de certains élèves : élèves allophones nouvellement arrivés, en situation de handicap, éprouvant des difficultés importantes… La possibilité de photocopier les fiches selon les nécessités de travail permet à chaque enseignant·e de mettre en place sa propre organisation et d'adapter les activités en fonction des séances ou bien encore des périodes.
Le fichier évolue progressivement selon les périodes.

Les modalités de mise en œuvre

Le fichier permet un fonctionnement adaptable selon les besoins et l'organisation spécifique de l'enseignant·e. Chaque élève dispose de deux à trois fiches photocopiées qui comportent le même nombre d'exercices pour toutes les séquences types (6 pour les révisions, 11 pour les confusions, etc.). Les fiches peuvent être distribuées dans leur intégralité au début de la séquence ou bien être découpées et distribuées selon l'exercice travaillé. Elles seront, dans tous les cas, complétées au fur et à mesure de la séquence.
Une fois photocopiées, les fiches peuvent être disposées de plusieurs manières : collées dans un cahier spécifique dédié à la lecture, dans le cahier du jour, dans le cahier d'entrainement ou bien encore assemblées dans un classeur.
Il est préférable de réaliser les exercices dans l'ordre, néanmoins il est aussi possible de les articuler différemment selon les notions prioritaires à travailler et définies par l'enseignant·e. S'appuyer sur le descriptif des exercices (p. 14-17 de ce guide) pour choisir celui qui conviendra le mieux à chaque élève.
L'enseignant·e procède à la correction de toutes les fiches des élèves, puis il/elle les redonne à chaque élève en faisant un retour global sur la séance avec les réussites et les erreurs qu'il/elle a pu constater. Ainsi, chaque élève prend connaissance de sa fiche corrigée. Par ailleurs, à partir des séances de confusions, les corrigés des activités de phonologie sont proposés en annexe, ce qui peut permettre à certains élèves de réaliser leur propre correction.

Séquence type sur les révisions

Objectifs :
- Se remémorer les connaissances acquises en CP.
- Identifier les réussites et les difficultés des élèves.
- Apporter un temps de remise à niveau.
- Permettre de cibler les besoins des élèves.

Manuel :
Pages 6 à 10 (Révisions 1 à 5)
Fichier :
Pages 6 à 13 (6 exercices par séquence) :
- Exercices 1 à 3 après la séance 1 du manuel
- Exercices 4 à 6 après la séance 3 du manuel

Remarques préalables
- Dans les exercices de révisions, les élèves vont redécouvrir les notions travaillées au CP.
- L'utilisation du piano est très utile pour bien repérer et distinguer les syllabes. Il devient un outil indispensable pour certains élèves qui ont besoin de reprendre de l'assurance en ce début d'année (que cet outil ait été utilisé ou non par l'élève l'année précédente).

• Toutes les séances de révision du début d'année sont à adapter selon ce modèle : les exercices et la mise en œuvre sont similaires.

Semaine 1 Révisions 1 – Les sons et graphies simples

Durée : 50 min
Matériel :
– Exercices 1 à 6, p. 6-7 du fichier
– Crayon à papier ou stylo
– Règle
Organisation :
– Groupe classe

Cette organisation en groupe classe permet à l'enseignant·e de faire un bilan sur les acquis antérieurs et les difficultés qui freinent certains élèves. Cela facilitera par la suite la mise en place des ateliers selon des groupes d'élèves définis.

Déroulement de la séance

1 Introduction (5 min)

Pour rappel, les exercices de 1 à 3 interviennent après la séance 1 du manuel.
« Souvenez-vous : dans le manuel p. 6, nous avons lu des syllabes et des mots simples. Maintenant, nous allons continuer à revoir des sons et graphies simples à travers des activités différentes, mais en lien avec ce que nous avons découvert dans le manuel. Au début, nous allons faire les activités ensemble, mais au fur et à mesure vous pourrez les réaliser en autonomie. »
Chaque élève a une fiche photocopiée sur sa table (soit la page entière, soit seulement l'exercice à travailler) et prend un temps pour observer l'activité.

2 Exercice 1 : Découper des mots en syllabes (5 à 10 min)

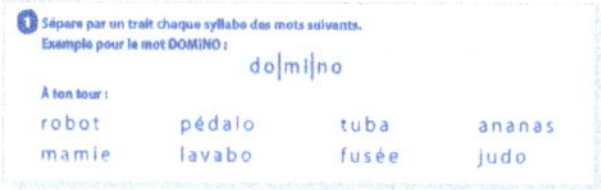

Faire lire la consigne collectivement : « Sépare par un trait chaque syllabe des mots suivants. » Et réaliser ensemble l'exemple : DO-MI-NO. Faire frapper dans les mains, si nécessaire.
« Sortez un crayon et mettez-le sur le côté de la table. Avant de faire l'exercice individuellement, nous allons lire ensemble les mots. Qui veut commencer ? »
Faire lire plusieurs élèves : d'abord une lecture simple, puis une lecture avec découpage syllabique. Ensuite chacun trace les traits sur sa feuille.

3 Exercice 2 : Trouver la syllabe manquante de mots (5 min)

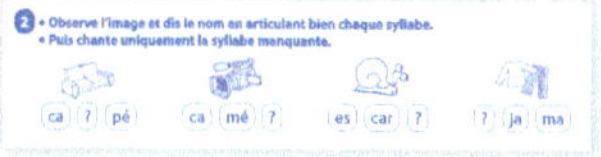

« Maintenant nous allons passer à l'exercice 2, qui veut lire la consigne ? »
Lire la consigne aux élèves : « Observe l'image et dis le nom en articulant bien chaque syllabe. Puis chante uniquement la syllabe manquante. »
Désigner quelques volontaires pour nommer les images. Faire utiliser le piano par chacun puis laisser ensuite les élèves trouver la syllabe manquante. Procéder à une correction collective en faisant oraliser plusieurs élèves.

Le piano est l'outil idéal pour cet exercice et il peut être affiché au tableau. En l'utilisant, on retrouve rapidement la syllabe manquante. L'enseignant·e peut le faire utiliser en binôme ou bien en aide pour les élèves qui hésitent.
Prenez le temps de rassurer les élèves lors de la manipulation du piano. Les élèves reprennent en douceur le rythme et il faut, pour certains, qu'ils reprennent aussi confiance en eux. N'hésitez pas à faire scander les syllabes à l'oral après l'usage du piano.

4 Exercice 3 : Compléter des mots (5 à 10 min)

Faire lire la consigne collectivement : « Lis les mots en gras. Puis complète les étiquettes avec les lettres de ces mots. »
Préciser aux élèves que chaque mot ne peut être utilisé qu'une seule fois et désigner l'emplacement pour écrire.
Faire observer aux élèves les différences et les ressemblances entre certains mots. Ainsi les mots ANORAK et ANANAS ont la même première lettre et peuvent correspondre aux étiquettes 2 et 3, cependant seule l'étiquette 3 possède la lettre R.
« Nous allons maintenant lire les mots de l'exercice. Qui veut commencer ? »

Faire lire plusieurs élèves. Puis chacun complète sa fiche individuellement, à l'aide de la liste de mots. La correction est collective, au tableau. Chaque réponse apportée doit être justifiée, si possible (*cf.* exemple ANORAK et ANANAS). En effet, la correction collective permet un échange autour des choix et des stratégies des élèves.

Proposer aux élèves de barrer chaque mot en gras utilisé un par un afin de s'organiser au mieux et se repérer plus facilement.

5 Exercice 4 : Remettre des lettres dans l'ordre pour reconstituer des mots (5 à 10 min)

Pour rappel, les exercices 4 à 6 interviennent après la séance 3 du manuel.
Faire lire la consigne collectivement : « Observe chaque image et remets les lettres dans l'ordre pour reconstituer le mot. »
Laisser un temps pour l'observation des images et des lettres.
« Nous allons maintenant dire les mots de chaque image. Qui veut commencer ? »

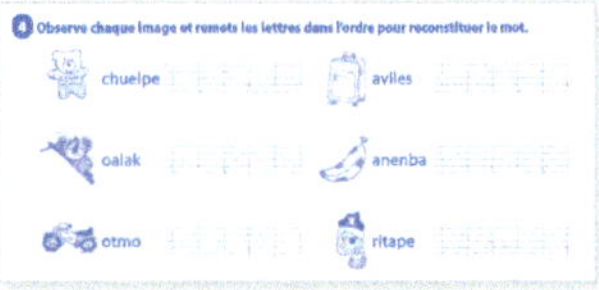

L'enseignant·e propose à plusieurs élèves de dire le nom des images à haute voix. Il/elle fera insister sur la syllabe d'attaque (la première syllabe) et le phonème entendu afin de permettre à chaque élève de trouver la première lettre utilisée dans chaque mot. Ainsi, pour le mot *peluche*, on entend le phonème p qui s'écrit avec la lettre P.
Ne pas hésiter à faire utiliser le piano dans cet exercice.
Puis individuellement, chaque élève écrit les mots reconstitués. L'enseignant·e aide les élèves qui en ont besoin.

L'enseignant·e peut proposer de faire colorier au crayon à papier chaque lettre utilisée afin de ne pas en oublier ou en utiliser une à plusieurs reprises.

Voici d'autres aides possibles, si nécessaire :
- proposer un modèle de lettres manipulables (étiquettes) ;
- alléger le nombre de mots (PIRATE / MOTO / VALISE) et rassurer l'élève ;
- placer au préalable plusieurs lettres (en début ou une syllabe) ;
- aider oralement l'élève en décomposant chaque syllabe.

6 Exercice 5 : Repérer les bons mots dans une liste (5 min)

Cet exercice fait appel à la discrimination visuelle ; il nécessite de savoir repérer les vrais mots des faux mots.
Faire lire la consigne collectivement : « Entoure dans chaque colonne le mot correctement écrit. »
« Sortez un crayon et mettez-le sur le côté de la table. Avant de faire l'exercice individuellement, nous allons lire ensemble les mots. Qui veut commencer ? »

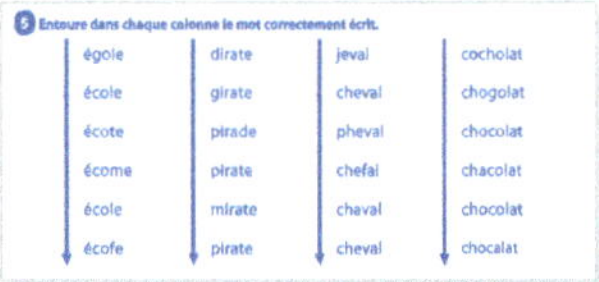

L'enseignant·e peut donner un exemple au tableau avant de faire faire l'exercice. Par exemple : mélanger le mot MOTO avec les groupes de lettres MOTI / NOTO / MOSO ; monter que seul le mot MOTO est correct et a du sens.

Faire lire plusieurs élèves. Puis chacun entoure les mots exacts sur la fiche.
Voici d'autres aides possibles, si nécessaire :
- proposer un cache (morceau de feuille unie) que l'élève fait glisser vers le bas au fur et à mesure de la lecture ;
- alléger le nombre de colonnes à lire ;
- aider l'élève en décomposant chaque syllabe et en oralisant davantage.

7 Exercice 6 : Choisir le bon mot dans une phrase (5 min)

Ce dernier exercice permet de faire lire des phrases complètes, simples, tout en faisant travailler la distinction des paires minimales. Les mots sont simples à déchiffrer, mais il faut faire appel au sens de la phrase pour discriminer le bon mot.
Faire lire la consigne collectivement : « Entoure dans chaque phrase le bon mot. »
« Nous allons maintenant lire les phrases. Qui veut commencer ? »

En amont de l'exercice, l'enseignant·e peut proposer un exemple à l'oral : par exemple, « Je conduis une moto ou une loto rouge ? » Il/elle amène les élèves à bien reconnaître les sons et à réfléchir au sens de la phrase.

Faire lire plusieurs élèves et faire observer quels sont les mots en gras.
Puis chacun entoure les mots exacts sur sa fiche.
En collectif, procéder à la correction en validant par un dessin au tableau (à main levée par l'enseignant·e) des 2 mots et de la justification du choix.

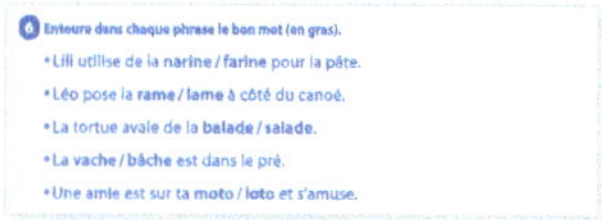
6 Entoure dans chaque phrase le bon mot (en gras).

- Lili utilise de la **narine / farine** pour la pâte.
- Léo pose la **rame / lame** à côté du canoé.
- La tortue avale de la **balade / salade**.
- La **vache / bâche** est dans le pré.
- Une amie est sur ta **moto / loto** et s'amuse.

Le piano est à disposition pour toutes et tous les élèves ; l'enseignant·e peut le proposer au cours de l'exercice, au besoin.

Les semaines de révisions sont des temps essentiels pour l'enseignant·e qui découvre ses élèves, son groupe classe, les difficultés et les réussites de chacun·e.
À l'issue de ces premières semaines, des groupes sont constitués par l'enseignant·e qui pourra moduler, organiser et mettre en place des ateliers dirigés ou en autonomie. Il/elle peut aussi reprendre les activités réalisées pour les temps d'APC avec ses élèves et cibler des besoins plus spécifiques, si nécessaire.

Séquence type sur les confusions

Objectifs :
- Se remémorer les connaissances acquises en CP.
- Travailler sur la discrimination auditive et visuelle de certains sons et graphies.
- Identifier les réussites et les difficultés des élèves.
- Permettre de cibler les besoins des élèves.
- S'exercer à la lecture orale.

Manuel :
Pages 11 à 43 (« Je ne confonds pas… »)

Fichier :
Pages 14 à 37 (11 exercices par séquence) :
- Exercices 1 à 7 après la séance 1 du manuel
- Exercices 8 à 11 après la séance 3 du manuel

Remarques préalables
- À partir d'ici, les corrigés des activités de phonologie (et certaines activités d'encodage) sont proposés dans les annexes, afin d'éviter les ambiguïtés sur les dessins et favoriser l'autocorrection pour les élèves les plus à l'aise.
- Toutes les séances de confusions de sons et de lettres sont à adapter selon ce modèle : les exercices et la mise en œuvre sont similaires.

Semaine 4 Je ne confonds pas p et b

Durée : 50 min
Matériel :
- Exercices 1 à 7, p. 14-15 du fichier
- Crayon à papier ou stylo
- Un crayon bleu et un crayon vert (les couleurs sont associées au code couleur du manuel)

Organisation :
- Groupe classe : introduction et lecture orale
- En individuel : réalisation des exercices écrits

Pour les séquences de confusions, l'organisation en groupe classe permet là encore de faire un bilan sur les acquis antérieurs et les difficultés qui freinent certains élèves. Cela facilitera par la suite la mise en place des ateliers selon des groupes d'élèves définis.

Déroulement de la séance 1

1 Introduction (5 min)

Pour rappel, les exercices de 1 à 7 interviennent après la séance 1 du manuel.

« Souvenez-vous : dans le manuel p. 11, nous avons lu des syllabes avec les lettres b et p et les sons b et p qui peuvent se confondre.
Maintenant, nous allons continuer à revoir ces confusions à travers des activités différentes, mais en lien avec ce que nous avons découvert dans le manuel. Au début, nous allons faire les activités ensemble, mais au fur et à mesure vous pourrez les réaliser en autonomie. »
Chaque élève a une fiche photocopiée sur sa table (soit la page entière, soit seulement l'exercice à travailler) et prend un temps pour observer l'activité.

2 Exercice 1 : Reconnaitre un son selon des images données (5 à 10 min)

Faire lire la consigne collectivement : « Dis le nom des images en articulant bien. Entoure en bleu quand tu entends b ». Faire observer que l'exercice s'articule en deux parties.
« Sortez un crayon et mettez-le sur le côté de la table. Avant de faire l'exercice individuellement, nous allons dire ensemble le nom des images. Qui veut commencer ? »
Donner la parole à plusieurs élèves pour chacune des images afin d'entendre bien distinctement leur nom. Puis les élèves réalisent l'exercice.
Procéder de même avec la seconde partie de l'exercice.

Pour les élèves qui auraient des difficultés sur cet exercice : faire scander les syllabes pour bien entendre le découpage et repérer plus facilement le son.

3 Exercice 2 : Repérer un son dans la ou les syllabes d'un mot (5 min)

Lire la consigne aux élèves : « Dis le nom des images en articulant bien. Coche la case de la (ou des) syllabe(s) où tu entends b. » Faire observer que l'exercice s'articule en deux parties. On peut aussi ajouter que parfois le son est utilisé deux fois dans le mot.
Donner la parole à plusieurs élèves pour chacune des images afin d'entendre bien distinctement leur nom : *balai, bateau, biberon*. Puis les élèves réalisent l'exercice.
Procéder de même avec la seconde partie de l'exercice.

4 Exercice 3 : Compléter des mots selon des syllabes données (5 à 10 min)

Faire lire la consigne collectivement : « Complète les mots à l'aide des syllabes données. » Préciser aux élèves que chaque syllabe ne peut être utilisée qu'une seule fois et désigner l'emplacement pour écrire.

Proposer aux élèves de barrer au fur et à mesure chaque syllabe utilisée afin de s'organiser au mieux et se repérer plus facilement.

Faire nommer toutes les images. Certains mots sont volontairement repris des premiers exercices pour faciliter le passage de la phonologie à l'encodage.
Puis chacun complète sa fiche individuellement en commençant par le mot qu'il souhaite.

5 Exercice 4 : Lire des mots proches (5 à 10 min)

Faire lire la consigne collectivement : « Lis ces mots. Fais bien attention, car ils se ressemblent ! »
Laisser un temps pour observer les colonnes et le sens des flèches.
« Nous allons maintenant lire les mots de chaque colonne. Qui veut commencer ? »
L'enseignant·e propose à plusieurs élèves de lire chaque colonne à haute voix. Il/elle fait remarquer les éléments communs des mots des diverses colonnes et rassurera les élèves ayant fait des erreurs. Puis individuellement, chaque élève écrit les mots reconstitués. L'enseignant·e aide les élèves qui en ont besoin.

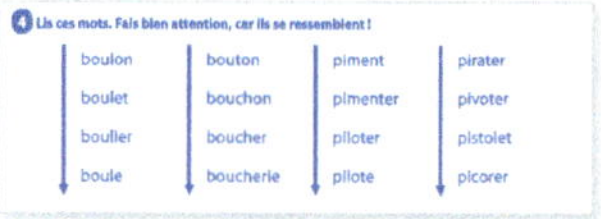

L'enseignant·e peut proposer d'utiliser un cache (une feuille blanche unie par exemple) afin de voir les colonnes une par une.

6 Exercice 5 : Repérer les bons mots dans une liste (5 min)

Cet exercice fait appel à la discrimination visuelle ; il nécessite de savoir distinguer et repérer des mots contenant les lettres B ou P.

Faire lire la consigne collectivement : « Lis ces mots. Puis colorie en bleu ceux où tu vois B et en vert ceux où tu vois P. »
« Sortez un crayon et mettez-le sur le côté de la table. Avant de faire l'exercice individuellement, nous allons lire ensemble les mots. Qui veut commencer ? »
L'enseignant·e demande aux élèves de lire ligne par ligne les mots afin que tous les élèves se repèrent efficacement.

À nouveau, on peut proposer d'utiliser un cache (une feuille blanche unie par exemple) pour faire apparaitre les lignes une par une.
Pour aider certains élèves qui ont peur, leur proposer une stratégie simple : colorier d'abord en bleu les mots où je vois B, puis en vert ceux où je vois P.

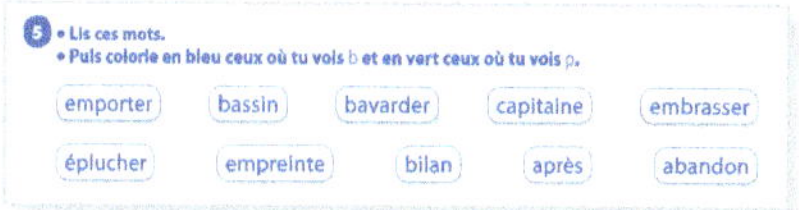
5 • Lis ces mots.
• Puis colorie en bleu ceux où tu vois b et en vert ceux où tu vois p.

emporter bassin bavarder capitaine embrasser
éplucher empreinte bilan après abandon

Faire lire plusieurs élèves. Puis chacun colorie les mots exacts sur sa fiche.

7 Exercice 6 : Lire des mots avec rapidité (5 min)

Cet exercice permet un premier travail de fluence dans le fichier avec des mots contenant les confusions travaillées.
Nous sommes au début de l'année du CE1 et il est encore difficile de faire réaliser cet exercice en binôme (un élève qui lit, un autre qui écoute en relevant les erreurs et inversement). Cela sera possible par la suite, à partir de la période 2, 3 ou 4, selon les élèves.
Ainsi, l'enseignant·e peut faire lire la première liste de mots par un élève, puis la seconde liste par un autre élève, ou bien faire lire quelques élèves sur l'exercice en entier.

On peut faire surligner la liste que va lire chaque élève afin qu'il/elle se repère bien.

Faire lire la consigne collectivement : « Lis ces mots le plus rapidement possible. »
Expliquer les trois essais à colorier : une case est coloriée selon la réussite de l'élève (que ce soit pour les mots surlignés, qui correspondent au passage à lire, ou bien pour l'exercice réalisé entièrement) ; le choix de la colorier ou non s'effectue oralement, à l'issue de la lecture devant la classe ou le groupe.
Faire lire plusieurs élèves volontaires. En fin de lecture, faire un retour sur les erreurs et les réussites de chacun·e.

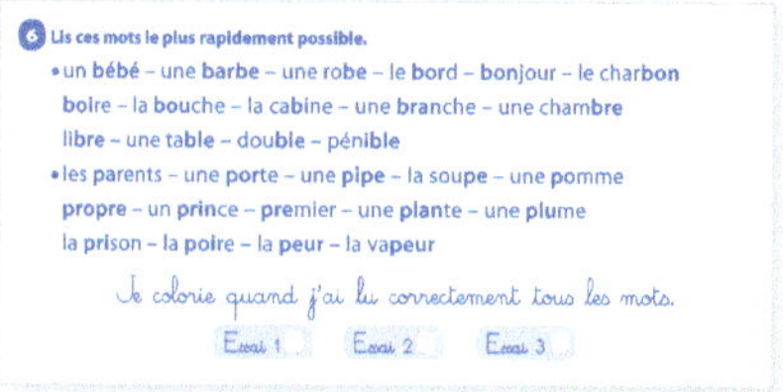
6 Lis ces mots le plus rapidement possible.
• un bébé – une barbe – une robe – le bord – bonjour – le charbon
boire – la bouche – la cabine – une branche – une chambre
libre – une table – double – pénible
• les parents – une porte – une pipe – la soupe – une pomme
propre – un prince – premier – une plante – une plume
la prison – la poire – la peur – la vapeur

Je colorie quand j'ai lu correctement tous les mots.
Essai 1 Essai 2 Essai 3

Dans cette séance, il y a deux groupes de mots à lire, ce qui permet de différencier la lecture selon le choix de l'enseignant·e et/ou de l'élève.

8 Exercice 7 : Repérer un mot donné (5 min)

Cet exercice fait appel à la discrimination visuelle ; il nécessite de savoir distinguer et repérer les mots *poule* et *blanche*, parmi des mots collés les uns aux autres.
Faire lire la consigne collectivement : « Entoure le mot autant de fois que tu le vois. »
« Sortez un crayon ou un stylo, puis mettez-le sur le côté de la table. Avant de faire l'exercice individuellement, nous allons lire ensemble les deux mots que nous recherchons. Qui veut commencer ? »

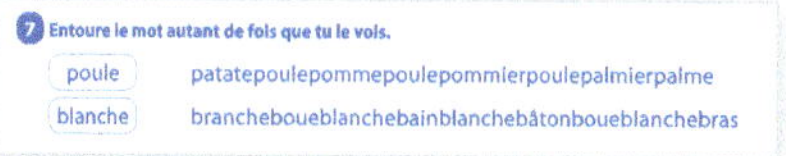
7 Entoure le mot autant de fois que tu le vois.
poule patatepoulepommepoulepommierpoulepalmierpalme
blanche branchebouebIanchebainblanchebâtonboueblanchebras

L'enseignant·e demande aux élèves de lire uniquement les mots encadrés. Il/elle peut aussi demander d'épeler chaque mot.
Les élèves réalisent l'exercice individuellement.
Puis l'enseignant·e peut effectuer un bilan oral de cette séance :
« Aujourd'hui, nous avons réalisé plusieurs exercices sur les confusions de sons en faisant travailler nos yeux et nos oreilles ! Bravo à toutes et tous ! N'hésitez pas à bien articuler en disant les images et à bien observer les mots. Nous poursuivrons avec une deuxième séance après-demain. »

Déroulement de la séance 2

Durée : 35 à 40 min
Matériel :
– Exercices 8 à 11, p. 16 du fichier
– Crayon à papier ou stylo
– Règle

Organisation :
– Groupe classe : introduction et lecture orale
– En individuel : réalisation des exercices écrits

1 Introduction (5 min)

Pour rappel, les exercices de 8 à 11 interviennent après la séance 3 du manuel.

« Souvenez-vous : dans le manuel pages 12, 13 et 14, nous avons lu un texte (avec des sons qui se confondent) et nous avons répondu à des questions.

Maintenant, nous allons continuer à revoir ces confusions de sons à travers des activités en lien avec ce que nous avons étudié dans le manuel. »

Chaque élève a une nouvelle fiche photocopiée sur sa table (soit la page entière, soit seulement l'exercice à travailler) et prend un temps pour observer l'activité.

2 Exercice 8 : Reconnaitre des mots en partie cachés dans une phrase (5 min)

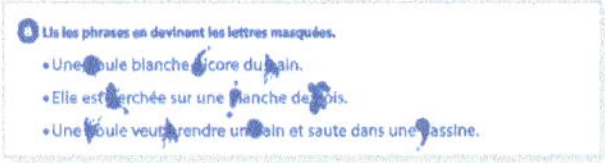
8 Lis les phrases en devinant les lettres masquées.
- Une ●oule blanche ●icore du ●ain.
- Elle est ●erchée sur une ●lanche de ●ois.
- Une ●oule veut ●rendre un ●ain et saute dans une ●assine.

Cet exercice permet de faire lire des phrases proches des phrases lues dans le texte du manuel. Certains mots sont en partie masqués.

Faire lire la consigne collectivement : « Lis les phrases en devinant les lettres masquées. » Préciser aux élèves que les mots masqués ont été vus dans le texte du manuel.

Faire lire plusieurs élèves volontaires. En fin de lecture, faire un retour sur les erreurs et les réussites de chacun·e. À la fin seulement, faire remarquer que les lettres masquées sont essentiellement les lettres étudiées (P et B).

3 Exercice 9 : Associer le début et la fin d'une phrase (5 à 10 min)

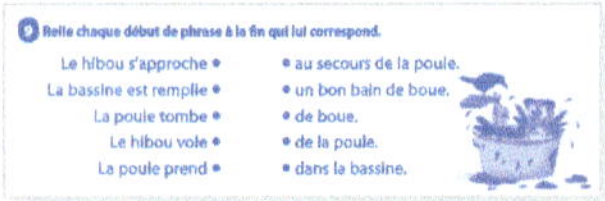
9 Relie chaque début de phrase à la fin qui lui correspond.

Le hibou s'approche •	• au secours de la poule.
La bassine est remplie •	• un bon bain de boue.
La poule tombe •	• de boue.
Le hibou vole •	• de la poule.
La poule prend •	• dans la bassine.

Faire lire la consigne collectivement : « Relie chaque début de phrase à la fin qui lui correspond. » Préciser aux élèves que chaque phrase est en lien avec le texte lu dans le manuel.

« Sortez un crayon ou un stylo et une règle, et mettez-les sur le côté de la table. »

Les élèves réalisent l'exercice. L'enseignant·e observe si certains élèves ont besoin d'être guidés. Ainsi l'enseignant·e peut leur remémorer les éléments du texte lu précédemment et leur proposer une première phrase par laquelle commencer.

Proposer aux élèves qui sont hésitants de réaliser l'exercice au crayon à papier afin de pouvoir gommer en cas d'erreur et de rectifier au besoin.

4 Exercice 10 : Lire une phrase de plus en plus longue (5 min)

Faire lire la consigne collectivement : « Lis les phrases. » Faire remarquer aux élèves qu'il s'agit d'une même phrase qui s'agrandit au fur et à mesure.

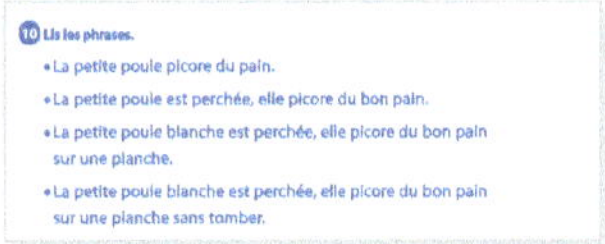
10 Lis les phrases.
- La petite poule picore du pain.
- La petite poule est perchée, elle picore du bon pain.
- La petite poule blanche est perchée, elle picore du bon pain sur une planche.
- La petite poule blanche est perchée, elle picore du bon pain sur une planche sans tomber.

« Nous allons maintenant lire ces phrases une par une. »

Faire lire à voix haute plusieurs élèves volontaires. Plusieurs modalités sont possibles :

- désigner quatre élèves de niveaux hétérogènes (un par phrase) ;
- désigner deux élèves avec alternance d'une phrase sur deux à lire ;
- en groupe, chacun lit une phrase, avec alternance d'une phrase sur deux à lire.

À la fin de chaque lecture, faire un retour sur les difficultés repérées afin que l'élève suivant·e tienne compte de ces remarques.

5 Exercice 11 : Lire avec intonation (5 à 10 min)

Cet exercice oral permet de faire lire les élèves de plusieurs manières.

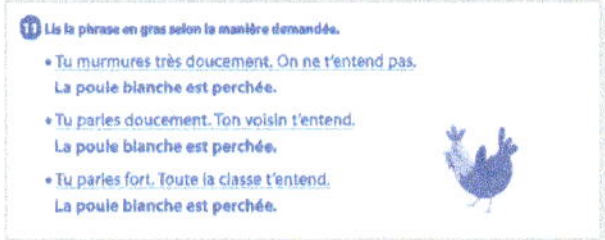
11 Lis la phrase en gras selon la manière demandée.
- Tu murmures très doucement. On ne t'entend pas.
  La poule blanche est perchée.
- Tu parles doucement. Ton voisin t'entend.
  La poule blanche est perchée.
- Tu parles fort. Toute la classe t'entend.
  La poule blanche est perchée.

Faire lire la consigne collectivement : « Lis la phrase en gras selon la manière demandée. »

Faire lire plusieurs élèves volontaires : un élève lit les trois phrases avec les diverses manières, puis un autre, etc.

À la fin de chaque lecture, faire un retour sur les difficultés repérées, des conseils pour s'améliorer et surtout encourager les élèves qui ont du mal à s'exprimer à haute voix.

Et conclure par un petit bilan :

« Aujourd'hui, nous venons de réaliser la dernière séance sur les confusions de B et P. Bravo à toutes et tous ! Un petit conseil, n'oubliez pas de bien vous relire à la fin de chaque exercice. La semaine prochaine, nous découvrirons de nouveaux sons et graphies proches. »

Séquence type sur les doubles consonnes

Objectifs :
– Se remémorer les connaissances acquises en CP.
– Travailler sur des suites de lettres difficiles à lire et à prononcer.
– Identifier les réussites et les difficultés des élèves.
– Permettre de cibler les besoins des élèves.

Manuel :
Pages 44 à 54 (« Les doubles consonnes »)
Fichier :
Pages 38 à 45 (11 exercices par séquence) :
– Exercices 1 à 7 après la séance 1 du manuel
– Exercices 8 à 11 après la séance 3 du manuel

Remarques préalables
- Pour rappel, les séances décrites ici peuvent être menées avec toute la classe ou en petit groupe, selon les besoins des élèves.
- À partir d'ici, les corrigés des activités de phonologie (et certaines activités d'encodage) sont proposés dans les annexes, afin d'éviter les ambigüités sur les dessins et favoriser l'autocorrection pour les élèves les plus à l'aise.
- Toutes les séances sur les doubles consonnes sont à adapter selon ce modèle : les exercices et la mise en œuvre sont similaires.

Semaine 13 Les doubles consonnes (1)

Durée : 50 min
Matériel :
– Exercices 1 à 7, p. 38-40 du fichier
– Crayon à papier ou stylo
– Un crayon vert (les couleurs sont associées au code couleur du manuel)
Organisation :
– Groupe classe : introduction et lecture orale
– En individuel : réalisation des exercices écrits

Déroulement de la séance 1

1 Introduction (5 min)

Même démarche que les précédentes séquences types.

2 Exercice 1 : Reconnaitre un son selon des images données (5 à 10 min)

Faire lire la consigne collectivement : « Dis le nom des images en articulant bien. Entoure en vert quand tu entends la bonne double consonne. ».
Faire nommer les images : *branche, livre, prison (ou prisonnier), bracelet, citrouille, framboise, drapeau, citron, griffe, lèvres, crabe, crayon*. Puis faire repérer les cases avec les doubles consonnes proposées sous les dessins, et les faire lire.

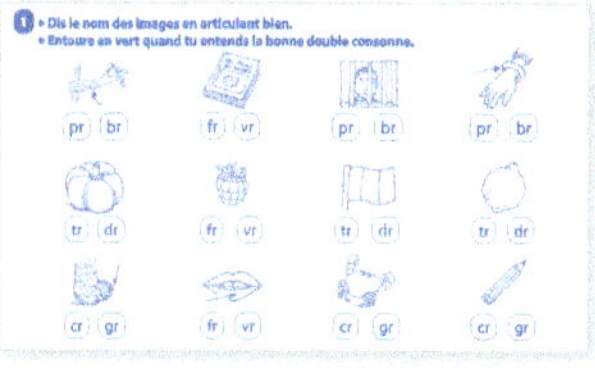

On peut proposer l'utilisation du piano pour certains élèves qui semblent peu confiants dans l'évolution de l'exercice. Il ne faut pas hésiter à faire scander les syllabes pour bien entendre le découpage et la double consonne.
Donner la parole à plusieurs élèves pour chacune des images afin d'entendre bien distinctement leur nom. Puis les élèves réalisent l'exercice.

3 Exercice 2 : Repérer un son dans la ou les syllabes d'un mot (5 min)

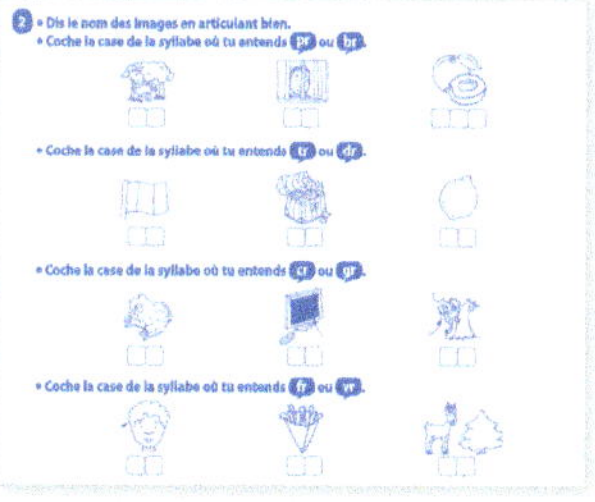

Lire la consigne aux élèves : « Dis le nom des images en articulant bien. Coche la case de la syllabe où tu entends PR ou BR. » Là encore, l'exercice s'articule en plusieurs parties.
Donner la parole à plusieurs élèves pour chacune des images afin d'entendre bien distinctement leur nom : *brebis, prisonnier, abricot*. Puis les élèves réalisent l'exercice.
Procéder de même avec les autres parties de l'exercice.
Certains élèves éprouvent des difficultés dans l'association des sons : il faut parvenir à fusionner les deux consonnes dans un premier temps ; puis l'élève repère la syllabe contenant cette double consonne. Les doubles consonnes font l'objet d'un apprentissage spécifique car c'est une des difficultés de la langue française.

4 Exercice 3 : Compléter des mots selon des syllabes données (5 à 10 min)

Faire lire la consigne collectivement : « Complète les mots avec PR, BR, TR, DR, CR, GR, FR ou VR. »
Rappeler aux élèves que chaque double consonne ne peut être utilisée qu'une seule fois.
Faire nommer toutes les images. Certains mots sont volontairement repris des premiers exercices pour faciliter le passage de la phonologie à l'encodage.
Puis chacun complète sa fiche individuellement en commençant par le mot qu'il souhaite.

5 Exercice 4 : Lire des mots proches (5 à 10 min)

4 Lis ces mots. Fais bien attention, car ils se ressemblent !

a) prune, prudent, pruneau, prunelle | bruler, brulure, brume, brute | triste, tristesse, tribu, trimer | drame, drap, dragée, dragon

b) crapaud, crabe, cratère, crayon | grenade, grenouille, groseille, grossir | fragile, fratrie, France, framboise | vrac, vrille, vrai, vroum

Même démarche que la séquence sur les confusions.
Cet exercice est particulièrement intéressant ici, car il porte sur des suites de lettres difficiles à prononcer. Pour les premières lectures, on peut demander à plusieurs élèves de lire une seule colonne, et de refaire un tour en allant de plus en plus vite et s'entrainer à dire les mots vite et bien.
On peut aussi proposer ce petit défi : faire lire chaque colonne « en descendant et en montant ». L'idée est d'aller bien sûr de plus en plus vite…
Deux séries sont proposées : elles sont réalisées soit l'une à la suite de l'autre, soit par des groupes différents.

6 Exercice 5 : Distinguer des graphies données dans des mots (5 min)

Cet exercice de discrimination visuelle est intéressant pour distinguer les différentes doubles consonnes. Chaque item porte sur une seule double consonne à repérer dans une suite de mots, mais les intrus ont été choisis pour leur ressemblance avec la double consonne en exergue. Ainsi, parmi les mots avec PR, il y a des mots avec BR (ce qui permet de renforcer la distinction entre B et P, déjà travaillée en amont).

5 • Lis ces mots et colorie ceux où tu vois pr.
brugnon – pruneau – province – brancher – propre
• Lis ces mots et colorie ceux où tu vois tr.
tristesse – tricoter – drap – droit – citron
• Lis ces mots et colorie ceux où tu vois cr.
ogre – sucre – crayon – agrandir – croute
• Lis ces mots et colorie ceux où tu vois fr.
vraiment – fraise – avril – fragile – framboise

Faire lire la consigne collectivement : « Lis ces mots et colorie ceux où tu vois PR. »
L'enseignant·e demande aux élèves de lire ligne par ligne les mots afin que tous se repèrent efficacement ; l'utilisation du cache pour faire apparaitre les lignes au fur et à mesure peut être utile.
Faire lire plusieurs élèves. Puis chacun·e colorie les mots exacts sur la fiche.
Procéder de même avec les trois autres items. L'enseignant·e peut aussi faire le choix de lire les quatre consignes et de laisser les élèves réaliser quatre parties de l'activité à la suite.

7 Exercice 6 : Lire des mots avec rapidité (5 min)

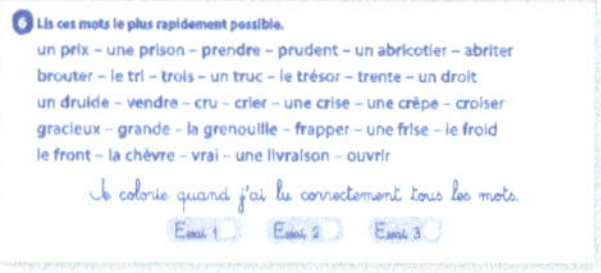

6 Lis ces mots le plus rapidement possible.
un prix – une prison – prendre – prudent – un abricotier – abriter
brouter – le tri – trois – un truc – le trésor – trente – un droit
un druide – vendre – cru – crier – une crise – une crêpe – croiser
gracieux – grande – la grenouille – frapper – une frise – le froid
le front – la chèvre – vrai – une livraison – ouvrir
Je colorie quand j'ai lu correctement tous les mots.
Essai 1 – Essai 2 – Essai 3

Cet exercice permet de lire des mots contenant des doubles consonnes qui sont mises en gras.
Faire lire la consigne collectivement : « Lis ces mots le plus rapidement possible. »
Procéder comme pour les séquences de confusions. Cependant, selon la progression des élèves et leur capacité à travailler ensemble dans ce type d'exercice, on peut faire travailler en binôme (un élève qui lit, un autre qui écoute en relevant les erreurs et inversement).

8 Exercice 7 : Repérer un mot donné (5 min)

7 Entoure le mot autant de fois que tu le vois.
abricot agenceabricotbananeabricotalarmedrapeauabricotabsent
agrume agressionsgrenadeagrumegronderagrumebrugnonagrumeappat

Faire lire la consigne collectivement : « Entoure le mot autant de fois que tu le vois. »
Puis procéder comme pour les séquences de confusions.

Déroulement de la séance 2

Durée : 35 à 40 min
Matériel :
- Exercices 8 à 11, p. 41 du fichier
- Crayon à papier ou stylo
- Règle

Organisation :
- Groupe classe : introduction et lecture orale
- En individuel : réalisation des exercices écrits

1 Introduction (5 min)

Pour rappel, les exercices de 8 à 11 interviennent après la séance 3 du manuel.

« Souvenez-vous : dans le manuel page 44, nous avons lu un texte et nous avons répondu à des questions.

Maintenant, nous allons continuer à revoir ces doubles consonnes à travers des activités en lien avec ce que nous avons étudié dans le manuel. »

Chaque élève a une nouvelle fiche photocopiée sur sa table (soit la page entière, soit seulement l'exercice à travailler) et prend un temps pour observer l'activité.

2 Exercice 8 : Lire des phrases de plus en plus longues (5 min)

Cet exercice est le même que pour les séquences de confusions, la démarche est identique.

8 Lis ces phrases.

- Il faut manger des fruits.
- Il faut manger des fruits et des légumes.
- Il faut manger des fruits et des légumes crus ou cuits.
- Il faut manger des fruits et des légumes crus ou cuits des producteurs de nos régions.

3 Exercice 9 : Associer le début et la fin d'une phrase (5 à 10 min)

Cet exercice est le même que pour les séquences de confusions, la démarche est identique.

9 Relie chaque début de phrase à la fin qui lui correspond.

Il faut manger cinq fruits •	• selon le moment de récolte.
Il faut choisir les fruits •	• est la pomme.
Les citrons et les oranges •	• sont des agrumes.
Le fruit le plus consommé •	• et légumes par jour.

4 Exercice 10 : Lire des phrases en partie masquées (5 min)

Cet exercice s'appuie sur des phrases proches de celles lues dans le manuel, ce qui rend l'exercice un peu plus aisé. En effet, c'est un exercice de lecture « globale » (au contraire de la lecture déchiffrage), qui permet de travailler la fluidité de lecture : on apprend à ne pas lire le mot dans sa totalité mais à photographier sa morphologie (morphographie) pour le lire plus rapidement.

Faire lire la consigne collectivement : « Lis les phrases en partie masquées. »

Faire lire plusieurs élèves volontaires. Si l'élève ne trouve pas un mot, il peut passer au suivant. Par la suite, il reprend la phrase au début ce qui lui permettra de retrouver certains mots grâce au sens et vérifier si, en lisant, la phrase a un sens.

10 Lis les phrases en partie masquées.

- On mange les fruits du mois de septembre.
- On travaille avec les fruits des producteurs proches.
- En février il y a des agrumes comme les citrons.
- J'adore les groseilles, les framboises, les abricots et les prunes.

Afin de bien se repérer, l'utilisation d'un cache (feuille blanche) peut être utilisée afin que l'élève se concentre sur les phrases une à une.

En fin de lecture, faire un retour sur les erreurs et les réussites de chacun·e.

5 Exercice 11 : Lire avec intonation (5 à 10 min)

Cet exercice oral permet de faire lire les élèves de plusieurs manières, en s'appuyant sur des personnages stéréotypés porteurs d'émotions spécifiques. En l'occurrence, dans cette séance, il s'agit du ou de la pirate énervé·e d'avoir été attaqué·e par un crocodile, qui grogne…

Il est possible, au préalable, d'interroger les élèves sur le personnage, l'émotion demandée, ce qu'ils en pensent, ce qu'ils imaginent, etc. L'idée est d'incarner un texte, lui donner vie.

Faire lire la consigne collectivement : « Lis ce texte comme si tu étais un ou une pirate. Il faut lire en grognant à la fin des phrases. »

Inciter les élèves, notamment les plus timides, à prendre la parole en se « se mettant à la place » du ou de la pirate. (Un déguisement ou accessoire peut être utilisé en activité décrochée, en petit groupe.)

11 Lis ce texte comme si tu étais un ou une pirate.
Il faut lire en grognant à la fin des phrases.

Un crocodile a voulu m'attraper ! Non, mais vraiment… trois fois, il s'est approché ! Il est très dangereux et je refuse de me faire croquer. Je suis un très grand pirate ! Il va apprendre à me connaitre, cet affreux crocodile !

À la fin de chaque lecture, faire un retour sur les difficultés repérées, des conseils pour s'améliorer et surtout encourager les élèves qui ont du mal à s'exprimer à haute voix.

En prolongement, on peut inviter des élèves à « jouer » le texte devant toute la classe.

Séquence type sur les sons et leurs graphies

Objectifs :
- Se remémorer les connaissances acquises en CP.
- Travailler sur le repérage d'un son et la reconnaissance de ses différentes graphies.
- Identifier les réussites et les difficultés des élèves.
- Permettre de cibler les besoins des élèves.
- S'entrainer à la lecture orale.

Manuel :
Pages 55-59, 85-103, 112-120, 127-144 (« Les sons… »)

Fichier :
Pages 46-48, 67-80, 86-90, 95-112 (11 exercices par séquence) :
- Exercices 1 à 6 ou 7 après la séance 1 du manuel
- Exercices 7 ou 8 à 11 après la séance 3 du manuel

Remarques préalables

- Nous proposons 11 exercices par séquence, mais la quantité d'activités varie selon le son étudié, ce qui entraine des ajustements sur le plan de la répartition des exercices selon les séances (en effet, pour une question pratique, on a privilégié le regroupement d'activités qui figuraient sur une même page). Mais l'enseignant·e peut adapter cette répartition selon les besoins de sa classe.
- Nous rappelons également que ces séances peuvent être menées en groupe classe ou en petit groupe, en atelier.
- Toutes les séances sur les lettres et graphies sont adaptées selon ce modèle : les exercices et la mise en œuvre sont similaires.
- Pour rappel, les corrigés des exercices de phonologie (et certaines activités d'encodage) sont proposés en annexe.

Semaine 16 — Le son an : an/am – en/em

Durée : 50 min

Matériel :
- Exercices 1 à 6, p. 46-47 du fichier
- Crayon à papier ou stylo
- Un crayon bleu (les couleurs sont associées au code couleur du manuel)

Organisation :
- Groupe classe : introduction et lecture orale
- En individuel : réalisation des exercices écrits
- En binôme pour l'exercice 6 (selon le choix de l'enseignant·e)

Déroulement de la séance 1

1 Introduction (5 min)

Faire un rappel du son et de ses différentes graphies, utiliser éventuellement le panneau référent du son an.
Puis procéder comme pour les autres séquences types.

2 Exercice 1 : Reconnaitre un son selon des images données (5 à 10 min)

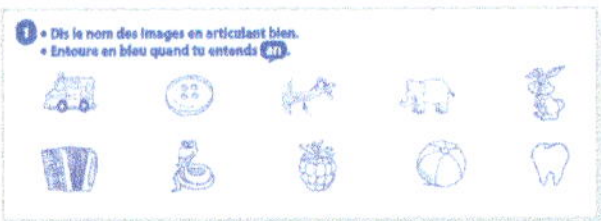

Même démarche que pour les autres séquences types. Dessins à nommer : *ambulance, bouton, branche, éléphant, lapin, accordéon, serpent, framboise, ballon, dent*.

3 Exercice 2 : Repérer un son dans la ou les syllabes d'un mot (5 min)

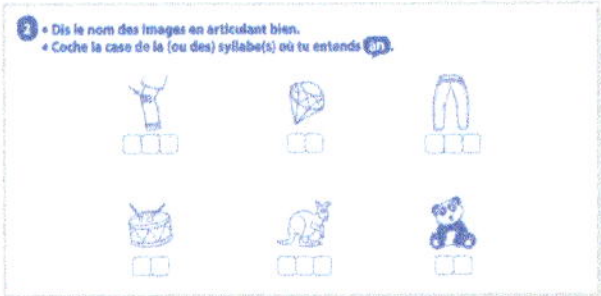

Procéder de la même façon que pour les autres séquences types. Rappeler aux élèves que la consigne indique « la ou les syllabes », il peut donc y avoir une ou deux syllabes à cocher dans un seul mot.
Dessins à nommer : *pansement, diamant, pantalon, tambour, kangourou, panda.*

4 Exercice 3 : Compléter des mots selon des graphies données (5 à 10 min)

Même démarche que pour les autres séquences types.
Au préalable, on peut faire un rappel sur le N qui devient M devant M, B, P. Faire donner des exemples : *une lampe, une chambre, emporter, un champion.*

5 Exercice 4 : Lire des mots proches (5 à 10 min)

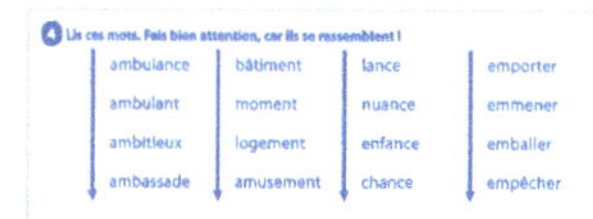

Même démarche que pour les autres séquences types.
Ici, les points communs de chaque liste portent sur les lettres initiales ou finales. En première lecture, on peut donc inviter à accentuer la première ou dernière syllabe pour bien les mettre en évidence. On peut aussi faire surligner la syllabe dans chaque mot pour mieux se repérer (notamment pour *emmener*).
On peut demander une lecture de plus en plus rapide pour chaque colonne.

6 Exercice 5 : Repérer les bons mots dans une liste (5 min)

Ici, il s'agit de repérer des séries de mots qu'il faut colorier selon deux groupes : les graphies avec N (AN, EN) et celles avec M (AM, EM). Il y a par ailleurs quelques intrus, ce qu'il ne faudra pas manquer de préciser aux élèves.
Faire lire la consigne collectivement : « Lis ces mots puis colorie en bleu ceux où tu vois AN et en gris ceux où tu vois AM. »
Puis la procédure est la même que d'habitude.

7 Exercice 6 : Lire des mots avec rapidité (5 min)

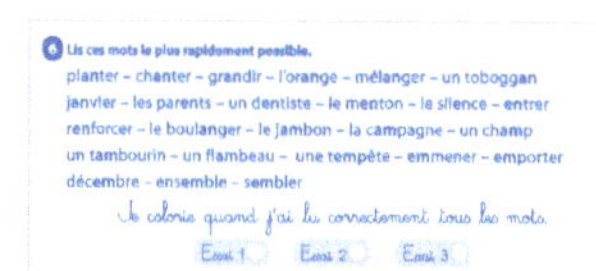

Cet exercice permet un premier travail de fluence dans le fichier avec des mots contenant les sons travaillés. Pour rappel, sur cette période, il reste un étayage (graphies étudiées en gras) qui va disparaitre à la fin de la période 3.
La démarche est la même que pour la séquence sur les confusions. Mais désormais (début de période 3), l'enseignant·e peut décider de faire réaliser cet exercice en binôme (un élève qui lit, un autre qui écoute en relevant les erreurs et inversement).

Déroulement de la séance 2

Durée : 35 à 40 min
Matériel :
- Exercices 7 à 11, p. 48 du fichier
- Crayon à papier ou stylo
- Règle

Organisation :
- Groupe classe : introduction et lecture orale
- En individuel : réalisation des exercices écrits

1 Introduction (5 min)

Procéder comme pour les autres séquences types.

2 Exercice 7 : Savoir segmenter une phrase (5 min)

Cet exercice nécessite de savoir distinguer et repérer les mots qui constituent une phrase, il permet de faire le lien entre l'oral et l'écrit.
Faire lire la consigne collectivement : « Lis les phrases et sépare les mots en traçant un trait. »
Les élèves réalisent l'exercice.

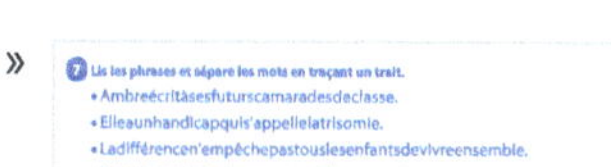

L'enseignant·e propose aux élèves qui ont des difficultés de lire la phrase mot à mot, une fois la segmentation faite, afin de vérifier que les élèves font une bonne séparation. Il/Elle peut aussi lire la phrase au préalable, pour ceux qui en ont besoin.

3 Exercice 8 : Reconnaitre des mots identiques dans différentes polices (5 min)

Cet exercice permet de discriminer des mots dans des polices d'écriture variées.
Faire lire la consigne collectivement : « Coche quand les deux séries de mots sont identiques. »
Faire repérer aux élèves chaque case et faire observer les différences de polices.
« Nous allons maintenant observer chaque ligne et cocher. »
Laisser les élèves réaliser l'exercice.

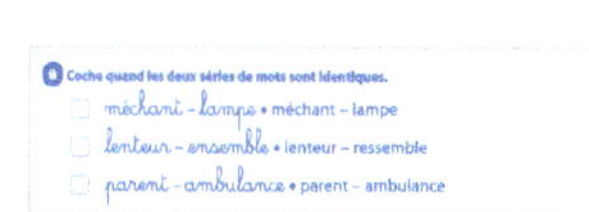

4 Exercice 9 : Lire une phrase de plus en plus longue (5 min)

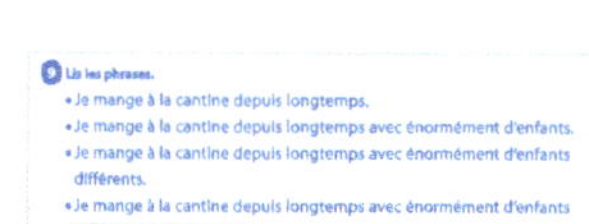

Procéder comme pour les autres séquences types.

L'expansion de la phrase, dans l'étude des sons, permet d'accentuer la consolidation de la lecture des graphèmes complexes. L'enseignant·e fera préciser les graphies rencontrées dans la phrase et dans ses expansions.

5 Exercice 10 : Associer le début et la fin d'une phrase (5 à 10 min)

Procéder comme pour les autres séquences types.

> **10 Relie chaque début de phrase à la fin qui lui correspond.**
>
> | | |
> |---|---|
> | Personne ne veut devenir mon ami, • | • ma différence fait rire les autres ! |
> | Mes parents m'ont dit • | • me comprendre et devenir mes amis. |
> | Je ne comprends pas pourquoi • | • ce qui me rend triste. |
> | J'espère que vous allez • | • que je suis « trisomique ». |

6 Exercice 11 : Lire avec intonation (5 à 10 min)

Cet exercice oral permet de faire lire les élèves d'une manière précise, en jouant sur les émotions.
Faire lire la consigne collectivement : « Lis ce texte comme si tu étais agacé·e. »
Faire lire plusieurs élèves volontaires. Conclure sur un petit bilan.

> **11 Lis ce texte comme si tu étais agacé·e.**
> Depuis vendredi, j'ai mal aux dents. J'en tremble ! Et mes parents ne peuvent rien faire ! C'est surement une carie… On doit attendre lundi pour m'emmener chez le dentiste. Rien ne me fait envie, aucune gourmandise. Je peux manger seulement du jambon ou des flans !

Séquence type sur les lettres ou graphies et leurs valeurs sonores

Objectifs :
- Se remémorer les connaissances acquises en CP.
- Travailler sur le repérage d'une lettre ou graphie et la reconnaissance de ses différentes valeurs sonores.
- Identifier les réussites et les difficultés des élèves.
- Permettre de cibler les besoins des élèves.
- S'entrainer à la lecture orale.

Manuel :
Pages 60-84, 104-111, 122-126 (« La lettre… »)

Fichier :
Pages 49-66, 81-85, 91-94 (11 exercices par séquence) :
- Exercices 1 à 6 ou 7 après la séance 1 du manuel
- Exercices 7 ou 8 à 11 après la séance 3 du manuel

Remarques préalables : *voir celles de la séquence type sur les sons.*

Semaine 16 La lettre A : a – ai – an – am – ain – au – eau

Durée : 50 min

Matériel :
- Exercices 1 à 7, p. 49-51 du fichier
- Crayon à papier ou stylo
- Un crayon bleu (les couleurs sont associées au code couleur du manuel)

Organisation :
- Groupe classe : introduction et lecture orale
- En individuel : réalisation des exercices écrits
- En binôme pour l'exercice 6 (selon le choix de l'enseignant·e)

Déroulement de la séance 1

1 Introduction (5 min)

Faire un rappel de la lettre A et de ses différentes valeurs sonores, utiliser éventuellement le panneau référent de la lettre A.
Puis procéder comme pour les autres séquences types.

2 Exercice 1 : Reconnaitre un son selon des images données (5 à 10 min)

Même démarche que pour les autres séquences types.
Faire remarquer aux élèves que la prononciation des mots avec AI peut changer dans certaines régions de la France : ainsi, au lieu de se dire è, il est prononcé é. Mais on ne s'attardera pas sur cette remarque et cela ne sera pas considéré comme une erreur.

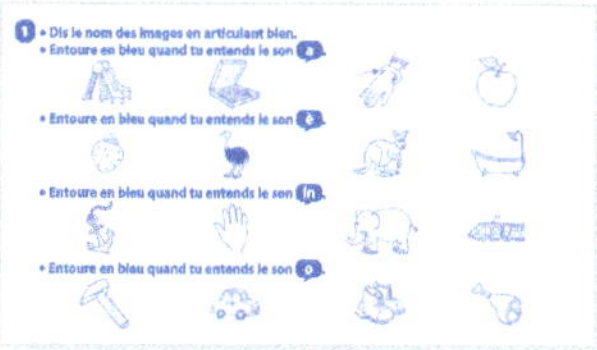

Voici le nom des images à faire trouver et dire (avant de faire l'exercice) :
- a : *toboggan, pizza, bracelet, pomme ;*
- è : *fraise, autruche, kangourou, baignoire ;*
- in : *ancre, main, éléphant, train ;*
- o : *marteau, auto, chaussures, jambon.*

Les intrus, par liste, ont des sons volontairement proches du son à retrouver. Les mots comportent volontairement les graphies étudiées, même si on est dans la phonologie (ainsi, les mots en « in » s'écrivent tous AIN).

3 Exercice 2 : Repérer un son dans la ou les syllabes d'un mot (5 min)

Procéder de la même façon que pour les autres séquences types.
Voici le nom des images à faire trouver et dire (avant de faire l'exercice) :
- a : *chocolat, lapin, abricot ;*
- è : *maison, éclair, balai ;*
- in : *poulain, moulin, Romain ;*
- o : *esquimau, dauphin, chameau.*

Faire remarquer aux élèves que le mot *éclair* peut faire l'objet d'une difficulté. Ainsi, seule la deuxième case devrait être cochée (AI) ; si l'élève coche les deux cases, cela ne fera pas l'objet d'une erreur, mais d'un bref temps d'échange oral.

4 Exercice 3 : Compléter des mots avec des graphies données (5 à 10 min)

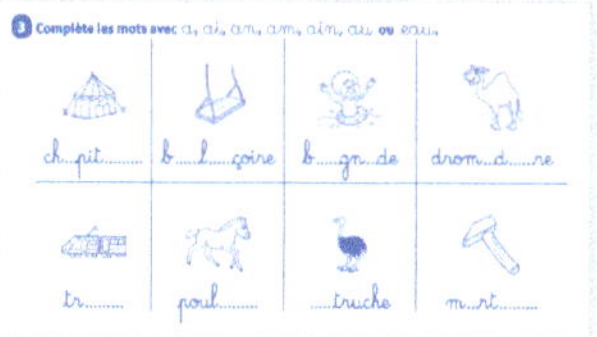

Même démarche que pour les autres séquences types.
Pour rappel, certains mots vus en phonologie sont volontairement repris pour cette activité d'encodage.

5 Exercice 4 : Lire des mots proches (5 à 10 min)

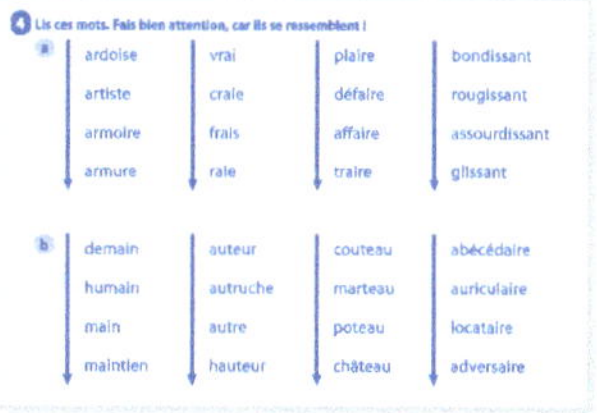

Même démarche que pour les autres séquences types.
Ici, les points communs de chaque liste portent sur des mots ayant une des graphies de la lettre A identique.
Avant ou après la lecture, on peut faire entourer les graphies étudiées dans chaque colonne (et définir une couleur pour chacune).
On peut demander une lecture de plus en plus rapide pour chaque colonne.

6 Exercice 5 : Repérer les bons mots dans une liste (5 min)

Il s'agit de travailler sur la graphie d'une valeur sonore de la lettre A, par série : A, AU, AI, EAU, AIN. La présence d'intrus permet de discriminer des graphies qui leur sont proches ou des mots qui contiennent ces lettres mais pas dans le même ordre (ainsi, *fatigue* se situe en intrus dans la série de mots avec AI).
Faire lire la consigne collectivement : « Lis ces mots et colorie ceux où tu vois A. »
Puis la procédure est la même que d'habitude.

7 Exercice 6 : Lire des mots avec rapidité (5 min)

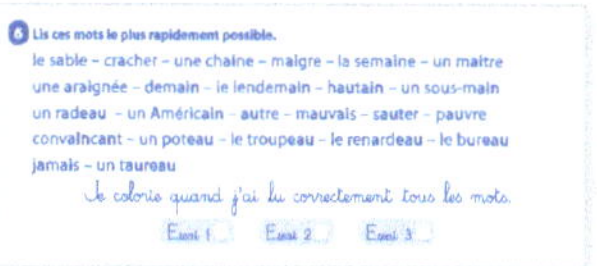

Cet exercice permet un premier travail de fluence dans le fichier avec des mots contenant les graphies travaillées. Pour rappel, sur cette période, il reste un étayage (graphies étudiées en gras) qui va disparaitre à la fin de la période 3.
La procédure est la même que pour les autres séquences types.

8 Exercice 7 : Savoir segmenter une phrase (5 min)

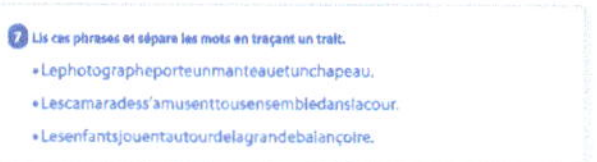

Procéder comme pour les autres séquences types.

Déroulement de la séance 2

Durée : 35 à 40 min
Matériel :
- Exercices 8 à 11, p. 52 du fichier
- Crayon à papier ou stylo
- Règle

Organisation :
- Groupe classe : introduction et lecture orale
- En individuel : réalisation des exercices écrits

1 Introduction (5 min)

Procéder comme pour les autres séquences types.

2 Exercice 8 : Reconnaitre des mots identiques dans différentes polices (5 min)

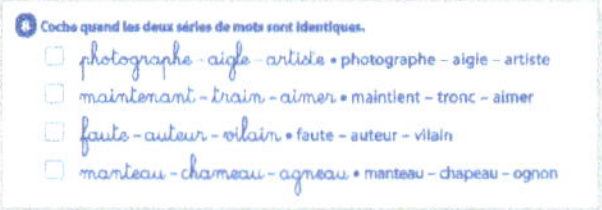
8 Coche quand les deux séries de mots sont identiques.
- ☐ photographe - aigle - artiste • photographe – aigle – artiste
- ☐ maintenant - train - aimer • maintient – tronc – aimer
- ☐ faute - auteur - vilain • faute – auteur – vilain
- ☐ manteau - chameau - agneau • manteau – chapeau – ognon

Procéder comme pour la séquence type sur les sons.

3 Exercice 9 : Lire une phrase de plus en plus longue (5 min)

9 Lis les phrases.
- Doisneau aimait photographier la vie.
- Doisneau aimait photographier la vie des enfants.
- Doisneau aimait photographier la vie des enfants dans les rues.
- Doisneau aimait photographier la vie des enfants dans les rues, à l'école ou sous le préau.

Procéder comme pour les autres séquences types.
L'expansion de la phrase, dans l'étude de la lettre et de ses valeurs sonores, permet d'accentuer la consolidation de la lecture des graphèmes complexes. L'enseignant·e fera préciser les graphies rencontrées dans la phrase et dans ses expansions.

4 Exercice 10 : Associer le début et la fin d'une phrase (5 à 10 min)

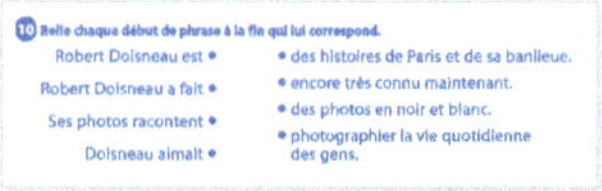
10 Relie chaque début de phrase à la fin qui lui correspond.

Robert Doisneau est •	• des histoires de Paris et de sa banlieue.
Robert Doisneau a fait •	• encore très connu maintenant.
Ses photos racontent •	• des photos en noir et blanc.
Doisneau aimait •	• photographier la vie quotidienne des gens.

Procéder comme pour les autres séquences types.

5 Exercice 11 : Lire avec intonation (5 à 10 min)

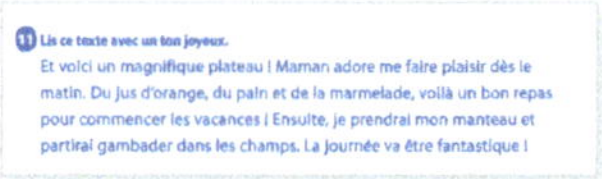
11 Lis ce texte avec un ton joyeux.
Et voici un magnifique plateau ! Maman adore me faire plaisir dès le matin. Du jus d'orange, du pain et de la marmelade, voilà un bon repas pour commencer les vacances ! Ensuite, je prendrai mon manteau et partirai gambader dans les champs. La journée va être fantastique !

Cet exercice oral permet de faire lire les élèves d'une manière précise, en jouant sur les émotions.
Procéder comme pour la séquence type sur les sons (lecture par plusieurs volontaires, etc.).
Conclure par un petit bilan.

Séquence sur les lettres difficiles

Objectifs :
- Se remémorer les connaissances acquises en CP.
- Travailler sur la graphie et les valeurs sonores du W et du X.
- Identifier les réussites et les difficultés des élèves.
- Permettre de cibler les besoins des élèves.
- S'entrainer à la lecture orale.

Manuel :
Pages 145-147 (« Des lettres difficiles : W et X »)
Fichier :
Pages 113-117 (11 exercices) :
- Exercices 1 à 6 après la séance 1 du manuel
- Exercices 7 à 11 après la séance 3 du manuel

Remarques préalables : *voir séquence type sur les sons.*

Semaine 33 Les lettres difficiles : W et X

Durée : 50 min
Matériel :
- Exercices 1 à 6, p. 113-115 du fichier
- Crayon à papier ou stylo
- Un crayon bleu (les couleurs sont associées au code couleur du manuel)

Organisation :
- Groupe classe : introduction et lecture orale
- En individuel : réalisation des exercices écrits
- En binôme pour l'exercice 6 (selon le choix de l'enseignant·e)

Déroulement de la séance 1

1 Introduction (5 min)

Faire un rappel des lettres W et X, et de leurs différentes valeurs sonores, utiliser éventuellement le panneau référent correspondant.
Puis procéder comme pour les autres séquences types.

2 Exercice 1 : Reconnaitre un son selon des images données (5 à 10 min)

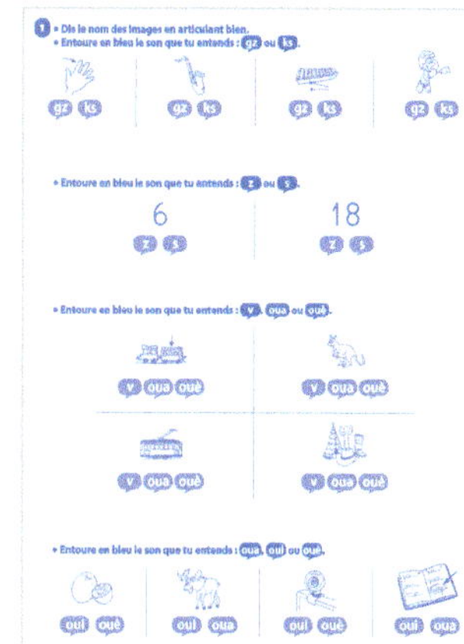

Faire remarquer aux élèves qu'il y a huit sons différents et que l'exercice s'organise en quatre parties. Bien s'assurer que ces sons sont bien perçus, rappeler éventuellement quelques exemples du manuel.
Sont abordées ici des lettres difficiles dont les sonorités sont très proches. Dans un premier temps, les élèves doivent oraliser plusieurs fois chaque image et bien distinguer les deux ou trois sons proches. Ne pas hésiter à faire répéter, par plusieurs élèves individuellement, les sons en alternance
Une attention particulière doit être faite pour la première partie de l'exercice avec les sons gz et ks. Ainsi, on insistera sur le mot *xylophone* où le son se trouve dans la syllabe d'attaque.
Puis la démarche est la même que pour les séquences types précédentes.
Voici le nom des images à faire trouver et dire (avant de faire l'exercice) :
– *index, saxophone, xylophone, boxe ;*
– *six, dix-huit ;*
– *wagon, wallaby, tramway, western ;*
– *kiwi, wapiti, webcam, weekend.*

3 Exercice 2 : Repérer un son dans la ou les syllabes d'un mot (5 min)

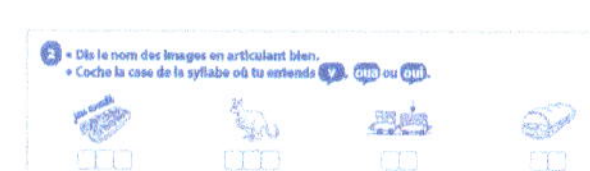

Procéder de la même façon que pour les autres séquences types.
Voici le nom des images à faire trouver et dire (avant de faire l'exercice) : *awalé, wallaby, wagon, sandwich.*
Cet exercice de phonologie est volontairement court ici, le premier exercice étant à l'inverse assez long ; il permet de résumer les principales valeurs sonores de la lettre W.

4 Exercice 3 : Compléter des mots avec des graphies données (5 à 10 min)

Même démarche que pour les autres séquences types.

5 Exercice 4 : Lire des mots proches (5 à 10 min)

Même démarche que pour les autres séquences types.

6 Exercice 5 : Repérer les bons mots dans une liste (5 min)

Même démarche que pour les autres séquences types.

7 Exercice 6 : Lire des mots avec rapidité (5 min)

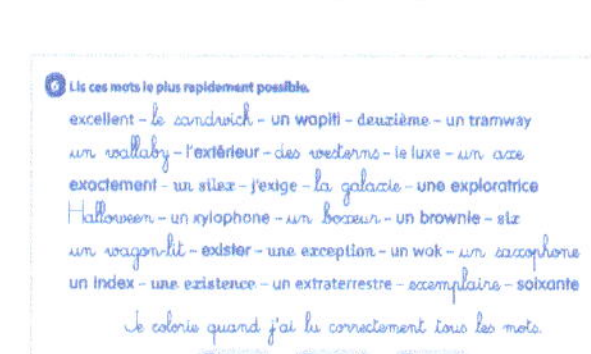

L'exercice a évolué, car les mots à lire apparaissent dans des polices différentes.
Ces mots contenant des lettres difficiles doivent être lus en gardant une forte articulation. On attirera l'attention des élèves sur « un brownie » (W muet) et sur les polices d'écritures variées.
Même démarche que pour les séquences types qui précèdent.

Déroulement de la séance 2

Durée : 35 à 40 min
Matériel :
- Exercices 7 à 11, p. 115-117 du fichier
- Crayon à papier ou stylo
- Règle

Organisation :
- Groupe classe : introduction et lecture orale
- En individuel : réalisation des exercices écrits

1 Introduction (5 min)

Procéder comme pour les autres séquences types.

2 Exercice 7 : Savoir segmenter une phrase (5 min)

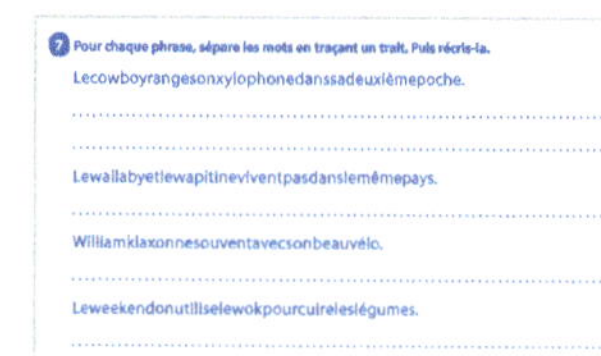
7 Pour chaque phrase, sépare les mots en traçant un trait. Puis récris-la.
Lecowboyrangesonxylophonedanssadeuxièmepoche.
Lewallabyetlewapitinevіventpasdanslemêmepays.
Williamklaxonnesouventavecsonbeauvélo.
Leweekendonutiliselewokpourcuireleslégumes.

Même démarche que pour les séquences types qui précèdent. Petite évolution cependant : l'écriture de la phrase. Inciter les élèves à observer l'orthographe des mots après les avoir segmentés, avant de passer à la copie. Ils peuvent s'aider des exercices précédents pour vérifier les mots.

3 Exercice 8 : Reconnaitre des phrases identiques dans différentes polices (5 min)

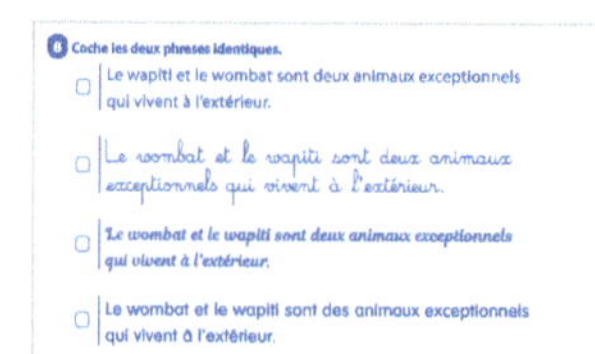
8 Coche les deux phrases identiques.
- ☐ Le wapiti et le wombat sont deux animaux exceptionnels qui vivent à l'extérieur.
- ☐ Le wombat et le wapiti sont deux animaux exceptionnels qui vivent à l'extérieur.
- ☐ Le wombat et le wapiti sont deux animaux exceptionnels qui vivent à l'extérieur.
- ☐ Le wombat et le wapiti sont des animaux exceptionnels qui vivent à l'extérieur.

Procéder comme pour la séquence type sur les sons, à la différence près qu'il s'agit de phrases.
Dans cet exercice, après la lecture des différentes phrases, ne pas hésiter à relire mot par mot les phrases identiques trouvées. Inciter les élèves à bien prendre le temps d'observer chaque mot, qu'il contienne la lettre étudiée ou non.

4 Exercice 9 : Lire une phrase de plus en plus longue (5 min)

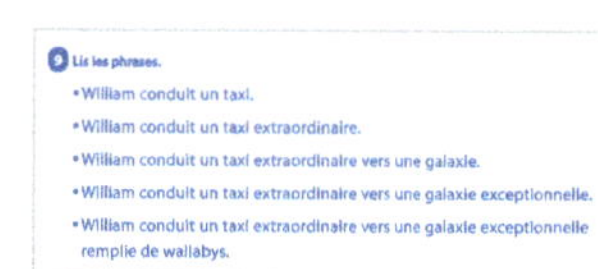
9 Lis les phrases.
- William conduit un taxi.
- William conduit un taxi extraordinaire.
- William conduit un taxi extraordinaire vers une galaxie.
- William conduit un taxi extraordinaire vers une galaxie exceptionnelle.
- William conduit un taxi extraordinaire vers une galaxie exceptionnelle remplie de wallabys.

Procéder comme pour les autres séquences types.
Dans ce dernier exercice de l'année, les élèves sont désormais capables de procéder à l'extension des phrases avec une certaine maitrise, car ils ont abordé cette notion régulièrement. Bien rassurer les élèves qui ont encore quelques fragilités.

5 Exercice 10 : Associer le début et la fin d'une phrase (5 à 10 min)

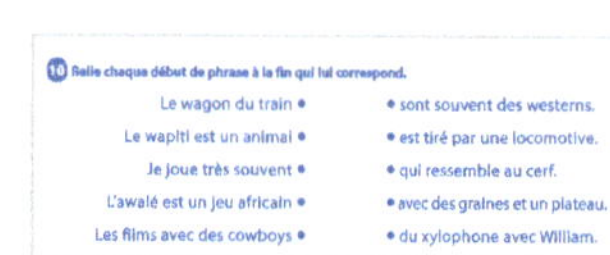
10 Relie chaque début de phrase à la fin qui lui correspond.

Le wagon du train •	• sont souvent des westerns.
Le wapiti est un animal •	• est tiré par une locomotive.
Je joue très souvent •	• qui ressemble au cerf.
L'awalé est un jeu africain •	• avec des graines et un plateau.
Les films avec des cowboys •	• du xylophone avec William.

Procéder comme pour les autres séquences types.
Travaillant dans le manuel sur un article du dictionnaire, cet exercice aborde des débuts et des fins de phrases qui correspondent à des mots étudiés. Les élèves vont pouvoir associer sans difficulté les deux groupes constituant la phrase en cette fin d'année.

6 Exercice 11 : Lire avec intonation (5 à 10 min)

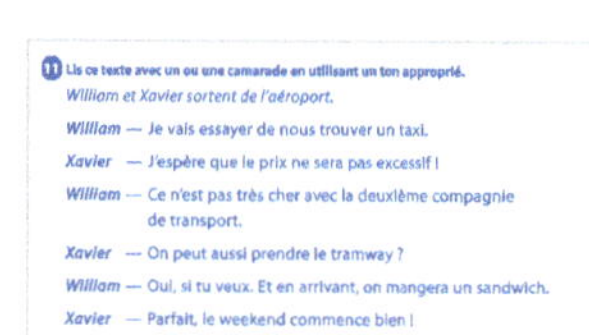
11 Lis ce texte avec un ou une camarade en utilisant un ton approprié.
William et Xavier sortent de l'aéroport.
William — Je vais essayer de nous trouver un taxi.
Xavier — J'espère que le prix ne sera pas excessif !
William — Ce n'est pas très cher avec la deuxième compagnie de transport.
Xavier — On peut aussi prendre le tramway ?
William — Oui, si tu veux. Et en arrivant, on mangera un sandwich.
Xavier — Parfait, le weekend commence bien !

Cet exercice oral permet de faire lire aux élèves un dialogue entre deux personnages. L'enseignant·e propose donc à deux élèves d'effectuer la lecture en définissant le rôle de chacun. Procéder comme pour la séquence type sur les sons (lecture par plusieurs volontaires, etc.).
Bilan de fin de séquence :
« Aujourd'hui, nous venons de réaliser une séance sur des lettres difficiles. Si elles ne font pas partie des lettres les plus fréquentes dans tous les écrits qui nous entourent (des livres, des affiches, des panneaux, des courriers…), il est très important de les connaitre et de les maitriser. Bravo à toutes et tous pour votre participation et vos progrès ! »

Séances de fluence

Pour rappel, la fluence est la capacité à lire un texte à voix haute, avec aisance et rapidement, tout en accédant à la compréhension de ce texte. La fluence est mesurée nombre de « Mots Correctement Lus par Minute » (MCLM). **Les objectifs de fluence en fin de CE1 sont de 70 MCLM.** Cette activité est motivante parce qu'elle est courte et que l'élève se voit progresser. Elle est efficace car l'élève automatise la lecture des mots courants et améliore le déchiffrage des graphies et mots plus complexes.

La fluence de lecture est un élément incontournable de la méthode « Lecture piano CE1 ». Dans notre méthode, comme pour le CP, sont proposés des exercices de fluence tout au long du manuel. Ces exercices ont été réalisés pour chaque séquence et sont réalisables tant sur la lecture de syllabes que sur la lecture de mots, et bien sûr sur la lecture de textes.

Dans le manuel, les activités prévues en fluence sont signalées par le chronomètre, ce qui peut être expliqué aux élèves en début d'année. Aux exercices de lecture de syllabes, mots et textes de tous les niveaux est associé un comptage de nombre de mots (syllabes) qui se trouve à gauche, sous le chronomètre, pour permettre le calcul des scores.

Calcul du nombre MCLM

Le MCLM est calculé par l'enseignant·e. Il ne concerne que les textes (le déroulement pour les syllabes et les mots est un peu différent ; voir ci-après). Chaque lecture de textes est chronométrée. Il suffit ensuite de compter le nombre de mots bien lus en une minute et de calculer le score. Ce score est le MCLM (mots correctement lus par minute), il se calcule en comptabilisant le nombre de mots lus par l'élève moins le nombre d'erreurs ou d'oublis lors de la lecture sur une minute :

MCLM = nombre de mots lus en une minute – nombre d'erreurs ou d'oublis.

L'élève peut s'entrainer et faire plusieurs fois la même lecture s'il pense pouvoir battre son précédent record chronométré.

Étayage des mots dans les textes

Par souci de lisibilité, lorsqu'on étudie une lettre dans sa graphie, le graphème seul (o, e…) n'est pas mis en exergue dans les textes à lire.

Des périodes 1 à 4, les graphies étudiées sont en gras et couleur dans le niveau 1 des textes, en gras noir dans le niveau 2, sans marquage en niveau 3. En période 5, les graphèmes étudiés sont en gras dans le niveau 1 puis ne sont plus signalés.

De même, dans les textes et les virelangues, les lettres muettes sont grisées en fin de mot lorsqu'elles sont marques du pluriel mais nous ne les indiquons pas dans les pronoms personnels, les mots invariables, les mots à retenir, les petits mots (ex. : très) qui sont des mots à apprendre par cœur. Des périodes 1 à 3, les lettres muettes sont grisées dans les niveaux 1 et 2 ; en période 4, elles le sont seulement dans le niveau 1, et elles ne sont plus grisées du tout en période 5.

Modalités de mise en œuvre

Durée

Une séance moyenne en atelier est de 30 à 40 minutes (pour un groupe de 4 à 5 élèves) réparties en cinq étapes. Une durée par étape sera très variable selon les difficultés et les réussites des élèves, et la longueur du texte. En voici à titre indicatif, à adapter aux besoins de la classe :

- Étape 1 : 5 min
- Étape 2 : 10 min
- Étape 3 : 5 à 10 min
- Étape 4 : 10 min
- Étape 5 : 5 min

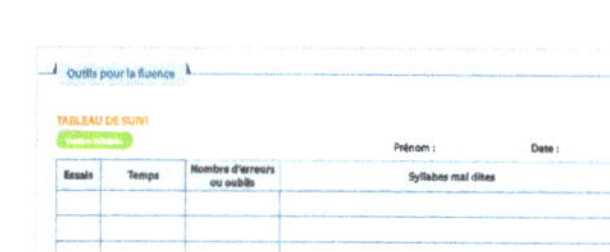

Matériel

- Le manuel de l'élève
- Le manuel de l'enseignant·e
- Un tableau de suivi par élève (un pour les syllabes, un pour les mots et un pour les textes)
- Facultatif : Les textes préparés pour surligner les erreurs quand le travail se fait en binôme (à partir de la période 3, selon le choix de l'enseignant·e)

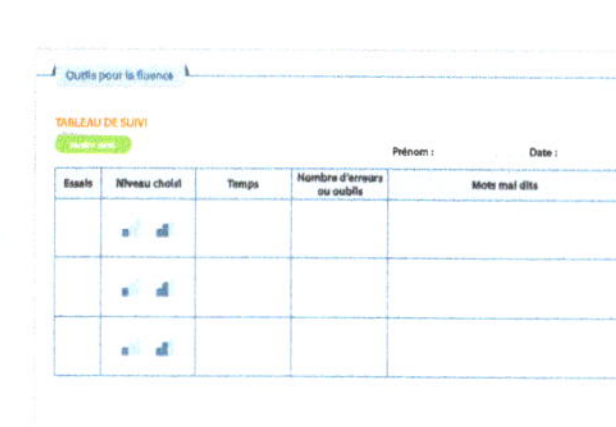

– Une grille de score
– Un sablier ou un chronomètre

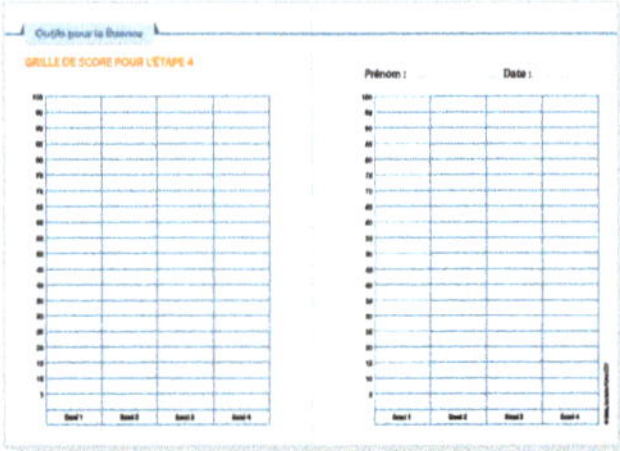

Remarque : Pour chaque séance de fluence, il est nécessaire d'avoir le manuel pour l'élève qui lit, le manuel ou le texte photocopié (proposé dans les annexes à partir de la période 3) pour celui ou celle qui vérifie, et le tableau de suivi pour l'enseignant·e. Ce tableau regroupe les éléments nécessaires au suivi de cette activité et doit être rempli en fin de lecture. Le calcul du résultat du MCLM s'effectue à la fin du tableau. Le tableau permet de garder « une trace » de l'activité où l'élève se voit progresser au fur et à mesure.
Concernant le suivi au moment de la lecture chronométrée, l'utilisation d'un surligneur est recommandée afin de repérer les mots « écorchés » ou les oublis et de noter l'endroit atteint dans le texte au bout de la minute (trait vertical). Il est possible d'utiliser une pochette plastique, afin de mettre le texte photocopié dedans et éviter trop de photocopies.
Pour la gestion du temps, on utilise un chronomètre pour les syllabes et les mots et un sablier (1 minute définie) pour les textes : dans le premier cas, on chronomètre en combien de temps les syllabes et les mots de l'exercice ont été lus ; dans le second cas, on mesure le MCLM.

Organisation

Deux cas de figure sont possibles selon les éléments à lire :
– Si l'exercice est court (ce qui est le cas pour les syllabes et les mots, notamment dans les premières périodes), il est préférable de chronométrer le temps de lecture de l'élève (sans calculer le MCLM). Ainsi, l'objectif de l'élève est d'améliorer son temps au cours des lectures d'un même exercice, avec le moins d'erreurs possibles.
– Pour tous les autres cas et surtout pour les textes, on s'appuie sur le MCLM qui se calcule sur une minute de lecture.
L'organisation générale est la même, mais certaines étapes diffèrent selon ces deux cas de figure.

Les modalités de mise en œuvre sont variées et laissées à la liberté de l'enseignant·e :
– soit l'enseignant·e propose un travail en individuel ;
– soit l'enseignant·e de la classe travaille avec le groupe classe ;
– soit plusieurs enseignant·es travaillent sur un même niveau de classe pour l'APC ;
– soit l'enseignant·e de la classe travaille avec des groupes à petit effectif (4 ou 5 élèves) lorsque des ateliers sont mis en place au sein de la classe ;
– soit l'enseignant·e de la classe met en place un tutorat ou un travail à deux : des élèves de CE1 « bons lecteurs » avec des élèves de CE1 « en difficulté » ; des élèves de CE1 avec des élèves en Ulis École, ou bien avec des élèves de CE2, de CM1 « en difficulté », ou encore des élèves de CE1 avec des élèves en UPE2A… (cette modalité peut s'envisager pour les classes multiniveaux ou à partir de la période 3 seulement).
Nous préconisons cependant l'organisation sous forme d'ateliers dirigés de 4 à 5 élèves (les autres élèves de la classe sont en autonomie), menés par l'enseignant·e.

Répartition des ateliers

Les ateliers consacrés à la fluence nécessitent la présence de l'enseignant·e. On peut ainsi, par exemple, mettre en place un atelier de fluence (présence de l'enseignant·e), un atelier de rallye lecture, un atelier de jeu type « Dobble® » ou jeu du « Lynx® » avec des mots outils et enfin un atelier sur des labyrinthes de sons ou d'autres supports autonomes. Ces ateliers peuvent aussi être intégrés dans l'organisation d'ateliers tournants autour de la maitrise de la langue. Ils peuvent se réaliser sur plusieurs jours, selon les particularités et les caractéristiques de la classe (nombre d'élèves, décloisonnement, co-intervention…).
Les groupes peuvent être organisés de manière hétérogène ou bien en groupes de besoins, selon le choix de l'enseignant·e.

Programmation des ateliers

Le travail de fluence s'organise de la même manière quel que soit l'exercice (syllabes, mots, textes) et quel que soit le niveau (1, 2 ou 3). Cet exercice peut se faire lors de la séance 2 (voir Fiches de préparation du manuel) ou être différé dans un temps de travail en ateliers. Pour les textes, il peut aussi être fait après la séance 3 sur la compréhension, si l'enseignant·e souhaite que l'élève s'approprie davantage le texte en amont.

Déroulement de la séance

Étape 1 : Rappel des modalités de lecture

L'enseignant·e prend le tableau de suivi de l'élève à chronométrer et invite ce dernier à sortir son manuel.
Il/Elle rappelle les conditions de l'exercice :
– **Pour les syllabes et les mots :** la lecture ligne par ligne des différentes syllabes ou mots et le chronométrage qui s'arrête lors de la lecture de la dernière syllabe ou du dernier mot.
– **Pour les textes :** le comptage en début de ligne, ce à quoi il sert (pour que l'élève ne lise pas le « numéro » : erreur souvent faite en début d'année), le chronométrage.
Il/Elle explique qu'il/elle notera sur le tableau les syllabes ou mots qui seront mal lus, ou sur lesquels l'élève hésitera de manière à en discuter avec lui pour le faire progresser.
Il/Elle rassure l'élève en lui expliquant qu'il doit lire vite mais sans se stresser et que, s'il fait des erreurs, ce n'est pas grave. Qu'il est là pour apprendre et qu'il pourra recommencer plus tard pour améliorer sa vitesse de lecture.
Le choix du niveau de texte peut être réalisé par l'enseignant·e lui-même/elle-même ou encore par l'élève après discussion avec l'enseignant·e.

Si besoin, pour les élèves en grande difficulté, proposer les textes avec des tailles de polices plus grandes (photocopies en A3 par l'enseignant·e).

Étape 2 : Entrainement guidé

Remarque : Cette étape est nécessaire lorsque l'enseignant·e choisit de faire la fluence sur un temps différé et en atelier. Elle n'est pas indispensable quand il s'agit de lire des syllabes ou des mots.

C'est un temps d'entrainement guidé par l'enseignant·e où chaque élève du groupe classe ou de l'atelier lit une partie du texte à la suite, comme une lecture oralisée. Elle permet de préparer l'exercice de fluence qui va suivre.
C'est dans cette étape que :
– soit l'élève s'aperçoit de son/ses erreurs ou hésitations et dans ce cas l'enseignant·e et les autres élèves en discutent ensemble et réagissent avec lui/elle ;
– soit l'enseignant·e lui demande de relire un passage où il a hésité ou fait une erreur et on l'invite à se corriger avec ou sans l'aide des autres élèves.
Chaque réponse est justifiée, une correction est apportée (par exemple : il y a 2 S donc on lit s).

Pour cette étape et les suivantes, il est préférable de reprendre la lecture du texte au début, l'objectif étant de s'entrainer plusieurs fois sur le même texte.

Étape 3 : Lecture chronométrée ou en une minute

Les syllabes et les mots

Les élèves peuvent se mettre par deux pour faire l'exercice de « la lecture chronométrée ».
Lecture chronométrée : Un élève se prépare à lire à haute voix. Son ou sa camarade prend le chronomètre et son manuel, avec si possible une pochette (ou feuille) plastifiée sur l'exercice à faire lire. Quand il/elle donne le « top départ », la lecture commence. Au fur et à mesure de la lecture, il/elle barre au feutre effaçable les mots mal lus. Le chronomètre est arrêté au bout d'une minute. Les élèves notent les mots lus, les erreurs (mots barrés) et ils reportent les résultats dans le tableau mis en annexe (avec ou sans l'aide de l'enseignant·e).

Les textes

L'enseignant·e se place avec un groupe d'élèves et accompagne chaque élève, l'un après l'autre. Il/Elle prend son chronomètre et laisse lire l'élève pendant 1 minute. Il/Elle note sur son tableau (ou sur une pochette plastique posée sur son manuel ou sur le texte imprimé à partir de la période 3), les erreurs, hésitations ou confusions, en utilisant un code.

Chaque enseignant·e utilise des codes différents : par exemple, surligner/souligner, mettre une croix pour l'oubli, une double vague sur l'hésitation, etc. Il/Elle fait un trait vertical à la fin de la minute de lecture (après le dernier mot lu en entier correctement).
Après seulement, l'enseignant·e note le résultat dans la colonne correspondante du tableau de suivi : les mots lus moins les erreurs ou oublis.

Voici un exemple complété :

Prénom : Lisa **Texte :** Manuel p. 12

Niveau choisi	Essais	Temps	Nombre de mots lus	Nombre d'erreurs ou oublis	Mots mal dits	Résultat (mots lus moins erreurs ou oublis)
	*1 (21/09)*	1 minute	*54*	*3*	*au-dessus – pleine – soudain*	*54 – 3 = 51*
	*2 (22/09)*	1 minute	*60*	*2*	*soudain – glisse*	*60 – 2 = 58*
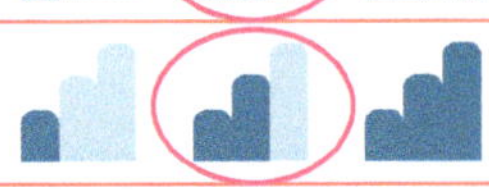	*3 (25/09)*	1 minute	*66*	*2*	*papote – branche*	*66 – 2 = 64*

Dans cette étape, il est possible de créer des binômes qui vont s'occuper entre eux de vérifier la lecture de l'autre. Cette modalité est envisageable pour les classes multiniveaux ou à partir de la période 3, si l'enseignant·e décide que certains élèves sont en capacité de le faire. Dans ce cas sont proposés dans les annexes les textes préparés afin de noter directement les erreurs sur le texte. Pour les binômes, on définit à l'avance l'élève qui débute la lecture et celui ou celle qui utilise la grille. On inversera les rôles par la suite. Les binômes peuvent être homogènes ou hétérogènes, selon le choix de l'enseignant·e…

Étape 4 : Seconde lecture et autoévaluation

Remarque : Cette étape n'est pas nécessaire pour les élèves qui n'ont pas fait d'erreurs précédemment.

L'enseignant·e invite à un élève à lire le texte, puis fait un retour sur sa lecture : ses erreurs/hésitations/oublis… En premier lieu, il/elle lui demande s'il sait sur quel mot il s'est trompé. L'objectif est d'éviter les erreurs et d'améliorer son score.
L'élève peut remplir son graphique de score (grille proposée en annexe, voir ci-dessous).

Exemple (celui de Lisa) :
Lors du premier essai, dans la colonne essai 1, on écrit 51 dans la case entre 50 et 55, puis on colorie la case. On fait de même pour le second essai, on écrit 58 dans la case entre 55 et 60, puis on colorie la case. Et pour le troisième essai, on écrit 64 dans la case entre 60 et 65, puis on colorie la case.

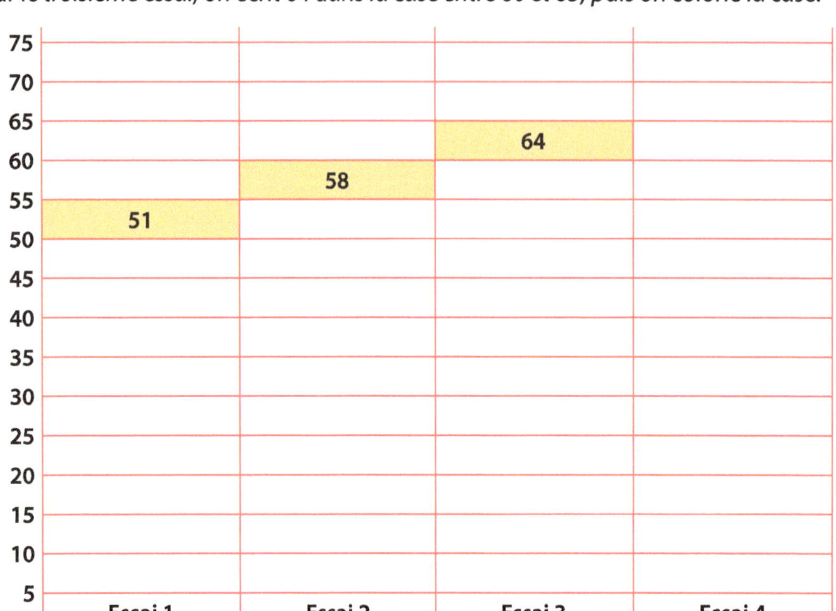

Si l'élève ne commet aucune erreur, alors on le félicite et on propose un changement de niveau. Si l'élève est au niveau le plus élevé, l'enseignant·e lui indique que, par la suite, les textes vont être plus longs et qu'il sera surement capable de faire aussi bien.
Il est important que l'enseignant·e n'oublie pas de valoriser et féliciter les élèves pour leurs réussites en fin de séance. La motivation des élèves est aussi développée par la valorisation de leurs progrès ; leurs réussites avec le suivi de la progression ou bien encore la possibilité de réaliser des diplômes correspondant à des paliers définis auparavant.

Étape 5 : Bilan collectif

En groupe classe, un bilan collectif est fait à la fin de l'étude du texte. On fait alors un point sur les éventuelles difficultés qui persistent ou bien encore comment faire davantage attention quand on a hésité (par exemple, observer les affichages, surligner ses erreurs…). Une trace écrite peut être réalisée concernant les erreurs relevées et avec une correction faite.
On peut aussi :
– noter sur une affiche les mots où il y a des erreurs ;
– utiliser les affichages pour revenir sur les erreurs des élèves.
Exemple d'affiche complétée collectivement :

Pour améliorer mon travail de fluence	
Les mots où il y a eu des erreurs	Les aides pour éviter ses erreurs
Baleine	Panneau des confusions B et P Panneau du B Panneau du P

Cette affiche est visible de tous, pour toute la semaine ; chaque semaine, une nouvelle est construite et affichée dans la classe.

Séances de dictée

Les exercices de dictée développent le sens de l'orthographe, elle-même favorisée par la maitrise des correspondances entre les lettres ou graphèmes et les sons, ainsi que la mémorisation orthographique. Les séances de dictée doivent être quotidiennes si l'on veut qu'elles produisent un effet sur le long terme. Elles constituent un temps d'apprentissage à part entière. Elles complètent utilement les séances de lecture et de production d'écrits.

Objectifs

– Orthographier les mots les plus fréquents (notamment en situation scolaire) et quelques mots invariables.
– Maitriser les correspondances graphophonologiques.
– Mobiliser des mots « nouveaux » (non lus précédemment) en situation d'écriture.
– Favoriser une attitude réflexive face à la production de phrases écrites (les mécanismes d'accord dans le groupe nominal, les propriétés d'un verbe conjugué…).

Choix du corpus

La dictée portera sur des syllabes, des mots et des phrases.
Le corpus doit porter, de préférence, sur des mots que les enfants ont déjà lus.
Dans les dictées proposées dans les annexes, nous nous sommes appuyées sur les mots du manuel, tant que cela était possible, et sur les listes d'EOLE. L'articulation se fait selon plusieurs niveaux et en fonction du son étudié.

Cependant, les mots sont parfois plus faciles à lire qu'à écrire ; quand les mots étaient trop éloignés de l'échelle d'acquisition orthographique spécifique au CE1, le choix s'est porté sur des mots plus fréquents, en lien avec l'univers lexical évoqué dans les textes de lecture.
De plus, on pourra retrouver certains « mots à retenir » du manuel (en gras dans les dictées), mais pas systématiquement, car ils ne font pas l'objet d'un apprentissage spécifique durant la séance de dictée (ils peuvent donc être écrits au tableau). Ces mots outils feront l'objet d'un apprentissage propre à l'enseignant·e et à sa progression en orthographe.
Enfin, quelques éléments d'étude de la langue (conjugaison) sont ajoutés à partir de la période 3, car cet apprentissage est étroitement lié à l'activité de dictées. La progression des dictées s'appuie sur la progression des séquences proposées dans l'ouvrage *Réussir son entrée en grammaire CE1*[1], fréquemment utilisé dans les classes.

Durée et organisation

Une séance dure en moyenne 15 à 20 minutes. Elle s'effectue en groupe classe. Elle est constituée de 4 étapes.
1. L'enseignant·e rappelle l'organisation et les objectifs. Il/Elle dicte en respectant un temps d'écriture et en répétant à plusieurs reprises les syllabes ou les mots. Lors des dictées de phrases, l'enseignant·e respecte l'organisation syntaxique de la phrase autour du groupe nominal, puis progressivement du groupe verbal (pas de dictée mot à mot).
2. Les élèves écrivent la ou les phrases sur le support choisi par l'enseignant·e (cahier ou feuille spécifique qui permet de visualiser l'ensemble des dictées ; une version en est proposée dans les annexes, nommée « Mes dictées du jour »).
3. L'enseignant·e verbalise les réflexions orthographiques et/ou grammaticales, et écrit les mots ou la phrase au tableau (les élèves participent à la réflexion). Ce moment est un temps fort de la dictée (temps de réflexion et d'échanges).
4. Les élèves repèrent et recopient leurs erreurs. Ils les soulignent et peuvent les écrire juste en dessous.

Remarque : Pour les syllabes, on ne gardera que les étapes 1 et 2 (révisions jour 1 et 2 en période 1, et en période 2 uniquement pour le jour 1).

Matériel

– Les dictées hebdomadaires (un fichier par période)
– Le cahier du jour
– Et/ou facultatif : la fiche « Mes dictées du jour » (selon le support choisi par l'enseignant·e)

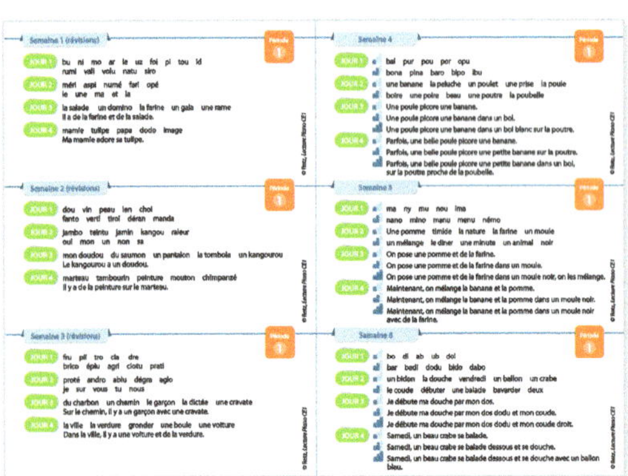

Prénom :
Mes dictées du jour
Date :
CORRECTION
Date :
CORRECTION

Programmation

La programmation des dictées est basée sur la méthode Lecture piano et propose donc une dictée pour chaque semaine correspondante.
La dictée intervient après la découverte du son dans le manuel, que cela soit le matin ou bien l'après-midi de la même journée. La méthodologie de la dictée aura été expliquée avec les élèves au préalable afin qu'un rituel s'installe dès l'activité (pris en main des outils nécessaires).

1. F. Bellanger et A. Raoul-Bellanger, Retz, 2019.

Les élèves réinvestissent des mots connus et en découvrent d'autres au fur et à mesure de la dictée. Ils réactivent leurs acquis en grammaire mais aussi en conjugaison dès la période 3. La dictée évolue chaque jour et s'articule sur 4 jours.

Voici la répartition hebdomadaire prévue dans les fiches de dictées de ce guide :

• *Période 1 / 3 semaines de révisions*
jour 1 : dictée de syllabes et de mots invariables simples
jour 2 : dictée de syllabes
jour 3 : dictée de mots (noms communs) et une phrase simple
jour 4 : dictée de mots (noms communs) et une phrase simple

• *Période 1 / Semaines 4 à 6*
jour 1 : dictée de syllabes (2 niveaux)
jour 2 : dictée de mots (noms communs)
jour 3 : dictée de phrases (3 niveaux)
jour 4 : dictée de phrases (3 niveaux)

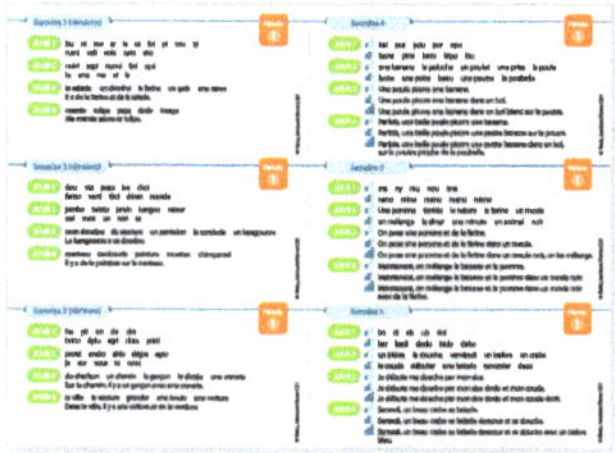

• *Période 2 / Semaines 8 à 13*
jour 1 : dictée de syllabes (2 niveaux)
jour 2 : dictée de mots (noms communs) + dictée de groupes nominaux (GN)
jour 3 : dictée de phrases (3 niveaux)
jour 4 : dictée de phrases (3 niveaux)

• *Période 3 / Semaines 15 à 19*
jour 1 : dictée de mots et de GN (2 niveaux)
jour 2 : dictée de phrases (3 niveaux)
Pour les jours 3 et 4, on part désormais de la phrase du jour 3.
jour 3 : dictée de phrases (3 niveaux)
jour 4 : dictée de phrases (3 niveaux)

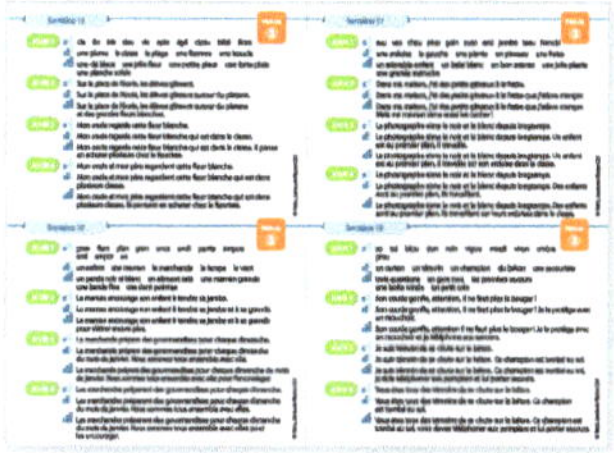

• *Période 4 / Semaines 21 à 26*
jour 1 : dictée de mots et de GN (2 niveaux)
Pour les jours 2, 3, 4, on part désormais de la phrase du jour 2.
jour 2 : dictée de phrases (3 niveaux)
jour 3 : dictée de phrases (3 niveaux)
jour 4 : dictée de phrases (3 niveaux)

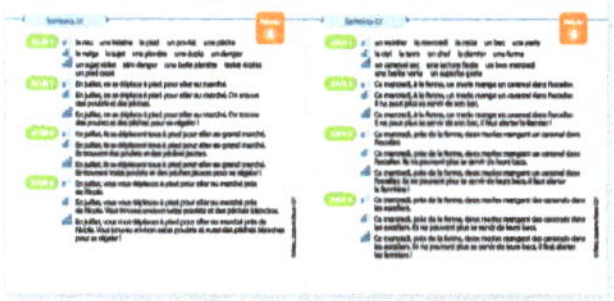

• *Période 5 / Semaines 28 à 33*
jour 1 : dictée de mots et de GN (2 niveaux)
Pour les jours 2, 3, 4, on part désormais de la phrase du jour 2.
jour 2 : dictée de phrases (3 niveaux)
jour 3 : dictée de phrases (3 niveaux)
jour 4 : dictée de phrases (3 niveaux)

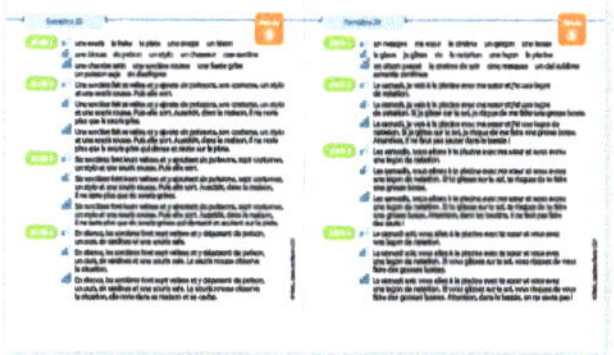

Chaque dictée comporte deux à trois niveaux, ce qui permet à l'enseignant·e d'adapter la difficulté aux élèves. Soit l'élève se sent capable de tout écrire, soit il scinde sa dictée en fonction du niveau qu'il choisit.

Voici un exemple de répartition par niveau, en période 2 :

	NIVEAU 1	NIVEAU 2	NIVEAU 3
JOUR 1	syllabes	syllabes + mots	
JOUR 2	5 mots	10 mots (dont les 5 du niveau 1)	10 mots + 5 GN et adjectifs
JOUR 3	Phrase simple (structure sujet-verbe-complément).	Même phrase avec plus de mots.	Même phrase avec plus de mots complexes (le début étant commun, toute la classe peut commencer ensemble).
JOUR 4	Phrase simple (structure sujet-verbe-complément), avec si possible un mot invariable.	Même phrase avec plus de mots.	Même phrase avec plus de mots complexes.

Déroulement de la séance

L'enseignant·e explique les deux ou trois niveaux dans la dictée et précise à chacun son niveau (choisi par l'élève ou défini ensemble).

« Maintenant vous allez prendre vos cahiers/feuilles de dictée, bien vous installer et nous allons faire la dictée. Tout le monde va écrire la phrase : "Une poule picore une banane."

Nous commençons, tout le monde écrit : "Une poule / picore une banane." Ceux ou celles qui écrivent seulement cette partie de la phrase s'arrêtent là et relisent bien ce qu'ils/elles ont écrit.

Ceux ou celles qui continuent écrivent la suite : "… dans un bol." Je relis : "Une poule / picore une banane / dans un bol." Ceux ou celles qui veulent s'arrêter là peuvent relire.

Ceux ou celles qui continuent écrivent la fin de la dictée : "… sur la poutre." Je relis : "Une poule / picore une banane / dans un bol / sur la poutre." Tout le monde relit, ensuite nous allons corriger. »

Correction

« Si vous avez bien relu, nous allons maintenant corriger la dictée pour vérifier que vous n'avez pas fait d'erreur. Si c'est le cas, vous soulignez chaque erreur, puis vous la recopiez sur la ligne en dessous. »

Cette dictée peut se faire sur le cahier du jour ou sur une fiche spécifique (*cf.* celle proposée en annexe, « Mes dictées du jour »). Pour ceux ou celles qui utilisent le cahier, on prendra soin de demander aux élèves de laisser systématiquement une ligne en dessous de celle qui doit servir à écrire la dictée pour la correction.

« Qui veut venir au tableau écrire la première partie ? »

Choisir un élève, lui dicter la phrase et vérifier avec le groupe classe.

« Qu'en pensez-vous ? »

Les élèves valident ou corrigent. Ils expliquent leur choix et tentent de le justifier. Par exemple : « Il faut les lettres CH pour entendre le son ch. »

L'élève qui est venu au tableau doit être remercié·e et félicité·e même s'il s'est trompé. Il est nécessaire d'expliquer qu'on apprend en se trompant !

« Qui veut venir pour la deuxième partie ? » Même procédure.

« Qui veut venir pour la dernière partie ? » Même procédure.

PRÉSENTATION DES RESSOURCES NUMÉRIQUES

L'application propose tous les outils nécessaires à la mise en œuvre des séances.

• Les panneaux référents

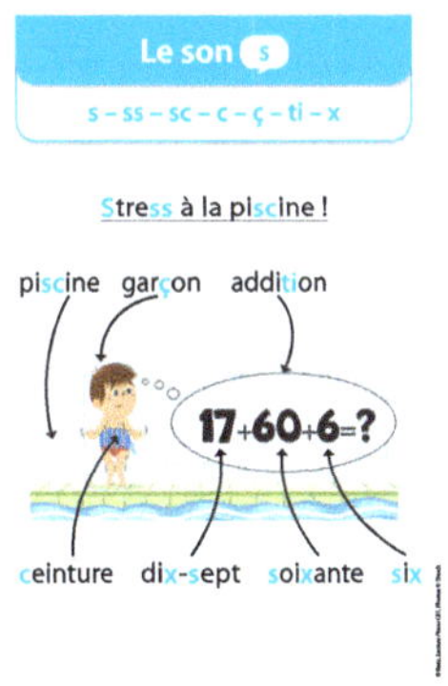

• L'outil piano

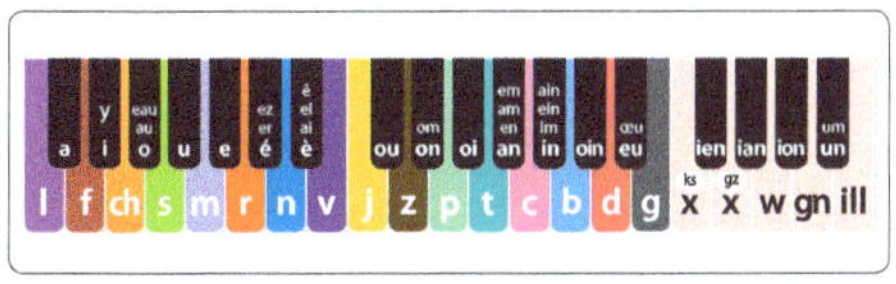
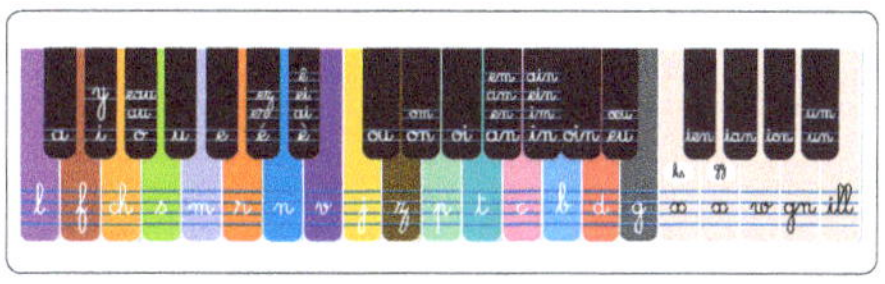

• Flashcards des mots-outils

• Les dictées du jour

• Tableaux de suivi de fluence, textes préparés, grille de score

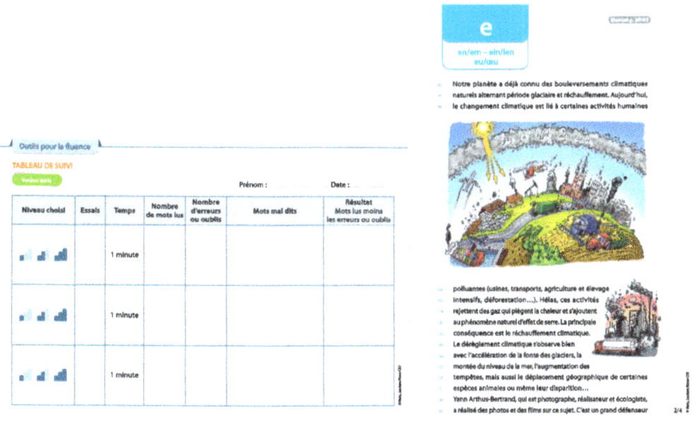

• Le matériel pour chaque période

Télécharger l'application (voir p. 2 de couverture) ou installer le CD-Rom

Sur PC : Insérer le disque dans votre lecteur : l'installation se lance automatiquement. Si ce n'est pas le cas, aller dans le « Poste de travail » (menu « Démarrer »), cliquer sur le fichier « LecturePianoGP_CE1_PC.exe » et suivre les étapes d'installation jusqu'à la fin. Une icône s'affiche alors sur le « Bureau » : double cliquer dessus pour lancer le CD.
Sur Mac : Insérer le disque dans votre lecteur et double cliquer sur l'icone pour l'ouvrir. Double cliquer sur « LecturePianoGP_CE1_MAC.dmg » puis glisser l'application dans le dossier « Applications ». Aller dans le dossier « Applications » et double cliquer sur « LecturePianoGP_Retz ».
Sur Linux : Insérer le disque dans votre lecteur et double cliquer sur l'icône pour l'ouvrir. Double cliquer sur « LecturePiano-GPCE1.linux64.tar.gz » puis décompresser le dossier. Double cliquer sur l'application pour l'ouvrir.

L'insertion du CD n'est plus nécessaire une fois l'application installée sur l'ordinateur (PC et Mac).

Naviguer dans l'application

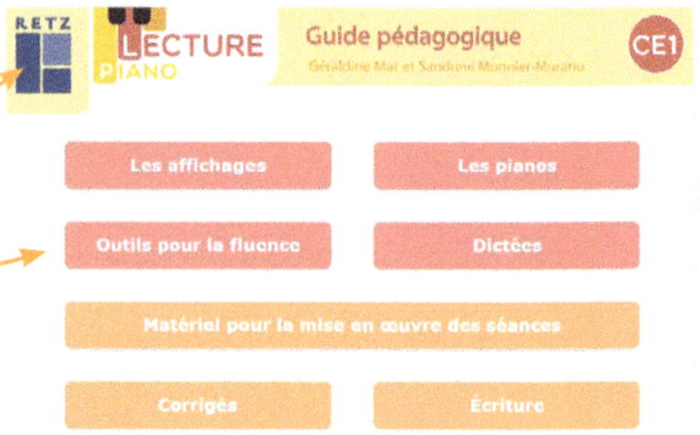

Cliquer sur le logo pour accéder au site des éditions Retz.

Cliquer sur le type de matériel souhaité pour accéder aux ressources associées.

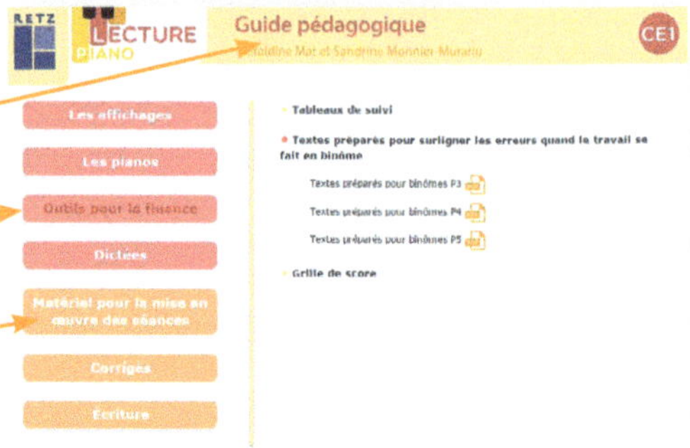

Cliquer sur le bandeau supérieur pour retourner à l'écran d'accueil.

Le nom du type de matériel sélectionné s'affiche en couleur.

Cliquer sur ces boutons pour accéder directement aux autres rubriques, sans repasser par l'écran d'accueil.

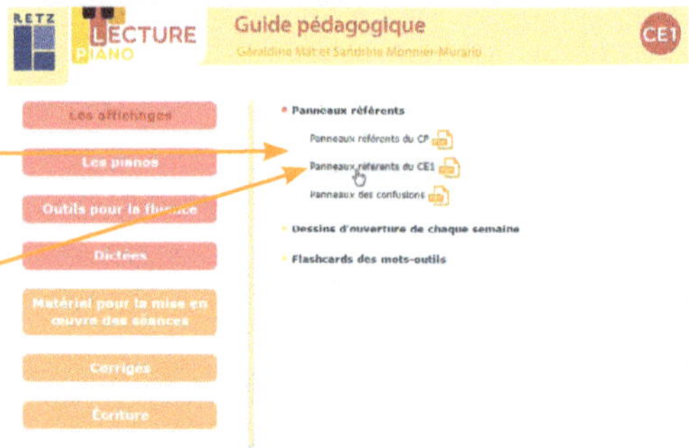

L'ensemble des ressources s'affiche dans la partie droite de l'écran.

Cliquer sur le nom du document que l'on souhaite visionner, imprimer ou vidéoprojeter…
… le document s'affiche dans une nouvelle fenêtre.

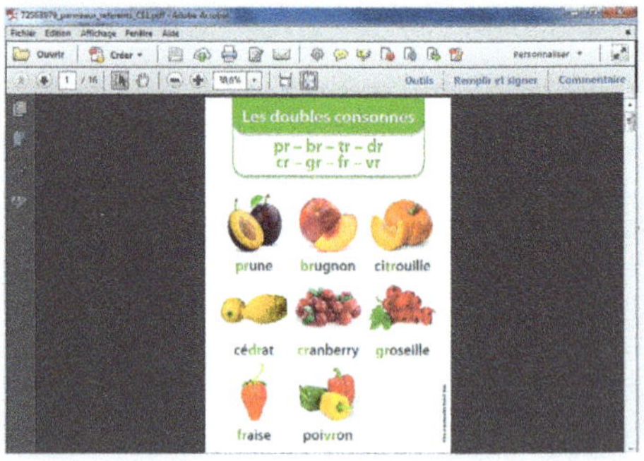